W0076050

ALLE ZEIT WACH
1842

Alexander Schill

DCE – Das OSF Distributed Computing Environment

Einführung und Grundlagen

Mit 111 Abbildungen

Springer-Verlag
Berlin Heidelberg New York
London Paris Tokyo
Hong Kong Barcelona
Budapest

Alexander Schill
Universität Karlsruhe
Institut für Telematik
Zirkel 2
W-7500 Karlsruhe 1

ISBN 3-540-55335-5 Springer-Verlag Berlin Heidelberg New York

Die Deutsche Bibliothek - CIP-Einheitsaufnahme. Schill, Alexander: DCE – Das OSF Distributed Computing Environment: Einführung und Grundlagen/Alexander Schill. – Berlin; Heidelberg; New York; London; Paris; Tokyo; Hong Kong; Barcelona; Budapest: Springer, 1993
ISBN 3-540-55335-5

Umschlaggestaltung: Konzept & Design, Ilvesheim
Satz: Reproduktionsfertige Vorlage vom Autor
Druck und Einband: Konrad Triltsch, Graphischer Betrieb, Würzburg
33/3140 – 5 4 3 2 1 0 – Gedruckt auf säurefreiem Papier

Vorwort

Das *Distributed Computing Environment (DCE)* der *Open Software Foundation (OSF)* stellt eine Reihe von Softwarekomponenten bereit, um die Erstellung verteilter Anwendungsprogramme auf heterogenen Rechnernetzen zu erleichtern. Dieses Buch hat zum Ziel, dem Leser einen detaillierten, praxisnahen Überblick über das OSF DCE zu vermitteln und ihm dabei konkrete Hilfestellungen beim Einsatz dieser Systemumgebung zur Entwicklung verteilter Anwendungen zu geben. Das Buch wendet sich zum einen an Fachleute auf dem Gebiet der Informatik und Telematik, die sich besonders für den Entwurf und die Realisierung verteilter Anwendungen interessieren, also etwa an Projektleiter, Software-Ingenieure und spezialisierte Programmierer. Zum anderen richtet sich das Buch aber auch an das technische Management, das besonders an einer gut überschaubaren und anschaulich gestalteten Einführung interessiert ist, um in kurzer Zeit eine Bewertung komplexer Systemkonzepte im Hinblick auf die eigenen Anforderungen vornehmen zu können. Im Bereich der Lehre möchte das Buch Dozenten und Studenten der praktischen Informatik ansprechen, die sich mit verteilten Rechnersystemen befassen und das DCE als Beispiel für eine dedizierte Systemarchitektur näher betrachten wollen.

Das Buch gibt zunächst einen Überblick über Eigenschaften, Vorteile und Probleme verteilter Anwendungen. Daraus wird der Bedarf nach weitergehender Systemunterstützung bei der Anwendungsentwicklung abgeleitet, wie sie vom OSF DCE geboten wird. Anschließend wird die Gesamtarchitektur des DCE vorgestellt und aufgezeigt, wie das System für eine konkrete industrielle Anwendung eingesetzt werden kann.

Die nachfolgenden Schwerpunktkapitel befassen sich dann anhand dieser Anwendung mit den Teilkomponenten des DCE, ihrer Konzepte und Funktionalität, ihrer Programmierschnittstelle und ihrer internen Realisierung. Zunächst wird ausführlich die Entwicklung von Anwendungen mit dem Remote Procedure Call (RPC) des DCE, auch unter Verwendung nebenläufiger Prozesse und einer verteilten Namensverwaltung, beschrieben. Zum RPC werden auch die Ergebnisse erster Leistungsanalysen am realen System diskutiert. Anschließend werden die Detailaspekte der wichtigsten unterstützenden DCE-Komponenten (insbesondere des Directory Service, des Security Service und des Distributed Time Service) vorgestellt. Danach wird die verteilte Dateiverwaltung mit dem DCE Distributed File System beschrieben und aufgezeigt, wie auch plattenlose Workstations und PCs in eine DCE-Umgebung eingebettet werden können. Das Buch schließt mit einer Bewertung der DCE-Konzepte und zeigt aktuelle Weiterentwicklungsmöglichkeiten, z.B.

in Richtung der verteilten objektorientierten Programmierung, sowie Bezüge zu Standards, z.B. zu ISO/OSI, Open Distributed Processing, der Object Management Group und Unix International auf.

Eine besondere praktische Bedeutung hat das DCE vor allem dadurch, daß es herstellerunabhängig einsetzbar ist und deshalb die Kommunikation und Datenverwaltung in heterogenen offenen Systemen ermöglicht. Außerdem bietet es sehr viel mehr als reine Kommunikationsmechanismen an; bereits oben wurden Namensverwaltung, Sicherheit und Dateiverwaltung genannt. Nicht zuletzt ist das DCE heute eines der wenigen verteilten Systeme mit dieser Funktionalität, die in Produktqualität verfügbar und damit auch kommerziell breit einsetzbar sind.

Bei der Darstellung wird großer Wert auf konzeptionelle Klarheit gelegt; aus diesem Grunde werden nicht nur die einzelnen Komponenten des OSF DCE detailliert vorgestellt, sondern es werden auch die zugrundeliegenden Konzepte beschrieben. Obwohl häufig Programmierbeispiele zur praktischen Illustration verwendet werden, kann das Buch aber nicht Programmierhandbücher zum OSF DCE vollständig ersetzen, sondern versteht sich als tutorielle Grundlage, um beim Leser die Basis für das entsprechende weiterführende Material zu schaffen. Allerdings wird Wert darauf gelegt, die wichtigsten ausgewählten Bereiche der Anwendungsentwicklung mit dem DCE in ihrer Gesamtheit darzustellen, so daß Hintergrundliteratur nur für spezielle Aspekte und nicht für grundsätzliche Entwicklungsschritte herangezogen werden muß.

Bei der Beschreibung der Programmbeispiele wurde Wert auf eine verständliche, kompakte Darstellung gelegt. Dies bedeutet, daß die Kernfunktionalität jeweils vollständig vorgestellt wird, daß jedoch auf andere, in der Praxis wichtige, aber zum Grundverständnis unwesentliche Details wie etwa eine vollständige Speicherverwaltung oder Fehlerbehandlung verzichtet wird. Ebenso werden nicht alle DCE-Funktionen ausführlich dargestellt (dies würde ein vielfaches des Buchumfangs erfordern), sondern es erfolgt eine pragmatische Fokussierung auf die aus Sicht des Autors wesentlichsten Funktionen für gängige verteilte Anwendungen. Die Programmbeispiele wurden alle in einer realen DCE-Umgebung getestet (z.T. nach Vervollständigung um allgemeine Variablen- und Typdefinitionen, die aus Platzgründen im Buch an einigen Stellen weggelassen werden müssen). Für die Programmkommentare wurde der einfachen Darstellung halber die in C++ übliche Notation ("//...") verwendet, die allerdings nicht von üblichen C-Compilern akzeptiert wird. Für praktische Arbeiten mit den Programmstücken sind die Kommentare also entsprechend anzupassen.

Grundsätzlich beruhen die qualitativen Aussagen auf Erfahrungen mit realen Anwendungsimplementierungen, die in der eigenen Arbeitsgruppe durchgeführt wurden. Bei der verwendeten Version des OSF DCE handelt es sich um die *Revision 1.0*, die uns in der vorliegenden Form etwa Mitte 1992 verfügbar wurde. Da sich Funktionsschnittstellen, Konstantendefinitionen, Include-Files usw. im Rahmen von Folgeversionen sicherlich leicht ändern werden, kann die Funktionstüchtigkeit der beschriebenen Programmbeispiele beim Einsatz anderer DCE-Versionen beeinträchtigt werden; hierauf sei an dieser Stelle ausdrücklich hingewiesen.

Die Programmbeispiele richten sich vorwiegend an den Anwendungsentwickler. Auf den Bereich der DCE-Systemverwaltung wird aus Platzgründen meist nur in kompakter Form auf konzeptioneller Ebene eingegangen; wo es sinnvoll scheint, wird dies durch einige Beispiele zum Einsatz von DCE-Dienstprogrammen ergänzt. Zur Erlernung der DCE-Systemverwaltung im Detail ist in jedem Fall auf die sehr umfangreiche Dokumentation des DCE Administration Guide zurückzugreifen [OSF5].

Die Darstellung der technischen Eigenschaften und der Programmierschnittstellen des DCE basiert auf der umfangreichen, aktuellen DCE-Dokumentation [OSF1-OSF7]. Teilweise wird auf Beispiele und Konzepte aus dem vom Autor mit veröffentlichten Lehrbuch [MSC92] zurückgegriffen. Bezüglich der einzelnen DCE-Komponenten wird auch auf wissenschaftliche Veröffentlichungen zu den zugrunde liegenden Systemen Bezug genommen, um die Grundkonzepte und ihre Entwicklung möglichst umfassend zu erläutern.

Das Buch entstand während meiner Tätigkeit als wissenschaftlicher Mitarbeiter und Hochschulassistent am Institut für Telematik der Universität Karlsruhe. An dieser Stelle möchte ich dem Institutsleiter, Herrn Prof. Krüger ganz herzlich dafür danken, daß er dieses Buchprojekt durch die Gewährung entsprechender Freiräume bei meiner wissenschaftlichen Tätigkeit ermöglicht hat. Dem Springer-Verlag, namentlich Herrn Rossbach, sei für die Unterstützung bei der Vorbereitung des Buches ausdrücklich gedankt. Auch meinen Kollegen, namentlich Herrn Merz und Herrn Zeidler, möchte ich für ihre Hilfe beim Einsatz des DCE und vor allem bei der Durchführung des DCE-Systemmanagements meinen Dank aussprechen. Herrn Nonnenmacher danke ich für seinen Einsatz beim Test aller beschriebenen Programmstücke und bei der Durchführung von Leistungsmessungen sowie auch für wichtige inhaltliche Anmerkungen ganz herzlich. Dem Campusnahen Forschungszentrum (CEC) der Firma DEC in Karlsruhe, speziell Herrn Dr. Heuser, danke ich ganz besonders für die frühe Bereitstellung der Prototyp-Version des DCE. Herrn Stransky von der iXOS Software GmbH gebührt mein umfassender Dank für die Bereitstellung aktueller Informationen zum DCE sowie vor allem für die fachkundige Korrektur des Manuskripts. Nicht zuletzt gilt mein Dank natürlich auch meiner Ehefrau Ursula, deren Unterstützung ich am meisten zu schätzen wußte.

Karlsruhe, im Februar 1993 Alexander Schill

Inhaltsverzeichnis

Abbildungsverzeichnis

1 Einführung

1.1 Einleitung

Verteilte Rechneranwendungen gewinnen zunehmend an Bedeutung in den verschiedensten Bereichen. Sie lassen sich beschreiben als Programme aus verschiedenen Modulen, die auf unterschiedlichen Rechnern plaziert sind und während ihrer Verarbeitung über ein Kommunikationsnetz interagieren [MSC92]. Die einzelnen Module arbeiten weitgehend autonom und unterliegen insbesondere keiner zentralen Kontrolle.

Konkrete Beispiele sind verteilte Anwendungen zur Automatisierung von Bürovorgängen, zur Steuerung von Fertigungsabläufen oder zur Verwaltung von Management-Information. Diese Bereiche sind gekennzeichnet durch eine inhärente physische Verteilung ihrer Datenhaltungs- und Verarbeitungskomponenten; z.B. sind Fertigungsvorgänge auf verschiedene Maschinen verteilt, die oft dezentral kontrolliert werden.

Die Kommunikationsmechanismen sowie eine Vielzahl weiterer Konzepte der verteilten Programmierung werden durch ein *verteiltes System* unterstützt [SLK87, COD88, MUL89]; dieses setzt sich aus der Menge der beteiligten Rechnerknoten, dem Kommunikationsnetz sowie der systemnahen Software zur Realisierung der verteilten Verarbeitung zusammen. Generell läßt sich sagen, daß die Entwicklung verteilter Anwendungen umso einfacher wird, je mächtiger die Mechanismen des verteilten Systems sind.

Das *Distributed Computing Environment (DCE)* der *Open Software Foundation (OSF)* stellt ein solches verteiltes System dar, das relativ umfangreiche unterstützende Softwaremechanismen bietet. Ziel dieses Buches ist es, diese Software-Umgebung detailliert vorzustellen und dem Leser die Bewertung und den praktischen Einsatz ihrer Komponenten zu ermöglichen. Angesprochen werden dabei insbesondere Anwendungsentwickler und Endbenutzer des OSF DCE, sowie technische Manager, die mit der DCE-Umgebung in Berührung kommen. Für alle im Buch beschriebenen Systembereiche und Komponenten des DCE wird auch eine allgemeine Übersicht und Einführung mit Darstellung der Grundkonzepte gegeben, was für das Verständnis ohne spezielle Hintergrundliteratur von Bedeutung ist.

1.2 Beispiel einer verteilten Anwendung

Abb. 1-1 zeigt ein Beispiel einer verteilten Anwendung aus dem Gesamtbereich der Büro- und Fertigungsautomatisierung.

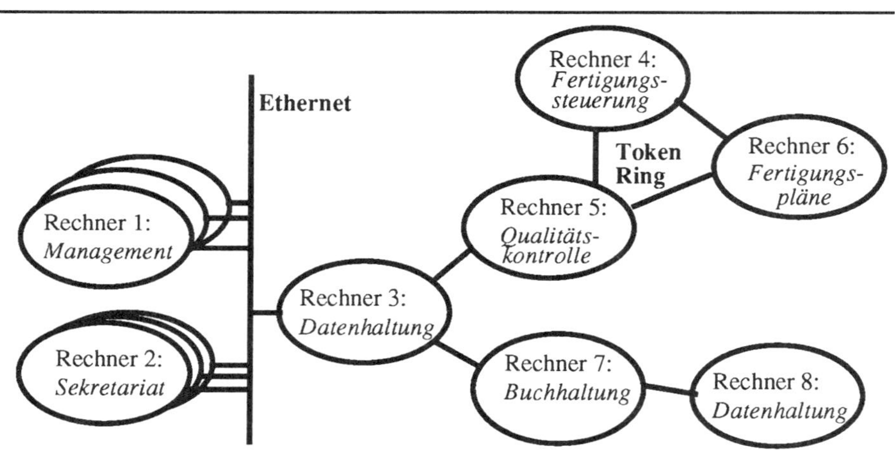

Abb. 1-1 Beispiel einer verteilten Anwendung

Struktur des verteilten Systems
Die Anwendung ist auf mehrere Rechner verteilt, die über ein Ethernet, einen Token Ring sowie über mehrere Punkt-zu-Punkt-Leitungen gekoppelt sind. Einige Rechner agieren dabei u.a. als Gateway, etwa Rechner 3, 5 und 7. Auf der Ebene des OSF DCE ist jedoch die Netzstruktur transparent; es wird grundsätzlich davon ausgegangen, daß die Rechner logisch voll vermascht sind, auch wenn das physisch nicht der Fall ist. Dadurch kann potentiell jeder Rechner Nachrichten an jeden anderen senden. Diese Funktionalität wird durch transportorientierte Protokolle wie z.B. TCP/IP [ROS91] erbracht, die vom DCE als existierend vorausgesetzt werden.

Abläufe innerhalb der Anwendung
Die einzelnen Komponenten der Anwendung sind nun - wie gezeigt - verteilt auf verschiedenen Rechnern plaziert. Typische verteilte Verarbeitungsabläufe haben etwa folgende Form:

Projektplanung (Abb. 1-2)
Ein Manager (auf Rechner 1) beschafft sich Daten zu früheren Produkt-Entwicklungsprojekten von der entfernten Komponente zur Datenhaltung (auf Rechner 3), etwa durch Aufruf einer entfernten Datenbankoperation. Danach werden lokale Planungsaufgaben unter Einsatz eines Spreadsheet-Programms durch den Manager

durchgeführt. Gegebenenfalls sendet der Manager im Verlauf dessen Informations- oder Anfragenachrichten an andere Manager auf anderen Rechnern; auf diese Weise können z.B. Koordinationsfragen entfernt geklärt werden. Nach Abschluß einer groben Produktplanungsphase sendet der Manager die resultierenden Daten zur weiteren Überarbeitung an seine Sekretärin (Rechner 2), indem er eine entfernte Speicherprozedur dort aufruft. Danach folgen zahlreiche Interaktionen mit anderen Abteilungen zur Feinplanung, z.B. mit der technischen Entwicklungsabteilung, die hier nicht gezeigt sind.

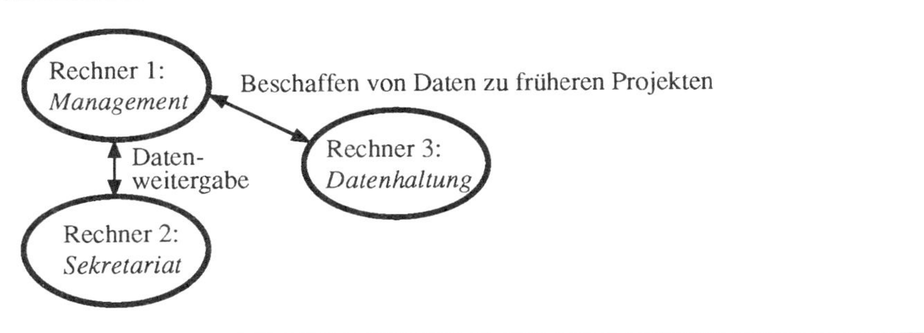

Abb. 1-2 Grobablauf bei der Projektplanung

Fertigung (Abb. 1-3)
Im Rahmen der Fertigung von Produkten wird die Fertigungssteuerung (Rechner 4) mit der Koordination beauftragt. Je nach Fertigungsauftrag beschafft sie sich einen zugehörigen Fertigungsplan von Rechner 6, der eine Datenbasis von Fertigungsplänen verwaltet. Anschließend werden ggf. mehrere Maschinensteuerungen mit den einzelnen Fertigungsschritten beauftragt, die wiederum auf verschiedene Rechner verteilt sein können (in der Abbildung nicht gezeigt). Schließlich nimmt die Fertigungssteuerung die Fertigmeldungen der Maschinen entgegen und beauftragt die Qualitätskontrolle (Rechner 5) mit der Abschlußprüfung des gefertigten Produkts.

Buchhaltung (Abb. 1-4)
Die Buchhaltung (Rechner 7) ist zunächst recht konventionell als eine zentrale Instanz realisiert. Die von ihr verwendeten Daten (Rechnungen, Lieferscheine etc.) werden aber z.B. wegen ihres großen Umfangs durch eine separate, entfernte Datenbank auf Rechner 8 verwaltet. Es ist daher erforderlich, dort entfernte Operationen zum Anfordern und Abspeichern von Daten aufzurufen. Außerdem greift die Buchhaltung teilweise auch auf die Dienste der Datenhaltung auf Rechner 3 zu, um z.B. bei Bedarf eine Zuordnung zwischen Rechnungstiteln und Produktbeschreibungen durchführen zu können.

Globale Interaktionen
Grundsätzlich sind neben diesen dedizierten Abläufen auch globale Interaktionen möglich, in die ggf. sehr viele Rechner involviert sind. Als Beispiel sei die Analyse

eines Produkts durch einen Manager in bezug auf seine Ausschußrate bei der Fertigung und die erzielte Gewinnspanne genannt.

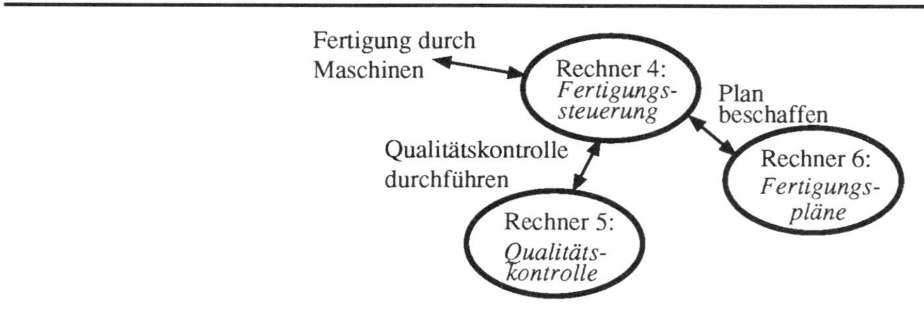

Abb. 1-3 Grobablauf bei der Fertigung

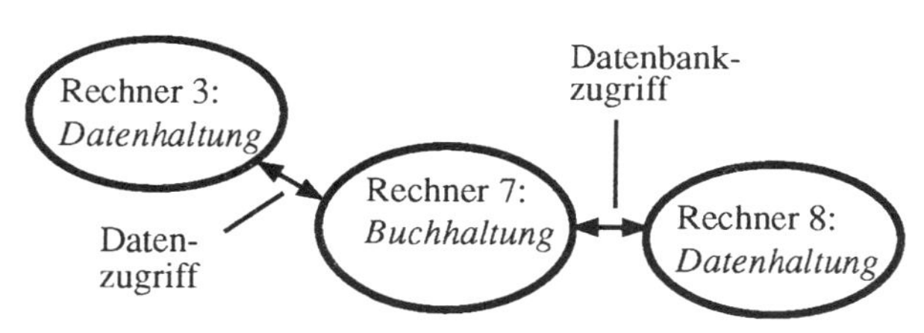

Abb. 1-4 Grobablauf bei der Buchhaltung

Wichtige Eigenschaften

Am Beispiel wurde aufgezeigt, daß eine bestimmte Plazierung von Anwendungskomponenten auf Rechnerknoten vorgenommen wird. Es ist auch offensichtlich, daß geeignete Kommunikationsmechanismen zwischen den Komponenten bereitstehen müssen.

Außerdem wird schon hier deutlich, daß verschiedene Abläufe weitgehend entkoppelt und dadurch auch parallel ausgeführt werden können. Es ist auch offensichtlich, daß manche Dienste bzw. Betriebsmittel (z.B. die Projektdatenbank) von mehreren Komponenten verwendet werden und dadurch eine verbesserte Integration erzielt wird. Andererseits kann die Verwaltung komponentenspezifischer Daten (z.B. des Managements) stärker dezentralisiert und damit leichter durch die jeweilige Komponente kontrolliert werden. Diese und einige weitere Eigenschaften werden im folgenden vertieft.

1.3 Vorteile verteilter Anwendungen

Die Entwicklung verteilter Anwendungen ist - auch mit einer Systemumgebung wie dem OSF DCE - generell durch eine erhöhte Komplexität gekennzeichnet; daher stellt sich zunächst die Frage nach den Vorteilen solcher Ansätze, um den entsprechenden Entwicklungsaufwand technisch und wirtschaftlich zu rechtfertigen:

- *Dezentralisierung und Lokalität:* Durch die Verteilung der Module wird eine weitgehend dezentrale Verarbeitung möglich. Dadurch kann eine hohe Lokalität in bezug auf die Zuordnung von Daten und bearbeitenden Operationen erzielt werden. Dies wiederum verbessert die Laufzeiteigenschaften und erleichtert die organisatorische Verwaltung.
- *Parallele Verarbeitung:* Da jeder beteiligte Rechner eigene Betriebsmittel, insbesondere Prozessor und Speicher, bereitstellt, können die einzelnen Module stark parallel arbeiten; dadurch wird die Gesamtbearbeitungszeit eines Auftrags verkürzt.
- *Fehlertoleranz:* Die beteiligten Rechner sind weitgehend autonom; dies gilt auch für Systemausfälle; bei Ausfall eines Rechners bleibt der übrige Teil der Anwendung auf anderen Rechnern funktionsfähig. Explizite Fehlertoleranz kann zusätzlich durch Replikation von Daten und Operationen erzielt werden.
- *Gemeinsame Betriebsmittelnutzung:* Da verschiedene Rechner über ein Kommunikationsnetz gekoppelt sind, können sie auch gemeinsam auf die Ressourcen eines bestimmten Rechners zugreifen. Dadurch wird die gemeinsame Nutzung teurer Peripheriegeräte (z.B. Drucker, Plotter oder Speichermedien) sowie komplexer Softwarekomponenten (z.B. Datenbanken) ermöglicht.
- *Integration von Teilanwendungen:* Die Gesamtfunktionalität existierender Teilanwendungen kann oft durch ihre Integration zu einer verteilten Anwendung gesteigert werden; beispielsweise kann eine Management-Datenbank mit einem Spreadsheet-System gekoppelt werden, um automatisierte Datenauswertungen durchzuführen.

Gerade die beiden letztgenannten Punkte stellen in sehr vielen Fällen die wichtigste Motivation für den Einsatz verteilter Systemtechnologie in der industriellen Praxis dar. Sie lassen sich vergleichsweise einfach erreichen und können sehr rasch zu einer realen Kostenreduzierung führen, die meist auch relativ genau gegenüber dem zu erwartenden Entwicklungsaufwand abgeschätzt werden kann. Die drei anderen Punkte erfordern dagegen meist eine umfangreichere Planung bzw. Umstrukturierung von Anwendungen. Beispielsweise müssen unabhängige Verarbeitungseinheiten identifiziert oder konstruiert werden, um Parallelität echt auszunutzen. Ebenso ist der Einsatz und gegebenenfalls sogar die Entwicklung dedizierter Replikations- und Konsistenzerhaltungstechniken erforderlich, um einen hohen Grad der Fehlertoleranz zu erzielen. Die Ausnutzung von Lokalitätseigenschaften erfordert ebenso grundsätzliche Entwurfsentscheidungen im Rahmen der Anwendungsentwicklung oder -neustrukturierung. Dennoch sind diese Bereiche gerade für große Rechneranwendungen als Mittel zur Steigerung der Verarbeitungskapazität und -qualität von zentraler Bedeutung. Sie weisen meist ein sehr großes Potential in bezug auf die mögliche Kostenreduzierung auf, dem aber gleichzeitig ein hoher Entwicklungsaufwand mit entsprechenden Kosten gegenübersteht.

1.4 Spezielle Probleme bei verteilten Anwendungen

Wichtige Gründe für den höheren Aufwand bei der Entwicklung verteilter Anwendungen sind die generellen Probleme, die mit den Anforderungen an verteilte Anwendungen und ihrem Betrieb verbunden sind:

- *Systemgröße:* Die Kopplung von Teilanwendungen bzw. der integrierte Entwurf einer Gesamtanwendung führt oft zu sehr großen Softwaresystemen, die nur durch spezielle Programmier- und Modularisierungstechniken beherrschbar sind.
- *Parallelität und Indeterminismus:* Bedingt durch die parallele Verarbeitung und durch nicht vorhersagbare Nachrichtenlaufzeiten zwischen Rechnern treten Indeterminismen und in Konflikt stehende Datenzugriffe auf. Hieraus resultiert die Anforderung nach speziellen Synchronisationsmechanismen und Testwerkzeugen.
- *Kommunikationsmechanismen:* Die Kommunikation wird in vielen verteilten Systemen über sehr maschinennahe Mechanismen abgewickelt. Da dies schwer handhabbar und fehleranfällig bei der Programmierung ist, müssen höhere Mechanismen angeboten werden, die stärkere Transparenz bezüglich der Verteilung aufweisen.
- *Heterogenität:* Fast alle praxisnahen verteilten Rechnerumgebungen umfassen Rechner unterschiedlicher Hersteller mit verschiedenartigen Datendarstellungen und Befehlssätzen, Betriebssystemen, Programmiersprachen und Kommunikationsmechanismen. Um trotz der resultierenden Heterogenität eine Kooperation zu ermöglichen, sind spezielle Adaptionstechniken von zentraler Bedeutung.
- *Schutz und Sicherheit:* In großen verteilten Systemen bestehen sehr viel mehr Möglichkeiten für unberechtigte Zugriffe und Datenmanipulationen über das Netzwerk, als es bei herkömmlichen Anwendungen der Fall ist. Diesen essentiellen - und im wirtschaftlichen Wettbewerb bedeutsamen - Problemen kann nur durch wirksame Techniken des verteilten Datenschutzes begegnet werden.
- *Namensverwaltung:* In verteilten Anwendungen ist es wichtig, kommunizierende Module mit logischen Namen zu versehen - und sie nicht etwa durch physikalische Netzadressen oder interne Kennummern gegenüber dem Anwender zu identifizieren. Nur so werden benutzerfreundlicher Umgang mit einer verteilten Anwendung und Möglichkeiten der dynamischen Erweiterung und Umstrukturierung von Anwendungskomponenten gewährleistet. Dies erfordert umfangreiche Mechanismen zur Namensverwaltung und Namensinterpretation.

- *Fehlerbehandlung:* Die angesprochenen Vorteile in bezug auf Fehlertoleranz kommen nur zum Tragen, wenn eine entsprechende Fehlerbehandlung vorhanden ist. Dabei müssen insbesondere unabhängige Ausfälle verschiedener Rechner sowie der zugehörigen Kommunikationsmedien berücksichtigt werden.
- *Systemadministration:* Bedingt durch die Heterogenität und Größe eines verteilten Systems bzw. einer darauf ablaufenden verteilten Anwendung wird die Systemadministration deutlich erschwert. Daher müssen dem Systemmanager komfortable und möglichst systemweit einheitliche Administrationswerkzeuge und -schnittstellen angeboten werden. Diese müssen vor allem auch gezielt Unterstützung für verteilungsspezifische Probleme bieten; als Beispiel sei die Administration eines verteilten Namensraums oder eines verteilten Dateidienstes genannt.

1.5 Lösungsansätze durch das OSF DCE

Das OSF DCE stellt Softwarelösungen für viele dieser Bereiche in integrierter Form bereit. Es setzt sich aus einer Reihe von Systemkomponenten mit zugehörigen Werkzeugen und Laufzeitbibliotheken zusammen und gehört im Bereich der verteilten Anwendungsunterstützung mit zu den wenigen umfassenden Systemen in Produktqualität.

Kommunikation und Heterogenität
Die Kommunikation zwischen Modulen wird durchweg über einen *Remote Procedure Call (RPC)* , also über den Fernaufruf von Operationen, abgewickelt. Dieser bereits heute weit verbreitete Mechanismus ermöglicht ein höheres Kommunikationsmodell, das stark an das Modell der lokalen Verarbeitung angelehnt und damit allgemein vertraut und relativ leicht handhabbar ist. Auf der Basis integrierter Datenkonvertierungsmechanismen wird außerdem die Kommunikation zwischen heterogenen Systemen unterstützt. Gleichzeitig werden heterogene Betriebssystemeigenschaften durch eine uniforme DCE-Systemschnittstelle zu einem gewissen Grad verborgen. Außerdem ist die Verwendung der DCE-Mechanismen prinzipiell von verschiedenen Programmiersprachen aus möglich.

Modularisierung und Systemgröße
Da die RPC-Kommunikation stets auf wohldefinierten Schnittstellen mit expliziter Typprüfung basiert, wird eine strikte Modularisierung der Anwendungssoftware erzwungen. Falls diese Eigenschaft sinnvoll und gezielt auf die Anwendung abgestimmt eingesetzt wird, können auch große verteilte Anwendungen beherrscht werden. Allerdings liegt dies weitgehend in der Verantwortung des Anwendungsentwicklers. Große Systemumgebungen werden ferner durch eine Aufteilung in organisatorische Bereiche unterstützt, was sich in den möglichen DCE-Systemkonfigurationen und den zugehörigen Verwaltungsaufgaben widerspiegelt.

Parallelität und Synchronisation
Parallelität wird im OSF DCE durch nebenläufige Prozesse (*Threads*) erzielt, die auch zur parallelen Anforderung und Ausführung von RPCs eingesetzt werden. Zur Beherrschung der Parallelität werden verschiedene Synchronisationstechniken angeboten, um in Konflikt stehende Datenzugriffe auszuschließen. Threads und RPC bieten gemeinsam auch bestimmte Mechanismen zur Fehlerbehandlung an; diese greifen z.B. dann, wenn ein RPC-Aufruf eines Threads durch einen Fehler abgebrochen wurde. Probleme des Indeterminismus sind auch mit dem Fehlen einer globalen Zeitbasis in einem verteilten System verbunden. Da die Systemuhren der beteiligten Rechner stets gewisse Toleranzen aufweisen und wegen der indeterministischen Nachrichtenlaufzeiten nicht vollständig synchronisiert werden können, kann auch keine globale Ordnung zwischen zeitbehafteten Ereignissen (z.B. Senden und Empfangen von Nachrichten) hergestellt werden. Begrenzt wird im DCE hier Abhilfe geschaffen durch den DCE *Distributed Time Service (DTS)*. Dieser ermöglicht eine relativ gute - wenn auch nicht hundertprozentige - Synchronisation der Rechneruhren, wobei auch Daten von externen Zeitgebern (z.B. über Funk) berücksichtigt werden können.

Sicherheitsaspekte
Die Probleme des Zugriffs- und Datenschutzes werden gezielt durch einen Authentisierungs- und Autorisierungsdienst (*Security Service)* angegangen. Dieser kann den Kommunikationspartnern gegenseitig die Richtigkeit der vorgegebenen Identität garantieren (Authentisierung). Dadurch wird verhindert, daß sich ein unberechtigter Eindringling durch Vorgabe einer falschen Identität Zugang zu sensitiven Daten oder Ausführungsdiensten verschafft. Durch die Autorisierung wird zusätzlich eine feinere Abstufung der Zugriffsrechte ermöglicht, die einem Kommunikationspartner zugebilligt werden. Außerdem kann der Security Service übertragene Daten verschlüsseln, um ein unberechtigtes Mithören oder Manipulieren bei der Kommunikation zu verhindern.

Verteilte Namensverwaltung
Die verteilte Namensverwaltung wird durch zwei weitere, miteinander integrierte DCE-Dienste erbracht. Der DCE *Cell Directory Service (CDS)* verwaltet hierarchische Namen, wie sie z.B. in Unix-Dateisystemen zu finden sind, innerhalb eines Bereiches des verteilten Systems, also z.B. innerhalb eines lokalen Netzes. Dabei wird großer Wert auf hohe Effizienz und Verfügbarkeit der Namensverwaltung gelegt. Primär werden die angebotenen Abbildungsfunktionen für Namen vom DCE RPC verwendet, um potentielle Kommunikationspartner ausfindig zu machen und zu lokalisieren. Zusätzlich werden globale, bereichsübergreifende Namen vom DCE *Global Directory Service (GDS)* verwaltet. Dieser Dienst wird vom CDS immer dann herangezogen, wenn ein Name außerhalb des anfordernden Bereiches liegt. Der GDS implementiert die CCITT-Norm X.500 und ermöglicht damit die Interoperabilität mit anderen Standard-konformen Systemen zur Namensverwaltung.

Verteilte Datenhaltung und PC-Integration
Die Datenhaltung innerhalb verteilter Anwendungen wird schließlich durch das DCE *Distributed File System (DFS)* unterstützt. Dieser ermöglicht eine weitgehend verteilungstransparente Dateiverwaltung mit entferntem Zugriff auf die verwaltenden Dateiserver und mit der Möglichkeit zur Replikation von Dateien. Rechner ohne Hintergrundspeicher können außerdem mittels des DCE *Diskless Support Service (DSS)* in eine DCE-Umgebung integriert werden und ihre Systemdatenverwaltung über einen entfernten Dateiserver abwickeln. Außerdem können Personal Computer (PCs) mittels des DCE *PC Integration Service (PCI)* in eine DCE-Umgebung einbezogen werden und begrenzt an den dort verfügbaren Diensten (v.a. Dateiverwaltung, entfernte Programmausführung und entferntes Drucken) partizipieren.

Systemadministration
Das DCE bietet dem Systemmanager zahlreiche lokal und auch entfernt operierende Administrationsprogramme und -werkzeuge für seine einzelnen Komponenten an. Diese Mechanismen sind systemweit einheitlich, obwohl sie zur Verwaltung von DCE-Diensten auf heterogenen Systemplattformen dienen. Dadurch wird die Administration eines komplexen verteilten Systems vergleichsweise überschaubar; bedingt durch die große Komplexität und weitreichende Funktionalität der Gesamtumgebung stellt sie aber dennoch neue Anforderungen an den Systemmanager. Die DCE-Administrationswerkzeuge sind nicht durch ein einzelnes Softwarepaket realisiert, sondern sind auf die verschiedenen DCE-Komponenten verteilt und stehen als eine strukturierte Sammlung von Administrationsprogrammen zur Verfügung. Im Rahmen des Buches werden auch die Grundlagen der Administrationsaufgaben besprochen, ohne aber alle Details der DCE-Systemverwaltung vorstellen zu können.

1.6 Gliederung des Buches

Kapitel 2 stellt die Gesamtarchitektur und die Einordnung der einzelnen Komponenten des DCE vor. Es gibt außerdem einen Einblick in die bisherige Entwicklung des OSF DCE. Gleichzeitig wird an einem Anwendungsbeispiel skizziert, wie die einzelnen DCE-Komponenten eingesetzt werden können und zusammenwirken.

In Kapitel 3 wird der RPC als wesentliches Kernstück des DCE besprochen. Zunächst wird ein Überblick über die allgemeinen Grundlagen des RPC gegeben. Danach wird die Funktionalität und Programmierschnittstelle des DCE RPC im Detail vorgestellt. Typische RPC-Abläufe werden programmiersprachlich anhand konkreter Beispiele illustriert. Außerdem wird auch vertieft auf die Schnittstellenbeschreibungssprache *IDL (Interface Definition Language)* sowie auf eigene Leistungsmessungen des DCE RPC eingegangen.

In Kapitel 4 wird die nebenläufige Programmierung unter Verwendung von DCE Threads beschrieben. Dabei werden verschiedene nebenläufige Verarbeitungsmodelle vorgestellt, um auf dieser Basis speziell auf die Thread-Verwaltung und -Synchronisation einzugehen. Außerdem wird der Einsatz von Threads zur Ausführung paralleler RPCs dokumentiert. Schließlich wird auch hier auf eigene Leistungsdaten eingegangen.

Kapitel 5 widmet sich der *verteilten Namensverwaltung* im DCE. Zunächst wird der Cell Directory Service (CDS) vorgestellt. Zusätzlich wird auch auf Verwaltungsaufgaben im Rahmen des Systemmanagements eingegangen. Aufsetzend darauf wird der DCE Global Directory Service (GDS) beschrieben. Spezielle Aspekte dabei sind die Interaktion mit dem CDS, die Strukturierung und Verwaltung großer Namensräume sowie die Interoperabilität mit anderen Directory-Diensten, z.B. aus dem Internet.

In Kapitel 6 wird die *Sicherheitsproblematik* und ihre Behandlung durch den DCE Security Service besprochen. Insbesondere wird auf die Realisierung eines sicheren RPC, auf die weiteren Einsatzmöglichkeiten des Security Service sowie auf die hiermit verbundenen Aufgaben des Systemmanagements eingegangen. Kapitel 7 beschreibt den *Distributed Time Service*, der wichtige Dienste zur Synchronisation verteilter Systemuhren erbringt und Schnittstellenfunktionen zur Erfragung und Berechnung von Zeitangaben bereitstellt. Kapitel 8 befaßt sich mit der *verteilten Dateiverwaltung* durch das DCE Distributed File System. Dabei wird auch darauf eingegangen, wie der DCE Diskless Support und die DCE PC Integration realisiert und nach außen angeboten werden.

In Kapitel 9 wird das OSF DCE in einen globaleren Zusammenhang mit anderen Systementwicklungen gestellt. Dabei wird insbesondere auf die Bedeutung von Standardisierungsbestrebungen der *International Standards Organisation (ISO)*, der *European Computers Manufacturers Association (ECMA)*, z.B. im Rahmen des RPC und des *Open Distributed Processing (ODP)*, der *Object Management Group (OMG)* sowie der *Unix International (UI)* eingegangen. Es wird auch ein Bezug zu verteilten objektorientierten Ansätzen hergestellt; dabei werden Möglichkeiten aufgezeigt, das DCE in diesem Bereich einzusetzen bzw. auch zu erweitern. Außerdem werden aktuelle und mögliche zukünftige Entwicklungen des OSF DCE dargestellt und bewertet. Ferner werden einige Aussagen zur aktuellen Verfügbarkeit des DCE auf verschiedenen Plattformen gemacht, so weit dies momentan möglich ist. Das Kapitel schließt mit einer globalen Zusammenfassung und einem kurzen Ausblick.

2 Gesamtarchitektur des OSF DCE

Dieses Kapitel stellt die Gesamtarchitektur des OSF DCE mit seinen Teilkomponenten vor. Dabei wird auch auf das Zusammenwirken der Komponenten und auf ihren Einsatz an einem Beispiel eingegangen. Um den globalen Überblick abzurunden, wird auch die historische Entwicklung des DCE kurz beleuchtet. Die nachfolgenden Kapitel sind dann den einzelnen Teilkomponenten gewidmet.

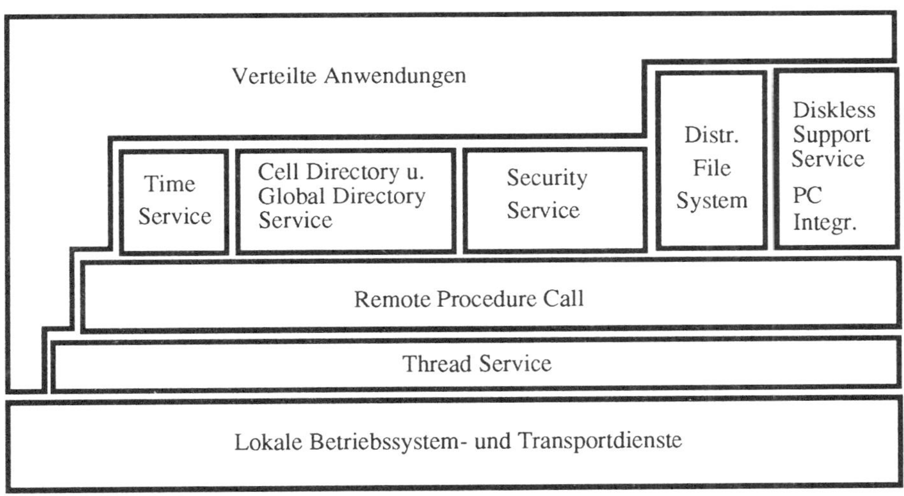

Abb. 2-1 Gesamtarchitektur des OSF DCE

2.1 Architekturmodell

Die Gesamtarchitektur des OSF DCE mit seinen Komponenten ist grob in Abbildung 2-1 skizziert. Die angedeutete Schichtung stellt primär die gegenseitige Verwendung der Komponenten dar. So verwenden beispielsweise alle Komponenten den RPC als Kommunikationsdienst, der wiederum den DCE Thread Service benutzt. Die Schichtung schließt jedoch nicht den direkten Durchgriff "höherer" Komponenten (z.B. Distributed File System) auf andere Komponenten (z.B. Threads) aus. Dies gilt insbesondere für Anwendungsprogramme, die generell auf alle Komponenten direkt oder indirekt zugreifen können (in der Abbildung teilweise treppenförmig angedeutet). Die Basis für alle DCE-Komponenten bildet jeweils das lokale Betriebssystem eines Rechnerknotens (z.B. Unix) sowie die auf dem Rechner verfügbaren Transportdienste (z.B. TCP/IP oder OSI/TP-4).

Die DCE-Dienste Threads, RPC, Cell Directory, Security und Distributed Time Service werden auch als *Basisdienste* bezeichnet. Sie sind vor allem dadurch gekennzeichnet, daß sie unter anderem auch direkt in verteilten Anwendungsprogrammen eingesetzt werden. Dies bedeutet, daß der Anwender ihre Programmierschnittstelle kennen muß. Dagegen werden der Global Directory Service, das Distributed File System, der Diskless Support und die PC Integration als *weitergehende Dienste* aufgefaßt, die nicht für die Anwendungsprogrammierung direkt relevant sind. Sie werden dem Anwender vielmehr direkt an der konventionellen Betriebssystemschnittstelle angeboten; so wird beispielsweise das Distributed File System automatisch aufgerufen, wenn auf eine nicht lokale Datei zugegriffen wird. Die Zugriffsoperation stellt sich für den Anwender als konventionelle Dateioperation dar (z.B. *fopen* in C).

Diese Unterscheidung ist für die Darstellung der Detailaspekte sehr wichtig; bei den Basisdiensten steht die Programmierschnittstelle im Vordergrund, während bei den Datenverwaltungsdiensten die Administrationsaufgaben den Schwerpunkt der Beschreibung darstellen.

2.2 Struktur von DCE-Cells

Eine DCE-Umgebung wird grundsätzlich in sogenannte *Cells* aufgeteilt. Jede Cell stellt eine organisatorische Einheit dar und besteht aus einer Menge von Rechnerknoten. Die einzelnen Cells sind strikt disjunkt. Die Aufteilung in Cells ermöglicht die Beherrschung großer Systeme: Jede Cell wird getrennt und weitgehend autonom verwaltet. Außerdem werden bestimmte DCE-Dienste (z.B. die Namensverwaltung) innerhalb einer Cell effizienter realisiert. Schließlich wird auch die Anzahl der erforderlichen Interaktionspfade zwischen DCE-Komponenten auf verschiedenen Rechnern reduziert, indem oft nur eine oder wenige ausgewählte Komponenten für die Interaktion mit anderen Cells zuständig sind (z.B. bei der Namensverwaltung und beim Distributed Time Service).

Abb. 2-2 zeigt ein Beispiel für drei DCE-Cells aus der in Abschnitt 1.2 beschriebenen Anwendung, die für das Produktmanagement, die Fertigung und die Buchhaltung in einem Unternehmen zuständig sind. Jede Cell setzt sich aus mehreren Rechnern zusammen, die über ein Netzwerk verbunden sind und innerhalb der Cell kooperieren. Falls erforderlich, ist aber auch eine Cell-übergreifende Kooperation möglich; im Beispiel wäre dies etwa bei der Weitergabe neuer Produktdaten vom Produktmanagement an die Fertigung gegeben. Die DCE-Funktionalität wird den einzelnen Cells durch RPC und Threads sowie durch DCE-Server bereitgestellt.

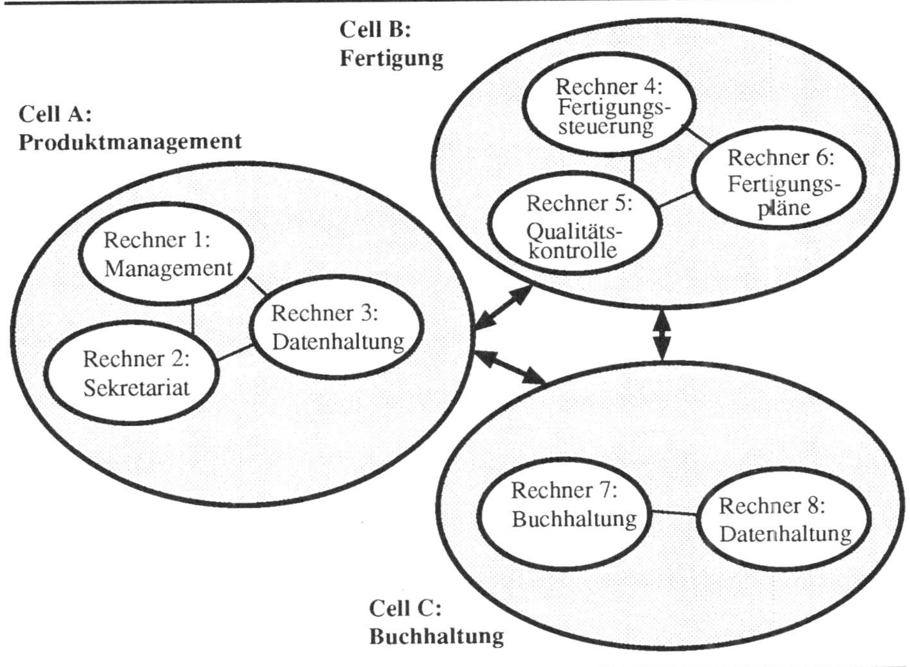

Abb. 2-2 Kooperierende DCE-Cells

Im folgenden werden nun die einzelnen Komponenten und ihr Zusammenspiel konzeptionell erläutert. Die Detailfunktionalität und die Programmierschnittstellen werden später behandelt.

2.3 Die Teilkomponenten des DCE

2.3.1 Thread Service

Der DCE Thread Service realisiert eine portable Implementierung von *leichtgewichtigen Prozessen (Threads)* gemäß dem Standard *POSIX 1003.4a*. Dies sind Prozesse, die sich einen Adreßraum teilen können und damit - im Gegensatz zu herkömmlichen Betriebssystemprozessen - gemeinsam auf globale Daten (z.B. globale Variablen eines C-Programmes) zugreifen können.

Dies ist schematisch in Abb. 2-3 dargestellt. Zwei Betriebssystemprozesse A und B auf einem Rechner umfassen jeweils drei bzw. zwei Threads, die zur Laufzeit von einem speziellen Thread-Scheduler verwaltet werden. Sie greifen auf einen gemeinsamen Adreßraum zu, verfügen aber über einen eigenen Prozeßkontext, der aus Programmzähler (PC), Stackpointer (SP) und Stack besteht. Dadurch sind die Threads in der Lage, quasi-parallel verschiedene Sektionen eines Programmes abzuarbeiten. Je nach Implementierung müssen zusätzlich Register und weitere Thread-spezifische Daten mit in den Kontext eines Thread aufgenommen werden.

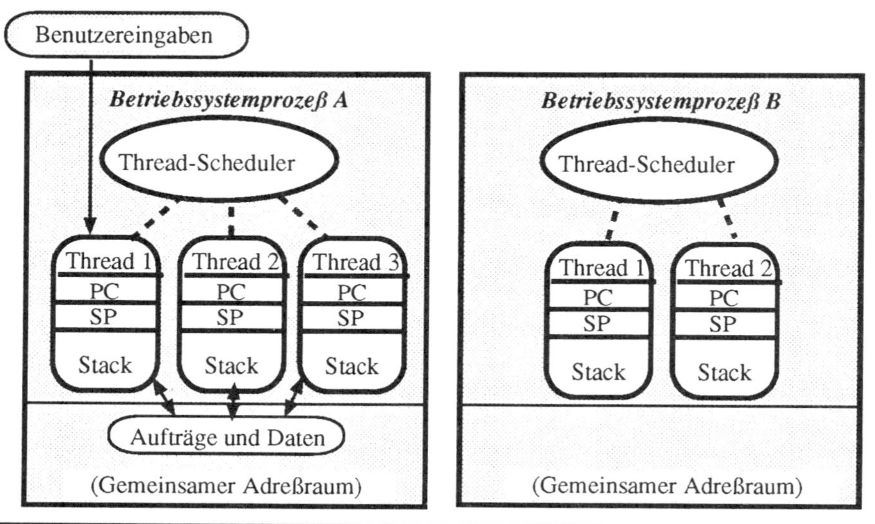

Abb. 2-3 Struktur von Threads

Threads ermöglichen eine flexible Programmierung nebenläufiger, quasi-paralleler Aktivitäten innerhalb eines Adreßraums. Ein Beispiel dafür ist eine Kombination von mehreren Threads, von denen einer ständig auf Benutzereingaben wartet, während die übrigen Threads nebenläufig die vom Benutzer angefordeten Berechnungsaufträge ausführen (s. Abb. 2-3, links). Innerhalb eines Adreßraumes macht dies die Auftragsverwaltung flexibler. Falls einzelne Threads zusätzlich auch Aufträge an entfernte Rechner mittels RPC delegieren können (s.u.), wird außerdem echte Parallelität erzielt - dadurch verkürzt sich die Gesamtbearbeitungszeit.

Das DCE stellt Bibliotheksfunktionen zum Erzeugen und Löschen von Threads sowie zur Thread-Synchronisation bereit. Zur Laufzeit werden Threads gemäß explizit spezifizierbarer Scheduling-Verfahren verwaltet; beispielsweise ist prioritätsgesteuertes Scheduling möglich.

2.3.2 Remote Procedure Call

Der *RPC* ist der Basiskommunikationsmechanismus im DCE. Er realisiert synchrone Fernaufrufe von Prozeduren im Rahmen des *Client/Server-Modells*; der Aufrufende wird als *Client* oder auch als *Dienstnehmer* bezeichnet, während der Aufgerufene *Server* oder auch *Dienstgeber* genannt wird. Ein Server stellt eine Menge von Prozeduren in Form einer wohldefinierten Schnittstelle zur Verfügung. Diese Schnittstelle wird auch den potentiellen Clients bekannt gemacht. Clients und Server befinden sich üblicherweise auf unterschiedlichen Rechnerknoten; in Ausnahmefällen können sie aber auch auf dem gleichen Rechner plaziert sein.

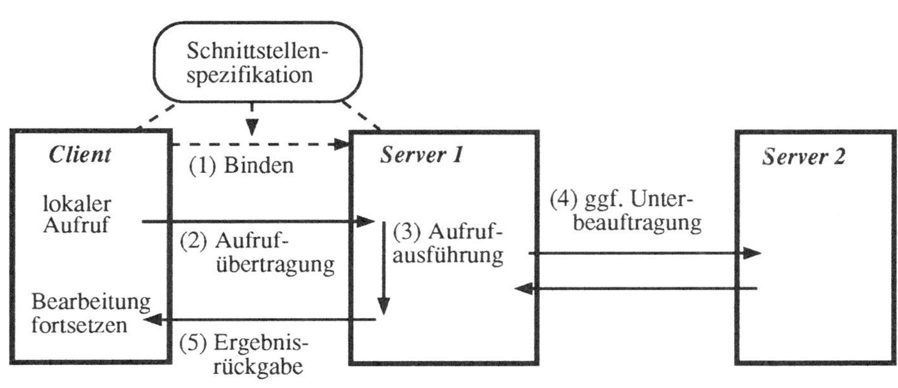

Abb. 2-4 RPC mit Unterbeauftragung

Ablauf eines RPC

Ein entfernter Prozeduraufruf läuft grob wie folgt ab (s. Abb. 2-4; vgl. auch [BIN84] und [SCH92I]):

(1) *Binden:* Ein *Client* lokalisiert aufgrund einer Spezifikation der gewünschten Schnittstelle einen Server (hier *Server 1*, der diese Schnittstelle anbietet); dies wird als *Binden* zwischen Client und Server bezeichnet.

(2) *Aufrufübertragung:* Der Client setzt lokal einen Aufruf ab; dieser wird vom System - transparent für das Client-Anwendungsprogramm - in Form von Nachrichten an den Server übertragen.

(3) *Aufrufausführung:* Das Laufzeitsystem des Servers dekodiert den empfangenen Aufruf und selektiert die aufzurufende Prozedur. Diese wird anschließend durch den Server ausgeführt.

(4) Optionale Unterbeauftragung: Während der Aufrufausführung kann der Server auch selbst wieder im Rahmen einer Unterbeauftragung entfernte Aufrufe an einen anderen Server absetzen (hier an *Server 2*) und somit temporär zum Client werden.

(5) *Ergebnisrückgabe:* Der Server kodiert die Ergebnisse des Aufrufs in Form einer Rückantwort und sendet diese mittels Nachrichtenübertragung an den Client zurück. Dieser dekodiert die Antwort und übergibt sie dem Anwendungsprogramm, das nun erst seine Bearbeitung fortsetzt; es war während der gesamten Durchführung des Aufrufs blockiert.

Das Anwendungsprogramm des Clients enthält lediglich den lokalen Prozeduraufruf und importiert außerdem die Schnittstellenbeschreibung. Gegebenenfalls sind wenige zusätzliche Aufrufe zur Durchführung des Bindens erforderlich. Der RPC selbst wird aber völlig transparent für die Anwendung abgewickelt, sofern keine speziellen Fehlerfälle auftreten. Dadurch erleichert sich die Realisierung der Anwendungskommunikationsfunktionalität erheblich. Die Implementierung des Servers umfaßt etwas mehr Initialisierungs- und Verwaltungscode. Aber auch hier werden anschließend RPCs zur Laufzeit weitgehend transparent für das Anwendungsprogramm abgewickelt.

Zentrale Eigenschaften des DCE RPC

Der DCE RPC weist einige Eigenschaften bzgl. seiner Funktionalität auf, die von besonderem Vorteil für Anwendungen sein können (s. auch Abschnitt 3.1). Es ist möglich, beliebige Parameterstrukturen, insbesondere auch komplexe verzeigerte Datenstrukturen und variable Arrays, per RPC zu übergeben (intern als Wertparameter realisiert). Außerdem werden dabei automatische Formatkonvertierungen zwischen heterogenen Rechnern durchgeführt. Die RPC-Aufrufsemantik (z.B. *at-most-once* oder *maybe,* s. Kap. 3) kann flexibel durch Attribute ausgewählt werden. Es sind sowohl synchrone wie auch asynchrone (nicht den Client blockierende) Aufrufe möglich (s.u.). Außerdem werden auch Rückaufrufe vom Server zum Client unterstützt. Um Massendaten als Parameter übergeben zu können, werden spezielle Transfermechanismen mittels sog. Pipes angeboten. Unter Verwendung des Security Service sind authentisierte, autorisierte und verschlüsselte Aufrufe zur Gewährleistung von Sicherheitsaspekten gemäß dem Basismodell aus [BIR85] möglich. Insgesamt wird eine sehr umfassende, flexibel konfigurierbare Funktionalität angeboten.

Der DCE RPC basiert momentan auf der RPC-Implementierung des *Network Computing Systems (NCS)* bzw. der *Network Computing Architecture (NCA)* von DEC und HP. Er entspricht damit nicht direkt internationalen Standards, kann sich aber durchaus selbst zum Industriestandard entwickeln, da er insbesondere auch die Interoperabilität heterogener Systeme verschiedener Hersteller ermöglicht. Zusätzlich ist geplant, den RPC konform zu existierenden bzw. in Entwicklung befindlichen ISO/OSI-Normen, insbesondere dem *Remote Operations Service Element (ROSE)* [ISO87] und dem *ISO RPC* [ISO90] weiterzuentwickeln (s. auch Kap. 9).

Einsatz des Thread Service

Der Thread Service wird im Rahmen des RPC in zwei Bereichen eingesetzt: (1) *Client:* Dieser kann durch Erzeugen mehrerer Threads auch mehrere RPC-Aufrufe an verschiedene Server gleichzeitig absetzen; jeder Thread ist für die Abwicklung eines Aufrufs zuständig. Dadurch werden parallele Bearbeitungen möglich. (2)

Server: Innerhalb des Servers stehen i.a. mehrere Threads zur nebenläufigen Bearbeitung ankommender Aufrufe zur Verfügung. Dadurch wird z.B. verhindert, daß ein Aufruf sehr lange auf die Abarbeitung eines anderen, Rechenzeit- oder E/A-intensiven Aufrufs warten muß. Aus diesen Gründen ist der DCE Thread Service ein wichtiger Bestandteil der DCE RPC-Implementierung.

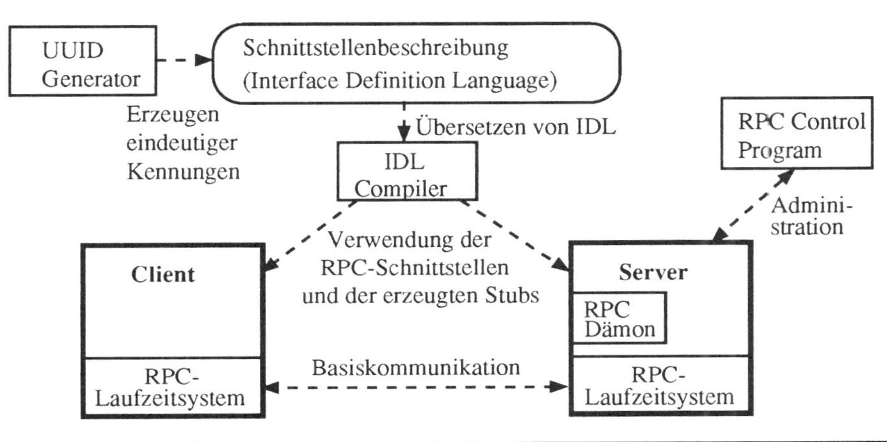

Abb. 2-5 Teilkomponenten des DCE RPC

Teilkomponenten des DCE RPC

Das DCE bietet mehrere Teilkomponenten zum RPC an (s. Abb. 2-5): RPC-Schnittstellen werden mit der an C angelehnten, deklarativen Beschreibungssprache *IDL (Interface Definition Language)* spezifiziert und mit dem *IDL Compiler* des DCE übersetzt; als Resultat werden u.a. spezielle Routinen zur transparenten Aufrufübertragung und Ergebnisrückgabe (sogenannte *Stubs)* erzeugt. Da RPC-Schnittstellen systemweit bekannt gemacht werden können, müssen sie auch eindeutig identifiziert werden. Dies erfolgt über systemweit eindeutige Kennungen (sogenannte *UUIDs, Universal Unique Identifiers),* die vom *UUID Generator* des DCE RPC erzeugt werden. Ferner steht auf jedem RPC-fähigen Rechnerknoten ein *RPC-Dämon* zur Verfügung, der im Rahmen des Bindevorgangs die Zuordnung ankommender Aufrufe zu geeigneten Servern unterstützt. Die Abwicklung von RPCs zur Laufzeit erfolgt durch das *RPC-Laufzeitsystem*, das u.a. die Schnittstelle zu den zugrundeliegenden Nachrichten-Transportprotokollen realisiert. Schließlich steht noch ein Kontrollprogramm *(rpccp, RPC Control Program)* für Administrationsaufgaben zur Verfügung.

2.3.3 Directory Service

Die zentrale Aufgabe eines *Directory Service* in einem verteilten System ist die Abbildung logischer Namen auf Adressen [SCH92II]. Logische Namen dienen zur benutzerfreundlichen Benennung von Instanzen wie z.B. Modulen, Servern oder Endbenutzern. Ein weithin bekanntes Beispiel sind die Benutzernamen im Internet, wie etwa *meier@entwicklung.osf.de*; dies stellt einen hierarchisch strukturierten Benutzernamen mit Angabe des Benutzers (*meier*), seiner Organisationseinheit (*entwicklung*), seiner Organisation oder Firma (*osf*) und seines Landes (*de=Deutschland*) dar. Die Internetadresse des zugehörigen Rechnerknotens könnte etwa *145.13.4.61* lauten und könnte von einem Directory Service bei Angabe des logischen Namens geliefert werden.

Der wichtigste Vorteil eines Directory Service ist dabei, daß die Namensinformation von einer allgemein bekannten Stelle verwaltet wird und dadurch global zugänglich ist und vor allem bei Änderungen leicht global konsistent gehalten werden kann. Der DCE Directory Service setzt sich aus den beiden Komponenten *Cell Directory Service (CDS)* und *Global Directory Service (GDS)* zusammen.

Cell Directory Service

Der CDS ist für die Verwaltung von Namen innerhalb einer DCE-Cell verantwortlich und wird durch einen oder mehrere CDS-Server pro Cell implementiert. Der CDS ist für die Zugriffe innerhalb einer Cell optimiert, die normalerweise den dominierenden Anteil darstellen. Durch Replikationstechniken kann die Verfügbarkeit des CDS erhöht werden, indem Namenstabellen bei mehreren Servern innerhalb einer Cell gespeichert werden und bei einzelnen Rechnerausfällen zumindest für Lesezugriffe verfügbar bleiben. Außerdem wird die Effizienz bei Namensanfragen durch gezielte Caching-Techniken verbessert; ein anfragender Client hält sich Ergebnisse von Namensanfragen in einem lokalen Cache, so daß keine Nachrichtenkommunikation bei späteren Anfragen nach den gleichen Daten mehr erforderlich ist.

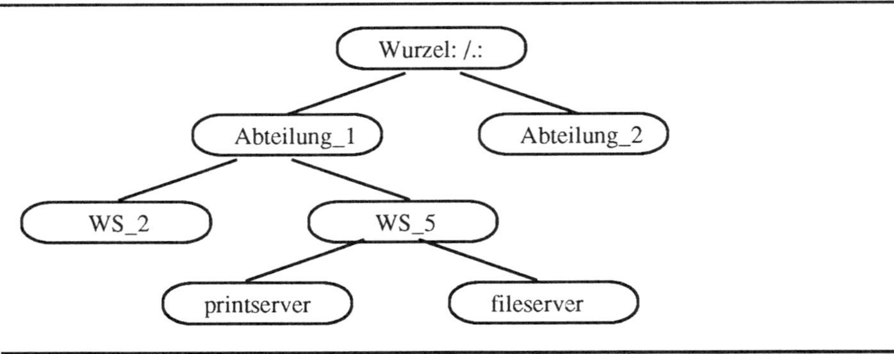

Abb. 2-6 Beispiel eines einfachen CDS-Namensraums

Ein Beispiel für einen durch den CDS verwalteten Namen ist etwa durch */.:/Abteilung_1/WS_5/printserver* gegeben. Diese Namen sind also über einem hierarchischen Namensraum definiert (s. Beispiel aus Abb. 2-6), der ähnlich wie der Namensraum der Dateinamen in Unix strukturiert ist. Die einleitende Zeichenfolge "/.:" repräsentiert die Wurzel des Cell-Namensraums. Die Namenskomponenten (z.B. *Abteilung_1* oder *WS_5*) werden wie in Unix *Directories* genannt; lediglich die letzte Komponente wird als *Namenseintrag* bezeichnet. Ein Directory dient damit zur Gruppierung von Namenseinträgen bzw. von Directories selbst. Die Namenseinträge können zusätzlich mit *Attributen* assoziiert werden, um die benannte Instanz genauer zu beschreiben; ein Beispiel ist die Angabe der Schnittstellenidentifikation (UUID) eines benannten RPC-Servers.

Global Directory Service
Der GDS ist für die Abbildung von Namen zuständig, die in anderen Cells verwaltet werden; d.h. eine Namensanfrage wird z.B. an den CDS in *Cell 1* gestellt, während die entsprechende Namens- und Adreßinformation vom CDS in *Cell 2* verwaltet wird.

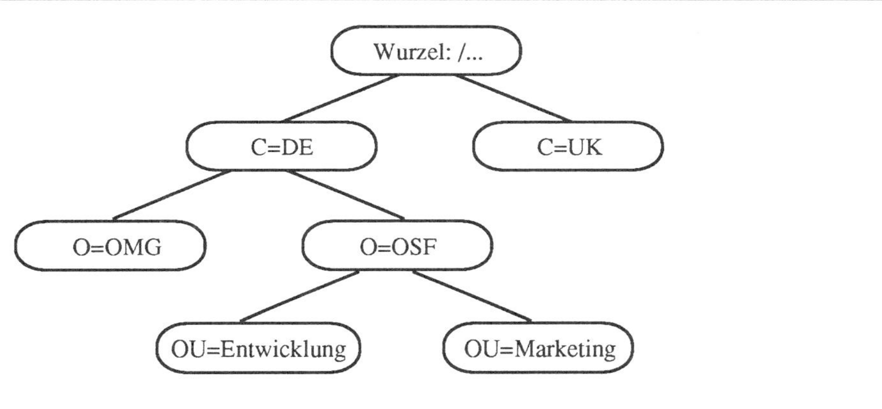

Abb. 2-7 Beispiel eines einfachen GDS-Namensraums

Der GDS stellt damit das Bindeglied zwischen verschiedenen CDS dar. Die GDS-Implementierung und die GDS-Namensstruktur ist konform zum Standard CCITT X.500 / ISO 9594. Ein Beispiel für einen solchen Namen ist etwa durch */.../C=DE/O=OSF/OU=Entwicklung* gegeben. Dies entspricht im DCE dem Namen einer Cell, der dann durch Ergänzung eines Cell-internen CDS-Namens detailliert werden kann:
/.../C=DE/O=OSF/OU=Entwicklung/Abteilung_1/WS_5/printserver
Die einleitende Zeichenfolge "/..." repräsentiert die Wurzel des globalen Namensraums (s. Beispiel aus Abb. 2-7 für einen globalen Namensraum).

GDS-Namen können neben den gezeigten, vordefinierten Attributen (*C=Country, O=Organization, OU=Organizational Unit* u.a. Attribute) auch andere, anwendungsspezifische Attribute umfassen. Gültige Kombinationen von Attributen werden durch Klassen definiert, die im Sinne der objektorientierten Programmierung in einer Vererbungshierarchie stehen. Damit können speziellere Namensklassen die Attributdefinitionen von allgemeineren, bereits definierten Namensklassen übernehmen. Einem Attribut können für einen bestimmten Namen auch mehrere Werte zugeordnet werden. Die Gesamtheit der Namensklassen wird durch das *GDS Directory Schema* definiert.

Der GDS wird auch durch mehrere Server implementiert, wobei wie beim CDS Replikationstechniken zur Erhöhung der Verfügbarkeit und Caching-Mechanismen zur Effizienzsteigerung eingesetzt werden.

Auf der Basis des X.500-Standards kann über den GDS auch auf Namen zugegriffen werden, die von externen X.500-Servern verwaltet werden. Koexistierend mit X.500 kann in einer DCE-Umgebung auch der *Domain Name Service (DNS)* des Internet als Bindeglied zwischen verschiedenen CDS eingesetzt werden. Ein entsprechende globaler Name hätte dort die Form:
/.../entwicklung.osf.de/Abteilung_1/WS_5/printserver.

Eine mögliche Konfiguration zur DCE-Namensverwaltung ist in Abb. 2-8 dargestellt. Drei Cells mit ihrem CDS sind über den GDS bzw. über den DNS bezüglich ihrer Namensverwaltung integriert.

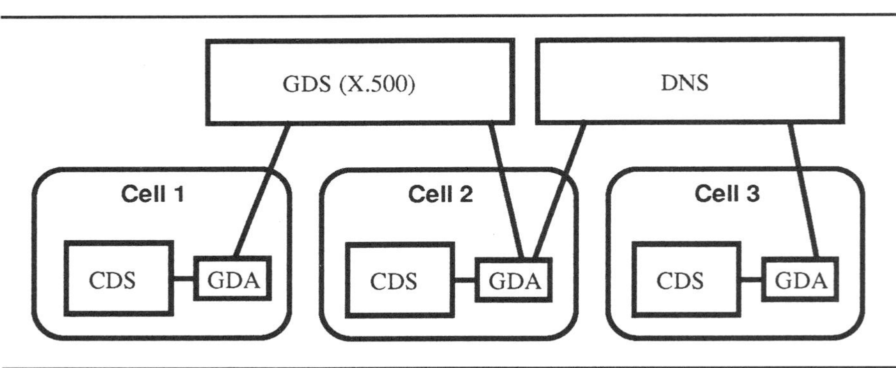

Abb. 2-8 Konfiguration von CDS und GDS mit X.500 und DNS

Implementierungstechnisch stellt ein sogenannter *Global Directory Agent (GDA)* die Schnittstelle zwischen dem CDS und dem GDS bzw. DNS dar. Nur Namensanfragen, die vom CDS nicht innerhalb der eigenen Cell beantwortet werden können, werden über den GDA weitergereicht. Die Entscheidung über eine notwendige Weiterleitung basiert auf der Struktur und dem Inhalt des vorgegebenen Namens.

Die Programmierschnittstelle zum DCE Directory Service wird durch das *X/Open Directory Service Interface (XDS)* zur Verfügung gestellt. Im Rahmen des DCE RPC kann auch über ein vereinfachtes *Name Service Interface (NSI)* auf den

Directory Service zugegriffen werden, um das Binden von Clients und Servern mittels logischer Namen zu realisieren. Außerdem steht ein interaktiver *CDS-Browser* zur Verfügung, um die Namensstruktur innerhalb einer Cell zu inspizieren. Zur Administration des CDS steht dem Systemmanager das Verwaltungsprogramm *cdscp (CDS Control Program)* zur Verfügung; ähnliche Werkzeuge sind auch für den GDS vorhanden.

2.3.4 Security Service

Der DCE Security Service hat die Aufgabe, den Zugriff unberechtigter Benutzer oder Programme auf Daten, Dienste und Übertragungsnachrichten innerhalb einer verteilten DCE-Umgebung zu verhindern. Dieser Dienst wird primär zusammen mit dem RPC eingesetzt, aber auch im Zusammenhang mit anderen DCE-Komponenten verwendet. Im wesentlichen erbringt der Security Service folgende Leistungen:

1. *Authentisierung:* Eine Instanz einer verteilten Umgebung (Benutzer, Client, Server etc.) bestätigt unter Angabe einer geheimen Kennung (Paßwort bzw. geheimer Schlüssel) im Rahmen der Authentisierung, daß es sich bei ihr wirklich um die vorgegebene Instanz handelt.
2. *Autorisierung:* Eine Instanz (z.B. ein Server) vergibt Zugriffsrechte an bestimmte andere Instanzen (z.B. Clients); dies wird als Autorisierung bezeichnet. Komponenten des Security Service prüfen die geeignete Autorisierung einer bereits authentisierten Instanz bei späteren Zugriffen.
3. *Verschlüsselung:* Übertragene Nachrichten, insbesondere im Rahmen des RPC können verschlüsselt werden, um unberechtigtes Lesen zu verhindern bzw. unberechtigte Datenmanipulationen erkennen zu können. Dabei werden geheime Schlüssel eingesetzt.

Grundlegender Ablauf von Authentisierung und Autorisierung
Der grundlegende Ablauf bei der Verwendung des Security Service durch einen Benutzer ist in Abb. 2-9 vereinfacht dargestellt. Grundsätzlich ist alle übertragene Information verschlüsselt, und zwar noch umfassender als es an dieser Stelle verkürzt erläutert wird (s. Kap. 6).

Benutzerverwaltung: Zunächst muß der Systemmanager einen Benutzer mit seinem Namen und seinem (verschlüsselten) Paßwort in eine globale Security-Datenbasis des Security Servers eintragen (1). Diese wird von einem sog. *Registry Server* verwaltet, der ein entsprechendes Management-Programm anbietet, das nur dem Systemmanager zugänglich ist.

Login: Nun kann sich der Benutzer auf seinem lokalen System wie gewohnt anmelden (Login). Allerdings wird dabei in Ergänzung zum lokalen Login eine sog. *Login-Komponente* auf dem System des Benutzers (Client) aktiviert. Diese Komponente sendet unter Angabe des Benutzernamens eine Authentisierungsanforderung an den *Authentisierungsserver* (2). Dieser sucht in der Security-Datenbasis nach dem entsprechenden Benutzer. Falls die Suche erfolgreich ist, sendet der Server ein sog. *Ticket* an die Login-Komponente zurück (3), das er aber mit dem Paßwort des Benutzers[1] verschlüsselt (der Server verfügt mittels der Security-Datenbasis über alle Paßwörter der Benutzer). Auf diese Weise ist garantiert, daß nur der echte Benutzer bzw. seine Login-Komponente das Ticket entschlüsseln kann. Durch die Entschlüsselung wird der Benutzer implizit authentisiert, da nur ein entschlüsseltes Ticket später akzeptiert wird (s.u.). Das eingegebene Paßwort bzw. der daraus generierte Schlüssel kann anschließend gelöscht werden. Das Ticket wird dagegen gespeichert und muß allerdings vor unberechtigtem lokalen Zugriff sicher sein.

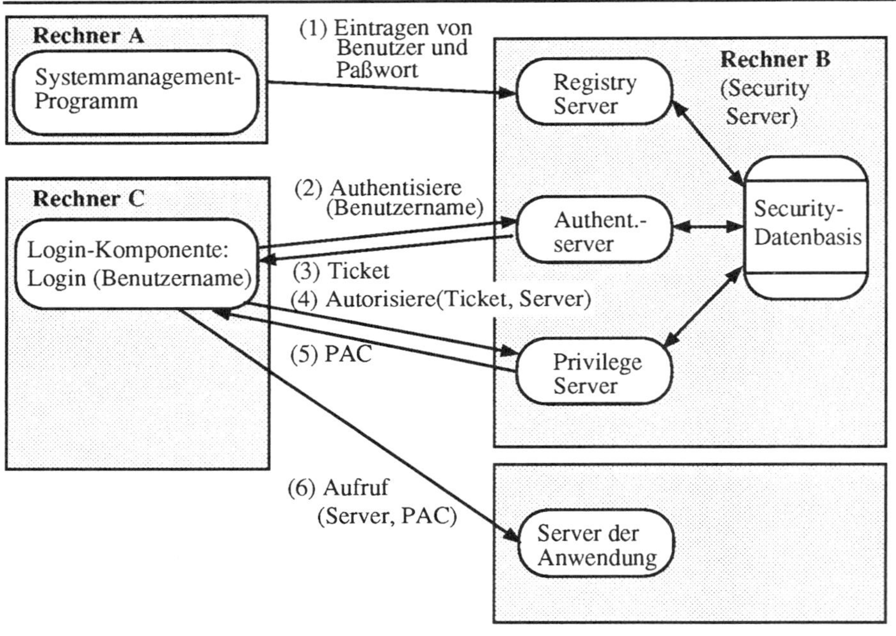

Abb. 2-9 Authentisierung und Autorisierung

Autorisierung: Anschließend sendet die Login-Komponente das erhaltene, von ihr entschlüsselte Ticket an den *Privilege Server* (4), mit der Anforderung, ihr eine Berechtigung für den Zugriff auf einen bestimmten Server der Anwendung zu erteilen. Der Privilege Server verfügt mittels der Security-Datenbasis über Autorisierungsinformation zu den einzelnen Benutzern. Durch Ticket-interne Prüfinformation stellt der Server fest, daß sich der Benutzer (bzw. seine Login-Komponente) zuvor durch die Entschlüsselung des Tickets unter Verwendung des Paßworts au-

[1] Genauer gesagt, mit einem Schlüssel gemäß dem Data Encryption Standard (DES), der aus dem Paßwort abgeleitet wird.

thentisiert hat. Der Server sucht dann nach der Autorisierungsinformation zum gegebenen Benutzer, dessen Kennung im gesendeten Ticket enthalten ist. Diese Information umfaßt z.B. Angaben, in welchen Benutzergruppen der Benutzer Mitglied ist. Die gesamte Autorisierungsinformation wird dann in Form eines *Privilege Attribute Certificates (PAC)* kodiert und an die Login Facility des Benutzers zurückgeliefert (5).

Server-Aufrufe: Die PAC-Information wird schließlich zusammen mit einem RPC-Aufruf an den gewünschten Anwendungsserver geschickt (6). Dieser Server prüft dann, ob der entsprechende Benutzer direkt oder indirekt (als Gruppenmitglied) in seiner lokalen Zugriffskontrolliste zu finden ist. Falls der Benutzer als entsprechend autorisiert erkannt wird, so führt der Server den Dienst aus, ansonsten lehnt er die Ausführung ab. Die Schritte (4), (5) und (6) werden für jeden gewünschten Server wiederholt.

Wie bereits oben angesprochen, werden die Nachrichten zusätzlich verschlüsselt. Dazu dienen zum einen die privaten Schlüssel der einzelnen Komponenten und zum anderen auch dynamisch generierte *Konversationsschlüssel,* die jeweils Paaren von Kommunikationspartnern bekannt gemacht werden. Die genaue Vorgehensweise wird in Kap. 6 erläutert.

Granularität der Authentisierung

Bei der Authentisierung und Verschlüsselung kann zwischen verschiedenartiger Granularität gewählt werden. Dabei werden die folgenden Sicherheitsklassen angeboten:

- *Klasse 1: Authentisierung zu Beginn:* Hier erfolgt nur - wie oben dargestellt - eine Authentisierung vor Beginn einer Interaktionsphase mit einem Server. Dabei kann nicht nur der Client gegenüber dem Server authentisiert werden, sondern auch umgekehrt.
- *Klasse 2: Authentisierung pro Aufruf:* Hier wird nicht nur einmal, sondern für jeden einzelnen Aufruf eines Clients bei einem Server eine gegenseitige Authentisierung durchgeführt.
- *Klasse 3: Authentisierung pro Übertragungspaket:* Hier wird für jede einzelne übertragene Nachricht durch wiederholte Authentisierung zugesichert, daß sie vom angegebenen Client bzw. Server stammt.
- *Klasse 4: Schutz vor Modifikation von Nachrichten:* Hierdurch wird zusätzlich garantiert, daß empfangene Nachrichten zuvor nicht unberechtigt modifiziert wurden.
- *Klasse 5: Vollständige Verschlüsselung:* Diese Klasse mit den weitestgehenden Sicherheitsgarantien verhindert zusätzlich auch jegliches unberechtigte Lesen bzw. Kopieren von Nachrichten durch vollständige Verschlüsselung.

Bei der Wahl der Klasse, die vom Anwender getroffen werden kann, wird prinzipiell ein Kompromiß zwischen der gewährleisteten Sicherheit und dem erforderlichen Laufzeitaufwand eingegangen.

Art der Autorisierungsinformation
Die Autorisierungsinformation, die in Form von Zugriffskontrollisten *(ACL, Access Control List)* dezentral durch die Server geführt wird, wird durch einen sog. *ACL Manager* verwaltet (s. Abb. 2-10). Dieser prüft vor Gewährung eines Server-Aufrufs die Zugriffsberechtigung eines Benutzers bzw. Clients, dessen Kenndaten in Form des PAC gegeben sind. Eine Zugriffskontrolliste umfaßt dabei die Kennung der betreffenden DCE-Cell sowie eine Menge von Einträgen. Jeder Eintrag spezifiziert einen Benutzer oder eine Benutzergruppe innerhalb oder ggf. auch außerhalb der Cell. Für Instanzen außerhalb der Cell wird der Name der externen Cell mit aufgeführt. Außerdem enthält jeder Eintrag die gewährten Rechte, also z.B. Lese- oder Schreibzugriff auf Daten.

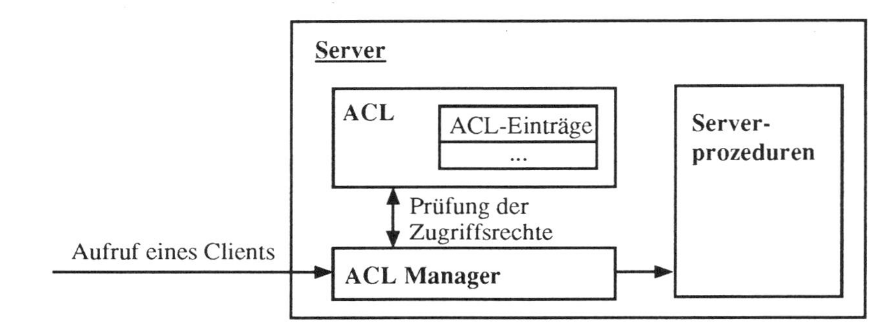

Abb. 2-10 Struktur der Autorisierung

Einträge in die Zugriffskontrollisten können nur durch entsprechend autorisierte Benutzer bzw. durch den Systemmanager gemacht werden.

2.3.5 Distributed Time Service

Der *DCE Distributed Time Service (DTS)* dient zur Synchronisation der Systemuhren von Rechnern eines verteilten Systems. Grundsätzlich besteht in verteilten Systemen das Problem, daß die lokalen Systemuhren der Rechner bedingt durch unvermeidbare Toleranzen gewisse Differenzen aufweisen; dies kann auch durch modernste Hardware nicht vollständig behoben werden. Andererseits ist es für viele verteilte Algorithmen wichtig, daß die Zeitbasen der Rechner möglichst genau übereinstimmen.

Im DCE wird die erforderliche Synchronisation durch periodische Synchronisationsnachrichten mit *Time Servern* realisiert. Mindestens ein Time Server ist pro Cell notwendig, üblich sind drei oder mehr. Die übrigen Rechnerknoten der Cell arbeiten als Clients (*Time Clerks*) dieser Server und befragen sie in bestimmten

Zeitabständen nach ihrer Systemzeit. Als Zeitbasis wird die *Coordinated Universal Time (UTC)* nach dem Standard *ISO/DIS 8601* verwendet.

Zur Bereitstellung von Zeitwerten für mehrere Cells können auch *globale Time Server* konfiguriert werden. Diese sind dadurch ausgezeichnet, daß sie mit mehreren Time Servern in verschiedenen Cells interagieren. Um eine Synchronisation mit der objektiv exakten realen Zeit zu gewährleisten, werden außerdem *externe Zeitgeber (Time Provider)* integriert. Diese externen Hardware-Elemente werden z.B. über Funk mit der korrekten Zeit versorgt und liefern diese über ein sogenanntes *Time Provider Interface (TPI)* an einen oder mehrere Time Server. In einfachen Systemumgebungen kann die genaue Zeit auch manuell eingespeist und periodisch überprüft werden. Es ist auch möglich, Time Server des Internets, die mit dem *Network Time Protocol (NTP)* arbeiten, mit DCE Time Servern zu koppeln.

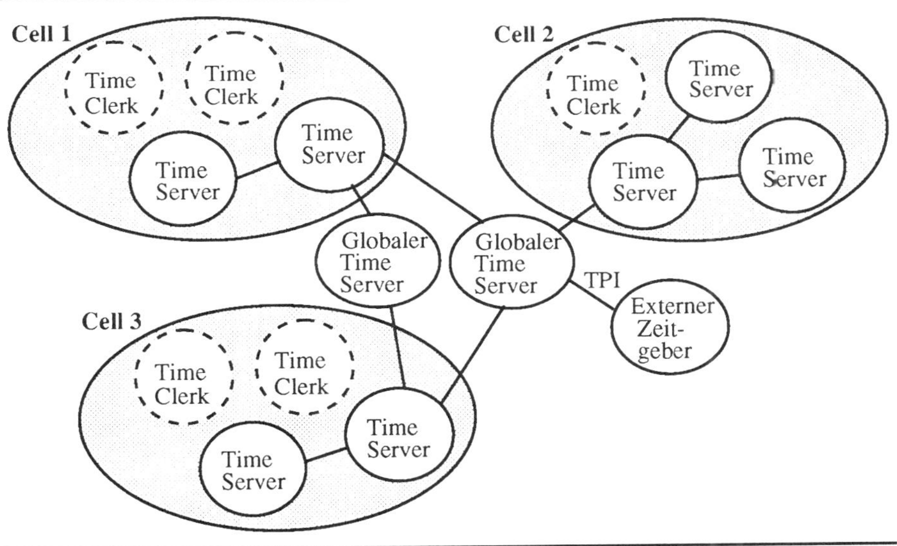

Abb. 2-11 Time Server Konfiguration

Ein Beispiel für eine entsprechende Serverstruktur ist in Abb. 2-11 dargestellt. Die Time Server in drei Cells sind mit zwei globalen Time Servern verbunden. Einer der globalen Time Server erhält die exakte Zeit von einem externen Zeitgeber. Die Server tauschen untereinander periodisch Synchronisationsnachrichten entlang der gezeigten Linien aus; ebenso befragen die Time Clerks periodisch die Time Server ihrer Cell nach deren Systemzeit.

Das DCE bietet neben der für den Anwender transparenten Funktionalität zur Uhrensynchronisation auch eine Programmierschnittstelle an. Diese ermöglicht das Erfragen der Systemzeit und das Vergleichen verschiedener Zeiten. Außerdem stehen arithmetische Funktionen für absolute und relative Zeitangaben bereit. Eine

Besonderheit der Zeitangaben ist das Mitführen einer Ungenauigkeitsangabe, durch die die nicht maskierbare mögliche Abweichung gegenüber der Absolutzeit explizit repräsentiert werden kann.

Insgesamt reicht die Funktionalität des Distributed Time Service für eine große Klasse verteilter Anwendungen mit gängigen Anforderungen an die Zeitgenauigkeit aus und stellt einen deutlichen Fortschritt gegenüber dem heutigen Normalfall von nicht synchronisierten Rechneruhren dar.

2.3.6 Distributed File System

Das DCE *Distributed File System (DFS)* stellt einen Dienst zur systemweiten verteilten Dateiverwaltung [HKM88, LES90] zur Verfügung. Grundsätzlich können Anwender dabei so auf Dateien zugreifen, wie sie es vom lokalen Dateisystem gewohnt sind. Intern wird der DFS allerdings durch mehrere Server implementiert, ähnlich wie es z.B. beim CDS der Fall ist. Spezielle Eigenschaften des DFS sind im folgenden zusammengefaßt:

- *Lokationstransparenz:* Innerhalb einer Cell kann völlig unabhängig von der Lokation eines Clients auf eine durch den DFS verwaltete Datei zugegriffen werden. Dateien können sogar von einem DFS-Server auf einen anderen verlagert werden, ohne daß der Client dies in irgendeiner Form bemerkt. Die Dateinamen innerhalb einer Cell entsprechen der Namensgebung unter Unix und sind völlig unabhängig von jeglichen Lokationsangaben.
- *Replikation:* Dateien können auf verschiedenen DFS-Servern repliziert werden, um ihre Verfügbarkeit zu erhöhen. Die Replikate sind aber nur für Lesezugriffe zugänglich; Schreibzugriffe sind nur auf der Primärkopie möglich. Die Änderungen werden dann je nach Wahl explizit oder periodisch an die anderen Kopien propagiert. Die Replikation eignet sich primär für binäre Systemdateien, die sich nur mit neuen Betriebssystemversionen ändern.
- *Caching:* Ein zugreifender DFS-Client hält sich gesamte Dateien bzw. große Teile davon in einem lokalen Cache. Dadurch ist ein sehr effizienter, lokaler Zugriff bei umfangreichen Bearbeitungsvorgängen möglich. Aktualisierungen der Cache-Kopie werden global allerdings erst nach dem Schließen einer Datei sichtbar.
- *Recovery:* Durch ein Log-basiertes lokales Dateisystem der DFS-Server werden Dateikommandos aufgezeichnet. Dadurch ist es möglich, nach einem Rechnerausfall schneller wiederaufzusetzen, indem die Kommandos seit dem letzten Sicherungspunkt wiederholt werden.
- *Skalierbarkeit:* Ein DFS-Server kann bedingt durch seine Implementierung und v.a. bedingt durch das Caching auf Client-Seite viele verschiedene Clients gleichzeitig bedienen. Damit wird eine DFS-Anwendung gut skalierbar, da neue Clients in größerem Umfang integriert werden können.
- *Konformität zu POSIX-Standards:* Das DFS ist bezüglich der Dateizugriffssemantik und der Zugriffskontrolle auf Dateien konform zu den Standards POSIX 1003.1 bzw. 1003.6.

Außerdem ist es möglich, daß Clients des *Network File Systems (NFS)* auf DFS-Server mittels eines NFS/DFS-Umsetzers zugreifen.

Komponentenstruktur
Das DFS wird durch einen oder mehrere Server pro DCE-Cell implementiert, die von DFS-Clients benutzt werden. Die Struktur einer solchen Konfiguration ist in Abb. 2-12 dargestellt.

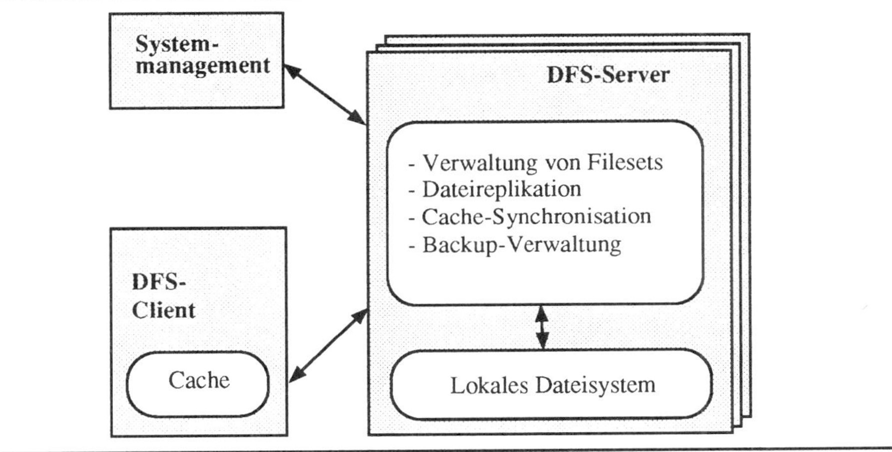

Abb. 2-12 Struktur des Distributed File Systems

Jeder Server verfügt über ein lokales Dateisystem, das zur physischen Dateiverwaltung auf jeweils einem Rechner dient. Dabei kann entweder ein herkömmliches *Unix-Dateisystem* oder ein spezielles, mit dem DFS integriertes Dateisystem *(Local File System, LFS)* eingesetzt werden. Letzteres ist speziell auf die Verteilung der Dateiverwaltung abgestimmt und ermöglicht dadurch eine umfassendere Funktionalität, z.B. in bezug auf die Replikation oder die dynamische Verlagerung von Dateien zwischen Servern.

Um die verteilte Dateiverwaltung zu realisieren, umfaßt jeder DFS-Server eine Reihe weiterer Teilkomponenten. Als Basismechanismus ist zunächst die Verwaltung sogenannter *Filesets* zu nennen. Ein Fileset stellt die Einheit der Verteilung beim DFS dar und entspricht einem Teilbaum des Datei-Namensraums (z.B. alle Dateien unterhalb von */usr/users*). Die Fileset-Verwaltung bietet Mechanismen zur Lokalisierung eines Filesets beim Zugriff eines Clients auf eine darin enthaltene Datei, Techniken zur Replikation von Filesets bei verschiedenen DFS-Servern sowie Möglichkeiten zur dynamischen Verlagerung von Filesets zwischen Servern an.

Dateizugriffe durch Clients basieren auf Operationen nach dem POSIX-Standard 1003.1. Beim Zugriff auf eine Datei hält sich der entsprechende Client die gesamten Dateidaten oder - bei sehr großen Dateien - zumindest eine größere Menge von Dateidaten in einem lokalen Cache. Dies ermöglicht in vielen Fällen eine rein lokale Bearbeitung, die vergleichsweise sehr effizient ist [HKM88]. Der Cache wird im Regelfall erst mit dem Schließen der Datei zum Server zurückgeschrieben. Dies hat allerdings auch mögliche Konsistenzprobleme bei nebenläufigen Dateizugriffen durch mehrere Clients zur Folge, die aber explizit in Kauf genommen werden. Grundsätzlich gilt die Regel, daß Änderungen eines Clients an einer Datei für einen anderen Client erst dann sichtbar werden, wenn die Datei geschlossen und danach erneut geöffnet wurde. Die Cache-Synchronisation eines DFS-Servers sorgt dafür, daß Clients überhaupt über Änderungen an einer Datei informiert werden und in diesem Fall ihren Cache vor dem erneuten Öffnen der Datei aktualisieren.

Ferner umfaßt das DFS auch eine Backup-Verwaltung, die Backups im laufenden Betrieb sowie inkrementelle Backups erlaubt. Die Durchführung eines Backups erleichtert sich durch die globale Sicht auf den Dateiraum. Dadurch muß nicht mehr explizit bei jedem Rechner getrennt ein Backup gefahren werden. Neben dieser Funktionalität werden auch die Operationen zur Fileset-Verwaltung sowie zusätzliche Mechanismen zum dynamischen Monitoring von DFS-Serverprozessen über eine umfangreiche Systemmanagement-Schnittstelle angeboten. Die Komponentenstruktur des DFS wird in Kap. 8 weiter detailliert.

Gesamtsicht

Das DFS stellt ein recht komplexes System dar, das allerdings innerhalb einer Cell weitgehend verteilungstransparent für den Anwender ist. Einfachere verteilte Anwendungen, bei denen keine expliziten Interaktionen zwischen Komponenten erforderlich sind, sondern eine implizite Kooperation über gemeinsame Dateien ausreicht, können dadurch einfach wie herkömmliche Anwendungen mit Dateizugriff realisiert werden.

Das System arbeitet vergleichsweise sehr effizient [HKM88], was v.a. durch das umfangreiche Caching auf der Client-Seite bedingt ist. Außerdem ist es gut skalierbar, was für große verteilte Umgebungen ein Faktor von zentraler Bedeutung ist.

Die Systemverwaltung des DFS ist dagegen wie auch bei anderen verteilten Dateisystemen relativ aufwendig; dies ist aber natürlich primär durch die komplexe Funktionalität des Systems bedingt.

2.3.7 Diskless Support Service

Der *DCE Diskless Support Service (DSS)* ermöglicht den Betrieb von Workstations ohne Hintergrundspeicher in einer verteilten DCE-Umgebung. Die entsprechende Funktionalität wird auf Betriebssystemebene integriert und ist für Anwendungsprogrammierer daher nicht explizit sichtbar. Auf jedem plattenlosen Rechner muß ein *Diskless Client* zur Verfügung stehen, der mit entsprechenden Servern mit externer Dateiverwaltung kommuniziert und so die normalerweise lokal verfügbare Funktionalität des Hintergrundspeichers erbringt.

Auf Serverseite werden vor allem *Boot Server* und *Swap Server* angeboten. Ein Boot Server stellt einem Diskless Client beim Systemstart den zu ladenden Betriebssystemkern über das Netz zur Verfügung, der ansonsten von Platte geladen würde. Ein Swap Server ermöglicht das temporäre Auslagern von Betriebssystemprozessen gemäß der üblichen Swap-Funktionalität. Beide Arten von Servern können einfach oder mehrfach in einer Cell vorkommen. Außerdem wird das Distributed File System zur Verwaltung der von einem Diskless Client benutzten Dateien eingesetzt. Mit dem Boot Server assoziiert ist auch ein *Configuration Server*, der dem Client initiale Konfigurationsdaten bereitstellt, um die Lokalisierung von verwendeten Swap Servern und File Servern zu ermöglichen.

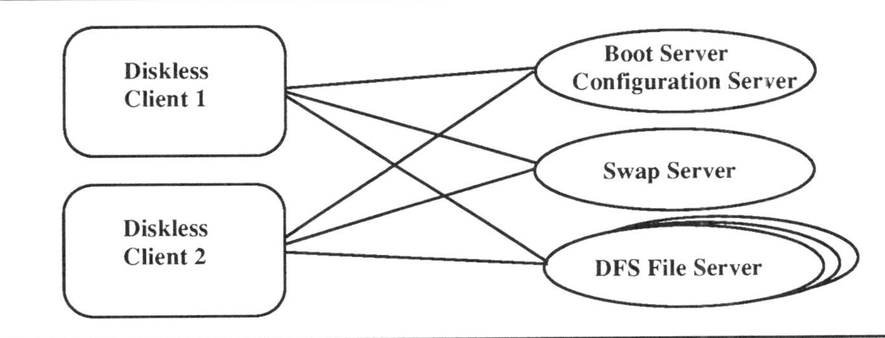

Abb. 2-13 Diskless Client/Server Konfiguration

Konfigurationsbeispiel
Eine entsprechende DCE-Konfiguration mit zwei Diskless Clients und den entsprechenden Servern ist in Abb. 2-13 gezeigt. Wie oben bereits ausgeführt, wird das Distributed File System dabei in größeren Cells typischerweise durch mehrere Server-Instanzen realisiert. Die beiden anderen Server (Boot/Configuration Server und Swap Server) können ebenfalls mehrfach zur Verfügung gestellt werden, falls dies z.B. aus Leistungs- oder Verfügbarkeitsgesichtspunkten wünschenswert ist.

2.3.8 PC Integration

Diese Komponente des OSF DCE ermöglicht Personal Computern unter den Betriebssystemen MS/DOS, OS/2 und Unix den Zugriff auf Dienste und Anwendungen einer verteilten DCE-Umgebung. Die PCs arbeiten dabei grundsätzlich als Clients, da ihre Betriebsmittel (z.B. Hauptspeicher) nicht ausreichen, um leistungsgerechte DCE-Server darauf zu realisieren.

Auf einem PC stehen dabei die DCE Threads und der RPC sowie die Client-Seite der übrigen DCE-Dienste zur Verfügung. Mittels des RPC ist es auch möglich, anwendungsspezifische RPC-Server mit begrenztem Ressourcenbedarf auf PCs zu realisieren, nicht jedoch DCE-Systemserver zu betreiben.

Durch die Client-Komponenten auf der PC-Seite wird insbesondere der entfernte Dateizugriff mittels des PC/NFS-Protokolls unterstützt. Dieses stellt Operationen zum Bearbeiten, Kopieren und Migrieren von Dateien von Unix-Workstations auf PCs zur Verfügung. Außerdem wird die entfernte Nutzung von Druckern durch PCs unterstützt. Es stehen spezielle Kommandos zur Kontrolle von Druckerwarteschlangen auf Seiten der PCs zur Verfügung.

Bei diesen Zugriffen werden wie in einer reinen Workstation-Umgebung auch Sicherheitsaspekte beachtet.

2.4 Zusammenwirken der DCE-Komponenten

Die verschiedenen DCE-Komponenten benutzen sich in vielen Fällen gegenseitig, um ihre verteilte Funktionalität zu erbringen (s. Abb. 2-14 bzgl. des Zusammenwirkens der wichtigsten DCE-Komponenten). Die Realisierung des DCE stellt damit selbst schon ein gutes Beispiel für eine verteilte Anwendung dar. Im folgenden werden die wichtigsten gegenseitigen Benutzungsrelationen erörtert.

Diese Komp.: benutzen:	**Threads**	**RPC**	**CDS**	**GDS**	**DTS**	**Security**	**DFS**
Threads		x	x		x	x	x
RPC			x		x	x	x
CDS		x			x	x	x
GDS			x				
DTS		x	x			x	x
Security		x	x		x		x
DFS							

Abb. 2-14 Zusammenwirken der Komponenten des DCE

Der Thread Service wird durch den RPC verwendet, um nebenläufige Server-Implementierungen zu ermöglichen. Indirekt werden Threads damit auch durch fast alle anderen Komponenten eingesetzt, da der RPC der von ihnen verwendete Kommunikationsmechanismus ist. Sowohl Clients und Server der veschiedenen Dienste (z.B. Time, CDS, Security, DFS, Diskless Support und PC Integration) wie auch die Server untereinander interagieren mittels RPC. Lediglich der Global Directory Service setzt ISO/OSI-Kommunikationsprotokolle anstelle des RPC ein, um eine X.500-Standard-konforme Implementierung zu realisieren.

Der RPC selbst wiederum verwendet auch CDS, um Namensanfragen bei der Suche nach geeigneten RPC-Servern zu behandeln, sowie den Security Service, um authentisierte, autorisierte und verschlüsselte Aufrufe zu realisieren. Der Cell Directory Service benutzt GDS, um globale Namensanfragen zu bearbeiten, die über den Bereich einer Cell hinausgehen. Ferner wird der Security Service von CDS verwendet, um Authentisierung und Autorisierung beim Namenszugriff zu gewährleisten. Außerdem setzt er den Distributed Time Service ein, um Nameneinträge mit global konsistenten Zeitstempeln versehen zu können.

Der Time Service verwendet CDS, um andere Time Server zu lokalisieren, sowie den Security Service, um die Server gegenseitig zu authentisieren. Der Security Service wiederum setzt den Distributed Time Service ein, um Zugriffsberechtigungen mit konsistenten Zeitstempeln zu versehen und deren Gültigkeit auf einen bestimmten Zeitraum zu begrenzen. Außerdem werden auch beim Security Service die Server mittels des CDS lokalisiert.

Das Distributed File System setzt ebenfalls CDS zur Server-Lokalisierung ein, verwendet den Security Service, um Authentisierung und Autorisierung bei Dateizugriffen zu gewährleisten und geht grundsätzlich von durch den Distributed Time Service synchronisierten Uhren aus. Der Diskless Support benutzt ebenfalls CDS, um Boot Server, Swap Server und File Server zu lokalisieren.

Die gegenseitigen und teilweise zyklischen Abhängigkeiten führen zu gewissen Anforderungen beim Systemstart. Innerhalb einer Cell muß zuerst ein Security Server initialisiert werden, wobei ihm andere Security Server durch eine Konfigurationsdatei anstatt durch den CDS bekannt gemacht werden. Danach kann der CDS gestartet werden, was anschließend das Konfigurieren der anderen Komponenten ermöglicht.

2.5 DCE-Systemkonfigurationen

2.5.1 Grundprinzipien

Die Komponenten des DCE können in verschiedenartigen Kombinationen und Konfigurationen in einem verteilten System etabliert werden. Zunächst muß jedoch *jeder* beteiligte Rechnerknoten Threads und RPC bereitstellen. Dies ist sowohl die Voraussetzung für reine Clients einer Anwendung wie auch für Anwendungsserver und für DCE-Systemserver.

Obligatorische DCE-Server in einer Cell

Um innerhalb einer Cell die elementare DCE-Funktionalität anbieten zu können, muß sie prinzipiell mindestens über je einen Server für die Basisdienste Cell Directory Service, Security Service und Distributed Time Service verfügen. In der Praxis sollten aber mindestens zwei CDS und Security Server (zur Erzielung einer hohen Verfügbarkeit) sowie drei Time Server (zur Gewährleistung einer ausreichenden Zeitsynchronisation) vorhanden sein. Auf allen Rechnerknoten der Cell muß außerdem die erforderliche Client-Software für jeden Dienst installiert sein. Dies geschieht aber lediglich in Form von Funktionsbibliotheken; eigenständige, dauerhaft installierte Prozesse sind auf Seiten des Clients nicht erforderlich.

Optionale DCE-Server

Server für die weitergehenden Dienste Global Directory Service, Distributed File System, Diskless Support und PC Integration sind dagegen optional für eine Cell. Ohne GDS kann lediglich auf Namen innerhalb der gleichen Cell zugegriffen werden. Ohne Distributed File System können verteilte Anwendungen zwar mittels RPC kommunizieren und Daten austauschen, nicht aber direkt auf einen gemeinsamen Dateibestand zugreifen. Das Fehlen von Diskless Support und PC Integration begrenzt die mögliche Hardware auf Workstations mit vorhandenem Hintergrundspeicher.

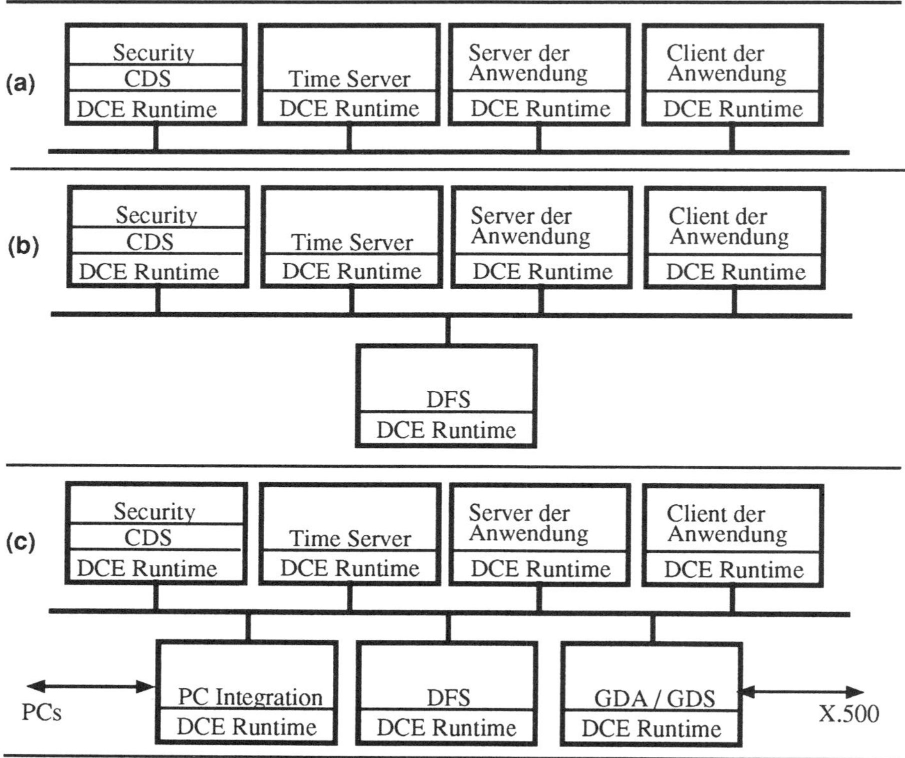

Abb. 2-15 Beispiele für DCE-Systemkonfigurationen

2.5.2 Beispiele für konkrete Cell-Konfigurationen

Abb. 2-15 zeigt drei mögliche, relativ kleine DCE-Systemkonfigurationen für eine Cell.Von der oben angesprochenen Replikation von DCE-Servern wird dabei zur Vereinfachung noch kein Gebrauch gemacht. Beispiel (a) stellt eine Cell mit minimaler Funktionalität dar, die nur die obligatorischen Server umfaßt. Auf Rechnerknoten 1 sind ein Cell Directory Server und ein Security Server installiert, auf Knoten 2 befindet sich ein Time Server mit einem externen Zeitgeber. Die übrigen Knoten agieren als Clients und Server der Anwendung.

Beispiel (b) zeigt eine erweiterte Cell mit einem DFS-Server für das verteilte Dateisystem. Die übrigen Knoten haben Zugriff auf den DFS mittels der bei ihnen installierten DFS-Client-Software. Beispiel (c) schließlich zeigt eine Cell, die einen Global Directory Agent (GDA) umfaßt und dadurch Zugang zum Global Directory Service hat. Auf diese Weise können die Rechner innerhalb der Cell auch externe Server in anderen Cells lokalisieren und aufrufen. Außerdem ist ein PC Integration Server gezeigt, der es PCs ermöglicht, auf den DFS zuzugreifen.

Anwendungsspezifisch sind sehr viele andere Konfigurationen von DCE-Cells möglich; hierauf wird im Verlauf des Buches teilweise genauer eingegangen.

2.6 Einsatz am Beispiel der verteilten Anwendung

Im folgenden soll kurz illustriert werden, wie das DCE im Rahmen der verteilten Anwendung aus Abschnitt 1.2 eingesetzt werden kann (s. Abb. 2-16).

Einsatz von DCE-Servern
Die einzelnen Cells wurden mit jeweils mindestens einem (typischerweise mehreren) Security, CDS, DFS und Time Servern versehen. Diese Server dienen zum einen zur Erbringung der allgemeinen DCE-Funktionalität transparent für die Anwendung (z.B. synchronisierte Uhren durch Time Server), zum anderen werden sie aber teilweise auch direkt von der Anwendung eingesetzt (z.B. CDS zum Lokalisieren von RPC-Servern der Anwendung).

Kommunikation mittels RPC
Alle Anwendungskomponenten kommunizieren mittels DCE RPC (angedeutet z.B. in Cell A sowie zwischen Cell B und C). Dies bedeutet, daß alle Rechner über einen RPC-Dämon verfügen müssen (in der Abbildung nicht gezeigt). Außerdem impliziert die RPC-Kommunikation die Verwendung des CDS zur Lokalisierung von Kommunikationspartnern. Indirekt wird auch der GDS eingesetzt, um z.B. eine Kommunikation zwischen dem Management in Cell A und der Buchhaltung in Cell C zu ermöglichen. Die Security Server ermöglichen die Realisierung eines geschützten RPC, etwa um zugreifende Komponenten gegenüber der Datenhaltung zu authentisieren und ihre Zugriffsrechte zu prüfen. Der Security Service wird ebenfalls implizit durch den RPC verwendet und ist nicht zwingendermaßen direkt

für die Anwendung sichtbar. Um nebenläufig parallele RPC-Aufrufe absetzen zu können, ist auch die Verwendung von Threads innerhalb einiger Komponenten sinnvoll (z.B. um dem Management zu ermöglichen, parallele Datenanfragen an mehrere Rechner zu stellen). Gleichermaßen ist es sinnvoll, die Anwendungsserver (z.B. Qualitätskontrolle) mit mehreren Threads zu versehen, um bei größerer Zugriffsintensität nebenläufig arbeiten zu können.

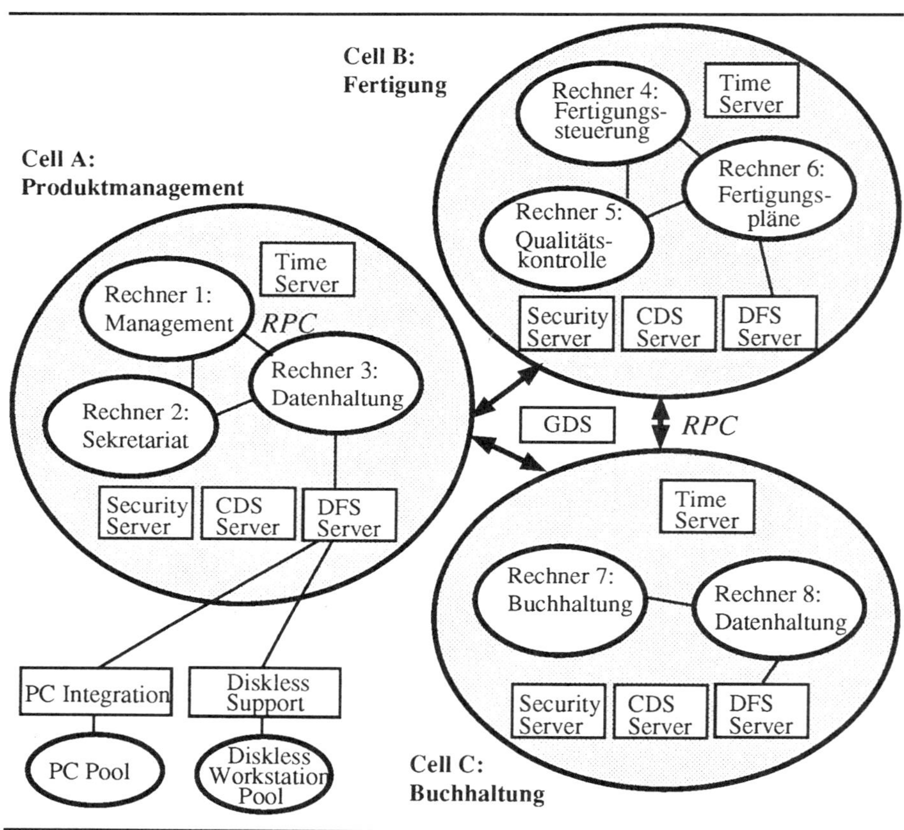

Abb. 2-16 Einsatz von DCE in der Beispielanwendung

Datenhaltung mittels DFS

Die Datenhaltung in Cell A und C sowie die Verwaltung von Fertigungsplänen in Cell B wird direkt unter Verwendung des DFS realisiert. Dies bedeutet, daß z.B. auch ein transparenter Dateizugriff auf die Dateien in der jeweils anderen Cell bzw. durch andere Komponenten in der gleichen Cell möglich ist (bei entsprechender Autorisierung). Dadurch erleichtert sich die Realisierung der Anwendung, da

Datenzugriffe nicht explizit mittels RPC implementiert werden müssen, sondern vollständig durch das verteilte Dateisystem abgewickelt werden.

PC Integration und Diskless Support
Außerdem zeigt die Abbildung noch die Integration eines Pools von PCs bzw. von plattenlosen Workstations in die Gesamtumgebung. Mittels der PC Integration Komponente des DCE wird es dadurch z.B. einem PC-Textverarbeitungspool möglich, auf die vom DFS in Cell A verwalteten Dateien zuzugreifen. Ähnlich arbeiten die plattenlosen Workstations, die über den DCE Diskless Support an DFS und andere Dienste in Cell A angekoppelt sind.

Während eine Anwendung abläuft, ergeben sich sehr komplexe Interaktionen zwischen den Anwendungs- und DCE-Systemkomponenten. Beispielsweise treten beliebig geschachtelte und parallele Kommunikationsmuster bei Verwendung von RPC und Threads auf. Außerdem werden die DCE-Komponenten oft gleichzeitig von mehreren Seiten genutzt (z.B. parallele Zugriffe der Datenhaltungskomponenten auf DFS bzw. der RPC Clients auf CDS), so daß intern ausgefeilte Synchronisationstechniken erforderlich sind. Viele dieser Aufgaben werden bereits durch das DCE abgedeckt, einige andere Aspekte (z.B. Synchronisation von Anwendungsthreads) müssen explizit programmiert werden.

Insgesamt sollte deutlich werden, daß eine Anwendung in vielfältiger Weise vom Einsatz der DCE-Komponenten profitiert (z.B. einfache, zuverlässige Kommunikationsmechanismen, explizite Namensverwaltung, Garantierung von Sicherheitsaspekten), daß aber auch ein erhöhter Lern-, Programmier- und Verwaltungsaufwand durch den Einsatz von DCE entsteht. Die nachfolgenden Kapitel sollen in diesem Sinne mit zum erforderlichen Verständnis der Details beitragen.

2.7 Bedeutung der DCE-Komponenten für Anwender

Vieles von der DCE-Funktionalität, insbesondere im Hinblick auf die Verteilung, bleibt dem Anwender verborgen oder wird ihm über relativ leicht handhabbare Schnittstellen zur Verfügung gestellt. Im folgenden wird ein kurzer Überblick gegeben, welche Schnittstellen dem Endbenutzer von DCE-Anwendungen, dem DCE-Anwendungsentwickler sowie dem DCE-Systemmanager zur Verfügung stehen. Außerdem wird aufgezeigt, welche Aufgaben und Schnittstellen obligatorisch sind und welche für übliche Anwendungen eher optional bzw. nicht unbedingt erforderlich sind. Dadurch soll dem Leser eine Orientierungshilfe bezüglich des für ihn besonders relevanten Materials gegeben werden.

Allgemein konzentriert sich die vorliegende Darstellung der DCE-Komponenten auf die Bedürfnisse des Anwendungsentwicklers. Auf die Aufgaben und Werkzeuge des Systemmanagers wird nur insoweit eingegangen, wie es zum Grundverständnis erforderlich ist. Ebenso wird auf eine detaillierte Darstellung von besonders komplexen Programmierschnittstellen für Spezialaufgaben bei der Anwendungsentwicklung verzichtet; die Kernfunktionen der üblichen Schnittstellen, z.B. zum RPC und zu Threads, werden aber ausführlich anhand von Beispielen vorgestellt. Abb. 2-17 faßt die Bedeutung der DCE-Komponenten für Endbenutzer, Anwendungsentwickler und Systemmanager zusammen; die Namen der nicht zwingend notwendigen Schnittstellen sind eingeklammert.

	Endbenutzer	**Anwendungs-entwickler**	**System-manager**
Threads	————	Thread-Programmierschnittstelle	————
RPC	————	RPC-Programmierschnittstelle	RPC Control Program RPC-Dämon
Directory Service	CDS-Browser CDS Control Prog.	NSI-Schnittstelle CDS Control Prog. (XDS-Schnittstelle)	CDS Control Prog. GDS/GDA Management
Security Service	Login Facility ACL Editor	RPC-Security-Funkt. ACL Editor (Security-Schnittstelle)	ACL und Registry Editor, Security Dämon Security Management
Distributed Time Service	————	DTS-Programmierschnittstelle	DTS Management
Distributed File System	————	POSIX 1003.1-Schnittstelle	DFS Management
Diskless Support	————	————	Diskless Management
PC Integration	————	Zugriff auf Print Service u. File System, Client für DCE-Dienste	PC Integration Management

Abb. 2-17 Bedeutung der DCE-Komponenten für Anwender

DCE-Endbenutzer

Für den Endbenutzer bleiben die meisten DCE-Komponenten weitgehend verborgen, d.h. er verwendet die üblichen, ihm bekannten Kommandos z.B. zum Dateizugriff oder zum Login und diese werden transparent an DCE-Komponenten (z.B. DFS oder Security Service) weitergegeben. Lediglich bezüglich des Directory Service kann es interessant sein, die vorhandenen Namenseinträge bei entsprechender Autorisierung mit dem graphischen *CDS-Browser* zu analysieren, um z.B. bestimmte Rechner oder Server zu lokalisieren. Ähnliche Möglichkeiten bieten auch einige der Kommandos des *CDS Control Programs*, das indirekt auch den Zugriff auf Namenseinträge des GDS ermöglicht. Bezüglich des Security Service kann es für einen Endbenutzer von Interesse sein, Zugriffskontrollisten (ACLs, Access Control Lists) für von ihm verwaltete Ressourcen (z.B. für ein eigenes Programm) zu installieren und zu verändern; hierzu steht ein *ACL Editor* zur Verfügung. Die

Login-Komponente (Login Facility) wird beim Login eines Benutzers transparent aufgerufen; allerdings kann die zeitlich begrenzte Authentisierung eines Benutzers ablaufen, so daß er sich durch erneute Eingabe seines Paßworts wiederholt authentisieren muß.

DCE-Anwendungsentwickler

Zur Erstellung verteilter Anwendungen mittels des DCE ist primär der RPC als Kommunikationsmechanismus von Bedeutung. Er stellt sich dem Anwendungsprogrammierer als eine geschlossene Bibliothek von C-Funktionen dar. Um nebenläufige Aufrufe bei mehreren Servern zu tätigen, ist die Thread-Programmierschnittstelle gemäß POSIX 1003.4a zusätzlich von Bedeutung. Der Directory Service wird meist indirekt über die bereits erwähnte *NSI-Schnittstelle* zur Lokalisierung von Servern verwendet; diese Schnittstelle ist in die RPC-Funktionsbibliothek integriert.

Um Namenseinträge interaktiv analysieren zu können bzw. Server-Namen auch ohne explizite Programmierung exportieren zu können, kann zusätzlich das *CDS Control Program* eingesetzt werden. Die standardisierte *XDS-Schnittstelle* bietet im Vergleich zu NSI eine deutlich erweiterte Funktionalität bezüglich des Zugriffs auf Namensattribute. Sie wird aber von üblichen Client/Server-Anwendungen nicht unbedingt benötigt, zumal sich die angebotene Funktionalität auch über das CDS Control Program erzielen läßt. Da die Schnittstelle vergleichsweise aufwendig zu handhaben ist, wird sie nur strukturell beschrieben, ohne ihre Programmierdetails zu erläutern.

Der Security Service stellt sich dem Anwendungsentwickler ebenfalls über einige mit den RPC integrierte Schnittstellenfunktionen dar. Diese reichen i.a. aus, um authentisierte und autorisierte RPC-Aufrufe zu realisieren. Außerdem kann der *ACL Editor* zur Definition und Bearbeitung von Zugriffskontrollisten eingesetzt werden. Die weitergehende Programmierschnittstelle des Security Service ist nur für spezielle Anwendungen erforderlich, die z.B. die Standard-Security-Werkzeuge des DCE durch eigene Implementierungen ersetzen wollen. Diese Schnittstelle wird daher ebenfalls nur in ihren Grundzügen beschrieben.

Der Distributed Time Service bietet eine relativ leicht handhabbare Schnittstelle zur Ermittlung und zum Vergleich von Zeitangaben an. Sie wird von verteilten Anwendungen benötigt, die mit verteilten Zeitstempelverfahren arbeiten. Die wichtigsten Funktionen der DTS-Schnittstelle werden anhand von Beispielen erläutert.

Das Distributed File System bietet verteilte Dateioperationen auf der Basis von *POSIX-1003.1-Schnittstellenaufrufen* an. Diese Aufrufe sind weitgehend verteilungstransparent und werden von üblichen verteilten Anwendungen eingesetzt, falls diese Bedarf für die verteilte Dateispeicherung haben. Verteilte Anwendungen können sogar alleine auf der Basis des DFS realisiert werden, sofern sie mit dem Programmiermodell gemeinsamer Dateien auskommen. Mehrere verteilte Prozesse greifen in diesem Fall gemeinsam auf bestimmte Dateien mit allgemein bekannten Dateinamen zu und verwalten so einen verteilten Datenbestand. Allerdings ist es dann nicht möglich, direkte Interprozeßkommunikation und -synchronisation zu betreiben, ohne den RPC explizit einzusetzen.

Der Diskless Support ist für den Anwendungsentwickler transparent. Die Komponente zur PC Integration wird eingesetzt, um von einem PC aus explizit auf Dateien oder Druckerdienste einer Workstation-Umgebung zuzugreifen.

DCE-Systemmanager
Für den Systemmanager fallen bei fast allen DCE-Komponenten Verwaltungsaufgaben an; lediglich für die Threads gilt dies nicht. Beim RPC steht das zugehörige *Control Program* zur Inspektion und Manipulation von Namenseinträgen von Servern sowie zur Analyse der Einträge des RPC-Dämons zur Verfügung. Außerdem muß der Dämon-Prozeß auf jedem Rechner installiert werden. Der Directory Service wird vor allem über die Management-Funktionen des *CDS Control Programs* verwaltet. Für GDA und GDS stehen spezielle Management-Werkzeuge zur Verfügung, die nur kurz angesprochen werden.

Der Security Service erfordert die Installation eines Security Dämon Prozesses auf den beteiligten Rechnern. Der *ACL Editor* wird zur Verwaltung von Zugriffskontrollisten eingesetzt. Ein *Registry Editor* steht dem Systemmanager zur Definition von Benutzer-Accounts zur Verfügung. Überdies fallen zahlreiche detaillierte Management-Aufgaben an, die kurz umrissen werden. Gleiches gilt für das Management der übrigen DCE-Komponenten, das zum Teil recht umfangreiche Aufgaben umfaßt.

Im Vordergrund der Betrachtungen steht grundsätzlich die Anwendungsentwicklung. Mit dem beschriebenen Material sollte es möglich sein, einfachere DCE-Anwendungen zu realisieren, wobei teilweise z.B. zur Fehlerbehandlung oder zur Klärung syntaktischer Detailfragen der DCE Application Development Guide [OSF3] bzw. die Application Development Reference [OSF4] mit herangezogen werden sollte. Die praktische Durchführung von DCE-Systemmanagement-Aufgaben erfordert in jedem Fall ein detailliertes Studium des DCE Administration Guide [OSF5] und der Administration Reference [OSF6].

2.8 Bisherige Entwicklung des DCE

Die Open Software Foundation (OSF) wurde 1988 gegründet mit der Zielsetzung, herstellerneutrale Softwareumgebungen zu schaffen, die eine globale Interoperabilität verschiedener Systeme ermöglichen. Dabei werden nicht primär Softwarekomponenten entwickelt, sondern vielmehr existierende Technologien bewertet, ausgewählt und integriert. Die OSF mit Hauptsitz in Cambridge / Massachussetts umfaßt eine große Anzahl von Mitgliedern, die sich zusammensetzen aus Rechnerherstellern, Softwarehäusern, industriellen Anwendern, öffentlichen Institutionen, Forschungsinstituten und Universitäten. Aufgabe der Mitglieder ist es, wichtige technologische Zielsetzungen zu identifizieren, entsprechende Ausschreibungen (*Request for Technology, RFT*) durchzuführen und schließlich die eintreffenden Technologien zu bewerten und zu selektieren. Jede an die OSF eingereichte Technologiekomponente muß auf einer funktionsfähigen, ausgereiften Implementierung basieren und ausführlich dokumentiert sein. Neben dem DCE wurde bisher auch das Unix-Betriebssystem *OSF/1* und die Netzwerkmanagement-Plattform *OSF DME (Distributed Management Environment)* auf diese Weise zusammengestellt, weiterentwickelt, integriert und angeboten.

	Eingereichte Vorschläge	**Funktionalität der selektierten Vorschläge**
Threads	*Concert Multithread Architecture (DEC)*	*Implementierung leichtgewichtiger Prozesse*
RPC	*NCS (DEC/HP)* .... RPCTool (Netwise) SunRPC (Sun)	*RPC mit IDL*
Directory Service	*Distr. Naming Service (DEC)* .... *DIR-X X.500 (Siemens)* .... Network Directory (HP) DS-520 (Retix)	*Cell Directory Service* *X.500 Global Directory Service*
Security Service	*Kerberos (MIT/Athena)* .... *Security Component (HP)* .... UniDesk/Config (UniWare)	*Authentisierung* *Autorisierung*
Distributed Time Service	*Distr. Time Synchr. (DEC)* .... Netw. Time Protocol (Transarc)	*Verteilte Zeitsynchronisation*
Distributed File System	*Andrew File System (Transarc)* . Network File System (Sun)	*Verteiltes Dateisystem*
Diskless Support	*Diskless Client Support (HP)*	*Integration von Diskless Workst.*
PC Integration	*PC-NFS (Sun)* .... *LAN Manager/X (HP,Microsoft)* PCILIB, PC-If., Merge (Locus)	*NFS Client für MS/DOS* *Print Service für PCs*

Abb. 2-18 Eingereichte Vorschläge für die DCE-Komponenten

Für das OSF DCE konnten Technologievorschläge bis Oktober 1989 eingereicht werden. Die Auswahl durch die OSF wurde im Mai 1990 abgeschlossen. Danach wurde die Integration der Technologiekomponenten vorgenommen, bis dann Anfang 1992 die erste offizielle Version des DCE verfügbar war. In Abb. 2-18 sind die zu den einzelnen DCE-Komponenten von verschiedenen Herstellern eingereichten Vorschläge zusammengefaßt, die sich in der engeren Auswahl befanden. Die schließlich selektierten Technologiekomponenten sind kursiv dargestellt; außerdem ist ihre Grundfunktionalität stichwortartig angedeutet.

Die wichtigsten Auswahlkriterien waren die funktionelle Vollständigkeit, die mögliche systemweite Interoperabilität durch klar spezifizierte Kommunikationsprotokolle und ggf. durch Konformität mit Standards, die leichte Integrierbarkeit mit anderen Komponenten, gute Laufzeiteigenschaften, Skalierbarkeit zum Einsatz in sehr großen Systemen, Portabilität sowie der einfache Umgang mit den Komponenten für den Anwendungsprogrammierer. Je nach Art der Technologie hatten bestimmte Kriterien naturgemäß mehr oder weniger Gewicht. Die nicht endgültig selektierten Komponenten waren technologisch meist ebenfalls gut geeignet, wären aber zum Teil schwerer integrierbar gewesen oder waren in einigen Fällen nicht so weit ausgereift wie ihre Mitbewerber.

Eine genauere Beschreibung des Auswahlprozesses ist in [OSF8] zu finden.Für die Zukunft sind weitere Requests for Technology vorgesehen, um das OSF DCE mit zusätzlicher Funktionalität anzureichern. Beispiele sind verteilte Datenbanktechnik, insbesondere verteilte Transaktionsverarbeitung, verteilte objektorientierte Interaktionsmechanismen, verteilte Druckdienste und erweiterte Mechanismen der verteilten Systemverwaltung. Ein zentrales Entwicklungsziel ist die Konformität zu neuen Standards; als Beispiel sei die aktuelle RPC-Standardisierung durch ECMA und ISO genannt [ECM90, ISO90]. Auch das Einbeziehen existierender Standards der ISO wie etwa *ROSE* für entfernte Operationsaufrufe oder *ASN.1* zur Beschreibung von Übertragungsdaten und zur Steuerung ihrer eventuellen Formatkonvertierung ist ein Ziel der OSF.

3 Der Remote Procedure Call des DCE

Dieses Kapitel vertieft die Kommunikationskomponente des DCE, den Remote Procedure Call. Aufsetzend auf der elementaren Beschreibung des RPC in Abschnitt 2.3.2 wird dargestellt, welche Aufgaben der DCE-RPC unterstützt, wie Client/Server-Anwendungen mit dem RPC entwickelt werden und wie spezielle Eigenschaften des RPC ausgenutzt werden können (z.B. flexibles Binden, Massendatentransfer und parallele RPC-Aufrufe). Insbesondere wird die Programmierschnittstelle des RPC im Detail besprochen.

Außerdem wird kurz auf die Verwendung des DCE Directory Service zur Realisierung des Bindevorgangs zwischen Client und Server eingegangen. Dieser Aspekt, sowie die DCE Threads und der Security Service wird dann in den nachfolgenden Kapiteln vertieft.

3.1 Wichtige Eigenschaften des DCE RPC

Bevor auf die technischen Details des DCE RPC eingegangen wird, sollen zunächst einige wichtige Eigenschaften zusammengefaßt werden, durch die die Leistungsfähigkeit des RPC mit bestimmt wird (s. Abb. 3-1).

Parameterstrukturen
Als eine erste Besonderheit ist zu erwähnen, daß die übergebenen Aufruf- und Ergebnisparameter beim DCE RPC von beliebig komplexer Struktur sein dürfen (erlaubt sind fast alle C-Datentypen außer z.B. Prozeduradressen), wenn sie nur zuvor korrekt in der Sprache *IDL (Interface Definition Language)* definiert wurden. Insbesondere sind auch Zeigerparameter möglich, deren referenzierte Daten dann aber - im Gegensatz zum lokalen Fall - per Wertübergabe in den jeweils anderen Adreßraum (zum Server beim Aufruf, zum Client bei der Rückantwort) kopiert werden. Es ist auch die Parameterübergabe aus anderen Sprachen als C möglich, sofern sich die Speicherstruktur der Parameter in C beschreiben läßt.

Aufrufsemantik
Die Aufrufsemantik eines RPC beschreibt, welche Garantien bzgl. der Aufrufdurchführung dem Client bei bestimmten Fehlerfällen gemacht werden. Für den Regelfall bietet der RPC die Semantik *at-most-once* an; dies bedeutet, daß ein RPC

einmal durchgeführt wird, wenn dies prinzipiell möglich ist, also wenn Server und Kommunikationsmedium verfügbar sind. Bei vorübergehend auftretenden Fehlern (z.B. Kommunikation temporär gestört) werden Aufrufe vom System wiederholt, bis sie schließlich erfolgreich durchgeführt werden können. Eventuell dabei entstehende Aufrufduplikate werden gelöscht; ein Aufruf wird also garantiert maximal einmal beim Server ausgeführt. Dies ist wichtig für zustandsbehaftete Prozeduren (z.B. Änderung von Datenbankeinträgen). Bei dauerhaften Fehlern erhält der Client eine explizite Fehlermeldung.

Wahlweise wird aber auch die Semantik *maybe* angeboten. Dabei wird ein Aufruf entweder einmal oder überhaupt nicht oder - bedingt durch temporäre Fehlerfälle und resultierende Wiederholungen - evtl. auch *mehrfach* beim Server durchgeführt. Der Client erhält nicht notwendigerweise eine Rückmeldung über die Aufrufdurchführung. Diese Variante ist effizienter, ist aber nur für *idempotente* Aufrufe geeignet, deren Mehrfachausführung nicht zu Inkonsistenzen führt (z.B. reines Lesen von Datenbeständen).

Zulässige Parameterstrukturen	Beliebig verzeigert, insbesondere fast alle C-Datentypen
Aufrufsemantik	Wahlweise maybe oder at-most-once
Mögliche Aufrufstrukturen	Auch geschachtelte Aufrufe und Rückaufrufe (Server -> Client)
Arten des Datentransfers	Parameterübergabe und Massendatentransfer über "Pipes"
Sicherheitsaspekte	Authentisierung, Autorisierung und Verschlüsselung von Aufrufen
Asynchrone Aufrufe	Durch explizite Thread-Erzeugung möglich
Behandlung von Heterogenität	Konvertierung zwischen heterogenen Datenformaten

Abb. 3-1 Spezielle Eigenschaften des DCE RPC

Mögliche Aufrufstrukturen

RPCs können beliebig geschachtelt aufgerufen werden, indem ein Server eine Unterbeauftragung an einen anderen Server gibt. Auch rekursive RPCs sind möglich, ggf. auch unter Einbeziehung eines schon aufgerufenen Servers. Dies muß nicht zu einer Verklemmung führen, da Server neu eintreffende Aufrufe nebenläufig zu schon laufenden Aufrufen durch mehrere Threads bearbeiten können. Außerdem sind auch *Rückaufrufe* eines Servers an einen Client möglich, um z.B. Zwischenergebnisse einer umfangreichen Berechnung vorab zurückzuliefern. Dazu muß der Client aber auch eine entsprechende Prozedurschnittstelle anbieten.

Arten des Datentransfers
Im Rahmen von RPCs werden Daten normalerweise als Wertparameter übergeben. Für große Datenmengen oder für Daten, die nur schrittweise in den Hauptspeicher geladen werden können (z.B. umfangreiche Daten auf externen Speichermedien) steht auch ein spezieller *Pipe*-Übertragungsmodus zur Verfügung. Ein Server erhält dazu lediglich eine Referenz auf eine sogenannte *Pipe*. Unter Angabe dieser Referenz kann er dann im Verlauf der Aufrufbearbeitung dynamisch Daten vom Client anfordern. Auf diese (entfernte) Anforderung hin lädt der Client die entsprechenden Daten durch Aufruf anwendungsspezifischer Routinen und das RPC-System sendet sie an den Server. Der Mechanismus steht analog auch für Rückgabeparameter des Servers an den Client zur Verfügung.

Sicherheitsaspekte
Der DCE RPC ermöglicht die gegenseitige Authentisierung von Client und Server sowie die selektive Autorisierung von Clients für den begrenzten Zugriff auf bestimmte Server-Schnittstellen. Außerdem können RPC-Nachrichten verschlüsselt werden, um ein unbefugtes Mithören oder Manipulieren zu verhindern.

Asynchrone Aufrufe
Unter Einsatz explizit erzeugter Threads kann ein Client beliebig viele RPC-Aufrufe nebenläufig absetzen, die dann parallel durch verschiedene Server bearbeitet werden können. Diese Aufrufe werden auch als *asynchron* zum Hauptprozeß des Client bezeichnet. Es ist insbesondere auch möglich, später die Ergebnisse verschiedener asynchroner Aufrufe entgegenzunehmen und zu integrieren.

Behandlung von Heterogenität
Bei RPCs zwischen heterogenen Rechnern übernimmt das System die erforderliche Konvertierung der Parameterdaten zwischen verschiedenen Datenformaten (z.B. Strings in ASCII- bzw. EBCDIC-Format). Dabei gilt das Prinzip *"receiver makes right"*, d.h. Daten werden im Format des Senders übertragen und auf Empfängerseite, also nur einmal, in das dortige Format konvertiert; dies ist effizienter als die Benutzung eines universellen Transferformats mit - im Regelfall - zwei Konvertierungen pro Übertragung. Dazu müssen natürlich alle Rechner in der Lage sein, alle existierenden Datenformate in ihr lokales Format umzusetzen.

Insgesamt wird deutlich, daß der DCE RPC recht umfangreiche Mechanismen anbietet, die in vielen Bereichen auch dem aktuellen Stand der Forschung entsprechen. Allerdings erfordern einige der Mechanismen (z.B. Pipes oder asynchrone Aufrufe) auch einen entsprechenden Programmieraufwand für den Anwender.

3.2 Grundlegender Ablauf eines DCE RPC

Der grundlegende Ablauf eines DCE RPC ist in Abb. 3-2 dargestellt. Dabei wird vorausgesetzt, daß die Prozedurschnittstellen in der Sprache *IDL* bereits beschrieben und erfolgreich übersetzt wurden und der ausführbare Code für die Clients und

Server ebenfalls vorliegt. Details dieser Entwicklungsaufgaben werden später besprochen. In der Abbildung sind die Teile *kursiv* geschrieben, die explizit programmiert werden müssen; alle übrigen Aktionen werden automatisch durch das RPC-Laufzeitsystem ausgeführt.

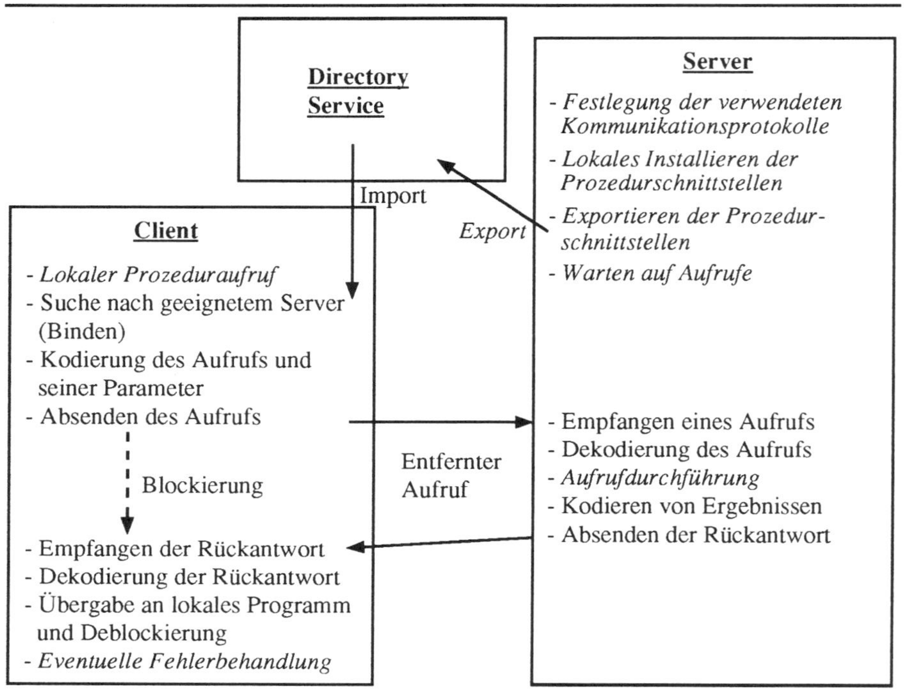

Abb. 3-2 Grundlegender Ablauf eines DCE RPC

Initialisierung des Servers

Zunächst muß die Initialisierung des Servers durchgeführt werden, der bestimmte Prozeduren im Rahmen seiner Schnittstelle anbietet. Dazu teilt der Server dem lokalen RPC-Laufzeitsystem zunächst mit, welche Kombinationen von Kommunikationsprotokollen eingesetzt werden sollen (z.B. TCP als Transportprotokoll und IP als Netzwerkprotokoll). Nur Clients, die eine der angegebenen Kombinationen verwenden, können RPCs an den Server absetzen. Danach macht der Server die angebotene Schnittstelle bekannt, indem er sie beim DCE Directory Service registriert (*Export*). Dadurch wird sie global bekannt gemacht und es wird potentiellen Clients ermöglicht, den entsprechenden Server unter Angabe der Schnittstelle über den Directory Service zu lokalisieren. Außerdem muß die Schnittstelle noch dem lokalen RPC-Laufzeitsystem des Servers bekannt gemacht werden. Dadurch erst kann das Laufzeitsystem eintreffende Aufrufe dem zuständigen Server-Prozeß zuordnen. Danach teilt der Server dem Laufzeitsystem mit, daß er bereit ist, Aufrufe anzunehmen.

Absetzen des Aufrufs durch den Client

Der Client setzt aus seiner Sicht einen lokalen Prozeduraufruf ab. Anhand der Schnittstelleninformation stellt das RPC-Laufzeitsystem fest, daß die Prozedur nicht lokal implementiert ist, sondern bei einem entfernten Server aufgerufen werden muß. Es sucht dann im Rahmen des Bindevorgangs nach einem geeignetem Server, indem es den Directory Service befragt. Eingabe dieser als *Import* bezeichneten Operation ist die Kennung der gewünschten Prozedurschnittstelle und ggf. weitere beschreibende Daten; Ausgabe des Directory Service ist die Netzadresse des Rechners, auf dem ein geeigneter Server zu finden ist.

Gegebenenfalls werden auch mehrere Alternativen geliefert, aus denen der Client eine selektiert. Grundsätzlich kann beim Bindevorgang gewählt werden, ob dieser vollständig transparent für die Anwendung durchgeführt wird (daher ist dieser Schritt in der Abbildung nicht kursiv dargestellt), oder ob der Client das Binden durch explizite Aufrufe steuert. Die letztgenannte Möglichkeit ist programmieraufwendiger, erlaubt es aber z.B., dedizierte Server abhängig vom Ausführungskontext auszuwählen oder etwa immer wieder denselben Server zu kontaktieren. Danach wird der Aufruf mit seinen Parametern durch das RPC-Laufzeitsystem in ein Übertragungsformat kodiert und bei entsprechendem Datenumfang ggf. in mehrere Übertragungspakete von begrenzter Größe zerlegt. Der Aufruf wird dann an die Rechneradresse des ausgewählten Servers abgesendet und der Client (bzw. der aufrufende Thread innerhalb des Clients) geht in den Wartezustand.

Aufrufausführung durch den Server

Das RPC-Laufzeitsystem des gewählten Servers empfängt nun den Aufruf und dekodiert ihn und seine Eingabeparameter. Das Empfangen läuft im Regelfall zunächst noch über einen sogenannten RPC-Dämon, der für alle Server eines Rechners zuständig ist und der den zu benachrichtigenden Serverprozeß bestimmt; auf diese Einzelheit wird später genauer eingegangen. Der Serverprozeß ermittelt dann die entsprechende Prozeduradresse, ruft die Prozedur lokal auf und arbeitet sie ab. Anschließend werden die Ergebnisparameter in Übertragungspakete kodiert und die Rückantwort an den Client geschickt. Die Adresse des Clients merkt sich das RPC-Laufzeitsystem zumindest für die Dauer eines Aufrufs.

Empfang der Ergebnisse durch den Client

Der Client empfängt nun die Rückantwort, dekodiert die Ergebnisse und übergibt sie an das aufrufende Programm als Rückgabeparameter des ursprünglich lokalen Aufrufs. Der Client (bzw. der aufrufende Thread) wird dann deblockiert und setzt seine Bearbeitung fort. Das Ergebnis eines entfernten Prozeduraufrufs kann ggf. noch eine explizite Fehlerbehandlung erfordern.

Insgesamt wird deutlich, daß die meisten Abläufe nach der Initialisierung des Servers weitgehend vom RPC-Laufzeitsystem übernommen werden und daher nur wenig zusätzlichen Programmieraufwand erfordern. Die Server-Initialisierung dagegen ist aufwendiger, setzt sich aber immer relativ schematisch aus der gezeigten Folge von Einzelschritten zusammen.

3.3 Grundfunktionalität: Programmierbeispiel

Ein erstes Programmierbeispiel beschreibt in diesem Abschnitt eine Minimalkombination der DCE-RPC-Mechanismen, um eine einfache Client/Server-Anwendung zu realisieren.

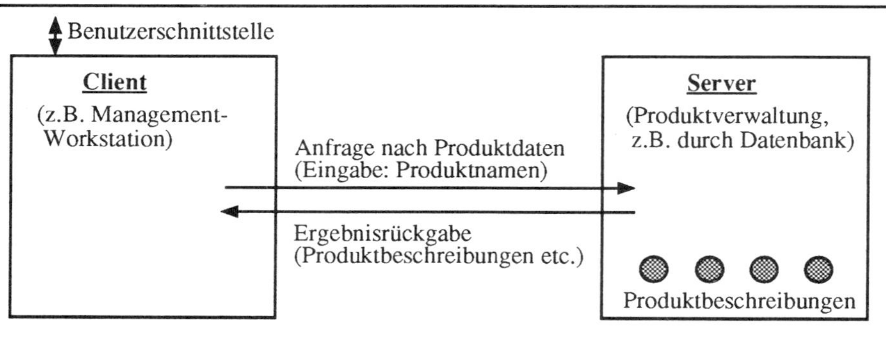

Abb. 3-3 Struktur des Beispiels

Das Beispiel (s. Abb. 3-3) realisiert eine entfernte Anfrage nach Produktdaten, die durch einen Server verwaltet werden. Der Server erhält eine Liste von Produktnamen und liefert die entsprechenden Produktbeschreibungen dazu zurück. Außerdem berechnet er die Summe der mit den Produkten gespeicherten Entwicklungskosten und liefert diese ebenfalls als Rückgabeparameter an den Client.
Im folgenden werden die einzelnen Schritte zur Entwicklung dieser Anwendung aufgezeigt, die dann von ihrer Struktur her auch repräsentativ für die weitere Beschreibung sind.

3.3.1 Schnittstellenbeschreibung

Zunächst muß die Schnittstelle des Servers (also die Menge seiner Prozedurschnittstellen) durch IDL beschrieben werden. Diese Information dient vor allem der Generierung von Client- und Server-Stubs zur Kodierung und Dekodierung von Aufrufen, d.h. sie muß auf beiden Seiten verfügbar gemacht werden.

Schnittstellenkennung, Versionen und IDL-Rahmenerzeugung
Jede Schnittstelle muß mit einem Namen und einer systemweit eindeutigten Kennung (*UUID*; s. Abschnitt 2.3.2) versehen werden. Die Kennung ermöglicht eine global eindeutige Zuordnung zwischen Schnittstellen-Import-Anforderungen und exportierten Schnittstellen. Sie wird mit dem *UUID-Generator-Programm uuidgen* des DCE erzeugt und wird intern durch eine Kennung des lokalen Rechnerknotens zusammen mit einem Zeitstempel global eindeutig gemacht. Der entsprechende Aufruf lautet:

uuidgen -i > <file>.idl also etwa konkret: uuidgen -i > productdata.idl

Die Option *-i* führt zur Generierung eines kompletten IDL-Schnittstellenrahmens; ohne die Option würde nur eine UUID alleine erzeugt werden. Die als Ausgabemedium angegebene Datei wird per Konvention mit dem Suffix *".idl"* versehen. Ihr Inhalt (UUID beliebig gewählt) lautet:

```
[
uuid(765c3b10-100a-135d-1568-040034e67831),
version(1.0)
]
interface INTERFACENAME {
}
```

Die Versionskennung ermöglicht die Unterscheidung zwischen verschiedenen Versionen der gleichen Schnittstelle. Es kann eine *Hauptversion* (mit Versionsnummer 1 in der obigen IDL-Datei) und eine *Unterversion* angegeben werden (zusammen etwa *version(1.2)*). Beim Binden von Client und Server muß die Hauptversion der Schnittstelleninformation auf beiden Seiten übereinstimmen. Die Unterversion des Clients muß kleiner oder gleich der Unterversion des Servers sein; beispielsweise ist Version 1.2 (Client) mit Version 1.5 (Server) kompatibel, nicht aber 1.2 (Client) mit 2.2 (Server) oder mit 1.1 (Server). Durch eine erhöhte Unterversion bei gleichbleibender Hauptversion wird also eine geänderte, aufwärtskompatible Schnittstelle beschrieben. Eine aufwärtskompatible Änderung ist z.B. das Hinzufügen einer neuen Prozedur zu einer Schnittstelle oder das Ergänzen eines optionalen Prozedurparameters, nicht aber das Umordnen von Prozedurparametern oder das Ergänzen obligatorischer Parameter.

Die Versionsnummer kann auch ganz weggelassen werden, dies muß aber bei Client und Server dann gleichermaßen der Fall sein. Neben UUID und Versionsnummer können noch weitere Attribute innerhalb der eckigen Klammern angegeben werden, die die Schnittstelle als Ganzes beschreiben (s. Abschnitt 3.4).

Der Anwendungsprogrammierer editiert nun die IDL-Datei und paßt die Versionsnummer geeignet an. Außerdem ersetzt er den Schnittstellennamen *INTERFACENAME* durch einen anwendungsspezifischen Namen, etwa *ProductData*.

Schnittstellenrumpf
Innerhalb der geschweiften Klammern wird nun der Schnittstellenrumpf ergänzt. Dieser entspricht im wesentlichen einer erweiterten C-Header-Datei. Zunächst

können mit dem Schlüsselwort *import* andere IDL-Dateien angegeben werden, die vom IDL-Compiler zusätzlich textuell eingebunden werden (analog zur *#include*-Anweisung des C-Präprozessors), also etwa:

```
import "globaldef.idl";
```

Die importierten Dateien dienen aber nur zur Wiederverwendung existierender (z.B. globaler) Definitionen. Für sie werden beim Übersetzen der IDL-Dateien, von denen sie eingebunden werden, keine Stubs erzeugt. Wichtig ist, daß die einzubindenden Dateien zuvor selbst schon mit dem IDL-Compiler übersetzt wurden, damit später die daraus resultierenden C-Header-Dateien verfügbar sind.

Anschließend werden Konstanten und Datentypen, die im Rahmen der Schnittstelle benötigt werden, in üblicher C-Notation definiert. Dabei sind nur wenige Einschränkungen bzw. auch Ergänzungen von IDL gegenüber C zu beachten, die in Abschnitt 3.4 näher diskutiert werden.

Nun werden die Schnittstellen der angebotenen Prozeduren spezifiziert. Auch hier wird die C-Notation verwendet, die allerdings um einige Attribute bezüglich der Prozeduren und Paramter ergänzt wird (syntaktisch jeweils in eckige Klammern eingebettet). Bei Prozeduren kann z.B. eine vom Default (*at-most-once*) abweichende Aufrufsemantik (etwa *maybe*) ergänzt werden, bei Parametern muß explizit zwischen Eingabe- und Ausgabeparametern unterschieden werden (*in* oder *out* bzw. *in,out* für gemischte Ein-/ Ausgabe). Ausgabeparameter müssen immer mittels Zeiger übergeben werden. Zeiger, die auf Character-Strings verweisen (*char**), müssen außerdem explizit durch das vorangehende Attribut *string* in einer Typdefinition oder später bei ihrer Verwendung gekennzeichnet werden; hier wird dies durch Definition des Datentyps *String* erreicht. Dadurch kann sie das Laufzeitsystem von anderen, beliebigen Zeigern unterscheiden und den durch '\0' terminierten String als Wertkopie übergeben. Für die Zeiger im vorliegenden Beispiel muß außerdem vereinbart werden, daß es sich um allgemeine Zeiger (*ptr_default(ptr)*) und nicht um die später erläuterten Zeiger auf Referenzparameter handelt (s.u.).

Die gesamte Schnittstelle des Beispiels in der Datei *productdata.idl* hat dann z.B. folgende Struktur[1]:

```
[
uuid(765c3b10-100a-135d-1568-040034e67831),
version(1.0),
pointer_default(ptr)
]
interface ProductData                    // Schnittstelle für Produktdaten
  {
  import "globaldef.idl";                // Import allgemeiner IDL-Definitionen

  const long maxNoProducts = 10;         // Maximale Produktanzahl
  typedef [string] char *String;         // Datentyp für Character-Strings
```

[1] Wie im Vorwort bereits gesagt, wird für die Kommentare aus Darstellungsgründen die in C++ übliche Notation verwendet, die von C-Compilern so allerdings nicht akzeptiert wird.

```
  typedef struct {
    String productName;                          // Produktname
    String productAnnotation;                    // Textuelle Beschreibung
    String dateOfIssue;                          // Erscheinungsdatum
    long developmentCosts;                       // Gesamte Entwicklungskosten
  } ProductDescription;                          // Produktbeschreibung

  long productQuery (                            // Anfrage n. Produkten u. Entw.kosten
    [in] String productName[maxNoProducts],      // -> Produktnamen
    [out] ProductDescription *pd[maxNoProducts], // <- Produktbeschreibungen
    [out] long *totalDevelopmentCosts );         // <- Summe der Entwicklungskosten
}
```

Der Einfachheit der Darstellung halber wird mit Arrays fester Größe gearbeitet, die ggf. teilweise leer übergeben werden. Entsprechende, in der Praxis unerläßliche Erweiterungen (z.B. variable Arrays) werden in Abschnitt 3.4 diskutiert.

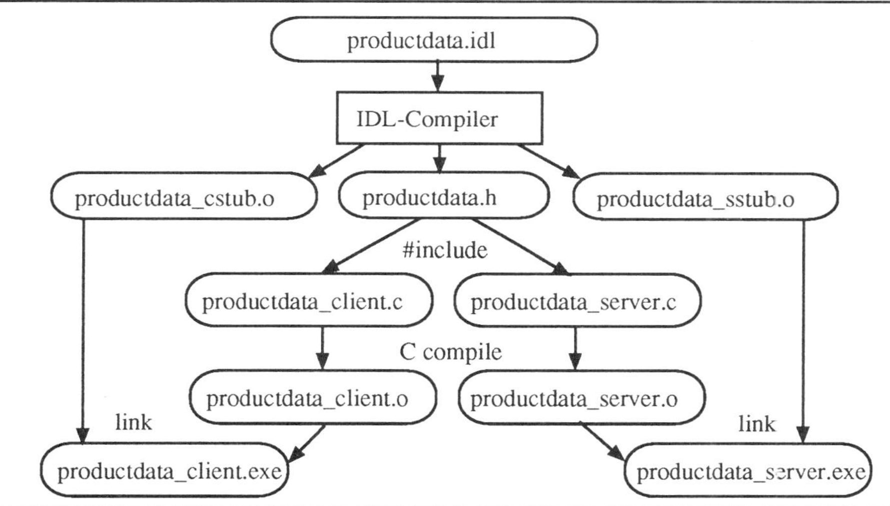

Abb. 3-4 Verarbeitungsvorgang mit dem IDL-Compiler

Übersetzen der Schnittstelle

Die Schnittstelle wird anschließend übersetzt mit dem Kommando:

```
idl productdata.idl
```

Ergebnis ist eine Header-Datei *productdata.h*, eine Client-Stub-Datei *productdata_cstub.o* und eine Server-Stub-Datei *productdata_sstub.o* (s. Abb. 3-4). Die Suffixe *"_cstub"* und *"_sstub"* sind DCE-intern festgelegt. Die .h-Datei wird in die C-Quellprogramme der Anwendung (*productdata_client.c* und *productdata_server.c*)

mit dem C-Präprozessor eingebunden. Die beiden daraus vom C-Compiler erzeugten *.o*-Dateien werden mit dem Linker zum Client- bzw. Server-Stub hinzugebunden, was in den ausführbaren Dateien *productdata_client.exe* und *productdata_server.exe* resultiert. Einige wichtige Optionen des IDL-Compilers sind (z.T. DCE-implementierungsabhängig!):
-v: Ausgabe zusätzlicher Information zum Ablauf der Übersetzung.
-server none: Nur der Client-Stub und die Header-Datei werden erzeugt.
-client none: Nur der Server-Stub und die Header-Datei werden erzeugt.
-keep c_source: Erzeugung von C-Code anstatt Objektcode.

3.3.2 Implementierung des Servers

Beim Server ist neben den einzelnen Anwendungsprozeduren vor allem die Implementierung der Initialisierungsphase gemäß Abb. 3-2 von Bedeutung. Die einzelnen Schritte werden im folgenden besprochen.

Festlegung der verwendeten Kommunikationsprotokolle
Diese werden festgelegt durch ggf. mehrmaligen Aufruf der Operation:

```
void rpc_server_use_protseq   (char *protseq,        // -> Angabe d. Protokolle
                               unsigned maxCalls,    // -> Max. Anzahl Aufrufe
                               unsigned *status);    // <- Statusrückgabe
```

Mit jedem Aufruf wird dem RPC-Laufzeitsystem eine mögliche Kombination von Kommunikationsprotokollen (RPC-, Netzwerk- und Transport-Ebene) durch eine entsprechende, vordefinierte String-Kodierung *(protseq)* mitgeteilt. Die beiden wichtigsten Kennungen sind *ncacn_ip_tcp* (verbindungsorientiertes RPC-Protokoll über TCP/IP) und *ncadg_ip_udp* (verbindungsloses RPC-Protokoll über UDP/IP). Die Angabe *maxCalls* teilt dem System mit, wie viele Aufrufe auf Server-Seite garantiert gespeichert werden sollen, falls sie nicht sofort vom Server bearbeitet werden können (Defaultwert: *rpc_c_protseq_max_reqs_default*). Das System reserviert dann entsprechend Pufferspeicher.

Als Alternative steht auch eine Routine zur Verfügung, um einfach alle vorhandenen Protokollkombinationen zu verwenden:

```
void rpc_server_use_all_protseqs (unsigned maxCalls,    // -> Max. Anz. Aufrufe
                                  unsigned *status);    // <- Statusrückgabe
```

Diese Routine sollte immer dann verwendet werden, wenn keine speziellen Protokollanforderungen oder -restriktionen bestehen, was bei einfacheren Anwendungen dem Regelfall entsprechen dürfte.

Lokales Installieren der Prozedurschnittstellen
Die angebotene Prozedurschnittstelle wird dem lokalen RPC-Laufzeitsystem bekannt gemacht durch Aufruf der Operation:

```
void rpc_server_register_if    (rpc_if_handle_t ifHandle, // ->Interface-Kennung
                                uuid_t *mgrTypeUuid,      // -> unbenutzt
                                rpc_mgr_epv_t mgrEpv,     // -> unbenutzt
                                unsigned *status);        // <- Statusanzeige
```

Die Operation hat als ersten Parameter eine Kennung für die zu registrierende Schnittstelle. Die entsprechende Datenstruktur vom Typ *rpc_if_handle_t* wird durch den IDL-Compiler in der C-Header-Datei erzeugt. Der Anwendungsprogrammierer muß nur die verwendete Namenskonvention kennen (Schnittstellenname, Versionsnummer, Unterscheidung zw. Client und Server und der String *ifspec* werden konkateniert; für unser Beispiel ergibt dies *ProductData_v1_0_s_ifspec).* Die beiden nachfolgenden Parameter werden nur gebraucht, wenn mehrere Typen einer Schnittstelle vorliegen, die von je einem sog. Manager verwaltet werden (s. Abschnitt 3.6.5). Ansonsten wird *NULL* als Parameterwert übergeben.

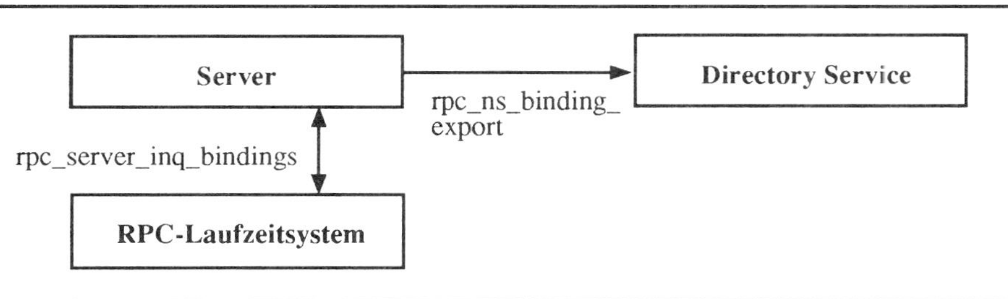

Abb. 3-5 Vorgang bei Export des Servers

Exportieren der Prozedurschnittstellen

Nun wird die Prozedurschnittstelle exportiert, also dem Directory Service bekannt gemacht (s. Abb. 3-5). Der Server muß sich dazu zunächst die Menge der exportierbaren *Binde-Kennungen* für alle möglichen Kombinationen von Kommunikationsprotokollen vom lokalen RPC-Laufzeitsystem besorgen. Jede Binde-Kennung umfaßt die Adresse des Serverprozesses und seines Rechners sowie die Kennung einer bestimmten Kombination von Kommunikationsprotokollen und ermöglicht es später dem Client, den Server zu lokalisieren.

Die verfügbaren bzw. zu verwendenden Protokolle wurden zuvor durch *rpc_server_use_all_protseqs* oder durch *rpc_server_use_protseq* spezifiziert (s.o.). Der Server erhält die zu exportierende Liste der Binde-Kennungen durch Aufruf der Operation:

```
void rpc_server_inq_bindings (rpc_binding_vector_t **bVec,  // <- Binding-Vekt.
                              unsigned *status);            // <- Status
```

Der eigentliche Export der Bindeinformation erfolgt dann durch die folgende Operation:

```
void rpc_ns_binding_export (
                    unsigned entrySyntax,              // -> Syntax des Eintrags
                    char *entryName,                   // -> Name des Eintrags
                    rpc_if_handle_t ifHandle,          // -> Interf.-Kennung
                    rpc_binding_vector_t *bVec,        // -> Binding-Vekt.
                    uuid_vector_t *objectUuids,        // -> (unbenutzt)
                    unsigned *status)                  // <- Statusanzeige
```

Die Schnittstelleninformation wird dadurch als Eintrag beim Directory Service abgelegt. Der erste Parameter beschreibt die Syntax des Eintragsnamens; normalerweise reicht hier der Default *rpc_c_ns_syntax_default* aus. Dann folgt der Name *(entryName)* des Eintrags. Die Namensstruktur muß dem hierarchischen Format von CDS-Namen entsprechen, was natürlich als Vereinfachung auch flache Namen mit einschließt (z.B. wie hier *"/.:/ProductData"*). Der Parameter *ifHandle* ist wieder die oben eingeführte Schnittstellenkennung. Der *Binding Vector bVec* ist das Resultat von *rpc_server_inq_bindings*. Der Parameter *objectUuids* der Export-Operation interessiert vorläufig nicht im Detail; hierdurch ist es bei Bedarf möglich, spezielle Ressourcenbeschreibungen mit einer exportierten Schnittstelle zu verbinden.

Außerdem muß die Prozedurschnittstelle noch in ähnlicher Form als sogenannter *Endpunkt* dem RPC-Dämon des lokalen Rechners bekannt gemacht werden durch die Operation:

```
void rpc_ep_register    (rpc_if_handle_t ifHandle,          // -> Interf.-Kennung
                         rpc_binding_vector_t *bVec,        // -> Binding-Vekt.
                         uuid_vector_t *objectUuids,        // -> (unbenutzt)
                         char *annotation,                  // -> String-Annotation
                         unsigned *status);                 // <- Statusanzeige
```

Die beiden Parameter zur Benennung des Namenseintrags sind hier nicht erforderlich, ansonsten handelt es sich um die gleichen Parameter wie bei der Export-Operation; lediglich eine optionale Annotation kann hier noch mit eingetragen werden. Es ist i.a. sogar sinnvoll, *rpc_ns_binding_export* erst nach *rpc_ep_register* aufzurufen, damit Clients den Server erst dann beim Directory Service erfragen können, wenn auch der RPC-Dämon vom Server informiert wurde und damit eintreffende Aufrufe an den Server-Prozeß korrekt weiterleiten kann.

Der danach nicht mehr benötigte Binding Vector wird mit der folgenden Operation gelöscht und der Inhalt von *bVec* auf Null gesetzt (daher kombinierter Ein-/Ausgabeparameter):

```
void rpc_binding_vector_free (rpc_binding_vector_t **bVec,  // <->Binding-Vekt.
                              unsigned *status);            // <- Statusanzeige
```

Warten auf Aufrufe

Der Server teil nun dem RPC-Laufzeitsystem mit, daß er bereit ist, ankommende Aufrufe anzunehmen; dazu dient die Operation:

```
void rpc_server_listen     (unsigned maxConcCalls,     // -> Max. nebenl. Aufrufe
                            unsigned *status);          // <- Statusanzeige
```

Die Operation spezifiziert durch *maxConcCalls* die maximale Anzahl von Aufrufen, die nebenläufig durch den Server bearbeitet werden können. Entsprechend viele Threads werden bei Bedarf vom System - transparent für den Anwendungscode des Servers - erzeugt. Falls mehr Aufrufe als die angegebene Maximalzahl in kurzer Zeit eintreffen, werden diese zusätzlich im Rahmen der durch *rpc_server_use_protseq* bzw. *rpc_server_use_all_protseqs* angegebenen Obergrenze gepuffert. Bei Eintreffen eines Aufrufs vom Client wird die gewünschte Prozedur beim Server vollautomatisch aufgerufen; dies erfordert also keine zusätzliche Programmierung.

Serverprogramm zum gegebenen Beispiel

Unter Verwendung der einzelnen Operationen ergibt sich die folgende Implementierung des Servers zum gegebenen Beispiel (Datei *productdata_server.c*). Aus Platzgründen werden alle erforderlichen Statustests und Fehlerbehandlungen weggelassen:

```
#include "productdata.h"                    // Vom IDL-Compiler erzeugt
#define entryName "/.:/ProductData"         // Name des Eintrags beim Directory S.
#define maxConcCalls 5                      // Max. Anzahl nebenläufiger Aufrufe

main ()
  {
  unsigned status;                          // Status der einzelnen Aufrufe
  rpc_binding_vector_t *bVec;               // Binding-Vektor

  // *** Teile dem System mit, daß alle Protokollkombinationen benutzt werden: ***
  rpc_server_use_all_protseqs (rpc_c_protseq_max_reqs_default, &status);

  // *** Registriere die Schnittstelle beim lokalen RPC-Laufzeitsystem: ***
  rpc_server_register_if (ProductData_v1_0_s_ifspec, NULL, NULL, &status);

  // *** Ermittle den Vektor der vorhandenen Binde-Kennungen: ***
  rpc_server_inq_bindings (&bVec, &status);

  // *** Registriere die Schnittstelle beim RPC-Dämon als Endpunkt: ***
  rpc_ep_register (ProductData_v1_0_s_ifspec, bVec, NULL, NULL, &status);

  // *** Exportiere die Schnittstelle an den Directory Service: ***
  rpc_ns_binding_export (rpc_c_ns_syntax_default , entryName,
          ProductData_v1_0_s_ifspec, bVec, NULL, &status);

  // *** Gebe den nun nicht mehr benötigten Binde-Vektor frei: ***
  rpc_binding_vector_free (&bVec, &status);

  // *** Warte auf RPC-Aufrufe: ***
  rpc_server_listen (maxConcCalls, &status);
  }
```

Zusätzlich ist natürlich die Implementierung der angebotenen Prozeduren erforderlich. Diese unterscheidet sich aber grundsätzlich nicht von einer konventionellen Implementierung. Daher soll für das gegebene Beispiel nur der Kernteil der Implementierung (ebenfalls in der Datei *productdata_server.c*) grob gezeigt werden; die eigentliche Suche nach den Produktdaten wurde in eine Modul-externe, aber lokal beim Server aufgerufene Routine *retrieveProductDescription* verlagert:

```
extern long retrieveProductDescription (String, ProductDescription**);

long productQuery (                           // Anfrage n. Produkten u. Entw.kosten
    String productName[maxNoProducts],        // -> Produktnamen
    ProductDescription *pd[maxNoProducts],    // <- Produktbeschreibungen
    long *totalDevelopmentCosts )             // <- Summe der Entwicklungskosten
  {
  long i = 0, status;                         // Laufvariable und Statusvariable
  long totalCosts = 0;                        // Zur Berechnung der Gesamtkosten

  while (i<maxNoProducts) {
    if (productName[i] != NULL) {
        status = retrieveProductDescription (productName[i], &pd[i]);
                                              // Suche Produktbeschreibung
        if (status == OK)
          totalCosts += pd[i++]->developmentCosts;
                                              // Addiere Entwicklungskosten
        else {
          while (i < maxNoProducts) pd[i++] = NULL;
          return (ERROR);                     // Fehlermeldung
          }
        }
    else break;
    }
  while (i < maxNoProducts) pd[i++] = NULL;   // Rest-Initialisierung mit Null
  *totalDevelopmentCosts = totalCosts;        // Gesamtkosten-Rückgabe
  return (OK);
  }
```

3.3.3 Implementierung des Clients

Die Implementierung des Clients ist vergleichsweise einfach; im wesentlichen stellt hier der RPC-Stub, der mit dem IDL-Compiler erzeugt wurde, die erforderliche Funktionalität bereit.

Bindevorgang
Lediglich das Binden zwischen Client und Server erfordert zusätzliche Unterstützung. Grundsätzlich stehen verschiedene Methoden zum Binden bereit, die einen unterschiedlichen Grad an Einflußnahme auf den Bindevorgang durch den Client ermöglichen. Eine weitgehend in bezug auf die Verteilung transparente Vorgehensweise wird durch das *automatische Binden* ermöglicht. Diese Methode ist der Default beim DCE RPC. Sie ist am einfachsten zu benutzen und wird daher im

vorliegenden Beispiel verwendet. Der IDL-Compiler generiert den entsprechenden Client-Stub-Code, der den Directory Service transparent für den Client nach einem Server befragt, der die gewünschte Prozedur anbietet. Dieser Code wird dann automatisch beim ersten Aufruf der Prozedur aktiviert. Alle nachfolgenden Aufrufe verwenden die dadurch ermittelte Binde-Information.

Spezifikation des initialen Namenseintrags für den Suchvorgang
Allerdings muß der Client dem RPC-Laufzeitsystem aber mitteilen, wo überhaupt nach dem Server im Namensverzeichnis des Directory Service gesucht werden soll. Dies erfolgt - ähnlich wie die Angabe eines Default-Directory-Pfades im lokalen Dateisystem - durch Belegung einer System-Umgebungsvariablen (*Environment Variable* in Unix): Die vordefinierte Variable *RPC_DEFAULT_ENTRY* muß mit einem zulässigen Directory-Eintrag belegt werden. In unserem Fall könnte dies (unter Unix) folgendermaßen geschehen:

```
setenv RPC_DEFAULT_ENTRY "/.:/ProductData"
```

Danach muß nur noch der Aufruf der Prozedur aus dem unten gezeigten Client-Programm (*productdata_client.c*) in der gewohnten Form erfolgen. Zur Vereinfachung wird davon ausgegangen, daß eine Prozedur *inputProductNames* zur interaktiven Eingabe der erforderlichen Produktnamen vorliegt, die das verwendete Array mit Produktnamen belegt und unbenutzte Felder mit Null initialisiert.

```
#include "productdata.h"                    // Enthält u.a. "productQuery"

main ()
  {
  String product[maxNoProducts];              // Namen der Produkte
  ProductDescription *pd[maxNoProducts];      // Erhaltene Produktbeschreibungen
  long costs;                                 // Erhaltene Gesamtkosten
  long status;                                // Statuswert

  inputProductNames (product);                // Eingabe der Produktnamen
  status = productQuery (product, pd, &costs); // Entfernte Anfrage nach Produkten
  if (status == OK) printf ("Gesamtkosten = %d\n", costs);
  else printf ("Fehler beim Aufruf von productQuery, Status: %d\n", status);
  }
```

Wie hieraus deutlich wird, ist die Verwendung von RPC-Servern durch Clients sehr einfach. Allerdings sind mehr Details erforderlich, um die insgesamt mögliche Flexibilität des DCE RPC voll auszunutzen. Die entsprechenden Punkte werden in den nachfolgenden Abschnitten vertieft.

3.4 Beschreibung von RPC-Schnittstellen durch IDL

Die Schnittstellen-Beschreibungssprache IDL des DCE RPC wurde bisher nur knapp am Beispiel eingeführt (s. Abschnitt 3.3). Im folgenden werden nun einige wichtige Details der Sprache vorgestellt.

Datentyp- und Schnittstellendefinitionen in IDL entsprechen weitgehend der ANSI-C-Syntax, wobei aber zusätzliche Attribute für Typen, Operationen und Parameter möglich sind. Bei den möglichen Datentypen sind außerdem einige Besonderheiten bzgl. Structures und Unions zu beachten.

3.4.1 Datentyp-Definitionen

Zeiger
Als Zeiger innerhalb von Datentypen oder bei Parametern werden gewöhnliche C-Pointer verwendet. Allerdings wird grundsätzlich zwischen *normalen Zeigern* und *Referenzzeigern* unterschieden. Ein normaler Zeiger kann auf eine beliebige Speicheradresse zeigen oder kann auch mit dem Wert Null belegt sein. Außerdem ist es möglich, Alias-Zeiger zu definieren, die unter verschiedenen Namen auf dieselbe Speicheradresse verweisen (etwa: *char *a = "Test"; char *b = a;*). Normale Zeiger werden zum Beispiel eingesetzt, um verzeigerte Listen zu implementieren oder um optionale, mit Null belegbare Zeigerparameter zu realisieren. Solche Zeiger werden durch das Attribut *ptr* definiert.

Referenzzeiger müssen im Gegensatz zu normalen Zeigern immer mit einem Wert ungleich Null vorbelegt sein und dürfen nicht als Alias-Zeiger verwendet werden. Sie werden typischerweise zur Übergabe von Referenzparametern oder zur Implementierung komplexer Datenstrukturen mit obligatorischen Teilkomponenten eingesetzt. Referenzzeiger werden durch das Attribut *ref* definiert und *ref* ist auch der Default, falls kein Attribut vorgegeben wird. Ausgabeparameter sind immer Referenzzeiger.

Die Verwendung der Zeigerattribute wird durch die nachfolgenden Datentyp-Definitionen gezeigt:

```
typedef [ptr] String text;                  // Normaler Zeiger auf String

typedef struct document {                   // Datentyp für Dokumente
  [ptr] String name;                        // Obligatorischer Name
  [ptr] String contents;                    // Optionaler Dokumentrumpf
  } Document;

void retrieveDocument ([out, ref] Document *d); // Referenzparameter
```

Referenzzeiger können bei der Parameterkonvertierung durch die Stubs effizienter behandelt werden als normale Zeiger. Sie sollten daher immer dann eingesetzt werden, wenn die volle normale Zeigerfunktionalität nicht benötigt wird.
Der Default der Zeigerart (normalerweise *ref*) kann auch durch das globale Schnittstellenattribut *pointer_default(ptr)* überschrieben werden. Lediglich die Zeiger für

Ausgabeparameter sind hiervon nicht betroffen; sie sind immer Referenzparameter.

Structures
C-Structures (*struct*) werden wie gewohnt definiert (s.o.), wobei Zeigerkomponenten mit den genannten Attributen versehen werden können. Wenn eine Structure als Parameter übergeben wird, so wird die gesamte Datenstruktur mit den aktuellen Werten ihrer Komponenten in den Adreßraum des Servers bzw. zurück zum Client übertragen. Dabei werden vor allem auch Zeiger innerhalb der Structure rekursiv behandelt, d.h. die referenzierten Daten werden ebenfalls mit übertragen. Dies setzt sich bis zu einer beliebigen Schachtelungstiefe fort, wobei auftretende Zyklen erkannt werden. Allerdings dürfen Zeiger dabei nur auf den Beginn einer Structure und nicht auf beliebige Stellen innerhalb der Structure verweisen (unzulässig wäre etwa: `char *docname = &doc.name`).

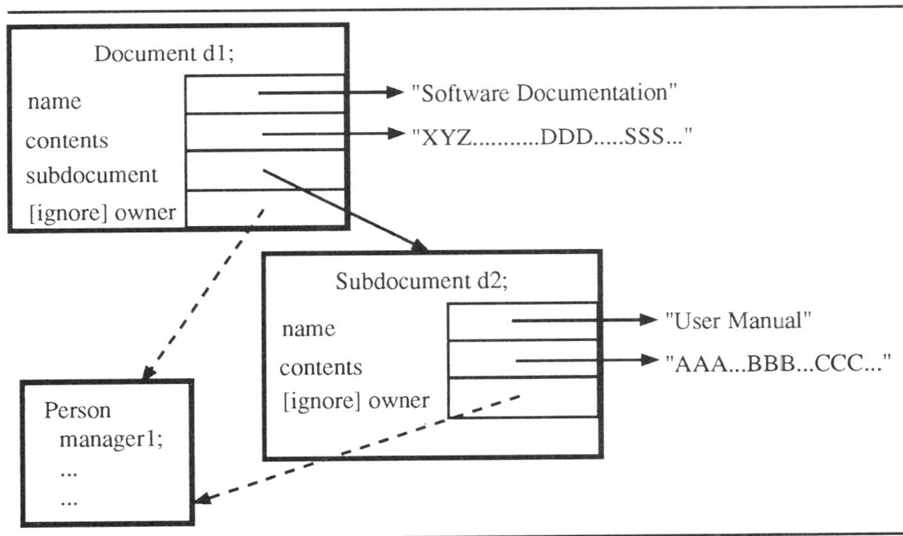

Abb. 3-6 Komplexe Datenstrukturen mit Zeigern in IDL

Um nun gerade zu verhindern, daß rekursiv referenzierte Daten mit übertragen werden, können die referenzierenden Zeiger auch mit dem Attribut *ignore* versehen werden (s. auch Abb. 3-6); zuvor wird noch ein Hilfsdatentyp für Teildokumente definiert (hier nur angedeutet):

```
typedef struct subdocument { //... } Subdocument; // Teildokumente

typedef struct document {              // Datentyp für Dokumente
  [ptr] String name;                   // Name, übertragen
  [ptr] String contents;               // Rumpf, übertragen
```

```
[ptr] Subdocument *subdocument;           // Optionales Teildok., übertragen
[ignore,ptr] Person *owner;               // Besitzer, nicht übertragen
} Document;
```

Bei diesem Beispiel würden Name, Inhalt und ggf. Teildokumente mit übertragen, wenn ein Dokument als Parameter übergeben wird. Die Datenstruktur für den Besitzer des Dokuments (referenziert durch *owner)* würde dagegen nicht übertragen; *owner* wird beim Empfänger mit Null belegt. In der Abbildung ist dieser Zeiger gestrichelt gezeichnet.

Variable Arrays

In Erweiterung zu C können Arrays in IDL auch eine variable, erst zur Laufzeit festgelegte Größe haben. Die Größe wird dabei explizit durch eine zusätzliche Variable angegeben; dies ist für die Datenkonvertierung durch die Stubs erforderlich. Die Variable zur Längenangabe ist im Regelfall entweder Komponente einer Structure oder Eingabeparameter einer Prozedur. Das variable Array ist im ersten Fall ebenfalls Structure-Komponente und im zweiten Fall Ein- oder Ausgabeparameter.

Die entsprechende Variable (hier *<var>*) wird zusammen mit dem speziellen Attribut *size_is (<var>)* verwendet, das die Array-Größe spezifiziert. Das variable Array wird durch "[]" oder "[*]" definiert. Dies sei am Beispiel eines Dokumentes (s. auch Abb. 3-7) sowie an einer Prozedurschnittstelle illustriert (nachfolgend die zugehörigen IDL-Definitionen).

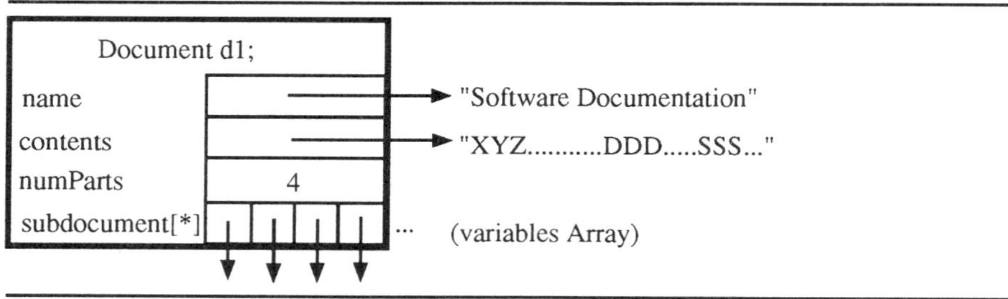

Abb. 3-7 Variables Array innerhalb einer Datenstruktur

```
typedef [ptr] Subdocument *SubdocumentPtr;  // Zeigertyp auf Subdocument
typedef struct document {                   // Datentyp für Dokumente
  [ptr] String name;                        // Name, übertragen
  [ptr] String contents;                    // Rumpf, übertragen
  long numParts;                            // Anzahl Teildokumente
  [size_is(numParts)] SubdocumentPtr subdocument[*]; // Variables Array von Teildok.
  } Document;

void retrieveDescriptions ([in] long maxDescr, [out, size_is(maxDescr)] String d[]);
```

Die Structure für Dokumente enthält nun ein variables Array von Teildokumenten, dessen Größe durch *numParts* vorgegeben ist. Prinzipiell darf ein variables Array nur *am Ende* einer Datenstruktur definiert werden. Als Hilfsdatentyp mußte ein Zeigertyp für Teildokumente definiert werden, da der IDL-Compiler variable Arrays von explizit angegebenen Zeigern - bisher - nicht akzeptiert.

Die Operation *retrieveDescriptions* liefert ein variables Array von Dokumentbeschreibungen zurück, dessen Größe durch den *Eingabe*parameter *maxDescr* vorgegeben wird. Wichtig: Es ist aus Gründen der internen Speicherverwaltung *nicht* möglich, die Größe variabler Ausgabe-Arrays erst durch Ausgabeparameter zu spezifizieren. Außerdem darf - zumindest bei der vorliegenden Implementierung - eine Structure, die ein variables Array umfaßt, kein Ausgabeparameter sein. Variable Arrays über elementare Datentypen (im Beispiel *String*) sind umgekehrt aber zulässig.

Es gibt noch einige weitere Attribute im Zusammenhang mit Arrays: Das Attribut *max_is(<var>)* spezifiziert nicht die Größe, sondern den maximalen Index eines Arrays (Größe minus 1).

Die Attribute *first_is(<var>)* und *last_is(<var)* spezifizieren bei Parametern gemeinsam den Bereich eines (festen oder variablen) Arrays, der übertragen werden soll (Bereich = niedriger Index *first_is* ... hoher Index *last_is*). Anstatt *last_is* kann auch *length_is* zur Angabe der Anzahl der zu übertragenden Array-Komponenten angegeben werden.

Unions

Unions können grundsätzlich wie in C verwendet werden, müssen aber mit einem expliziten Selektionsterm versehen werden, der die jeweilige Repräsentation einer Union abhängig von seinem Wert bestimmt. Nur so ist es dem RPC-Laufzeitsystem möglich, die Parameterkonvertierung eindeutig vorzunehmen. Abschließend ein Beispiel:

```
typedef union codedNumber switch (long selectorTerm) {
  case NumberAsInteger: long Number;
  case NumberAsBytes: char byteNumber[4];
  } CodedNumber;
```

3.4.2 Attribute für Schnittstellen und Prozeduren

Globale Schnittstellenattribute

Die globalen Schnittstellenattribute *uuid* und *version* sowie die Parameterattribute *in* und *out* wurden bereits beschrieben (s. Abschnitt 3.3) und werden daher an dieser Stelle nicht weiter vertieft. Als Alternative zum Attribut *uuid(...)* kann auch das einfache Attribut *local* angegeben werden. Dieses steht für Schnittstellen, die nicht entfernt aufgerufen werden. Der IDL-Compiler generiert hierfür nur Header-, aber keine Stub-Files. Bei Verwendung der *import*-Anweisung (s.o.) ist es wichtig, daß die importierende und die importierte Schnittstelle das *gleiche* Attribut haben (also jeweils *local* oder jeweils *uuid(...),* s. Abschnitt 3.3.1) oder, daß die importierte Datei nur einfache Datentypen und überhaupt keine Schnittstelle beschreibt.

Attribut	Semantik
default: **at-most-once**	Max. einmalige Ausführung mit Rückgabewert und ggf. expliziter Fehlermeldung
idempotent	Ggf. mehrmalige Ausführung mit Rückgabewert und ggf. expliziter Fehlermeldung
maybe	Ggf. mehrmalige Ausführung ohne Rückgabewert und ohne Fehlermeldung
broadcast	Ggf. mehrmalige Ausführung bei allen passenden Servern mit Rückgabewert des ersten abgeschlossenen Aufrufs

Abb. 3-8 RPC-Aufrufsemantik

Prozedurattribute

Die RPC-Aufrufsemantik für Prozeduren kann durch Attribute spezifiziert werden (s. Abb. 3-8). Die Default-Aufrufsemantik (ohne explizite Attributangabe) ist *at-most-once.* Dabei wird ein Aufruf maximal einmal beim Server ausgeführt, bei Fehlerfällen wird dem Client eine Fehlermeldung gegeben. Das Attribut *idempotent* zeigt dem Laufzeitsystem abweichend hiervon an, daß eine Operation in Fehlerfällen auch mehrfach wiederholt werden darf, ohne daß dies eine Konsistenzverletzung beim Server zur Folge hätte. Dies ist beispielsweise bei reinen Leseoperationen der Fall. Der Hauptvorteil dabei ist, daß der RPC zur Laufzeit effizienter abgewickelt werden kann, da sich die Fehlerbehandlung vereinfacht. Hier ein Beispiel:

```
[idempotent] void readDatabase ([in] String key, [out] String *result);
```

Das Attribut *maybe* ist eine Verfeinerung hiervon; es ist nur für idempotente Operationen ohne Ausgabeparameter und ohne Rückgabewert möglich und spezifiziert zusätzlich, daß der Aufrufende keine Rückmeldung erwartet. Dies vereinfacht die interne Implementierung zusätzlich. Ein Beispiel für eine entsprechende Operation ist etwa das periodische Absetzen von Druckaufträgen mit geringer Bedeutung:

```
[maybe] void printJob ([in] String data);
```

Das Attribut *broadcast* ist ebenfalls eine Verfeinerung von *idempotent.* Es spezifiziert, daß ein Aufruf an alle passenden Server innerhalb eines lokalen Netzes (bzw. innerhalb einer Cell) als Verteilruf geschickt werden soll. Es werden nur die Ausgabeparameter der ersten eintreffenden Rückmeldung entgegengenommen. Eine typische Anwendung hierfür ist die gleichzeitige Suche nach einem Datum bei verschiedenen Datenbank-Servern:

```
[broadcast] void readDatabase ([in] String key, [out] String *result);
```

Bei Verwendung von broadcast ist nur das automatische Binden sinnvoll, da die anderen Arten des Bindens jeweils nur genau einen Server explizit vorgeben (s. Abschnitt 3.6.3). Neben diesen Attributen können auch die oben beschriebenen Attribute *ptr*, *ref* und *string* als Prozedurattribute verwendet werden. Sie spezifizieren dann die Art des Rückgabeparameters, falls es sich dabei um einen Zeiger handelt.

Einige weitere Besonderheiten von IDL, namentlich *Pipe*-Spezifikationen für Massendatentransfer und die Definition von *Context Handles* für die Verwaltung von Client-Kontextinformation beim Server werden in Abschnitt 3.8 besprochen. In bezug auf andere Details, z.B. zu alternativen Transferformaten für Arrays und Structures sei auf die DCE-Dokumentation verwiesen [OSF3].

3.5 Die Steuernotation ACF

Neben IDL bietet das DCE eine gesonderte Steuernotation mit zugehöriger Schnittstellendatei namens *ACF (Attribute Configuration File)* an. Diese Sprache dient zur Steuerung des IDL-Übersetzungsvorgangs. Pro Schnittstelle kann eine solche optionale Steuerdatei vorgegeben werden. Ohne ACF-Datei wendet der IDL-Compiler eine Default-Vorgehensweise an, was in vielen Fällen ausreichend ist.

Die ACF-Steuerdatei hat eine ähnliche Struktur wie die IDL-Datei. Sie muß den gleichen Namen wie die korrespondierende IDL-Datei, jedoch das Suffix *".acf"* haben und wird automatisch vom IDL-Compiler zur Steuerung der IDL-Übersetzung gelesen. Im Gegensatz zur IDL-Datei können aber Client und Server verschiedene ACF-Dateien mit unterschiedlichem Inhalt für eine Schnittstelle verwenden bzw. die ACF-Datei kann ggf. auch nur bei einem der beiden Partner eingesetzt werden.

ACF besteht im wesentlichen aus verschiedenen Attributen, die an eine Schnittstellendefinition angefügt werden. Die Schnittstelle wird dazu zumindest teilweise in IDL-Form wiederholt. Einige Attribute von ACF werden unten, andere erst später im Text besprochen.

Einschränkung der Stub-Generierung

Auf Client-Seite kann die Generierung von Stubs für eine bestimmte Schnittstelle oder auch selektiv für einige Operationen unterbunden werden, etwa wenn diese Operationen von bestimmten Clients nicht benötigt werden. Dazu dienen die Attribute *code* und *nocode*, die am Beispiel einer einfachen ACF-Datei erläutert seien:

```
[nocode] interface ProductData {        // Default: Keine Stub-Generierung
  [code] productQuery();                // Stub-Generierung für diese Op.
  [code] createProduct();               // Stub-Generierung für diese Op.
  }                                     // Keine Stubs für alle übrigen Op.
```

Das Beispiel spezifiziert, daß nur für die Operationen *productQuery* und *createProduct* eine Stub-Generierung erfolgen soll, für alle anderen Operationen dagegen der Default *nocode* der Gesamtschnittstelle angewandt werden soll. Die beiden Attribute können beliebig kombiniert werden, wobei das Attribut einer Operation jeweils das Attribut einer Schnittstelle überschreibt. Wichtig ist, daß in ACF die genauen Parameterdefinitionen nicht wiederholt werden, sondern nur die Namen der Prozeduren aufgelistet werden.

Parametercodierung auf Heap
Das ACF-Attribut *heap* eines Datentyps spezifiziert, daß die Parametercodierung hierfür auf dem Heap und nicht - wie im Regelfall - auf dem Stack durchgeführt werden soll. Dies ist bei sehr großen Parametern wichtig, die evtl. zu einem Stack-Überlauf, gerade im Zusammenhang mit Threads (s. Kap. 4) führen könnten:

```
interface ProductData {                          // Schnittstelle für Produktdaten
  typedef [heap] ProductDescription;             // Structures dieses Typs auf Heap
  }
```

Auch hier wird nur der Name des unserer Annahme nach in IDL bereits definierten Typs wiederholt, nicht aber die Einzelheiten der Typdefinition.

Weitere ACF-Attribute
Weitere ACF-Attribute zur Steuerung des Bindevorgangs und zur Fehlerbehandlung werden in Abschnitt 3.6 bzw. 3.8 beschrieben. Zu einigen speziellen Attributen (etwa explizite Definition von Datenrepräsentationen oder Inline-Stubgenerierung) sei auf die DCE-Dokumentation verwiesen [OSF3].

3.6 Der RPC-Bindevorgang: Details

3.6.1 Detaillierter Ablauf des Bindevorgangs

Der Bindevorgang wurde oben nur vereinfacht dargestellt. Im Detail läuft das Binden in zwei Stufen ab (s. Abb. 3-9):

1. *Anfrage an Directory Service:* Wie oben angesprochen, befragt das RPC-Laufzeitsystem des Clients den Directory Service nach einem geeigneten Server für die gewünschte Schnittstelle. Als Antwort erhält der Client aber im Regelfall nicht die vollständige Adresse des Servers, sondern nur seines Rechners (Zielsystem).
2. *Vervollständigung der Binde-Information:* Nun sendet das RPC-Laufzeitsystem die Aufrufnachricht an die Adresse eines speziellen Prozesses (der bereits erwähnte *RPC-Dämon* bzw. *Endpoint Mapper*) auf dem Zielsystem. Dieser Prozeß sucht nun in einer lokalen Tabelle nach dem Server-Prozeß, vervollständigt die Binde-Information um dessen Prozeßkennung (sog. *Endpunkt*) und leitet den Aufruf weiter. Mit der Rückantwort erhält auch der Client schließlich die vollständige Binde-Information.

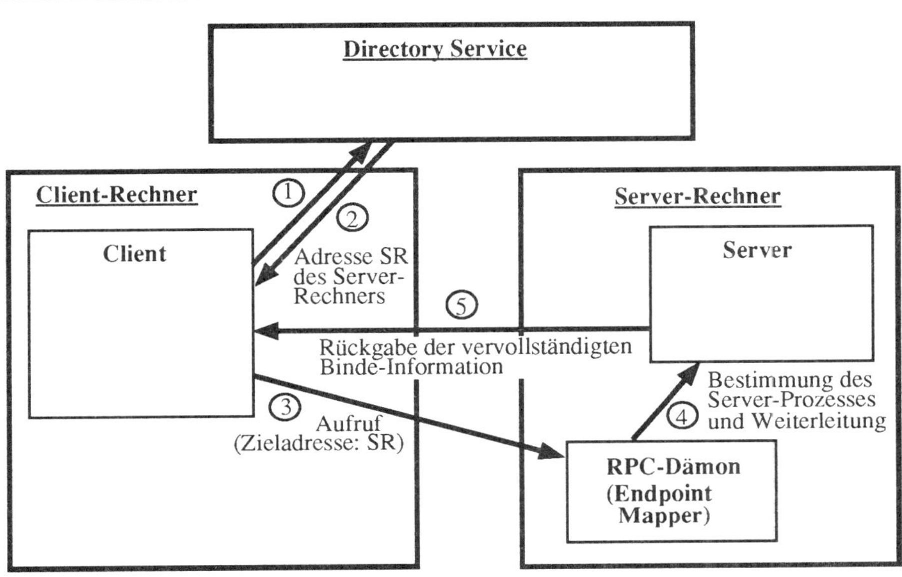

Abb. 3-9 Bindevorgang im Detail

Dieser zweiphasige Ablauf hat den Vorteil, daß der Directory Service nicht die vollständige Identifikation eines Server-Prozesses speichern muß. Diese Information ändert sich jedesmal, wenn ein Server erneut gestartet wird, z.B. beim Reboot eines Rechners. Dies würde in großen Systemen zu häufigen, unerwünschten Schreiboperationen des Directories führen. Dagegen ist die Information, daß ein bestimmter Server auf einem Rechner grundsätzlich vorhanden ist - ohne dessen genaue Prozeßkennung zu speichern - sehr viel stabiler.

Die in Abschnitt 3.3 dargestellten Operationen zur Server-Initialisierung lassen sich nun wie folgt einordnen:

- *rpc_ns_binding_export* teilt dem Directory Service lediglich die Adresse des anbietenden Rechners mit.
- *rpc_ep_register* trägt zusätzlich die Kennung des entsprechenden Server-Prozesses (Endpunkt) in die lokale Tabelle des RPC-Dämons ein.

Für das Anwendungsprogramm des Clients sind die beschriebenen Details des Bindevorgangs weitgehend transparent.

3.6.2 Datenstrukturen für das Binden: Binding Handles

Die beim Binden verwendeten und erzeugten Daten werden in sogenannten *Binding Handles* abgelegt. Dies sind spezielle, von DCE vordefinierte Datenstrukturen, die Adreßinformation zu Servern (Rechneradresse und Endpunkt) sowie Information über die möglichen Kombinationen von Kommunikationsprotokollen zur Interaktion mit diesen Servern umfassen. Sowohl auf Client-, wie auch auf Server-Seite werden lokale Binding Handles geführt, allerdings mit unterschiedlicher Bedeutung.

Server-Seite
Beim Server wird je ein *Binding Handle* für *jede* mögliche Kombination von Kommunikationsprotokollen erzeugt. Dies geschieht durch die Operation *rpc_server_inq_bindings* (s. Abschnitt 3.3), die einen Vektor von Binding Handles liefert. Zuvor zeigt der Server dem RPC-Laufzeitsystem an, welche Kommunikationsprotokolle verwendet werden; davon hängt der Inhalt des Vektors ab. Wir begnügen uns damit, einfach alle verfügbaren Protokolle einzusetzen, was durch den Aufruf von *rpc_server_use_all_protseqs* (s. Abschnitt 3.3) indiziert wird. Beim Export von RPC-Schnittstellen (*rpc_ns_binding_export*) und beim Registrieren von Endpunkten (*rpc_ep_register*) werden die Binding Handles des Servers schließlich übergeben und ihr Inhalt beim Directory Service bzw. in der Tabelle des RPC-Dämons abgelegt.

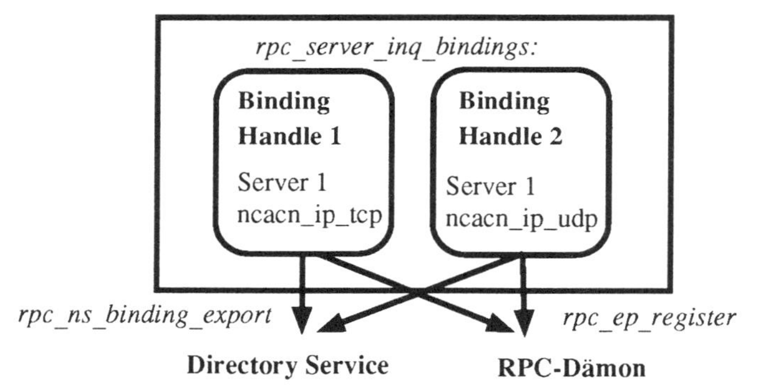

Abb. 3-10 Binding Handles eines Servers

Abb. 3-10 zeigt die Binding Handles eines Servers (Server 1), der zwei verschiedene Kombinationen von Kommunikationsprotokollen anbietet (RPC mit TCP/IP und UDP/IP). Der Aufruf von *rpc_server_inq_bindings* liefert die gezeigten Binding Handles. Beim Aufruf von *rpc_ns_binding_export* werden die entsprechende Protokollinformation, die Schnittstellenkennung sowie die Adresse des Server-

Rechners, nicht aber die Adresse (Endpunkt) des Server-Prozesses beim Directory Service registriert. Die Endpunkt-Information des Binding Handles wird aus den in Abschnitt 3.6.1 diskutierten Gründen nur beim RPC-Dämon gespeichert.

Wichtig ist auch, daß Binding Handles *pauschal* für einen bestimmten Server und nicht nur für eine *einzelne* Schnittstelle gelten. Dies bedeutet, daß ein Server nur für jede Protokollkombination, nicht aber für jede Schnittstelle ein Binding Handle besitzt; aus diesem Grund wird auch an die Operation *rpc_server_inq_bindings* keine Schnittstellenkennung übergeben.

Client-Seite

Ein Client verfügt über *ein Binding Handle pro Server*, mit dem er kommuniziert. Diese Information wird entweder durch das automatische Binden wie im Beispiel aus Abschnitt 3.3 oder durch explizite Import-Aufrufe des Clients vom Directory Service zur Verfügung gestellt. Grundsätzlich entsprechen die Daten dieser Binding Handles der Information aus den vom Server exportierten Binding Handles. Allerdings entsteht durch das zweiphasige Binden eine Besonderheit: Nach Befragung des Directory Services verfügt der Client lediglich über ein Binding Handle, das die Adresse des Server-Rechners, nicht aber des Server-Prozesses enthält. Erst nach Durchführung des Aufrufs mit Ermittlung der vollständigen Adresse durch den RPC-Dämon des Servers wird auch das Binding Handle des Clients vervollständigt. Nachfolgende Aufrufe werden dann direkt an den Server gesendet.

Abb. 3-11 zeigt die Binding Handles eines Clients für drei verschiedene Server (die Numerierung hat keinerlei Bezug zur Numerierung der in Abb. 3-10 dargestellten Server Binding Handles!). Binding Handle 1 umfaßt bereits Rechneradresse und Endpunkt von Server 1, während die anderen beiden Binding Handles noch unvollständig sind und erst durch Aufruf des Servers vervollständigt werden.

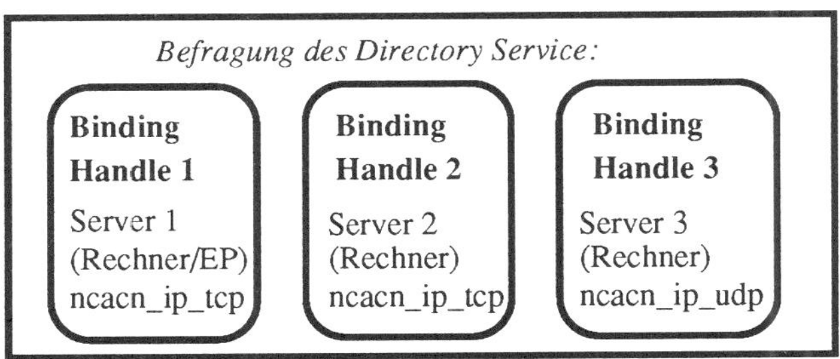

Abb. 3-11 Binding Handles eines Clients

Auch hier ist wiederum zu betonen, daß ein Binding Handle eines Clients für einen bestimmten Server (mit einer bestimmten Protokollkombination) *insgesamt* und nicht nur für eine Schnittstelle gilt. Dies bedeutet für den Client, daß er, sobald er über ein geeignetes Binding Handle verfügt, Prozeduren aus jeder beliebigen

Schnittstelle des entsprechenden Servers aufrufen kann. In unserem Beispiel könnte ein Client dann etwa neben den Operationen der Schnittstelle *ProductData* auch Operationen einer anderen Schnittstelle, etwa *ProductDevelopment,* unter Verwendung desselben Binding Handles beim selben Server aufrufen.

3.6.3 Methoden des Bindens

Für die Steuerung des Bindevorgangs stehen verschiedene Methoden bereit:

- *Automatisch:* Die in Abschnitt 3.3 verwendete Methode arbeitet weitgehend transparent für den Client; ausgehend vom Inhalt der beschriebenen Umgebungsvariablen des Clients liefert der Directory Service die gewünschte Server-Adresse. Bei einem Fehlerfall (Ausfall des Servers bzw. der Kommunikationsverbindung) versucht das System im Rahmen eines erneuten Bindevorgangs, einen alternativen Server zu finden. Dadurch können bestimmte Fehler toleriert werden, sofern redundante Server zur Verfügung stehen; allerdings gilt dies nicht für Fehler während der Durchführung eines nicht idempotenten Aufrufs. In solchen Fällen erhält der Client eine explizite Fehlermeldung, ohne daß der Aufruf automatisch wiederholt würde.
- *Implizit:* Bei dieser Methode ermittelt der Client selbst durch Prozeduraufrufe der Anwendung an den Directory Service einen geeigneten Server. Diese Methode erfordert dadurch mehr Programmieraufwand, ermöglicht aber eine dedizierte Auswahl des Clients bei mehreren Server-Alternativen. Die erhaltene Binde-Information wird dann einer vordefinierten globalen Variablen zugewiesen, auf die das RPC-Laufzeitsytem bei jedem Aufruf der entsprechenden Prozedur implizit zugreift, um den gewählten Server zu ermitteln (daher die Bezeichnung *implizites Binden*). Beim Aufruf sind dann also keine zusätzlichen Aktionen oder syntaktischen Modifikationen der Anwendung erforderlich.
- *Explizit:* Auch bei dieser Methode wird wie beim impliziten Binden ein geeigneter Server durch den Client selbst ermittelt. Allerdings wird die Binde-Information dann *explizit* als zusätzlicher Parameter der aufgerufenen Prozedur übergeben. Dadurch ist es insbesondere möglich, bei aufeinanderfolgenden bzw. auch bei mehreren nebenläufigen Prozeduraufrufen zwischen mehreren Servern zu variieren. Die noch größere Flexibilität erfordert nun allerdings auch zusätzliche syntaktische Modifikationen beim Aufruf von Prozeduren.

Vergleich der Methoden

Abb. 3-12 vergleicht die drei Methoden konzeptionell. Neben den oben dargestellten Eigenschaften sind einige weitere Charakteristika zu erwähnen.Beim automatischen und impliziten Binden bezieht sich die ermittelte Bindeinformation eines Clients zwangsläufig auf alle Aufrufe von Prozeduren einer bestimmten Schnittstelle. Beim expliziten Binden stellt dagegen der einzelne Aufruf die (feinere) Granularität bzgl. der Bindeinformation dar. Insbesondere ist es nun bei mehreren nebenläufigen Aufrufen eines Clients möglich, daß jeder Thread unterschiedliche

Binde-Information verwendet. Falls nicht der Default (automatisches Binden) verwendet wird, so wird die gewünschte Methode in Form eines Attributes pro Schnittstelle vorgegeben. Dieses Attribut wird aber nicht wie etwa die UUID oder die Versionsnummer innerhalb der IDL-Datei spezifiziert, sondern durch die ACF-Steuerdatei vorgegeben.

Beim expliziten Binden kann die Auswahl der Methode entweder in ACF oder durch Angabe eines speziellen Prozedurparameters vom Typ *Binding Handle* innerhalb der Schnittstellenbeschreibung (IDL-Datei) erfolgen.

Eigenschaften / *Bindemethode*	**Flexibilität u. Kontrolle beim Binden**	**Programmieraufwand**	**Granularität der Bindeinformation**	**Tolerierung von Fehlern**	**Spezifikation**
Automatisches Binden	keine	kein Zusatzaufwand f. Client	pro Schnittstelle	Automatisch neues Binden	Default
Implizites Binden	globale Auswahl v. Servern	Ermitteln v. Bindeinformation	pro Schnittstelle	nicht automatisch	ACF
Explizites Binden	Auswahl v. Servern pro Aufruf	Ermitteln u. Übergabe v. Bindeinformation	pro Prozedur / Aufruf	nicht automatisch	ACF oder IDL

Abb. 3-12 Vergleich der verschiedenen Methoden zum Binden

Syntaxbeispiele

Im folgenden wird je ein Beispiel für die Spezifikation der einzelnen Methoden gegeben. Das Ermitteln der erfoderlichen Binde-Information beim impliziten und expliziten Binden durch den Client wird dann in Abschnitt 3.6.4 im Detail vorgestellt.

Für das automatische Binden ist keine zusätzliche Spezifikation erforderlich, aber dennoch - z.B. zur expliziten Dokumentation - möglich. Dazu dient das Attribut *auto_handle* in der ACF-Steuerdatei *productdata.acf*:

```
[auto_handle] interface ProductData { }
```

Die Datei enthält nur dann zusätzliche Informationen, wenn über die einzelnen Schnittstellenoperationen explizite Aussagen gemacht werden sollen (s. Abschnitt 3.5). Das implizite Binden wird durch die folgenden ACF-Vorgaben ausgewählt:

```
[implicit_handle(handle_t productDataHandle)] interface ProductData { }
```

Neben dem Attribut *implicit_handle* wird eine globale Variable *productDataHandle* vom vordefinierten Typ *handle_t* vorgegeben, aus der vom IDL-Compiler eine globale C-Variable erzeugt wird, die später die Bindeinformation aufnimmt.

Das explizite Binden wird in ACF vorgegeben durch:

```
[explicit_handle] interface ProductData { }
```

Der IDL-Compiler erzeugt in diesem Fall einen zusätzlichen ersten Parameter vom Typ *handle_t* für jede Prozedur der Schnittstelle. Dieser Paramter muß vor dem Aufruf mit der geeigneten Bindeinformation belegt werden. Als Alternative kann der Parameter auch selektiv nur für bestimmte Prozeduren vereinbart werden; explizites Binden wird dann nur für diese Prozeduren durchgeführt, für alle übrigen Prozeduren der Schnittstelle wird die durch ACF global ausgewählte Binde-Methode (automatisch oder implizit) verwendet. Die modifizierte Schnittstellenbeschreibung innerhalb der IDL-Datei hätte die folgende Form:

```
// ... Anfang wie in Abschnitt 3.3.1
long productQuery (                                   // Anfrage n. Produkten u. Entw.kosten
   [in] handle_t productQueryHandle,                  // -> Binding Handle
   [in] String productName[maxNoProducts],            // -> Produktnamen
   [out] ProductDescription *pd[maxNoProducts],       // <- Produktbeschreibungen
   [out] long *totalDevelopmentCosts );               // <- Summe der Entwicklungskosten
```

Das selektive explizite Binden kann aber auch für die jeweilige Operation als Operations-Attribut in der ACF-Datei spezifiziert werden; die in IDL spezifizierten Parameter der Prozedur müssen hier nicht wiederholt werden:

```
interface ProductData
{
[explicit_handle] productQuery ();
}
```

Bei einem Prozeduraufruf mit explizitem Binden muß auch hier in jedem Fall der zusätzliche Parameter vom Typ *handle_t* mit übergeben werden.

3.6.4 Die RPC-Client-Schnittstelle des Directory Service

Beim impliziten und expliziten Binden muß der Client den Directory Service direkt befragen. Dazu wird eine spezielle Schnittstelle mit der Bezeichnung *NSI (Name Service Interface)* als Teil der RPC-Software im DCE angeboten. Die bei der Server-Initialisierung bereits beschriebene Operation *rpc_ns_binding_export* ist ebenfalls Teil dieser Schnittstelle.

Für den Client sind vor allem die Operationen der Kategorien *rpc_ns_binding_import_...* und *rpc_ns_binding_lookup_...* von Bedeutung. Die Operationen der erstgenannten Kategorie liefern durch mehrere iterative Aufrufe Binde-

Information für mehrere alternative Server einer Schnittstelle. Die Operationen der anderen Klasse liefern die gesamte Menge der Server mit einem Aufruf. Im folgenden wird nur die Kategorie *rpc_ns_binding_import_...* beschrieben, da die andere Kategorie nur eine syntaktische Zusammenfassung hiervon darstellt.

Aufbau eines Anfragekontextes
Um eine Namensanfrage ausführen zu können, muß der Client zunächst einen *Anfragekontext* mit dem Directory Service aufbauen. Die dabei erzeugte Kontextinformation wird nur intern verwendet:

```
void rpc_ns_binding_import_begin (
                unsigned entrySyntax,          // -> Syntax des Eintrags
                char *entryName,               // -> Name des Eintrags
                rpc_if_handle_t ifHandle,      // -> Interf.-Kennung
                uuid_t *objUuid,               // -> (unbenutzt)
                rpc_ns_handle_t *context,      // <- Kontextinform.
                unsigned *status);             // <- Statusanzeige
```

Die ersten drei Parameter entsprechen der Export-Operation des Servers und spezifizieren die Namenssyntax (im einfachsten Fall *rpc_c_ns_syntax_default*), den als Ausgangspunkt für die Suche zu wählenden Namenseintrag sowie die Kennung der gewünschten RPC-Schnittstelle aus der Header-Datei, die vom IDL-Compiler generiert wurde. Wird für den Ausgangspunkt *NULL* vorgegeben, so wird stattdessen der Wert der in Abschnitt 3.3 beschriebenen Umgebungsvariable *RPC_DEFAULT_ENTRY* verwendet. Die Angabe zusätzlicher Objekte zur Repräsentation gewünschter Ressourcen durch *objUuid* wird erst in Abschnitt 3.6.5 behandelt. Die Operation liefert schließlich die Directory-Kontextinformation *context* zurück.

Namensanfrage
Nun kann die eigentliche Anfrage nach einem Server durchgeführt werden. Dazu dient die Operation:

```
void rpc_ns_binding_import_next (
                rpc_ns_handle_t context,            // -> Kontextinformation
                rpc_binding_handle_t *binding,      // <- Binde-Information
                unsigned *status);                  // <- Statusanzeige
```

Unter Verwendung des zuvor etablierten Kontextes liefert diese Operation ein *Binding Handle* für einen Server, der die gewünschte Schnittstelle exportiert hat. Bei mehrmaligem Aufruf erhält man entsprechend mehrere Binding Handles, falls mehrere solche Server vorhanden sind. Der Statuswert *rpc_s_no_more_bindings* zeigt an, daß kein weiterer Server mehr geliefert werden kann. In vielen Fällen wird es jedoch ausreichen, die Operation nur einmal aufzurufen. Ansonsten ist es Aufgabe des Clients, aus den verschiedenen Binding Handles eines auszuwählen. Dazu kann ein Binding Handle z.B. in einen lesbaren String konvertiert werden, um die enthaltene Adreßinformation zu analysieren (s. Abschnitt 3.6.8).

Die Interaktion mit dem Directory Service muß anschließend geordnet abgeschlossen werden durch Aufruf der Operation:

```
void rpc_ns_binding_import_done (
                    rpc_ns_handle_t *context,  // -> Kontextinformation
                    unsigned *status);         // <- Statusanzeige
```

Dadurch wird die Kontextinformation gelöscht.

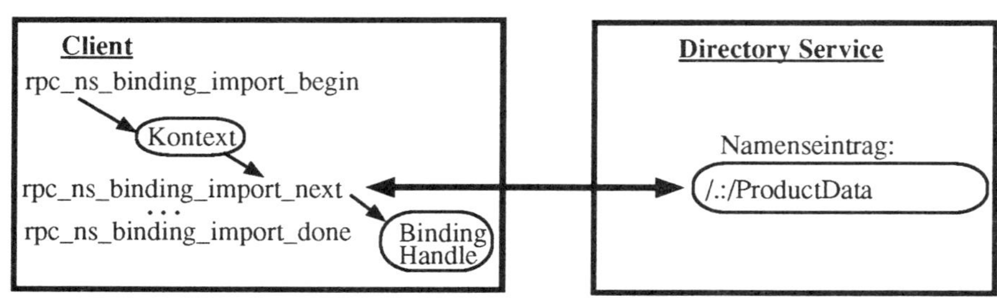

Abb. 3-13 Durchführung einer Namensanfrage durch einen Client

Beispiel
Das folgende Beispiel (s. auch Abb. 3-13) zeigt abschließend die Durchführung einer Namensanfrage mit nachfolgendem Prozeduraufruf im Rahmen des expliziten Bindevorgangs.

```
#include "productdata.h"                    // Vom IDL-Compiler erzeugt
#define entryName "/.:/ProductData"         // Name des Eintrags beim Directory S.

main ()
  {
  unsigned status;                          // Status der einzelnen Aufrufe
  rpc_ns_handle_t context;                  // Directory-Kontext
  rpc_binding_handle_t binding;             // Gesuchtes Binding Handle

  // *** Etabliere Directory-Kontext für den Bindevorgang: ***
  rpc_ns_binding_import_begin (rpc_c_ns_syntax_default, entryName,
                    ProductData_v1_0_c_ifspec, NULL, &context, &status);

  // *** Suche nach exportierendem Server: ***
  rpc_ns_binding_import_next (context, &binding, &status);
  // *** (ggf. wiederholter Aufruf) ***

  // *** Beende Interaktion mit dem Directory Service: ***
  rpc_ns_binding_import_done (&context, &status);

  // *** Prozeduraufruf mit explizitem Binden (Parameter-Details s.o.): ***
  status = productQuery (binding, //...);
  }
```

Beim impliziten Binden gemäß Abschnitt 3.6.3 würde das ermittelte Binding Handle nicht als Prozedurparameter übergeben, sondern an die im ACF-File definierte globale Variable *productDataHandle* zugewiesen. Das RPC-Laufzeitsystem liest dann bei jedem Aufruf von *productQuery* oder einer anderen Prozedur der *ProductData*-Schnittstelle den Wert dieser globalen Variablen und verwendet ihn zur Adressierung des Servers.

3.6.5 Bereitstellen und Anfordern von Ressourcen

Bei den beschriebenen Operationen zum Export und Import von Schnittstellen tritt generell ein zusätzlicher Parameter vom Typ *uuid_t* bzw. *uuid_vector_t* auf, der bisher nicht benutzt und mit Null vorbelegt wurde. Dadurch wird die Vorgabe von *Objekten* ermöglicht, die vor allem die im Zusammenhang mit einer Prozedurausführung benötigten Ressourcen charakterisieren. Jedes Objekt wird wie bereits die Schnittstellen durch eine systemweit eindeutige Kennung, seine *UUID*, identifiziert.

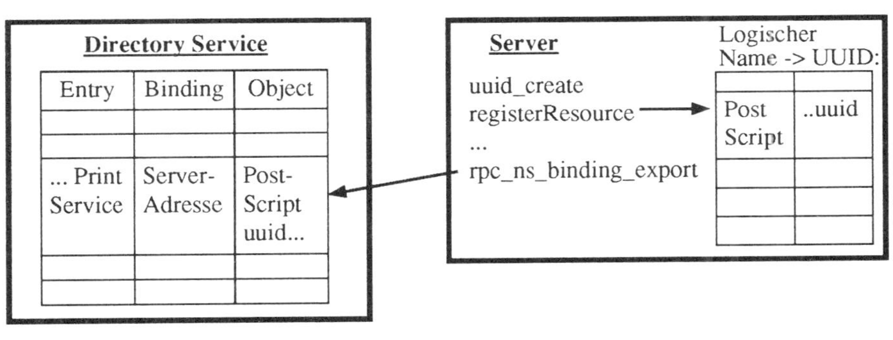

Abb. 3-14 Erzeugen und Exportieren von Ressourcen-Objekten

Ressourcen-Angebot eines Servers

Ein Server kann nun zusammen mit einer Schnittstelle eine Menge von Objektkennungen exportieren (s. Abb. 3-14); dies stellt die verschiedenen alternativen Ressourcen dar, die von ihm angeboten werden. Ein Beispiel sind etwa verschiedene Dateiformate (etwa ASCII oder PostScript), die von einem Drucker-Server unterstützt werden. Dazu muß zunächst für jedes Format eine Objekt-UUID erzeugt werden. Dies geschieht durch die Operation:

```
void uuid_create (uuid_t *uuid,              // <- erzeugte Objekt-UUID
                  unsigned *status);         // <- Statusanzeige
```

Die erzeugte UUID muß nun mit einem geeigneten logischen Ressourcen-Namen assoziiert werden (etwa *"PostScript"*). Eine Anwendung kann eine solche Zuordnung zwischen den Ressourcen-Namen und den UUIDs selbst in Form einer Tabelle verwalten oder aber beim Directory Service eintragen (ähnlich wie in Abschnitt 3.3 bzw. 3.6.4, jedoch ohne Angabe von Schnittstelleninformation; s. auch Kap. 5). Die letztere Möglichkeit hat den Vorteil, daß ein systemweit zugreifbarer Dienst eine sehr viel bessere Koordinierung von Ressourcen-Namen ermöglicht.

Nun kann der Server das angebotene Ressourcen-Objekt zusammen mit seiner Schnittstelle exportieren (s. auch Abschnitt 3.3). Dazu wird ein UUID-Vektor (der hier nur eine Ressourcen-Objekt-UUID enthält) beim Aufruf von *rpc_ns_binding_export* und von *rpc_ep_register* mit übergeben und dadurch beim Directory Service und beim RPC-Dämon mit der Schnittstelle *PrintService_v1_0_ifspec* assoziiert.

```
#include "printservice.h"                       // Vom IDL-Compiler erzeugt
#define entryName "/.:/PrintService"            // Name des Eintrags beim Directory S.
#define PostScriptResource "PostScript"         // Ressourcen-Name
#define maxConcCalls 5                          // Max. Anzahl nebenläufiger Aufrufe

extern registerResource();                      // Registrieren des Ressourcen-Objektes
                                                // (anwendungsspezifisch)
main ()
  {
  unsigned status;                              // Status der einzelnen Aufrufe
  rpc_binding_vector_t *bVec;                   // Binding-Vektor
  uuid_t uuid;                                  // UUID für Ressourcen-Objekt
  uuid_vector_t uuidVec;                        // UUID-Vektor

  uuid_create (&uuid, &status);                 // Erzeugung einer UUID
  registerResource (uuid, PostScriptResource);  // Registrieren der UUID mit Namen

  // *** Teile dem System mit, daß alle Protokollkombinationen benutzt werden: ***
  rpc_server_use_all_protseqs (rpc_c_protseq_max_reqs_default, &status);

  // *** Registriere die Schnittstelle beim lokalen RPC-Laufzeitsystem: ***
  rpc_server_register_if (PrintService_v1_0_s_ifspec, (uuid_t*)NULL,
                          NULL, &status);

  // *** Ermittle den Vektor der vorhandenen Binde-Kennungen: ***
  rpc_server_inq_bindings (&bVec, &status);

  uuidVec.count = 1;              // Nur 1 Ressourcen-Objekt zu exportieren
  uuidVec.uuid[0] = &uuid;        // Initialisierung des nötigen UUID-Vektors

  // *** Exportiere die Schnittstelle an den Directory Service: ***
  rpc_ns_binding_export (rpc_c_ns_syntax_default , entryName,
         PrintService_v1_0_s_ifspec, bVec, &uuidVec, &status);

  // *** Registriere die Schnittstelle beim RPC-Dämon als Endpunkt: ***
  rpc_ep_register (PrintService_v1_0_s_ifspec, bVec, &uuidVec, NULL, &status);

  // ... (s.o.)
  }
```

Das Erzeugen solcher Ressourcen-Objekt-UUIDs sollte zweckmäßigerweise relativ streng koordiniert werden und z.B. von einer oder mehreren ausgewählten Instanzen durchgeführt werden. Jeder andere Server, der eine entsprechende Ressource anbieten möchte, müßte dann zunächst ihre globale UUID beim Directory Service erfragen. In unserem Fall, wo der Server selbst die Erzeugung übernimmt, entstehen dagegen Schwierigkeiten, wenn auch andere Server dieselben Ressourcen anbieten wollen.

Ressourcen-Anforderungen eines Clients
Ein Client kann gleichermaßen beim Importieren mit explizitem bzw. implizitem Binden ein Objekt spezifizieren, das eine von ihm benötigte Ressource repräsentiert (etwa PostScript). Der Directory Service liefert dann nur Binding Handles für die Server, die unter anderem auch das gewünschte Ressourcen-Objekt exportiert haben. Es ist allerdings nicht direkt möglich, beim Importieren mehrere Ressourcen-Objekte vorzugeben, die eine UND-verknüpfte Ressourcen-Bedingung repräsentieren. Eine solche Anforderung muß schon bei der Ressourcen-Definition berücksichtigt werden, indem ein eigenes Ressourcen-Objekt für jede benötigte Kombination von Ressourcen definiert wird (etwa je eines für Schnelldrucker mit PostScript-Format und für Schnelldrucker mit ASCII-Format).

In unserem Drucker-Beispiel würde der Client etwa folgendermaßen vorgehen:

```
#include "printservice.h"                    // Vom IDL-Compiler erzeugt
#define PostScriptResource "PostScript"      // Ressourcen-Name
#define entryName "/.:/PrintService"         // Name des Eintrags beim Directory S.

extern queryResource();                      // Erfragen der Ressourcen-Objekt-UUID
                                             // (durch Directory S. oder
                                             //  anwendungsspezifisch)


main ()
  {
  unsigned status;                           // Status der einzelnen Aufrufe
  uuid_t uuid;                               // UUID für Ressourcen-Objekt
  rpc_ns_handle_t context;                   // Directory-Kontext
  rpc_binding_handle_t binding;              // Gesuchtes Binding Handle

  // *** Ermittle Ressourcen-Objekt-UUID für gegebenen Ressourcen-Namen: ***
  queryResource (&uuid, PostScriptResource);

  // *** Etabliere Directory-Kontext f. d. Bindevorgang: unter Angabe der UUID ***
  rpc_ns_binding_import_begin (rpc_c_ns_syntax_default, entryName,
                          PrintService_v1_0_c_ifspec, &uuid, &context, &status);

  // *** Suche n. exportierendem Server (der obige Ressourcen-UUID bereitstellt): ***
  rpc_ns_binding_import_next (context, &binding, &status);

  // *** Beende Interaktion mit dem Directory Service: ***
  rpc_ns_binding_import_done (&context, &status);

  // ... (s.o.)
  }
```

Durch Angabe der Ressourcen-Objekt-UUID bei Aufruf der Operation *rpc_ns_binding_import_begin* liefert die nachfolgende Operation *rpc_ns_binding_import_next* nur Binding Handles für Server zurück, die auch das verlangte Ressourcen-Objekt exportiert haben.

Prinzipien bei Vergabe und Export von Ressourcen-Objekt-UUIDs
UUIDs für Ressourcen sollten grundsätzlich nur dann vergeben und exportiert werden, wenn die entsprechenden Ressourcen langlebig sind. Dies ist für unterstützte Dateiformate eines Druckers sicherlich der Fall, nicht aber etwa für die Kennzeichnung eines Servers als gering belastet ("Ressource = temporär hohe Verarbeitungskapazität"). Bei solchen transienten Ressourcen-Eigenschaften sollte besser ein anwendungsspezifischer Auswahlmechanismus für Server realisiert werden. Weiterhin muß entschieden werden, ob mehrere, von einem Server angebotene Ressourcen in einem Directory-Eintrag zusammengefaßt werden, oder ob etwa pro Ressource ein separater Eintrag vorgenommen werden soll. Normalerweise dürfte das zusammengefaßte Exportieren günstiger sein, da der Directory Service dadurch geringer belastet wird. Falls allerdings nur wenige verschiedene Ressourcen vorhanden sind und diese doch Modifikationen unterliegen, kann eine Trennung in mehrere Einträge sinnvoll sein; dies erleichtert dann das Hinzufügen und Löschen von Ressourcen.

Unterscheidung von Servern eines Rechners durch UUIDs
UUIDs werden außerdem zur Unterscheidung zwischen gleichartigen Servern auf einem Rechner verwendet. Da der Client normalerweise nur die Adresse des Rechners und nicht den Endpunkt im Rahmen eines Binding Handles vorgeben kann, ist es ihm nicht möglich, explizit einen Server zur Ausführung zu bestimmen (falls mehrere Server auf einem Rechner dieselbe Schnittstelle anbieten). Dies ist ein Problem, wenn z.B. die verschiedenen Server langfristige, unterschiedliche Zustandsdaten halten. Um dem Client doch eine explizite Auswahl zu ermöglichen, exportiert jeder Server ein sozusagen virtuelles Ressourcen-Objekt. Der Client kann dann durch Angabe eines solchen Ressourcen-Objektes beim Import gezielt einen Server selektieren. Da der Mechanismus ansonsten wie oben beschrieben abläuft, wird an dieser Stelle auf weitere Details verzichtet.

Verwendung von Objekttypen
Es ist auch möglich, mehrere Objekte einem *Objekttyp* zuzuordnen. Dazu wird zunächst eine UUID zur Kennzeichnung eines neuen Objekttyps durch *uuid_create* erzeugt und anwendungsspezifisch möglichst auch mit einem Typnamen assoziiert. Anschließend werden existierende Objekte diesem Typ zugeordnet durch Aufruf der Operation:

```
void rpc_object_set_type (uuid_t *objUuid,       // -> UUID des Objekts
                          uuid_t *typeUuid,      // -> UUID des Objekttyps
                          unsigned *status);     // <- Statusanzeige
```

Nun ist es möglich, Prozeduren eines Servers mehrfach zu implementieren, so daß das System abhängig vom Typ eines Ressourcen-Objekts eine bestimmte Implementierung auswählen kann. Ein Server exportiert dazu - wie oben beschrieben - mehrere Objekte verschiedenen Typs zusammen mit einer Schnittstelle. Zusätzlich werden aber verschiedene Implementierungen dieser Schnittstelle beim RPC-Laufzeitsystem registriert. Dazu wird die oben eingeführte Operation:

```
void rpc_server_register_if    (rpc_if_handle_t ifHandle, // ->Interface-Kennung
                                uuid_t *mgrTypeUuid,       // -> Zugeordneter Typ
                                rpc_mgr_epv_t mgrEpv,      // -> Prozedurvektor
                                unsigned *status);         // <- Statusanzeige
```

nun einmal pro Implementierung aufgerufen. Bei jedem Aufruf wird ein Objekttyp als *mgrTypeUuid* übergeben sowie ein *Entry Point Vector (mgrEpv)*, der die Adressen der einzelnen Prozeduren als Array von Prozedurzeigern umfaßt. Jede Implementierung wird in DCE als *Manager* für einen bestimmten Objekttyp bezeichnet. Bzgl. der sehr implementierungsspezifischen Details der erforderlichen Datenstrukturen sei auf die DCE-Dokumentation verwiesen [OSF3].

Ein Client erhält nun wie üblich ein Binding Handle im Rahmen des Bindevorgangs; dies umfaßt neben der Adreßinformation auch die UUID eines vom Client ggf. angeforderten Ressourcen-Objekts. Diese UUID wird zum Server übertragen. Der Server prüft nun, ob dieses Objekt zuvor typisiert wurde. In diesem Fall sucht er nach dem Entry Point Vector, der diesem Typ durch *rpc_server_register_if* zugeordnet wurde und ruft die entsprechende Implementierung der gewünschten Prozedur auf. Ein entsprechendes Szenario ist in Abb. 3-15 an einem Beispiel dargestellt.

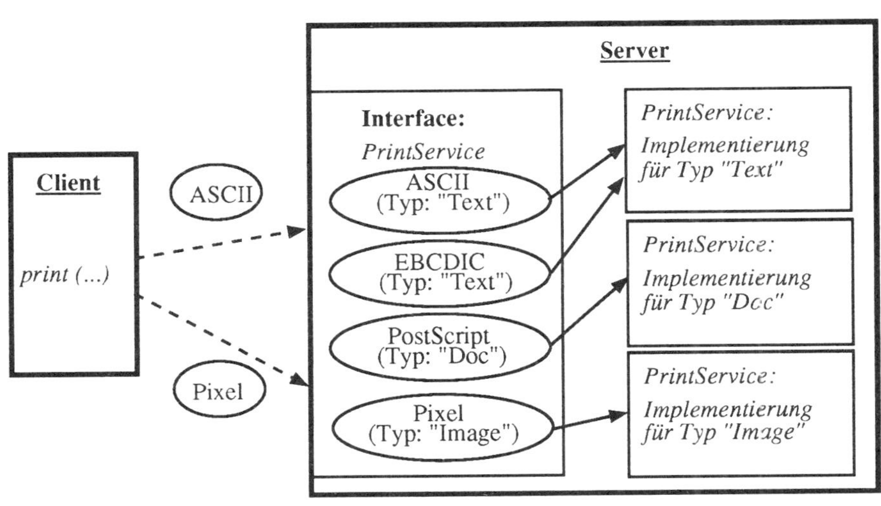

Abb. 3-15 Auswahl typabhängiger Server-Implementierungen

Ein Client ruft die entfernte Prozedur *print* unter Verwendung eines Binding Handles auf. Mit dem Binding Handle ist ein typisiertes Ressourcen-Objekt assoziiert (hier Objekt "ASCII" bzw. "Pixel"). Der Server bietet eine uniforme Schnittstelle an, die ebenfalls mit verschiedenen typisierten Objekten beim Export assoziiert wurde ("ASCII", "EBCDIC", "PostScript" und "Pixel"). Außerdem wurde aber auch eine eigene Implementierung der Prozeduren der Schnittstelle (einschließlich *print*) für jeden Typ der Objekte ("Text", "Doc" bzw. "Image") festgelegt. Der ankommende Aufruf *print* wird nun auf das verwendete Ressourcen-Objekt hin analysiert.

Im Beispiel wird beim Objekt "ASCII" oder "EBCDIC" die *print*-Implementierung zum zugehörigen Typ "Text" aufgerufen, während beim Objekt "Pixel" die Implementierung des Typs "Image" aktiviert wird. Dadurch ist es möglich, abhängig vom Typ der angeforderten Ressource unterschiedlich zu reagieren. Diese recht elegante Methode erspart Fallunterscheidungen innerhalb der Prozeduren und erleichtert auch die Ergänzung neuer Typen mit jeweils eigenen Prozedurimplementierungen.

Dieser Mechanismus ist an das objektorientierte Programmieren angelehnt, wo stets abhängig vom aufgerufenen Objekt die geeignete Implementierung einer Prozedur ausgewählt wird (s. [SCH90] und [SCH91]). Allerdings bieten objektorientierte Programmiersprachen hierbei sehr viel mehr Komfort; im DCE erfordert die Typisierung von Objekten und ihre Assoziierung mit Prozeduren und Aufrufen deutlich mehr Programmieraufwand und ist nicht in ein einheitliches Programmiermodell eingebettet, wie es bei der objektorientierten Programmierung der Fall ist.

3.6.6 Registrierung und Einsatz von Servergruppen

In verteilten Anwendungen ist es oft üblich, einen bestimmten Anwendungsdienst durch eine Gruppe von Servern zu implementieren. Falls diese Server (z.B. Drucker-Server) keine globale Statusinformation gemeinsam verwalten müssen, kann jeder beliebige Server eine gegebene Dienstanforderung erbringen.

Für einen Client spielt es dabei oft keine Rolle, welcher Server der Gruppe ausgewählt wird. In manchen Fällen ist es auch möglich, daß eine Import-Anforderung eines Clients an die gesamte Gruppe gerichtet wird und etwa aufgrund zusätzlicher Ressourcen-Anforderungen (s. Abschnitt 3.6.5) ein Server der Gruppe selektiert wird. Abb. 3-16 zeigt eine entsprechende Gruppe von Drucker-Servern, die in bezug auf das Druckformat "ASCII" austauschbar sind, andere Druckformate aber nur teilweise unterstützen.

Directory-Gruppeneinträge

Um nun für Clients solche Servergruppen verfügbar zu machen, werden *Gruppeneinträge* vom Directory Service angeboten. Ein Gruppeneintrag umfaßt eine Liste von Namenseinträgen. Diese können selbst wieder Gruppeneinträge sein oder sie entsprechen den bisher eingeführten *(elementaren)* Namenseinträgen, die direkt einen bestimmten Server repräsentieren. Gruppeneinträge und elementare Einträge können auch gemischt innerhalb einer Gruppe vorkommen. Abb. 3-17 zeigt ein Beispiel für Gruppeneinträge, das die Gruppe von Drucker-Servern repräsentiert.

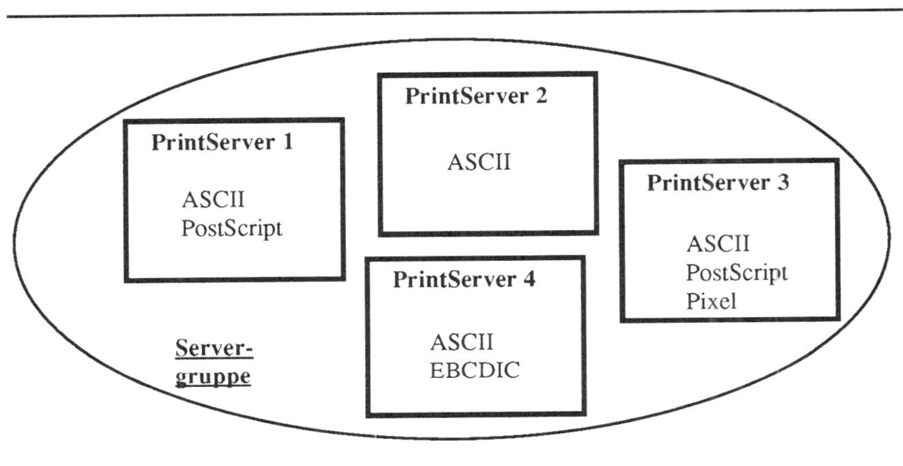

Abb. 3-16 Beispiel für eine Gruppe von Drucker-Servern

Die vier Mitgliedseinträge der Gruppe verweisen auf elementare Namenseinträge für die einzelnen Server. Jeder elementare Eintrag umfaßt die Adreßinformation für einen Server, die (für alle Server gleiche) Schnittstellenkennung sowie die UUIDs der Ressourcen-Objekte, die von dem betreffenden Server angeboten werden.

Konfigurierung von Gruppeneinträgen
Gruppeneinträge können durch spezielle Administrationsfunktionen des Directory Service konfiguriert werden. Darauf wird in Kap. 5 genauer eingegangen. Es ist aber auch möglich, Gruppeneinträge direkt über die NSI-Schnittstelle einzurichten. Dazu dient die Operation:

```
void rpc_ns_group_mbr_add (
        unsigned groupNameSyntax,       // -> Syntax des Gruppennamens
        char *groupName,                // -> Gruppennamen
        unsigned memberNameSyntax,      // -> Syntax des Mitgliedsnamens
        char *memberName,               // -> Mitgliedsnamen
        unsigned *status);              // <- Statusanzeige
```

Die beiden Syntaxattribute *groupNameSyntax* und *memberNameSyntax* werden am einfachsten mit dem Default *rpc_c_ns_syntax_default* belegt. Falls der verwendete Gruppennamen noch nicht existiert, wird ein entsprechender Gruppeneintrag erzeugt. Der angegebene Mitgliedsname wird dann der Gruppe hinzugefügt. Für diesen Namen muß natürlich ein Eintrag bereits existieren bzw. im Anschluß an den

Aufruf erzeugt werden, um den Mechanismus sinnvoll einsetzen zu können. Für unser Beispiel würde etwa folgender Aufruf abgesetzt, um einen Server einzutragen:

```
rpc_ns_group_mbr_add (rpc_c_ns_syntax_default, "/.:/PrintService",
                      rpc_c_ns_syntax_default, "/:./PrintServer1", &status);
```

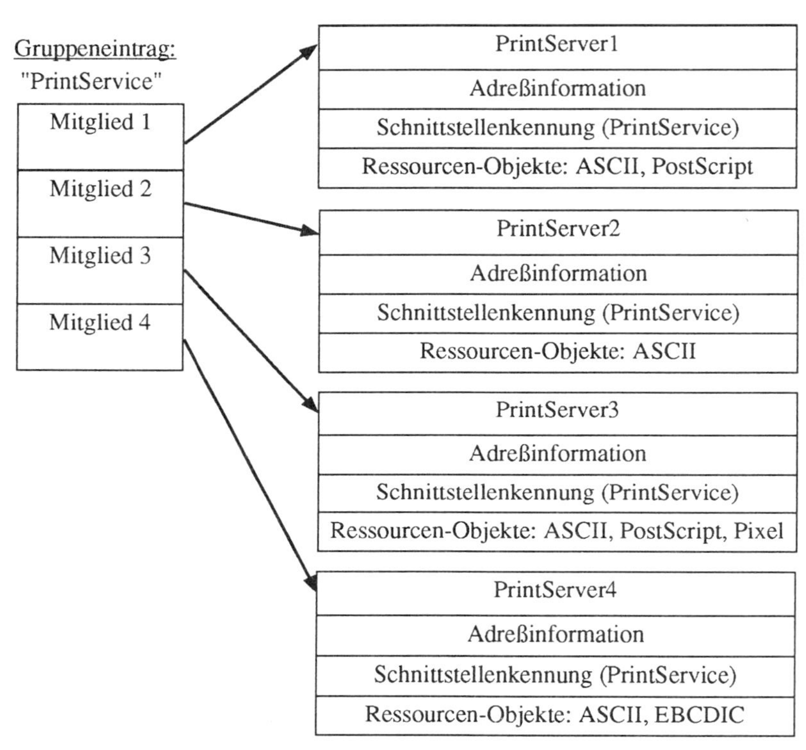

Abb. 3-17 Beispiel für Gruppeneinträge beim Directory Service

Bearbeitung von Client-Anfragen

Ein Client, der die Umgebungsvariable *RPC_DEFAULT_ENTRY* nun mit dem Namen des Gruppeneintrags (*"/.:/PrintService"*) belegt, erhält beim Import für die Operation *print* ein Binding Handle für einen der Server. Wenn das explizite Binden verwendet wird, kann der Client zusätzlich die UUID eines benötigten Ressourcen-Objektes bei der Import-Operation vorgeben. Daraufhin erhält er nur Binding Handles für Server der Gruppe mit der verlangten Ressource.

Bei mehrfachem Aufruf von *rpc_ns_binding_import_next* erhält der Client Binding Handles für alle in Frage kommenden Server. Grundsätzlich wird bei einer Import-Anforderung an den Directory Service, die auf einen Gruppeneintrag stößt, die Liste der Mitglieder sequentiell durchsucht. Bei geschachtelten Gruppen (Gruppenmitglied ist wieder Gruppe) wird die resultierende Untergruppe zuerst durchsucht (Tiefensuche). Für das Client-Anwendungsprogramm ist die Verwendung von Gruppeneinträgen weitgehend transparent; die Import-Operationen sind syntaktisch unabhängig von den unterschiedlichen Arten von Directory-Einträgen.

3.6.7 Verwendung von Directory-Suchpfaden

Bisher wurde davon ausgegangen, daß ein anfragender Client vor dem Bindevorgang bereits genaue Information über den Namen eines Server- oder Gruppeneintrags beim Directory Service besitzt; nur so ist es möglich, eine erfolgreiche Namensanfrage, z.B. mit *rpc_ns_binding_import...* durchzuführen. In vielen Fällen wird jedoch gewünscht, mit weniger Ausgangsinformation und damit auch in einfacherer Weise nach einem geeigneten Server suchen zu können. Dazu können von Servern bzw. vom Systemadministrator Directory-Suchpfade (*Profiles*) vordefiniert werden.

Aufbau eines Profiles
Ein Profile umfaßt eine mit Prioritäten (0=höchste bis 7=niedrigste) versehene Liste von Server-, Gruppen- oder wiederum Profile-Einträgen und erhält selbst einen bestimmten Namen. Jeder Eintrag kann außerdem mit der UUID einer RPC-Schnittstelle versehen werden, die durch einen registrierten Server bzw. durch eine Servergruppe implementiert wird. Wenn ein Client den Namen eines Profiles bei einer Namensanfrage vorgibt (etwa durch Setzen von *RPC_DEFAULT_ENTRY*), so wird die Liste des Profiles vom Directory Service geordnet nach Prioritäten durchsucht, bis ein passender Eintrag (mit übereinstimmender Schnittstelle und ggf. Ressourcen-Objekten) gefunden wird.

Jedes Profile kann auch einen Default-Eintrag (ohne Schnittstellenkennung und ohne Priorität) enthalten, der auf ein *Default-Profile* verweist. Dieser Eintrag wird dann weiter verfolgt, wenn alle anderen Einträge kein Ergebnis zu einer Namensanfrage liefern. Ein Default-Profile sollte so konfiguriert werden, daß es zu möglichst vielen Standard-Anfragen zumindest einen geeigneten Server liefert.

Beispiel
Abb. 3-18 zeigt ein Beispiel für ein Profile mit Default-Profile. Das Profile *"TextProcessing"* liefert Ergebnisse für verschiedene Namensanfragen durch Clients aus dem Bereich der Textverarbeitung; beispielsweise wird je nach gewünschter Schnittstelle der oben beschriebene Gruppeneintrag "PrintService" für Druckdienste, ein Gruppeneintrag für Server zur Textformatierung sowie ein Server zum Zugriff auf eine Bibliothek existierender Graphiken geliefert. Die Suche nach einem geeigneten Server setzt sich dabei über die Gruppeneinträge bis hin zu den Server-Einträgen fort (Tiefensuche). Falls sich mehrere Profile-Einträge auf

dieselbe Schnittstelle beziehen, bestimmt die angegebene Priorität die Suchreihenfolge. Falls keine der eingetragenen Schnittstellen der Anfrage des Clients entspricht, so wird in unserem Beispiel das Default-Profile durchsucht, das dann zumindest Server für elementare Druckdienste, für Dokumentationsdienste und für entfernten Datenbankzugriff liefern kann.

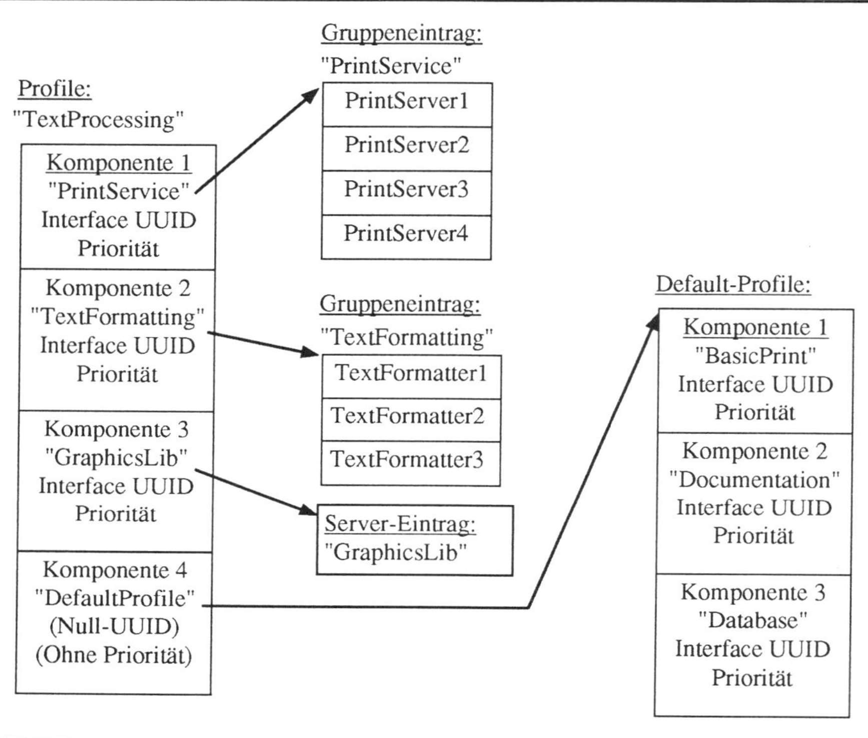

Abb. 3-18 Beispiel für Profile-Einträge beim Directory Service

Konfigurierung von Profiles

Profiles werden ähnlich wie Gruppeneinträge durch den Systemadministrator (s. Kap. 5) oder durch explizite Aufrufe von Systemroutinen konfiguriert. Die unten dargestellte Operation dient zum Einfügen eines Elements in ein Profile; falls das Profile noch nicht vorhanden ist, wird es erzeugt.

```
void rpc_ns_profile_elt_add (
        unsigned profileNameSyntax,     // -> Syntax des Profile-Namens
        char *profileName,              // -> Profile-Name
        rpc_if_id_t *ifId,              // -> Schnittstellenkennung
        unsigned memberNameSyntax,      // -> Syntax des Eintragsnamens
```

```
        char *memberName,            // -> Eintragsname
        unsigned priority,           // -> Priorität (0-7), 0 bei Default-E.
        char *annotation,            // -> Kommentar zum Eintrag
        unsigned *status);           // <- Statusanzeige
```

Für die Syntaxattribute gilt das gleiche wie bei Gruppeneinträgen (s. Abschnitt 3.6.6). Die erforderliche Schnittstellenkennung muß in Form eines etwas anderen Datentyps als das bisher verwendete *Interface Handle* (Typ: *rpc_if_handle_t*) übergeben werden. Die erforderliche Konvertierung aus dem von IDL-Compiler erzeugten Interface Handle (etwa *PrintService_v1_0_s_ifspec*) wird durch die folgende Operation erbracht:

```
void rpc_if_inq_id (
        rpc_if_handle_t ifHandle,    // -> Interface Handle
        rpc_if_id_t *ifId,           // <- Schnittstellenkennung
        unsigned *status);           // <- Statusanzeige
```

Bei Default-Einträgen wird *NULL* als Schnittstellenkennung übergeben. Der mögliche Kommentar ist optional und ist bei der Bearbeitung einer Namensanfrage nicht von Bedeutung. Für unser Beispiel würden etwa die folgenden Aufrufe abgesetzt, um ein Element einzutragen:

```
rpc_if_inq_id (PrintService_v1_0_s_ifspec, &ifId, &status);

rpc_ns_profile_elt_add (rpc_c_ns_syntax_default, "/.:/TextProcessing",
                        &ifId, rpc_c_ns_syntax_default, "/:./PrintService",
                        5, "to print documents", &status);
```

Einsatzbereich von Profiles

Server- und Gruppeneinträge werden weitgehend durch die vorhandene Server-Population einer Cell bestimmt. Dagegen orientieren sich Profiles an den potentiellen Clients; es ist grundsätzlich sinnvoll, für einen oder mehrere Clients mit ähnlichen Server-Anforderungen jeweils ein Profile einzurichten, das auf diese Anforderungen abgestimmt ist. Ein Beispiel wurde oben durch das Profile für Clients im Bereich Textverarbeitung gezeigt; weitere Profiles wären für Clients aus den Bereichen Fertigungssteuerung, Buchhaltung, höheres Management usw. denkbar.

3.6.8 Binde-Information als String für Testläufe

Für Testzwecke ist es auch möglich, das Binden zwischen Client und Server ohne Verwendung des Directory Service durchzuführen. Dies ist z.B. dann wichtig, wenn in einer begrenzten Testumgebung noch kein Directory Service installiert ist oder wenn interaktiv mit verschiedenen RPC-Servern experimentiert werden soll, ohne ständig die Einträge des Directory Service entsprechend anpassen zu wollen.

Server-Initialisierung
Zur Initialisierung ermittelt der Server wie in Abschnitt 3.3 die verfügbaren Binding Handles mit der Operation *rpc_server_inq_bindings* und macht sie dem RPC-Dämon bekannt durch Aufruf von *rpc_ep_register*. Es wird jedoch kein Aufruf von *rpc_ns_binding_export* durchgeführt, da der Directory Service nicht mit einbezogen wird.

Binden auf Client-Seite
Der Client kann nun nicht die Methode des automatischen Bindens verwenden, sondern wird im Regelfall explizit binden; dies muß durch Angabe eines Binding Handle Parameters für die aufzurufenden Prozeduren oder durch die entsprechende Option im ACF-File geschehen (s. Abschnitt 3.5).

Das beim Aufruf der Prozedur zu übergebende Binding Handle wird explizit vom Testbenutzer als Character-String eingegeben, etwa über die bekannte (argc, argv)-Schnittstelle des Hauptprogramms in C oder über einen String-Eingabebefehl. Der String wird anschließend mit der folgenden Operation in ein Binding Handle konvertiert (sog. *String Binding*):

```
void rpc_binding_from_string_binding (
                        char *string,                      // -> Eingabestring
                        rpc_binding_handle_t *binding,     // <- Binding Handle
                        unsigned *status);                 // <- Statusanzeige
```

Für unser Beispiel ergibt dies etwa den folgenden Ablauf beim Client:

```
main (int argc, char *argv[])
  {
  unsigned status;                          // Status der einzelnen Aufrufe
  rpc_binding_handle_t binding;             // Gesuchtes Binding Handle

  // *** Eingabestring vorhanden?: ***
  if (argc < 2) { printf ("String Binding als erster Parameter verlangt!\n"); exit (-1); }

  // *** Konvertiere Eingabestring zu Binding Handle: ***
  rpc_binding_from_string_binding (argv[1], &binding, &status);

  // *** Prozeduraufruf mit explizitem Binden (Parameter-Details s.o.): ***
  status = productQuery (binding, //...);
  }
```

Wichtig ist hierbei natürlich das erforderliche Format des Eingabestrings; dieser umfaßt für ein vollständiges Binding Handle die Kennung der verwendeten Kommunikationsprotokolle, die Netzadresse des Server-Rechners und die Kennung des Server-Prozesses. Letztere ist allerdings nicht zwingend nötig, da der RPC-Dämon das Binding Handle wie oben beschrieben vervollständigen kann. Bei Kommunikation über TCP/IP hätte der String etwa folgendes Aussehen:

ncacn_ip_tcp:139.13.2.6[133] bzw. ncacn_ip_tcp:139.13.2.6[]

wobei *ncacn_ip_tcp* die Protokollkombination spezifiziert, *139.13.2.6* die Internetadresse des Server-Rechners darstellt und *133* die optionale Kennung des Server-Prozesses ist, die rechts weggelassen wurde. Es sei darauf hingewiesen, daß je nach Laufzeitsystem der Eingabestring von *main()* keine eckigen Klammern enthalten darf; in diesem Fall ist die Eingabe entsprechend anders vorzunehmen.

Ermitteln von String Bindings

Umgekehrt ist es auch möglich, auf Server-Seite die vorhandenen Binding Handles zu Strings zu konvertieren und dann z.B. auszugeben oder mittels einer Datei dem Client verfügbar zu machen. Dies erleichtert die Vorgabe der doch wenig benutzerfreundlichen Strings. Die entsprechende Operation lautet:

```
void rpc_binding_to_string_binding (
                    rpc_binding_handle_t binding,   // -> Binding Handle
                    char **string,                  // <- Ausgabestring
                    unsigned *status);              // <- Statusanzeige
```

Sie kann z.B. beim Server aufgerufen werden, nachdem die Operation *rpc_server_inq_bindings* die vorhandenen Binding Handles geliefert hat.

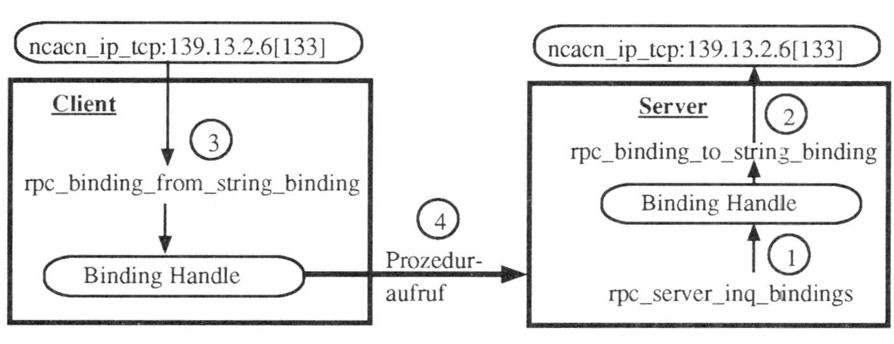

Abb. 3-19 Bindevorgang unter Verwendung von Strings

In Abb. 3-19 ist der Gesamtablauf beim Binden mittels Strings zusammenfassend gezeigt. Bei einem realen Testszenario werden zunächst die Binding Handles des Servers erfragt (1) und nach Konvertierung durch *rpc_binding_to_string_binding* (2) ausgegeben (rechts in der Abbildung). Anschließend wird einer der ausgegebenen Binding-Strings beim Client eingegeben und mittels *rpc_binding_from_string_binding* in ein geeignetes Binding Handle konvertiert (3), um dann damit den Aufruf durchzuführen (4).

3.6.9 Statische RPC-Endpunkte

In Abschnitt 3.6.1 wurde das Binden als zweiphasiger Vorgang (unter Verwendung von Directory Service und RPC-Dämon) beschrieben. Die zweite Phase ist erforderlich, um nicht die Adressen von Server-Prozessen (Endpunkte), die häufigen Änderungen unterworfen sind, beim Directory Service registrieren zu müssen. Bei Systemservern, die permanent installiert sind und einer strikten administrativen Kontrolle unterliegen, können aber ausnahmsweise auch ihre Endpunkte *statisch* fest vorgegeben und exportiert werden. Beispiele für solche Server sind anwendungsbezogene Name Server, Drucker-Server oder Mail Server.

Ein Vorteil statischer Endpunkte ist, daß sie einer beliebigen Client-Population bereits durch die IDL-Datei bekannt gemacht werden können. Der entsprechende Server kann dann immer direkt aufgerufen werden, ohne dann noch den Endpoint Mapper zu benötigen. Bei allgemeinen Anwendungs-RPC-Servern ist diese Vorgehensweise aber nicht sinnvoll und sollte daher nicht als Standardverfahren verwendet werden. Abhängig vom verwendeten Transportprotokoll ist die mögliche Anzahl statischer Endpunkte ohnehin deutlich nach oben begrenzt, bei TCP/IP etwa durch die maximale Anzahl statisch vordefinierbarer Ports.

Statische Endpunkte werden in der IDL-Datei einer Schnittstelle unter Verwendung des Attributs *endpoint* definiert, wie das folgende Beispiel zeigt:

```
[
uuid(765c3b10-100a-135d-1568-040034e67831),
endpoint("ncacn_ip_tcp:[133]", "ncadg_ip_udp:[132]"),
version(1.0)
]

interface PrintService {   // Schnittstelle für Druckerdienst ... (s.o.)   }
```

Dabei wird für jede Protokollkombination ein Endpunkt vorgegeben, für den dann beim Server die entsprechenden Binding Handles erzeugt werden. Wichtig ist, daß die Netzadresse des Server-Rechners nicht im Rahmen des endpoint-Attributs festgelegt wird, da dieselbe IDL-Datei natürlich Grundlage für viele Server auf verschiedenen Rechnern bilden kann, die dann aber alle die gleichen Endpunkt-Nummern haben.

Ein Client erhält beim Import sofort ein vollständiges Binding Handle, ohne daß der RPC-Dämon involviert ist.

In einigen Fällen werden statische Endpunkte auch direkt im DCE verwendet, z.B. für den RPC-Dämon jedes Server-Rechners selbst und für die Systemserver (Directory Service, Security Service, Distributed File System etc.).

3.7 RPC mit Authentisierung und Autorisierung

3.7.1 Überblick

Bisher wurde davon ausgegangen, daß RPC-Aufrufe nur zwischen gegenseitig vertrauenswürdigen Partnern durchgeführt werden. Diese Bedingungen sind jedoch in offenen verteilten Systemen i.a. nicht erfüllt. Daher sind Mechanismen des Zugriffsschutzes (*Autorisierung*) erforderlich. Außerdem ist es notwendig, die Identität der beteiligten Kommunikationspartner zu verifizieren (*Authentisierung*); ansonsten wäre es z.B. für einen Client möglich, unter falscher Identität fremde Zugriffsrechte auszunutzen.

Die Funktionalität beider Bereiche, Authentisierung und Autorisierung, werden über eine in den RPC integrierte Schnittstelle angeboten und durch den Security Service realisiert. Übliche DCE-Anwendungen kommen mit diesen RPC-Schnittstellenfunktionen aus und müssen nicht zusätzlich auf weitergehende Funktionen des Security Service explizit zugreifen.

Um Zugriffsschutz zu realisieren, müssen aber Zugriffskontrollisten für Server eingerichtet werden. Hierzu wird ein interaktives Werkzeug, der *ACL Editor* des Security Service verwendet (s. Kap. 6).

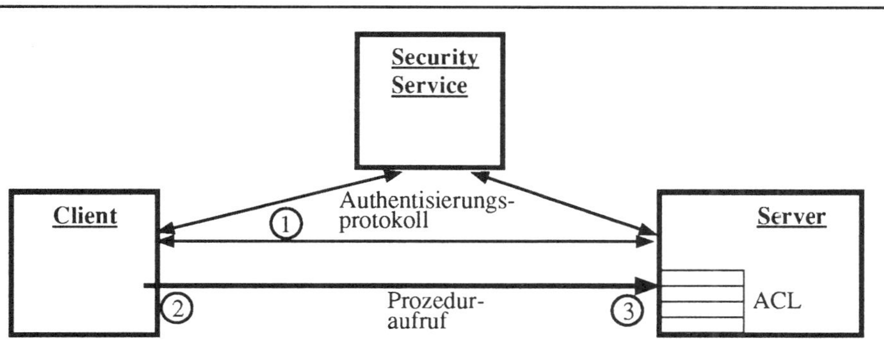

Abb. 3-20 Struktur der Schutzmechanismen im Rahmen des RPC

Abb. 3-20 faßt die Struktur der Schutzmechanismen im Rahmen des RPC zusammen. Zunächst wird ein internes *Authentisierungsprotokoll* zwischen Client, Security Service und Server durchgeführt (1). Durch den gezielten Austausch verschlüsselter Nachrichten unter Verwendung verschiedener, dynamisch generierter Schlüssel wird gewährleistet, daß schließlich sowohl der Client wie auch der Server sicher ist, tatsächlich mit dem Partner zu kommunizieren, für den dieser sich durch seine Identität ausgibt. Diese Phase wird durch das Absetzen eines RPC-Aufrufs durch die Anwendung angestoßen. Zuvor müssen noch einige Vorbereitungen getroffen werden, indem das vom Client verwendete Binding Handle explizit mit Autorisierungs- und Authentisierungsinformation versehen wird und der Server seine entsprechende Information beim RPC-Laufzeitsystem registriert. Dann kann der RPC-Aufruf abgeschickt werden (2), der ggf. verschlüsselt zum Server übertragen wird. Bevor die gewünschte Prozedur ausgeführt wird, wird die dem Aufruf angefügte Autorisierungsinformation durch den ACL Manager des Servers (s.u.) geprüft und mit dessen Zugriffskontrolliste (*ACL, Access Control List*) verglichen (3). Nur wenn der Client das je nach Art des Aufrufs erforderliche Recht besitzt, wird die Prozedur ausgeführt.

3.7.2 Schnittstellenfunktionen

Die neben den üblichen RPC-Funktionen erforderlichen Schnittstellenfunktionen fügen den internen RPC-Datenstrukturen Authentisierungs- und Autorisierungsinformation hinzu. Beim Client geschieht dies durch Modifikation des Binding Handles durch die Funktion *rpc_binding_set_auth_info*, beim Server durch Interaktion mit dem Laufzeitsystem mittels *rpc_server_register_auth_info*. Um dem Client den Zugriff auf das Binding Handle überhaupt zu ermöglichen, muß das explizite Binden verwendet werden (s. Abschnitt 3.6.3). Die Funktionen haben die folgenden Signaturen:

```
void rpc_server_register_auth_info (
        char *server_princ_name,        // -> Server-Name (Principal)
        unsigned authn_service,         // -> Art des Authent.dienstes
        rpc_auth_key_retrieval_fn_t key_fn,
                                        // -> Schlüsselgenerierungsfkt.
                                        //    (hier unbenutzt)
        void *arg,                      // -> Parameter hierzu (unben.)
        unsigned *status);              // <- Statusanzeige

void rpc_binding_set_auth_info (
        rpc_binding_handle_t binding,   // -> Binding Handle
        char *server_princ_name,        // -> Server-Name (Principal)
        unsigned protect_level,         // -> Grad des Schutzes
        unsigned authn_service,         // -> Art des Authent.dienstes
        rpc_auth_identity_handle_t auth_identity,
                                        // -> Zusatzinformation
        unsigned authz_service,         // -> Art des Autoris.dienstes
        unsigned *status);              // <- Statusanzeige
```

Der Client spezifiziert zunächst das betreffende Binding Handle (*binding*) für den gewünschten Server, das er vom Directory Service durch Import erhielt. Auf beiden Seiten muß dann der Name des Servers übergeben werden, wie er dem Security Service bekannt ist (*server_princ_name*). Dieser Name entspricht nicht notwendigerweise dem Namen, unter dem sich der Server dem Directory Service bekannt macht, sondern es handelt sich dabei z.B. um den Benutzernamen, unter dessen Berechtigung der Server läuft, oder um einen speziell für den Server definierten

Namen. Jede dem Security Service bekannte Instanz wird auch als *Principal* bezeichnet; hieraus resultiert die Bezeichnung *Server Principal Name*. Normalerweise wird davon ausgegangen, daß dem Client dieser Name bekannt ist. Der Name kann jeoch auch mit der Funktion *rpc_mgmt_inq_server_princ_name* erfragt werden. Hierzu sind jedoch einige weitere Details erforderlich (insbesondere die Vervollständigung des Binding Handles um die Endpunkt-Information des Servers), die an dieser Stelle nicht umfassend diskutiert werden können. Die *Principal Names* werden durch den Systemmanager bei der Definition von Benutzernummern oder Servern festgelegt (s. Kap. 6).

Der Client muß auch die Art des gewünschten Schutzgrades spezifizieren (*protect_level*). Dabei sind die in Abb. 3-21 zusammengefaßten Möglichkeiten durch die entsprechenden Konstanten gegeben. Die verschiedenen Alternativen bieten in aufsteigender Reihenfolge zunehmenden Schutz an, erfordern aber auch entsprechend zusätzlichen Laufzeitaufwand. Hier muß jeweils auf der Basis anwendungsspezifischer Erfahrungen ein geeigneter Kompromiß gefunden werden. Zu betonen ist, daß die Auswahl des Schutzgrades ausschließlich in der Verantwortung des Clients liegt. Dies muß bei der Vergabe von Zugriffsrechten an Clients mit berücksichtigt werden, damit einem nicht hinreichend vertrauenswürdigen Client nicht zu weitreichende Rechte eingeräumt werden.

rpc_c_protect_level_default	Default-Festlegung, implementierungsspezifisch
rpc_c_protect_level_connect	Authentisierung nur beim Bindevorgang
rpc_c_protect_level_call	Authentisierung für jeden einzelnen Aufruf
rpc_c_protect_level_pkt	Authentisierung für jedes übertragene Paket
rpc_c_protect_level_pkt_integrity	Zusätzlich Verschlüsselung von Prüfsummen
rpc_c_protect_level_pkt_privacy	Zusätzlich Verschlüsselung aller Nachrichten

Abb. 3-21 Mögliche Schutzgrade beim RPC

Als Authentisierungsdienst *(authn_service)* kann vom Konzept her ein Dienst auf der Basis privater oder öffentlicher Schlüssel (s. Kap. 6) unterstützt werden. Im DCE ist aber bisher nur ein Verfahren mit privaten Schlüsseln tatsächlich realisiert, das auf beiden Seiten durch die Konstante *rpc_c_authn_dce_secret* oder einfach durch *rpc_c_authn_default* ausgewählt wird.

Beim Server besteht die Möglichkeit, die Adresse einer Schlüsselgenerierungsfunktion *(key_fn)* mit einem zugehörigen Eingabeparameter *arg* anzugeben. Dies ist nur dann wichtig, wenn etwa häufig neue, unterschiedliche Schlüssel anwendungsspezifisch erzeugt werden sollen. Die anwendungsspezifisch zu implementierende Funktion muß eine vordefinierte Signatur besitzen [OSF4] und wird automatisch vom DCE aufgerufen. Im Regelfall dürfte aber die im DCE realisierte Default-Methode zur Schlüsselgenerierung ausreichen (*key_fn* und *arg* werden dann gleich Null gesetzt). Der Client muß zusätzliche Information über seine eigene Identität im Rahmen der Authentisierung liefern (*auth_identity*). Diese Information wird vom System beim Login erzeugt und intern als *Login-Kontext* abgelegt. Wenn *auth_identity* mit Null belegt wird, so wird der Default-Kontext gewählt. Andernfalls müßte spezifische Kontextinformation über weitergehende Routinen des Security Service beschafft werden, was nur dann notwendig ist, wenn z.B. mehrere alternative Login-Kontexte für einen Client parallel verwaltet werden.

Ferner muß die Art des Autorisierungsdienstes vom Client spezifiziert werden (*authz_service*). Um den üblichen, mit der Authentisierung integrierten Dienst des DCE zu wählen, ist *rpc_c_authz_dce* zu spezifizieren. Um die Adaptierung existierender Anwendungen zu erleichtern, die andere Autorisierungstechniken des Basissystems *Kerberos* [SNS88] bereits benutzen, wird auch eine einfachere Autorisierungsvariante unterstützt, die aber hier nicht weiter betrachtet werden soll.

Ein zusammenfassendes Beispiel soll die zusätzlichen Aufrufe auf Client- und Server-Seite verdeutlichen. Dazu wird das Programmstück aus Abschnitt 3.3 (Server) bzw. 3.6.4 (Client) um die beschriebenen Funktionsaufrufe ergänzt[1].

Server:

```
#include "productdata.h"                    // Vom IDL-Compiler erzeugte Datei

#define entryName "/.:/ProductData"         // Name des Eintrags beim Directory S.
#define princName "ProductDataServer"       // Principal Name des Servers
#define maxConcCalls 5                      // Max. Anzahl nebenläufiger Aufrufe

main ()
  {
  unsigned status;                          // Status der einzelnen Aufrufe
  rpc_binding_vector_t *bVec;               // Binding-Vektor

  // *** Teile dem System mit, daß alle Protokollkombinationen benutzt werden: ***
  rpc_server_use_all_protseqs (rpc_c_protseq_max_reqs_default, &status);

  // *** Registriere die Schnittstelle beim lokalen RPC-Laufzeitsystem: ***
  rpc_server_register_if (ProductData_v1_0_s_ifspec, NULL, NULL, &status);

  // *** Ermittle den Vektor der vorhandenen Binde-Kennungen: ***
  rpc_server_inq_bindings (&bVec, &status);

  // *** Registriere Authentisierungs- und Autorisierungsinformation: ***/
  rpc_server_register_auth_info (princName, rpc_c_authn_default, NULL, NULL,
                                 &status);

  // *** Exportiere die Schnittstelle an den Directory Service: ***
  rpc_ns_binding_export (rpc_c_ns_syntax_default , entryName,
            ProductData_v1_0_s_ifspec, bVec, NULL, &status);
```

[1] Das gezeigte Programm muß noch um einige weitere Initialisierungen des Security Service sowie um die Implementierung eines ACL-Managers beim Server ergänzt werden, um die volle Funktionalität zu bieten. Hierzu siehe [OSF3] und [OSF4].

```
  // *** Registriere die Schnittstelle beim RPC-Dämon als Endpunkt: ***
  rpc_ep_register (ProductData_v1_0_s_ifspec, bVec, NULL, NULL, &status);

  // *** Gebe den nun nicht mehr benötigten Binde-Vektor frei: ***
  rpc_binding_vector_free (&bVec, &status);

  // *** Warte auf RPC-Aufrufe: ***
  rpc_server_listen (maxConcCalls, &status);
  }
```

Client:

```
#include "productdata.h"                    // Vom IDL-Compiler erzeugte Datei

#define entryName "/.:/ProductData"         // Name des Eintrags beim Directory S.
#define princName "ProductDataServer"       // Principal Name des Servers

main ()
  {
  unsigned status;                          // Status der einzelnen Aufrufe
  rpc_ns_handle_t context;                  // Directory-Kontext
  rpc_binding_handle_t binding;             // Gesuchtes Binding Handle

  // *** Etabliere Directory-Kontext für den Bindevorgang: ***
  rpc_ns_binding_import_begin (rpc_c_ns_syntax_default, entryName,
                        ProductData_v1_0_c_ifspec, NULL, &context, &status);

  // *** Suche nach exportierendem Server: ***
  rpc_ns_binding_import_next (context, &binding, &status);
  // *** (ggf. wiederholter Aufruf) ***

  // *** Beende Interaktion mit dem Directory Service: ***
  rpc_ns_binding_import_done (&context, &status);

  // *** Ergänze Authentisierungs- und Autorisierungsinformation: ***/
  rpc_binding_set_auth_info (binding, princName, rpc_c_protect_level_call,
                        rpc_c_authn_default, NULL, rpc_c_authz_dce, &status);

  // *** Prozeduraufruf mit explizitem Binden und Authentisierung / Autorisierung: ***
  status = productQuery (binding, //...);
  }
```

Insgesamt wurde deutlich, daß der authentisierte und autorisierte RPC zumindest bei Verwendung der Standardfunktionalität keinen wesentlichen zusätzlichen Programmieraufwand erfordert. Der Großteil der damit verbundenen Aufgaben wird transparent durch den Security Service erbracht. Allerdings kann der zusätzliche Laufzeitaufwand durchaus beträchtlich sein, da das Authentisierungsprotokoll zahlreiche verteilte Interaktionen umfaßt. Zu den konzeptionellen Details dieses Protokolls und auch der Autorisierungsmechanismen sei auf Kap. 6 verwiesen.

3.8 Spezielle Laufzeitmechanismen

Im folgenden soll noch auf einige spezielle Laufzeitaspekte des DCE RPC eingegangen werden. Im einzelnen umfaßt dies die Fehlerbehandlung, den Transfer von Massendaten mittels Pipes, die Realisierung rückwärtiger Aufrufe vom Server zum Client, die Verwaltung von Client-Kontexten beim Server sowie den Einsatz von Threads. Der letztgenannte Aspekt wird in Kapitel 4 vertieft.

3.8.1 Fehlerbehandlung

Bei RPCs können verschiedene Arten von Fehlern auftreten. Neben normalen Fehlerfällen, die aus dem lokalen Bereich bekannt sind (z.B. Division durch Null), sind vor allem Server- und Client-Abstürze sowie Ausfälle des Kommunikationsmediums zu verzeichnen. Nur ein verteiltes Transaktionskonzept kann solche Fehler weitgehend vor der Anwendung verbergen [LIS83]. Beim DCE RPC besteht dagegen nur die Möglichkeit, Fehler explizit durch Statusanzeigen oder durch Ausnahmen zu melden.

An dieser Stelle wird nur das konventionelle Verfahren mit Prüfung von Statusanzeigen des Servers näher besprochen. Zum Verfahren der Ausnahmebehandlung sei auf die DCE-Dokumentation verwiesen [OSF3].

Die einfachste Möglichkeit, Systemfehler auf Client-Seite zu erkennen und zu behandeln besteht darin, einen speziellen Rückgabeparameter vom Typ *error_status_t* für Prozeduren in IDL zu verwenden. Außerdem müssen in der ACF-Datei des Clients die Attribute *comm_status* und *fault_status* vor die entsprechende Prozedur gestellt werden. Das erste Attribut bezieht sich auf die Meldung von Kommunikationsfehlern, das zweite auf die Anzeige allgemeiner Fehler des Servers.

Bei entfernten Aufrufen einer solchen Prozedur kann der Client dann je nach Rückgabewert gezielt auf Fehler reagieren und z.B. einen Aufruf wiederholen oder an einen alternativen Server absetzen.

Ein stark vereinfachtes Beispiel illustriert die Vorgehensweise:

ACF

```
interface PrintService {
  [comm_status, fault_status] print ();
  }
```

IDL

```
[uuid(765c3b10-100a-135d-1568-040034e67831)]
interface PrintService {
  error_status_t print ( [in] Document d);
  }
```

Aufruf

```
extern int fetchDocumentFromDisk ();
main ()
  {
  error_status_t errorStatus;
  Document d;

  fetchDocumentFromDisk (&d);
  errorStatus = print (d);
  switch (errorStatus)
     {
     case rpc_s_ok: break;
     case rpc_s_comm_failure:
            printf ("Communication failure!\n");
            break;
     case rpc_s_network_unreachable:
            printf ("Server not reachable via network!\n");
            break;
     default:
            printf ("Undefined server or network error!\n");
            break;
     }
  }
```

Die gezeigten Statuscodes sind von DCE vordefiniert. Wichtig ist, daß bei Verwendung dieser Codes der Server im fehlerfreien Fall explizit *rpc_s_ok* zurückliefert (*return(rpc_s_ok)*); das RPC-System selbst belegt den Rückgabewert nur bei Fehlerfällen. Es stehen zahlreiche weitere Codes zur Verfügung; dazu sei auf die DCE-Dokumentation verwiesen [OSF4]. Außerdem sei angemerkt, daß die Statusrückgabe auch über Ausgabeparameter erfolgen kann. In diesem Fall werden die ACF-Attribute zusammen mit einem zusätzlichen Parameter in den Prozedurklammern angegeben (also etwa *print([comm_status,fault_status])*). Ein entsprechender Parameter vom Typ *error_status_t* sollte in IDL am Ende der Parameterliste spezifiziert werden bzw. wird ansonsten automatisch vom IDL-Compiler erzeugt.

3.8.2 Pipes

Pipes sind spezielle RPC-Parametertypen, die in IDL definiert werden. Ein Pipe-Parameter umfaßt selbst keine Nutzdaten, sondern ermöglicht dem Server vielmehr, Eingabedaten beim Client nachträglich schrittweise (durch mehrere Pipe-Aufrufe) anzufordern (*Eingabepipe*) bzw. Ausgabedaten schrittweise an den Client zu übergeben (*Ausgabepipe*). Jede Pipe hat einen Basistyp, der den bei jedem Pipe-Aufruf übertragenen Datensatz repräsentiert.

Pipes eignen sich vor allem zur Übergabe großer Datenmengen, die ggf. nicht als Ganzes vom Client geladen werden können oder die beim Prozeduraufruf noch überhaupt nicht vollständig bekannt sind (und z.B. erst durch dynamische Datenbankanfragen ermittelt werden).

Pipe-Operationen
Einer Pipe sind drei Operationen fest zugeordnet, die durch den Client anwendungsspezifisch implementiert werden müssen:

- *alloc:* Diese Routine wird stets vom Client aufgerufen, um eine Pipe zu initialisieren.
- *pull:* Diese Routine wird bei Eingabepipes durch mehrfachen entfernten Aufruf vom Server beim Client angestoßen, um dynamisch Daten anzufordern. Der Client implementiert die Operation, indem er z.B. Daten vom Hintergrundspeicher liest.
- *push:* Diese Routine wird bei Ausgabepipes ebenfalls vom Server mehrfach beim Client aufgerufen, um diesem die Ausgabedaten schrittweise zu übermitteln. Der Client implementiert die Operation z.B. durch persistentes Speichern der Ausgabedaten.

Für die Operationen *pull* und *push* werden automatisch Stubs generiert, so daß deren Verteilungsaspekte genauso wie bei anderen Prozeduren weitgehend verborgen bleiben.

Definition einer Pipe mit generiertem Code
Eine Pipe wird in IDL etwa wie folgt definiert:

```
typedef pipe Document DocPipe;
```

Diese Pipe erlaubt es, bei jedem pull/push-Aufruf ein Dokument vom Typ *Document* anzufordern. Der IDL-Compiler generiert daraus etwa das folgende Codestück (einige Komponentennamen wurden zur Lesbarkeit etwas modifiziert) sowie die erforderlichen Stubs:

```
typedef struct DocPipe {
  void (*pull) (                // *** Op. z. Anfordern v. Daten durch Server ***
     char *state,               // -> Interner Status der Pipe
     Document *buf,             // -> Puffer zum Entgegennehmen von Elementen
     int noReqElements,         // -> Anzahl angeforderter Elemente
     int *noRecvdElements);     // <- Anzahl erhaltener Elemente

  void (*push) (                // ***Op. zum Zurücksenden v. Daten durch Server***
     char *state,               // -> Interner Status der Pipe
     Document *buf,             // -> Puffer mit den gesendeten Daten
     int noElements);           // -> Anzahl der gesendeten Elemente

  void (*alloc) (               // *** Op. zum Initialisieren der Pipe durch Client ***
     char *state,               // -> Zeiger auf Pipe-Status, durch Client zu definieren
     int reqBufSize,            // -> Gewünschte Größe des Puffers (in Bytes!)
     Document **buf,            // <- Allokierter Puffer
     int *bufSize);             // <- Tatsächlich allokierte Puffergröße

  char *state;                  // Interner Pipe-Status
  } DocPipe;
```

Die interne Pipe-Datenstruktur enthält also lediglich einen Zeiger auf bestimmte Statusinformation sowie Zeiger auf die Implementierung der drei genannten Operationen.

Implementierung der erforderlichen Routinen beim Client
Eine einfache Implementierung der erforderlichen Routinen sei am folgenden Beispiel gezeigt:

```
extern void writeDocumentFromDisk ();
extern int fetchDocumentFromDisk ();

void docPull (                  // *** Op. z. Anfordern von Daten durch Server ***
    char *state,                // -> Interner Status der Pipe
    Document *buf,              // -> Puffer zum Entgegennehmen von Elementen
    int noReqElements,          // -> Anzahl angeforderter Elemente
    int *noRecvdElements)       // <- Anzahl erhaltener Elemente
  {
  int i;
  *noRecvdElements = 0;
  if (strcmp (state, "OK") != 0) return;          // Statustest
  for (i = 0; i < noReqElements; i++) {           // Hole Dokumente bis zur geford. Zahl
    if (fetchDocumentFromDisk(buf) == 0)          // Hole ein Dokument von Platte
        return;                                   // Kein Dokument mehr vorhanden
    buf++;                                        // Puffer inkrementieren
    (*noRecvdElements)++;                         // Anzahl Elemente inkrementieren
    }
  }

// *****************************************************************

void docPush (                  // *** Op. z. Zurücksenden v. Daten durch Server ***
    char *state,                // -> Interner Status der Pipe
    Document *buf,              // -> Puffer mit den gesendeten Daten
    int noElements)             // -> Anzahl der gesendeten Elemente
  {
  int i;
  if (strcmp (state, "OK") != 0) return;          // Statustest
  for (i = 0; i < noElements; i++)                // Schreibe alle erhaltenen Dok.
    writeDocumentToDisk (buf++);                  // Schreibe ein Dokument auf Platte
  }

// *****************************************************************

void docAlloc (                 // *** Op. z. Initialisieren der Pipe durch Client ***
    char *state,                // -> Zeiger auf Pipe-Status, durch Client zu definieren
    int reqBufSize,             // -> Gewünschte Größe des Puffers (in Bytes!)
    Document **buf,             // <- Allokierter Puffer
    int *bufSize)               // <- Tatsächlich allokierte Puffergröße
  {
  if ((*buf = malloc (reqBufSize)) == NULL) *bufSize = 0;   // Allokiere Puffer
  else *bufSize = reqBufSize;   // Gebe Puffergröße zurück
  }
```

Der Client muß nun zunächst eine Datenstruktur vom Typ *DocPipe* definieren, die Funktionszeiger auf die eigenen Implementierungen setzen und das Statusfeld geeignet initialisieren; danach wird die entfernte Prozedur *transferDocuments* aufgerufen. Dazu sei die Operation *transferDocuments* im IDL-File etwa wie folgt definiert:

```
void transferDocuments ([in, out] DocPipe dp);  // Op. zum Dokumenttransfer
```

Das Hauptprogramm des Clients hat dann die folgende Struktur:

```
main ()
{
DocPipe myPipe;                  // Definieren einer neuen Pipe
myPipe.pull = docPull;           // Initialisieren der Pull-Operation
myPipe.push = docPush;           // Initialisieren der Push-Operation
myPipe.alloc = docAlloc;         // Initialisieren der Alloc-Operation
myPipe.state = "OK";             // Status-Initialisierung

transferDocuments (myPipe);      // Aufruf der entfernten Prozedur
}
```

Aufrufe des Servers

Die Routinen pull, push und alloc werden erst bei Ausführung eines RPC nach Erhalt eines Pipe-Parameters vom Server beim Client aufgerufen (s. Abb. 3-22).

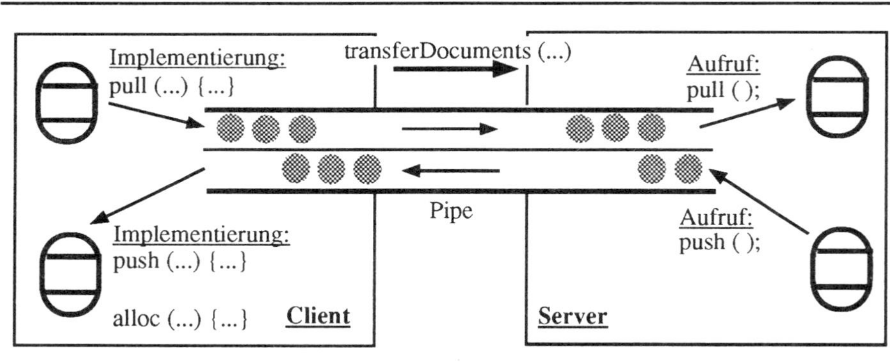

Abb. 3-22 Ablauf bei der Pipe-Datenübertragung

Der Server beschafft sich zunächst die entsprechende Menge von Dokumenten durch mehrfachen entfernten Aufruf von pull und gibt dem Client dann eine weitere Menge von Dokumenten durch mehrfachen Aufruf von *push* zurück. Die Operation alloc wird nicht explizit, sondern nur implizit durch das RPC-Laufzeitsystem auf Client-Seite aufgerufen, um dort für die push-Operation einen genügend großen Puffer bereitzustellen. Hier das entsprechende Programmstück:

```
#define MAXELEM 10

extern void writeDocumentFromDisk ();
extern int fetchDocumentFromDisk ();

void transferDocuments (DocPipe dp)          // Op. zum Dokumenttransfer
  {
  Document buf[MAXELEM];                     // Puffer zum Laden / Speichern von Dok.
  int noMoreData = 0;                        // Noch Daten verfügbar für Push?
  int count, i;                              // Anzahl Elemente

  do {
    (* (dp.pull)) (dp.state, buf, MAXELEM, &count);
                                             // Hole Dokumente vom Client
    for (i=0; i < count; i++)
          writeDocumentToDisk (&buf[i]);     // Speichere Dokumente
    } while (count > 0);                     // Client liefert keine Dokumente mehr
  do {
    count = 0;
    while (count < MAXELEM) {                // Hole MAXELEM Dokumente v. Platte
     if (fetchDocumentFromDisk (&buf[count]) == 0)
                                             // Hole ein Dokument von Platte
        { noMoreData = 1; break; }           // Keine Dokumente mehr verfügbar?
     count++;
     }
    (* (dp.push)) (dp.state, buf, count);    // Sende Dokumente an Client
    } while (noMoreData == 0);               // bis keine Dokumente mehr verfügbar
  if (count != 0) (* (dp.push)) (dp.state, buf, 0); // Zeige Ende der Pipe-Übertragung an
  }
```

Das Beispiel zeigt, wie der Dokumenttransfer durch den Server abgewickelt wird. Zunächst wird die pull-Operation so oft aufgerufen, bis beim Client keine Dokumente mehr verfügbar sind. Mit jedem Aufruf werden bis zu MAXELEM Dokumente vom Client zum Server übertragen. Danach beschafft sich der Server jeweils bis zu MAXELEM andere Dokumente von Platte und schickt diese durch Aufruf von *push* an den Client. Dies wird so lange wiederholt, bis der Server keine Dokumente mehr verfügbar hat. Dann wird dem Client das Ende der Pipe-Übertragung durch Senden von Null Elementen angezeigt; gleiches gilt für das Ende der Übertragung bei *pull*..

Die Verwaltung des Pipe-Status müßte eigentlich auch Fehlerprüfungen umfassen, die hier zur Vereinfachung weggelassen wurden; gleiches gilt für die Freigabe von Pufferspeicher nach Gebrauch.

Allgemeine Grundregeln für Pipes
Zum allgemeinen Einsatz von Pipes sind folgende Grundregeln zu beachten:

1. Eine Eingabepipe muß grundsätzlich immer bis zum Ende gelesen werden (also bis durch *pull* kein Element mehr geliefert wird), bevor eine weitere Pipe bearbeitet wird. Gleiches gilt für das Schreiben von Daten in Ausgabepipes mittels *push*.

2. Es müssen immer alle Eingabepipes bearbeitet sein, bevor die push-Operation für die erste Ausgabepipe aufgerufen werden kann.
3. Wenn mehrere Eingabepipes als Parameter vorkommen, so müssen diese in der Reihenfolge der Parameter bearbeitet werden, gleiches gilt für mehrere Ausgabepipes.
4. Gemischte Ein-/Ausgabepipes werden zunächst als Eingabepipes und in der zweiten Phase erst als Ausgabepipes betrachtet.

Pipes bieten insgesamt einen recht flexiblen Mechanismus zur Übertragung großer Datenmengen, die ggf. erst dynamisch ermittelt werden. Je nach DCE-Implementierung kann der Datentransfer dabei durch Ausnutzung größerer Übertragungsblöcke auf Ebene des Transportprotokolls auch effizienter realisiert werden. Allerdings erfordert der Pipe-Mechanismus einiges an zusätzlicher Implementierung auf Anwendungsebene.

3.8.3 Rückwärtige Aufrufe

Bei manchen Anwendungen ist es sinnvoll, daß ein Server im Rahmen einer RPC-Ausführung auch *rückwärtige Aufrufe* an den Client absetzt, der dabei dann selbst als Server agiert. Durch diesen temporären Rollentausch ist es z.B. dem Server möglich, Zwischenergebnisse vor Aufrufrückkehr an den Client zu liefern oder weitere Daten von ihm anzufordern. Pipes bieten ähnliche Möglichkeiten, basieren aber auf einem anderen Konzept; durch sie ist nur der reine Transfer von Elementen eines Datentyps möglich und es müssen alle verfügbaren Elemente angefordert werden. Rückaufrufe stellen dagegen ein allgemeineres Konzept dar.

Um Rückaufrufe realisieren zu können, müssen drei wichtige Voraussetzungen erfüllt sein:

1. Beide Partner müssen geeignete Prozeduren als Schnittstelle exportieren und beide Partner müssen über die erforderlichen Stubs verfügen.
2. Der Bindevorgang muß durch das explizite Binden implementiert werden.
3. Dem Server muß es möglich sein, aus der expliziten Bindeinformation des empfangenen Aufrufs die Bindeinformation für den Rückaufruf abzuleiten.

Die ersten beiden Forderungen sind durch die entsprechende Realisierung der Anwendung zu erfüllen. Die dritte Voraussetzung erfordert zusätzliche Mechanismen, die im folgenden beschrieben werden.

Ermittlung der Bindeinformation für Rückaufrufe

Beim expliziten Binden übergibt der Client als ersten Aufrufparameter ein Binding Handle für den Server, das er z.B. über den Directory Service ermittelt hat. Dieses *Client Binding Handle* wird dann durch das DCE an den Server übergeben und umfaßt auch die Initiatoradresse, also die Adresse des Client-Rechners. Es kann zwar nicht direkt für einen Rückaufruf verwendet werden, aber doch in ein entsprechendes *Server Binding Handle* konvertiert werden, das für Rückaufrufe tauglich ist. Dazu dient die folgende Operation:

```
void rpc_binding_server_from_client (
        rpc_binding_handle_t clientBindingH,     // -> Erhaltenes Bind. Handle
        rpc_binding_handle_t *serverBindingH,    // <- Neues Binding Handle
        unsigned *status);                       // <- Statusrückgabe
```

Das neue Binding Handle ist allerdings nicht vollständig, d.h. es umfaßt keine Endpunkt-Information, sondern nur die Rechneradresse des Clients. Falls nur ein Client für die gewünschte Schnittstelle auf dem Rechner vorhanden ist, spielt dies keine Rolle; das Binding Handle wird beim Aufruf implizit durch den RPC-Dämon des Client-Rechners vervollständigt.

Falls aber mehrere Clients auf einem Rechner verfügbar sind, sind relativ aufwendige Unterscheidungsmechanismen, z.B. auf der Basis von Ressourcen-Objekten zu implementieren. Hierzu sei auf Abschnitt 3.6.5 und vor allem auf die DCE-Dokumentation verwiesen [OSF3].

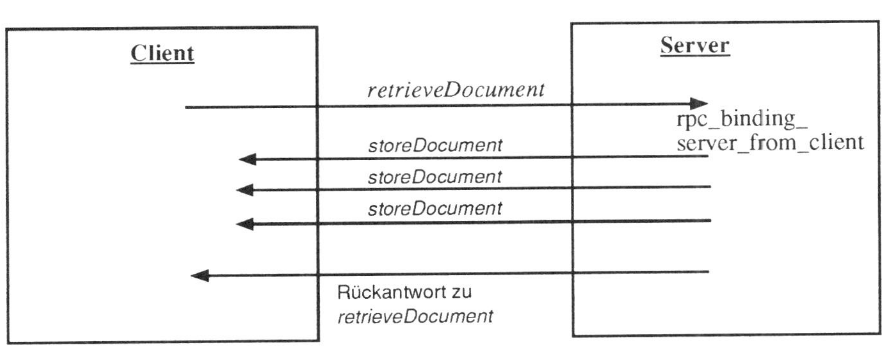

Abb. 3-23 Durchführung von Rückaufrufen

Beispiel für Rückaufrufe

Das folgende Beispiel (s. auch Abb. 3-23) zeigt, wie die Konvertierungsoperation nun für Rückaufrufe durch den Server eingesetzt werden kann. Die Implementierung des Clients und die IDL-Files werden aus Platzgründen weggelassen; hierzu sei z.B. auf die Beschreibung des expliziten Bindens (s. Abschnitt 3.6.3) verwiesen.

Beim Server wird zunächst die Operation *retrieveDocument* aufgerufen, die nach Dokumenten eines bestimmten Namens suchen soll. Der Server liefert dann sofort jedes gefundene Dokument über einen Rückaufruf (*storeDocument*) an den Client zurück:

```
extern Document *findDocumentOnDisk ();              // Beschaffen von Dokumenten

void retrieveDocument (rpc_binding_handle_t bh, String name)
                                                     // Dokument-Dienst (Suche)
  {
  Document *d;                                       // Ermitteltes Dokument
  rpc_binding_handle_t callback_h;                   // Binding Handle für Client
  int status;                                        // Statusanzeige

  rpc_binding_server_from_client (bh, &callback_h, &status);
                                                     // Konvertieren des Bind. Handles

  do {
    d = findDocumentOnDisk (name);                   // Suche des Dokuments
    if (d != NULL) storeDocument (callback_h, d);    // Rückaufruf an Client
    }
  while (d != NULL);
  }
```

Der Client muß natürlich die gleichen Initialisierungen durchführen, wie sie in Abschnitt 3.3 für den Server beschrieben wurden (abgesehen vom *Export* an den Directory Service). Außerdem muß der Client eine Schnittstelle mit der Prozedur *storeDocument* anbieten. Die Initialisierung einschließlich des Aufrufs von *rpc_server_listen* muß allerdings in einen separaten Thread eingebettet werden (s. Kap. 4), da *rpc_server_listen* blockierende Wirkung hat.

Insgesamt bieten Rückaufrufe gute Möglichkeiten, vom strikten Client/Server-Modell abzuweichen und flexiblere, stärker dynamische Kommunikationsmuster zu implementieren. In Verbindung mit Threads bzw. asynchronen Aufrufen (s. Abschnitt 3.8.5) führt dies zu einem sehr allgemeinen Programmiermodell für verteilte Anwendungen. Allerdings erfordern die neuen Möglichkeiten auch erweiterte Synchronisationstechniken; beispielsweise ist es denkbar, daß mehrere Server gleichzeitig Rückaufrufe an einen Client senden, die dann untereinander sowie mit der regulären Client-Aktivität synchronisiert werden müssen.

3.8.4 Kontext zwischen Client und Server

Manche Server verwalten Zustandsinformation für einzelne Clients über mehrere Aufrufe hinweg. Ein Beispiel hierfür ist ein Dateiserver, bei dem ein Client zunächst das Öffnen einer Datei anfordert, einen Dateizeiger zurückerhält und dann unter Angabe dieses Dateizeigers mehrmals Daten aus der Datei liest, bevor er sie wieder schließt. Die geöffnete Datei repräsentiert nun Kontextinformation bezüglich des Clients auf Server-Seite. Ziel ist es, daß jeder Aufruf des Clients im selben Kontext, also hier mit derselben Datei, und natürlich auch vom selben Server bearbeitet wird.

Mit reinen Wertübergabeparametern und explizitem Binden ließe sich dies zwar realisieren, wäre aber recht umständlich zu implementieren. Daher werden explizite Kontext-Datenstrukturen, sogenannte *Context Handles*, vom DCE RPC angeboten, die eine ähnliche Funktionalität wie Binding Handles haben.

Definition von Context Handles

Typen von Context Handles werden in IDL durch das Attribut *context_handle* definiert und müssen einem untypisierten Zeiger (*void**) zugeordnet werden. Ein Context Handle wird dann zur Laufzeit vom Server erzeugt und an den Client zurückgegeben. Dazu muß es als Ausgabeparameter oder Rückgabewert einer Operation (z.B. zum entfernten Öffnen einer Datei) definiert sein.

Danach kann das Context Handle als Eingabeparameter weiterer Operationen im gleichen Kontext verwendet werden (z.B. zum entfernten Lesen oder Schreiben von Dateien). Abschließend wird es als gemischter Ein-/Ausgabeparameter einer Kontext-Terminierungsoperation verwendet, vom Server auf Null gesetzt und dadurch gelöscht. Dies sei am folgenden Beispiel illustriert:

```
[
uuid(765c3b10-100a-135d-1568-040034e67831), pointer_default (ptr)
]
interface FileService {                    // Schnittstelle für Dateidienst
  typedef [context_handle] void *FileHandle;  // Def. eines Context Handles für Files
  typedef [string] char *String;           // Hilfsdatentyp für Strings

  FileHandle fileOpen ( [in] String name);  // Datei Öffnen, liefert Context Handle

  void fileRead ( [in] FileHandle fh, [in] long buflen, [out] String *buf);
                                           // Durch Kontext geg. Dateiinhalt lesen

  void fileClose ( [in,out] FileHandle *fh);  // Datei schließen, Kontext löschen
  }
```

Verwendung von Context Handles auf Client-Seite

Die Operationen können dann vom Client etwa wie folgt aufgerufen werden (für *fileOpen* wird von automatischem Binden ausgegangen); s. Abb. 3-24:

```
#define BUFLEN 100

main (int argc, char *argv[])
  {
  char *buf;                    // Puffer zur Entgegennahme von Daten
  FileHandle fh;                // Context Handle für Datei



  fh = fileOpen (argv[1]);      // Öffnen der Datei, liefert Context Handle
  fileRead (fh, BUFLEN, &buf);
                                // Lesen der Datei unter Angabe d. Context Handles
                                // evtl. Abspeichern d. Daten u. Lesen weiterer Daten
  fileClose (&fh);              // Schließen der Datei,
  }                             // implizites Löschen des Context Handles
```

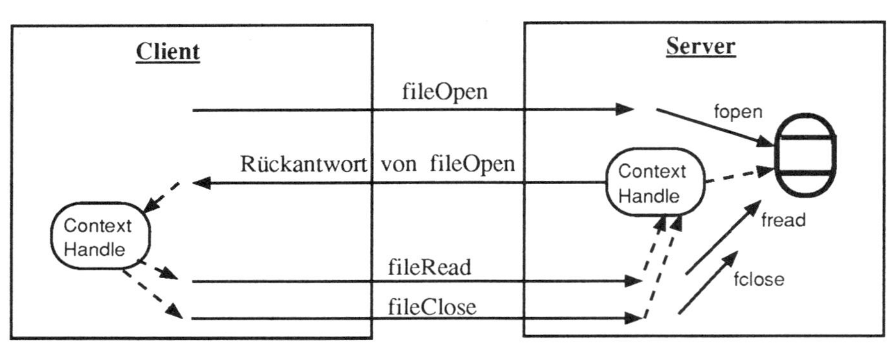

Abb. 3-24 Verwendung von Context Handles beim Dateizugriff

Der erste Aufruf liefert das Context Handle zurück, das dann beim zweiten und dritten Aufruf übergeben wird. Bei diesen Folgeaufrufen gewährleistet es zwei wichtige Eigenschaften:

1. Es wird garantiert, daß immer derselbe Server aufgerufen wird. Dazu wird intern ein entsprechendes Binding Handle dem Context Handle zugeordnet.
2. Diesem Server wird ein Zeiger auf die bei ihm vorhandene Kontextinformation übergeben, so daß er eine korrekte Kontext-Zuordnung für den gegebenen Client vornehmen kann.

Es ist wichtig, daß der Client - wie im Beispiel deutlich wurde - das Context Handle nicht verändert, sondern nur entgegennimmt und wieder als Parameter übergibt. Context Handles können auch nicht an andere Clients übergeben werden, sondern sind exklusiv für einen Client bestimmt.

Verwendung von Context Handles auf Server-Seite

Der Server implementiert die Routinen zur Erzeugung und Verwendung von Context Handles. Als Grundsatz gilt dabei, daß ein Context Handle auf eine bestimmte Datenstruktur verweist, die den Client-Kontext repräsentiert.

In unserem Beispiel entspricht dies einem Dateizeiger; genauso wären aber auch der Name eines aktuellen Dateiverzeichnisses oder der aktuelle Zustand eines endlichen Automaten Beispiele für mögliche Kontextinformation. Um über ein Context Handle auf dedizierte Kontextinformation zuzugreifen, wird ein Cast-Operator mit dem anwendungsspezifischen Typ der Kontextinformation darauf angewendet.

Die Implementierung der Kontextverwaltung für Dateien durch den Server kann etwa folgende vereinfachte Struktur haben:

```
FileHandle fileOpen (String name)              // Datei Öffnen, liefert Context Handle
  {
  FILE *fp;                                    // Lokaler Dateizeiger

  fp = fopen (name,"r");                       // Öffnen der Datei für Lesezugriff
  return ((fileHandle)fp);                     // Rückgabe d. Dateizeigers als Handle
  }

void fileRead (FileHandle fh, long buflen, String *buf)
  {                                            // Durch Kontext gegebene Datei lesen
  *buf = malloc (buflen);                      // Allokieren des Puffers
  fread (*buf, sizeof (char), buflen, (FILE*)fh); // Lesen aus Datei
  }

void fileClose (FileHandle *fh)                // Datei schließen, Kontext löschen
  {
  fclose ((FILE*) (*fh));                      // Datei schließen
  *fh = NULL;                                  // Kontext löschen
  }
```

Außerdem muß noch eine sogenannte *Context-Rundown-Prozedur* beim Server implementiert werden. Diese dient dazu, den Kontext eines Clients zu löschen, wenn z.B. Systemfehler auftreten. Der Name der Prozedur entspricht dem Datentyp des Context Handle, erweitert um den String *"_rundown"*. Eine mögliche Implementierung hierfür wäre:

```
void FileHandle_rundown (FileHandle fh)
{
if ((FILE*)fh != stdout) fclose ((FILE*)fh);
}
```

DCE-intern erfordern Context Handles spezielle Verwaltungsmechanismen: Obwohl der Dateizeiger als Context Handle durch *fileOpen* zurückgeliefert wird, kann dieser nicht dem Client direkt als solcher übergeben werden. Vielmehr wird auf beiden Seiten eine interne Indirektionstabelle vom DCE geführt. Beim Client realisiert diese eine Zuordnung zwischen Context Handle und Binding Handle. Beim Server wird eine Zuordnung zwischen ankommenden Aufrufen mit Übertragungsformatkodierung des Context Handles und dem lokalen Kontextzeiger durchgeführt. Diese Mechanismen bleiben aber für die Anwendungsprogramme vollständig transparent.

3.8.5 Einsatz von Threads

Wie in Abschnitt 3.2 bereits angedeutet, ermöglicht die Verwendung von Threads *asynchrone Aufrufe* beim Client sowie nebenläufige Aufrufbearbeitung beim Server. Dabei muß ein Client seine Threads grundsätzlich explizit starten, während nebenläufige Threads des Servers durch Angabe von *maxConcCalls* > 1 beim Aufruf von *rpc_server_listen* automatisch eingerichtet werden (s. Abschnitt 3.3). Allerdings muß in beiden Fällen eine korrekte Synchronisation nebenläufiger Zugriffe auf gemeinsame Daten implementiert werden.

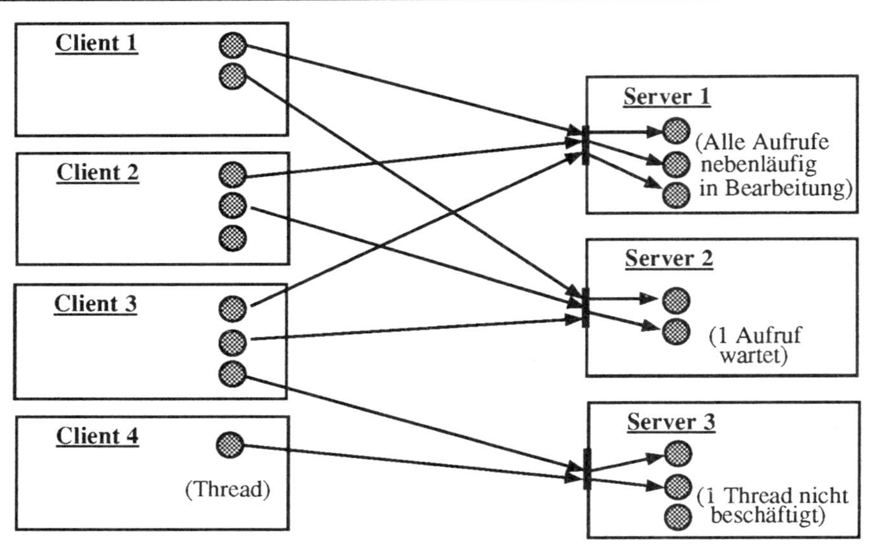

Abb. 3-25 Nebenläufige RPC-Bearbeitung durch Threads

Die genauen Eigenschaften von Threads und ihre Programmierschnittstelle werden in Kap. 4 beschrieben. An dieser Stelle soll nur das Prinzip bei der Verwendung von Threads im Rahmen des RPC illustriert werden. Abb. 3-25 zeigt dazu mehrere Clients und Server, die nebenläufige RPC-Aufrufe absetzen bzw. bearbeiten.

Die Clients 1 und 2 setzen zwei Aufrufe nebenläufig ab, Client 3 sogar drei Aufrufe, während Client 4 nur einen (synchronen) Aufruf durchführt. Für jeden neuen asynchronen Aufruf wird ein Thread erzeugt. Client 2 erzeugte außerdem einen Thread, der während des Wartens auf eine RPC-Antwort die lokale Bearbeitung fortsetzt.

Die Server empfangen die verschiedenen Aufrufe der Clients und teilen sie den bei ihnen verfügbaren Threads zu. Server 1 kann alle drei eintreffenden Aufrufe nebenläufig durch drei Threads bearbeiten. Bei Server 2 stehen nur zwei Threads zur Verfügung (*maxConcCalls* = *2*). Daher muß ein Aufruf warten, bis einer der beiden anderen Aufrufe abgearbeitet ist. Server drei dagegen könnte sogar noch einen Aufruf mehr nebenläufig bearbeiten, da er über drei Threads verfügt.

Wichtig ist, daß ein Server mit mehreren Threads (*maxConcCalls > 1)* unbedingt mit entsprechenden Synchronisationsmechanismen versehen werden muß, um eine sog. *Thread-safe*-Implementierung zu gewährleisten. Genauer gesagt, müssen alle in Konflikt stehenden potentiell nebenläufigen Datenzugriffe (z.B. auf globale Variablen oder gemeinsame Speicheradressen) durch Semaphore gegenseitig ausgeschlossen werden. Ein Semaphor schützt damit Daten vor inkonsistenten Veränderungen, indem er zu einem Zeitpunkt nur einem Thread den exklusiven Datenzugriff erlaubt. Lediglich reine Lesezugriffe auf Daten dürfen ungeschützt nebenläufig durchgeführt werden. Die genaue Realisierung der Synchronisation mittels Semaphoren (sog. *Mutexes* in DCE) wird in Kap. 4 genauer betrachtet.

Die Anzahl der Threads bei einem Client steht in keinerlei logischem Zusammenhang mit der Anzahl von Threads bei einem Server. Grundsätzlich sind beliebige Anzahlen möglich. Eine niedrige Anzahl Threads kann allenfalls zur Einschränkung der Parallelität des Clients bzw. zum Warten von Aufrufen auf ihre Bearbeitung auf Server-Seite führen. Allerdings können bei zyklischen Aufrufen zwischen Servern Verklemmungen auftreten, wenn die maximale Anzahl nebenläufiger Aufrufe nicht hoch genug oder gar nur gleich 1 ist. Eine sehr große Anzahl Threads kann andererseits an globale Betriebsmittelgrenzen stoßen, z.B. in bezug auf den verfügbaren virtuellen Speicher für die Stacks. Außerdem erhöht sich der Verwaltungs- und damit der Laufzeitaufwand mit der Anzahl der verwendeten Threads (z.B. beim Dispatching).

Grundsätzlich kann ein Client jedoch davon ausgehen, daß nebenläufige Aufrufe bei verschiedenen Servern echt parallel bearbeitet werden. Dadurch wird die Gesamtbearbeitungszeit eines Auftrags reduziert. Bei extensiver Ausnutzung der Parallelität durch viele Clients kann es allerdings zu deutlichen Leistungseinbußen kommen, wenn der Aufwand zur Verwaltung von Threads bei den Servern steigt (z.B. durch ständiges Umschalten der CPU zwischen vielen Threads). Generell sei angemerkt, daß Threads nicht nur im Zusammenhang mit RPCs, sondern auch bei anderen Aufgaben, wie z.B. bei der Behandlung von Benutzereingaben, ein wichtiges Hilfsmittel sind. Kap. 4 geht genauer auf Thread-Verarbeitungsmodelle ein.

3.9 Leistungsmessungen zum DCE RPC

Für viele Anwender ist die tatsächliche Leistung eines Kommunikationsmechanismus ein primäres Entscheidungskriterium. Aus diesem Grund sollen an dieser Stelle konkrete Leistungsdaten für den RPC innerhalb einer konkreten Systemkonfiguration vorgestellt werden. Als Systembasis wurden DECStations 5240 unter dem Betriebssystem Ultrix mit dem DCE Starter Kit, Version 1.0, verwendet. Die Basiskommunikation erfolgte über TCP/IP und Ethernet. Rechner und Netz waren zum Zeitpunkt der Messung abgesehen von den üblichen Systemprogrammen (z.B. DCE Dämons etc.) unbelastet.

Die Daten wurden in mehreren Meßreihen durch die Arbeitsgruppe des Autors gesammelt und sind in Abb. 3-26 zusammengefaßt. Dabei handelt es sich jeweils um die mittlere Zeitdauer eines RPC vom Absetzen des Aufrufs bis zum Erhalt der Rückmeldung mit unterschiedlichen Parametergrößen und schließlich auch als asynchrone, Thread-basierte Aufrufe mit Rückantwort. Der Mittelwert der Ausführungszeiten wurde über jeweils mindestens 10000 Aufrufe gebildet. Die aufgerufene Prozedur ist leer. Der Zeitaufwand für die beim Client erforderliche Schleife zur mehrfachen Aufrufdurchführung und Mittelwertbildung wurde bei der Ergebnisberechnung wieder abgezogen. Separat wurde die Zeit gemessen, die zum Export bzw. Import von RPC-Schnittstellen bei Cell Directory Service anfällt (bei den RPC-Aufrufen wurde mit einem bereits vorhandenen Binding Handle gearbeitet).

Art der Operation	**Mittlere Dauer (ms)**
RPC mit Rückantwort (ohne Parameter)	5,3 ms
Asynchroner RPC mit Thread-Erzeugung und Rückantwort (ohne Parameter)	5,8 ms
RPC mit je 1 in- und out-Parameter sowie Rückgabewert (je ca. 20 byte)	7,3 ms
RPC mit in-Parameter von 1 Kbyte	10,9 ms
RPC mit in-Parameter von 10 Kbyte	49 ms
RPC mit in-Parameter von 100 Kbyte	200 ms
Exportieren eines Servers bei CDS	910 ms (!)
Importieren eines Servers von CDS	440 ms (!)

Abb. 3-26 Leistungsdaten des RPC

Ein einfacher RPC zwischen zwei Workstations erfordert eine Zeitdauer von etwas mehr als 5 ms. Dieser Wert kann als vergleichsweise recht gut eingestuft werden, da er die gesamte Protokollfunktionalität sowie die Basiskommunikation über das Transportsystem mit einschließt. Bei speziell optimierenden verteilten Betriebssystemen wie *Amoeba* [TRS90] werden allerdings sogar Werte bis zu unter 1 ms für einen RPC erzielt.

Die Durchführung eines asynchronen RPC mit Rückantwort auf der Basis von DCE Threads ist kaum aufwendiger als ein synchroner RPC; hinzu kommt lediglich die Zeit zum Erzeugen eines Threads sowie zur abschließenden Synchronisation mit dem Thread zur Entgegennahme des Ergebnisses. Daher ist es sehr zu empfehlen, diese Möglichkeit zur Parallelisierung entfernter Operationen auf unterschiedlichen Rechnern heranzuziehen.

Ein RPC mit Parametern ist natürlich etwas zeitaufwendiger; die Behandlung von Ein-/Ausgabeparametern von kleinem Datenumfang erfordert ca. 2 ms Zusatzaufwand. Dies ist vor allem durch die erforderliche Kodierung und Dekodierung mittels der Stubs bedingt. Bei größeren Datenmengen steigt die Zeitdauer wie gezeigt an, wobei das Wachstum nicht ganz proportional zur Datenmenge ist, da stets ein gewisser fixer Aufwand entsteht, der sich bei kleinen Datenmengen natürlich vergleichsweise stärker auswirkt.

Bisher wurde von vollständigen Binding Handles ausgegangen, die bereits beim Client verfügbar sind. Der Export bzw. Import von Binding Handles mittels CDS ist dagegen sehr zeitaufwendig. Typische Werte lagen bei über 900 ms bzw. über

400 ms. Diese sehr großen Werte lassen sich ggf. durch das Lesen bzw. Schreiben von Daten in persistentem Speicher erklären. Allerdings trat auch dann keine Verbesserung ein, wenn dieselbe Schnittstelle mehrmals hintereinander von einem Client importiert wurde. Auch in diesem Fall wird also offenbar ein zeitaufwendiger Hintergrundspeicherzugriff durch den CDS-Server durchgeführt.

Der hohe Zeitaufwand für die Export-/Import-Operationen scheint allerdings für viele Anwendungen doch vertretbar, sofern die Interaktionspfade zwischen Clients und Servern relativ stabil bleiben. In diesem Fall werden auf eine Import-Operation eine ganze Reihe von Aufrufen folgen, die dann stets effizient über das bereits vorhandene Binding Handle realisiert werden. Der Aufwand für die CDS-Interaktion spielt dann insgesamt gesehen eine geringere Rolle. Außerdem müssen die genannten Zahlen generell mit Vorsicht betrachtet werden, da es sich nur um eine Prototyp-Implementierung handelte. Sicherlich wären durch DCE-interne Implementierungsverbesserungen sowie durch ein Fein-Tuning auf Ebene des CDS Managements noch deutliche Optimierungen möglich.

3.10 RPC-Administrationsaufgaben

Der RPC selbst erfordert keine umfangreichen Administrationsaufgaben, sofern der Cell Directory Service einmal initialisiert ist (s. Kap. 5). Es muß lediglich gewährleistet werden, daß jeder Rechner, auf dem ein Server installiert wird, auch über einen RPC-Dämon verfügt. Nur so ist es dem RPC-Laufzeitsystem möglich, eintreffende Binding Handles um die Endpunkt-Information zu vervollständigen, die der Server dem RPC-Dämon durch *rpc_ep_register* liefert. Es ist am zweckmäßigsten, den RPC-Dämon automatisch mit jedem System-Reboot zu starten. Details hierzu fallen in den üblichen Systemmanagement-Bereich.

Zur Laufzeit kann die Binde-Information eines RPC-Servers durch das Kontrollprogramm *rpccp (RPC Control Program)* inspiziert werden. Das Kontrollprogramm stellt aber auch zahlreiche andere Kommandos zur Verfügung; eine Auswahl wichtiger Befehle ist in Abb. 3-27 mit etwas vereinfachter Syntax zusammengefaßt.

Die meisten Operationen haben noch weitere Detailoptionen, die aber in diesem Rahmen nicht alle besprochen werden können. Bei den Export-/Import-Operationen ist die Angabe einer Schnittstellenkennung und eines CDS-Namens erforderlich. Beim Export muß außerdem die Binde-Information als String angegeben werden. Die exportierbaren Object-UUIDs sind wie auch bei den *rpc_ns_binding_...*-Funktionen optional (s. Abschnitt 3.6). Beim Einfügen und Löschen von Namenseinträgen in bzw. aus Gruppeneinträgen und Profiles muß neben dem Gruppen- bzw. Profile-Namen immer auch der entsprechende Namenseintrag als Mitglied mittels der Option *-m* vorgegeben werden.

Zusätzlich ist es möglich, über *rpccp* auch allgemeine Namenseinträge beim Directory Service zu erzeugen sowie die Endpoint Map des RPC-Dämons zu inspizieren und zu manipulieren. Generell lassen sich alle Funktionen auch über die

Programmierschnittstelle realisieren; *rpccp* ermöglicht aber zusätzlich eine relativ einfache *interaktive* Verwaltung von RPC-Namenseinträgen.

Verwaltung von Binde-Information

show server <name>	// Information über einen Server
export -i<interface> -b<binding> -o<objectUUID> <name>	// Export e. Schnittstelle (ggf. mit UUIDs)
import -i<interface> -o<objectUUID> <name>	// Import e. Schnittstelle (ggf. mit UUID)
unexport -i<interface> -o<objectUUID> <name>	// Rücknahme eines vorherigen Export

Verwaltung von Gruppeneinträgen

add member -m<member> <gname>	// Einfügen eines Eintrags in eine Gruppe
remove member -m<member> <gname>	// Löschen eines Eintrags aus einer Gruppe
show group <gname>	// Anzeigen einer Gruppe
remove group <gname>	// Löschen einer Gruppe

Verwaltung von Profiles

add element -m<member> <pname>	// Einfügen eines Eintrags in ein Profile
remove element -m<member> <pname>	// Löschen eines Eintrags aus einem Profile
show profile <pname>	// Anzeigen eines Profiles
remove profile <pname>	// Löschen eines Profiles

Abb. 3-27 Kommandos des RPC Control Programs

Ein Beispiel soll die Verwendung der wichtigsten Befehle illustrieren. Die Ausgaben des Systems sind jeweils kursiv gehalten. Zunächst soll *rpccp* aufgerufen und die Binde-Information des Servers mit dem Namen */.:/ProductData* inspiziert werden:

$ rpccp
rpccp> show server /.:/ProductData
objects:
1E4B3A8E-5B05-11CB-8F67-08002B1C5088
94112F82-62F6-11CB-9A7F-08002B1C5088

binding information:
<interface id> 257DF1C9-C6D3-11CA-8554-08002B1C8F1F,1.0
<string binding> ncadg_ip_udp:129.13.3.62[]

Dabei werden die Menge der exportierten Ressourcen-UUIDs, die Schnittstellenkennung sowie die Binde-Information als String ausgegeben. Anschließend soll die Schnittstelle eines weiteren Servers des gleichen Rechners unter dem Namen */.:/NewProductData* exportiert werden:

```
rpccp> export -i EA8DEF54-6DFE-11CB-A0EA-08002B0F7CEB,1.0 \
            -b ncadg_ip_udp:129.13.3.62[] \
            /.:/NewProductData
```

Der entstandene Namenseintrag soll außerdem in die Gruppe */.:/ProductDataGroup* und in das Profile */.:/ProductDataProfile* eingefügt werden:

```
rpccp> add member -m /.:/NewProductData /.:/ProductDataGroup
rpccp> add element -m /.:/NewProductData /.:/ProductDataProfile
```

Zum Schluß wird das Profile noch inspiziert, bevor *rpccp* verlassen wird; es enthält die beiden Elemente */.:/ProductData* und */.:/NewProductData* mit den zugehörigen Schnittstellenkennungen:

```
rpccp> show profile /.:/ProductDataProfile
<interface id>  257DF1C9-C6D3-11CA-8554-08002B1C8F1F,1.0
<member_name> /.../telematik/ProductData
<priority> 0
<annotation>

<interface id> EA8DEF54-6DFE-11CB-A0EA-08002B0F7CEB,1.0
<member_name> /.../telematik/NewProductData
<priority> 0
<annotation>

rpccp> exit
```

4 DCE-Threads als Basismechanismus

4.1 Wichtige Eigenschaften von DCE-Threads

Wie in Kap. 2 bereits dargestellt, ermöglichen DCE-Threads die nebenläufige, quasi-parallele Verarbeitung innerhalb eines herkömmlichen Adreßraums eines Betriebssystem-Prozesses. Dazu verfügt jeder Thread über einen eigenen Prozeßkontext mit Stack, Stackpointer, Programmzähler und Registern. Die Threads werden von einem eigenen Scheduler pro Adreßraum verwaltet. Sie verfügen über Synchronisationsmechanismen, wie sie aus dem Betriebssystembereich bekannt sind. Die Hauptvorteile von Threads sind durch die Möglichkeit gegeben, explizit nebenläufige Eingaben (z.B. über Terminal, Kommunikationsschnittstellen oder allgemeine Unterbrechungsroutinen) behandeln zu können, nebenläufig Nachrichten bzw. RPCs absetzen zu können und mehrere Aktivitäten unter Verwendung einer fairen Scheduling-Strategie gleichzeitig bearbeiten zu können.

Verwaltungsoperationen	Erzeugen, eigenes Beenden, externes Beenden durch anderen Thread
Synchronisation	Semaphore, globale Sperre, Bedingungsvariablen
Ergebnisrückgabe	Durch Operation explizites Warten auf Thread-Terminierung
Scheduling-Strategien	FIFO oder Zeitscheiben-basiert, jeweils prioritätsgesteuert
Unterstützung für Systemaufrufe	Spezielle Thread-E/A, non-reentrant Code explizit geschützt

Abb. 4-1 Spezielle Eigenschaften von DCE-Threads

DCE-Threads weisen zusätzlich einige spezielle Eigenschaften auf, die in Abb. 4-1 zusammengefaßt sind.

Verwaltungsoperationen
Neben den üblichen Operationen zum dynamischen Erzeugen von Threads steht eine Operationen zur Verfügung, mit der sich ein Thread selbst unter Rückgabe eines Ergebnisses beenden kann, sowie eine Operation, mit der ein fremder Thread durch einen anderen Thread gelöscht werden kann.

Synchronisation
Threads synchronisieren sich bei in Konflikt stehenden Zugriffen auf gemeinsame Daten durch binäre Semaphore. Für allgemeine, globale kritische Abschnitte (z.B. existierender Systemcode ohne interne Synchronisationsmechanismen) steht außerdem eine globale Sperroperation zur Verfügung. Eine Synchronisation zur Übergabe von Berechnungsergebnissen zwischen Threads ist durch Bedingungsvariablen möglich; ein Thread zeigt einem anderen, wartenden Thread dadurch das Eintreten einer bestimmten Bedingung (z.B. Verfügbarkeit eines berechneten Wertes) an.

Ergebnisrückgabe
Das Berechnungsergebnis eines sich selbst beendenden Threads kann durch eine spezielle Warteoperation durch einen anderen Thread (im Regelfall der erzeugende Thread) erfragt werden. Dadurch ist die explizite Unterbeauftragung möglich.

Scheduling-Strategien
Beim Erzeugen von Threads kann spezifiziert werden, mit welcher Scheduling-Strategie gearbeitet werden soll. Bei der FIFO-Strategie läuft ein Thread ununterbrochen, bis er z.B. durch eine Synchronisationsoperation blockiert wird. Alternativ ist auch Zeitscheiben-basiertes Scheduling möglich, was eine fairere CPU-Zuteilung realisiert. In jedem Fall kann die CPU-Zuteilung aber nach Prioritäten gestaffelt erfolgen.

Unterstützung für Systemaufrufe
Es stehen spezielle E/A-Routinen zur Verfügung, die nur den aufrufenden Thread, nicht aber - wie es sonst zwangsläufig der Fall wäre - den gesamten Betriebssystemprozeß blockieren. Außerdem sind nicht nebenläufig benutzbare Systemroutinen ("non-reentrant code") explizit durch eine globale Sperre geschützt.

Insgesamt repräsentieren diese Eigenschaften eine recht umfassende Funktionalität, die in vielen anderen Thread-Systemen nicht in diesem Umfang vorhanden ist. Gerade die Unterstützung für Systemaufrufe und die Scheduling-Strategien wären sehr aufwendig und kaum portabel zu implementieren, wenn sie nicht bereits durch das DCE angeboten würden.

4.2 Einsatzmöglichkeiten und Verarbeitungsmodelle

Wie in Abschnitt 3.8.5 dargestellt, sind Threads im Zusammenhang mit dem DCE RPC wichtig, um Nebenläufigkeit bei Servern und asynchrone Aufrufe bei Clients zu ermöglichen.

Außerdem gibt es aber noch unzählige weitere Einsatzmöglichkeiten für Threads; beispielsweise verwenden viele DCE-Komponenten Threads zur internen nebenläufigen Auftragsbearbeitung, aber auch viele Anwendungen können direkt die Thread-Funktionalität ausnutzen. Gemeinsam ist allen solchen Szenarien, daß bestimmte Teile einer Anwendung quasiparallel abgewickelt werden können, also nicht sehr eng in Form von Daten- und Kontrollflußabhängigkeiten verzahnt sind. Abb. 4-2 zeigt drei Beispiele für den Einsatz von Threads, die im folgenden diskutiert werden.

4.2.1 Nebenläufigkeit unabhängiger Aufträge

In diesem Fall stellen die gesamten Bearbeitungsaufträge die Einheit der nebenläufigen Verarbeitung dar. Aufträge werden durch einen Koordinationsthread von einem externen Initiator über eine Benutzerschnittstelle entgegengenommen und dann direkt an einen freien Bearbeitungsthread übergeben. Nach der Bearbeitung kann dieser die Ergebnisse an den Koordinationsthread zurückgeben oder auch direkt an den Initiator übergeben, falls ihm zuvor dessen Identität mitgeteilt wurde.

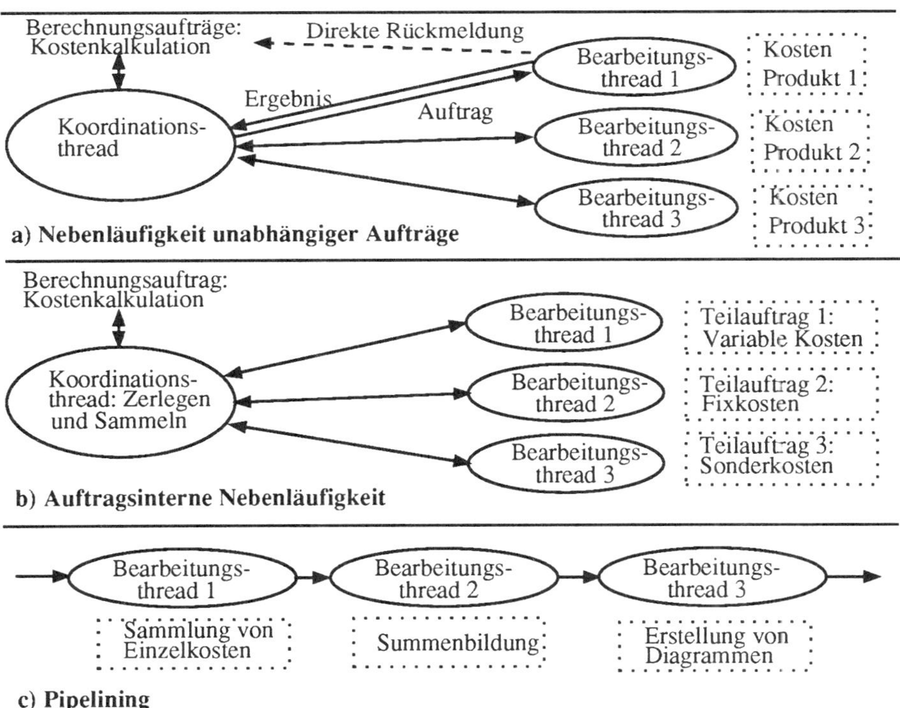

Abb. 4-2 Ausnutzung von Parallelitätseigenschaften durch Threads

Ein konkretes Beispiel ist die Verteilung von Berechnungsaufträgen zur Kostenkalkulation im Produktbereich. Hier könnte beispielsweise für jedes Produkt eines Unternehmens ein entsprechender, unabhängiger Berechnungsauftrag an einen Bearbeitungsthread übergeben werden (s. Abb. 4-2 a).

Verschiedene Detailaspekte dieses Modells können unterschiedlich realisiert werden:

- *Thread-Erzeugung:* Ein Bearbeitungsthread kann für jeden neuen Auftrag erzeugt und nach der Bearbeitung wieder gelöscht werden. Dies ist die einfachste, aber auch laufzeitaufwendigste Realisierung. Alternativ kann eine Menge (*Pool*) von Bearbeitungsthreads initial erzeugt werden und passiv an einer Auftragsschlange warten. Mit jedem neuen Auftrag wird dann ein Thread aktiviert (üblicherweise in FIFO-Reihenfolge), der sich nach der Abarbeitung wieder in dieWarteschlange einreiht. Falls mehr Aufträge als Threads vorhanden sind, können eventuell zusätzliche Threads erzeugt werden.
- *Auftragszuordnung:* Die Zuordnung von Aufträgen zu Threads kann - wie oben dargestellt - indirekt über eine Auftragswarteschlange erfolgen. Alternativ kann der Koordinationsthread den gewünschten Bearbeitungsthread explizit benennen. Dies ermöglicht bestimmte Auswahlstrategien, z.B. auf der Basis unterschiedlicher Stackgrößen der Threads. Eine dritte Alternative ist die Bearbeiter-initiierte Auftragszuteilung. Hierbei melden die Bearbeitungsthreads dem Koordinator explizit, daß sie zur Übernahme neuer Aufträge bereit sind. Dieses Modell ermöglicht mehr Autonomie, z.B. wenn die Threads nur abhängig vom eigenen Umgebungszustand zur Auftragsannahme bereit sind (z.B. bei Verwaltung einer Printer-Queue).
- *Synchronisation:* Falls die einzelnen Aufträge völlig unabhängig voneinander sind und die Threads keine gemeinsamen Datenstrukturen oder Betriebsmittel verwenden, kann auf eine explizite Synchronisation verzichtet werden. Im Regelfall sind aber stets Mechanismen zur Gewährleistung des exklusiven Zugriffs auf solche Einheiten erforderlich. Außerdem ist abhängig von der Implementierung auch eine Synchronisation zwischen Bearbeitungs- und Koordinationsthread bei der Ergebnisrückgabe notwendig.

Bei DCE-RPC-Servern wird das Verarbeitungsmodell der nebenläufigen unabhängigen Aufträge eingesetzt, wobei eine maximale Anzahl von Bearbeitungsthreads vorgegeben ist, eine indirekte Auftragszuordnung vorgenommen wird und i.a. explizite Synchronisation erforderlich ist. An der Ergebnisrückmeldung zum Client ist der Koordinationsthread nicht mehr explizit beteiligt.

4.2.2 Auftragsinterne Nebenläufigkeit

Bei diesem Verarbeitungsmodell werden Aufträge anwendungsabhängig in Teilaufträge aufgespalten, die dann nebenläufig bearbeitet werden. Die Aufspaltung und die Auftragsverteilung an Bearbeitungsthreads erfolgt i.a. explizit durch den Koordinator, ebenso die Sammlung und Integration von Ergebnissen. Zwischen einzelnen Teilaufträgen bestehen i.a. stärkere Datenabhängigkeiten, so daß Synchronisationsmechanismen meist obligatorisch sind. Der Hauptvorteil dieses Modells ist die feinere Granularität der nebenläufigen Verarbeitung. Aus diesem Grunde wird es häufig durch RPC-Clients eingesetzt, die Teilaufträge an mehrere Threads delegieren, die dann wiederum diese durch mehrere synchrone RPCs bei verschiedenen Servern echt parallel bearbeiten lassen.

Im oben genannten Beispiel entspricht diese Variante der Aufteilung von Kostenberechnungen in Teilaufträge (z.B. Berechnung von variablen Kosten, Fixkosten und Sonderkosten mit anschließender Integration der Ergebnisse, s. Abb. 4-2 b).

4.2.3 Pipelining

Diese Technik läßt sich vor allem dann anwenden, wenn einzelne Bearbeitungsvorgänge eines Auftrags sequentiell voneinander abhängen. Sie können dann zwar nicht innerhalb eines Auftrags nebenläufig ausgeführt werden, sehr wohl aber auftragsübergreifend. Jeder Bearbeitungsthread übernimmt dann einen dedizierten Teilauftrag innerhalb jedes Auftrags. Zu einem Zeitpunkt sind mehrere Threads mit verschiedenen Teilaufträgen unterschiedlicher Aufträge beschäftigt. Ein Auftrag wird quasi in Form einer Pipeline durch die Bearbeitungsthreads geschleust.

Im Beispiel (s. Abb. 4-2 c) entspricht dies etwa der Pipeline-artigen Bearbeitung der Kostenkalkulation mit den voneinander abhängigen Teilaufträgen "Sammlung von Einzelkosten", "Summenbildung" und "Erstellung von Diagrammen".

In einer RPC-Umgebung ist die Pipeline-Bearbeitung weniger häufig zu finden, da die direkte Auftragsweitergabe zwischen Servern durch die synchrone Aufrufweise erschwert wird. Allerdings lassen sich Pipeline-Strukturen grundsätzlich auch hier implementieren, indem im Rahmen der Server-Routinen eine explizite Thread-Verwaltung für Pipeline-Bearbeitung realisiert wird.

4.3 Elementare Thread-Verwaltung

Dieser Abschnitt beschreibt nun zunächst die wichtigsten Operationen zur Verwaltung von DCE Threads.

Thread-Erzeugung
Ein DCE-Thread wird mit der folgenden Operation erzeugt:

```
int pthread_create    (pthread_t *thread,            // -> Thread-Datenstruktur
                       pthread_attr_t attr,          // -> Thread-Attribut
                       pthread_startroutine entry,   // -> Aufzurufende Prozedur
                       pthread_addr_t arg);          // -> Zeiger auf Parameter
```

Diese Routine wird z.B. von einem Koordinatorthread aufgerufen und führt dazu, daß ein neuer Thread mit der Ausführung der angegebenen Prozedur *entry* beginnt. Als Eingabe ist außerdem eine bereits vorab zu allokierende Thread-Datenstruktur (*thread*) nötig. Eine zusätzliche Attributbeschreibung (*attr*) ermöglicht es, genauere Eigenschaften des Threads vorzugeben; in vielen Fällen reicht allerdings die Angabe des Defaults *pthread_attr_default* aus. Der Eingabeparameter *arg* wird dem neuen Thread als (einziger) Parameter der durch *entry* gegebenen Prozedur übergeben und wird i.a. als Zeiger auf Anwendungsparameter verwendet; alle Daten liegen bekanntlich im gleichen Adreßraum und können daher per Referenz vom Erzeuger an den neuen Thread übergeben werden.

Thread-Beendung und Ergebnisrückgabe
Im Regelfall läuft der Thread dann nebenläufig zu seinem Erzeuger ab und meldet am Ende seiner Bearbeitung ein Ergebnis zurück mit der folgenden Operation:

```
int pthread_exit      (pthread_addr_t result);        // -> Ergebnis der Bearbeitung
```

Auf dieses Ergebnis kann vom Thread-Erzeuger bzw. Koordinator an beliebiger Stelle gewartet werden mit der nachfolgenden Operation:

```
int pthread_join      (pthread_t thread,              // -> Identifikation des Threads
                       pthread_addr_t *result);       // <- Ergebnis der Bearbeitung
```

Der Aufrufer spezifiziert den betreffenden Thread über dessen Datenstruktur (*thread*) und erhält eine Referenz auf das Berechnungsergebnis über den Ausgabeparameter *result*. Anschließend kann der Thread intern gelöscht werden durch:

```
int pthread_detach    (pthread_t *thread);            // -> Identifikation des Threads
```

Diese Operation gibt interne Verwaltungsstrukturen des Threads frei. Danach ist kein *pthread_join* für diesen Thread mehr möglich. Neben *pthread_exit* kann ein Thread auch explizit durch einen anderen beendet werden bzw. sich selbst im Rahmen eines Fehlerfalles abbrechen. Dazu dient die Operation:

```
int pthread_cancel    (pthread_t thread);             // -> Identifikation des Threads
```

Eine nachfolgende *pthread_join*-Operation auf diesem Thread liefert den speziellen Statuswert -1. Ein Thread kann allerdings auch verhindern, daß eine *pthread_cancel*-Operation sofort wirksam wird. Dies ist zum Beispiel für kritische Abschnitte wichtig, deren Abbruch zu inkonsistenten Systemzuständen führen würde (etwa das Umbuchen von Geldbeträgen zwischen Konten). Die entsprechende Ausschlußoperation ist:

```
int pthread_setcancel (int state);                    // -> Cancel-Status
```

Eine Statusangabe von *state=CANCEL_OFF* verzögert etwaige *pthread_cancel*-Operationen für den hier aufrufenen Thread, die Angabe von *CANCEL_ON* erlaubt diese wieder.

Abb. 4-3 zeigt schematisch das mögliche Zusammenwirken der einzelnen Operationen. Ein Koordinator erzeugt mehrere Threads mit *pthread_create*, die dann nebenläufig arbeiten und ggf. bestimmte Programmteile durch *pthread_setcancel (CANCEL_OFF/_ON)* klammern; dadurch wird ein möglicherweise von einem anderen Thread abgesetztes *pthread_cancel* verzögert. Nach dem Ende der Bearbeitung erfolgt die Ergebnisrückgabe durch *pthread_exit*, falls nicht zuvor schon ein *pthread_cancel* durchgeführt wurde. In jedem Fall nimmt der Koordinator die Ergebnisse der Threads durch *pthread_join* entgegen und löscht die Threads dann mit *pthread_detach*.

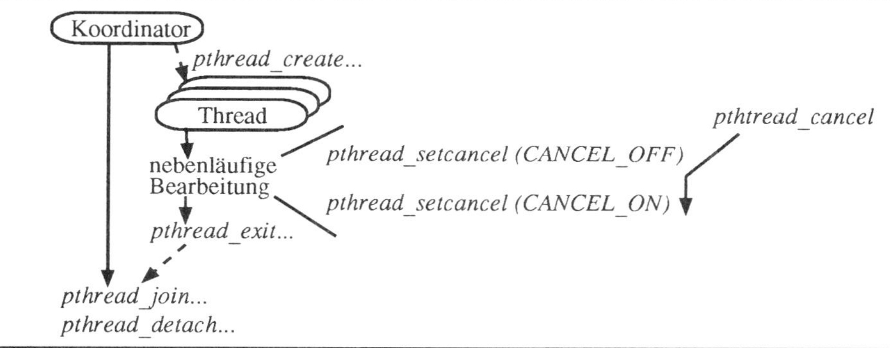

Abb. 4-3 Operationen zur Thread-Verwaltung

Programmbeispiel

Im folgenden wird ein Programmbeispiel gemäß dem Modell der auftragsinternen Nebenläufigkeit gegeben; ein Gesamtberechnungsauftrag, der durch die Operation *costCalc* vorzunehmen ist, wird in Teilaufträge gemäß den eingegebenen Kostenpaaren aufgespalten, die je einem neu erzeugten Thread zugewiesen werden. Abschließend findet eine Synchronisation mit den Threads statt, um die Ergebnisse entgegenzunehmen und schließlich zurückzumelden. Eine Synchronisation nebenläufiger Zugriffe ist bei diesem Beispiel nicht erforderlich. Insgesamt stellt sich die Verwendung der wichtigsten Primitive programmtechnisch wie folgt dar:

```
#define maxThread 10

void addOpThread (pthread_addr_t  arg)              // Operation zum Addieren
  {
  int *input = (int*)arg;                            // Eingabeparameter des Threads
  int output;                                        // Zu berechnende Ausgabe

  output = input [1] + input [2];                    // Addition
  pthread_exit ((pthread_addr_t) output);            // Rückmelden und Terminieren
  }
```

```
void costCalc (int numCosts, int *costs[], int sums[]) // Operation zur Kostenkalkulation
  // Eingabe: Anzahl Kostenpaare, Array von Kostenpaaren
  // Ausgabe: Array von Einzelsummen
  {
  pthread_t thread [maxThread];                    // Zu erzeugende Bearbeitungsthreads
  int i, result;                                   // Laufvariable, Einzelergebnis

  for (i=0;i<numCosts;i++)
    pthread_create (&thread[i], pthread_attr_default, addOpThread,
                   (pthread_addr_t) costs[i]);     // Erzeug. d. Bearbeitungsthreads
  for (i=0;i<numCosts;i++)                         // Warten auf alle Ergebnisse
    {
    pthread_join (thread[i],&result);              // Entgegennahme des Ergebnisses
    pthread_detach (&thread[i]);                   // Löschen des Threads
    sums[i] = result;                              // Einfügen des Ergebnisses
    }
  }
```

4.4 Thread-Synchronisation

Zur Synchronisation von DCE-Threads stehen zwei Möglichkeiten zur Verfügung:

- *Binäre Semaphore:* Diese Elemente sind Sperrobjekte, die lediglich die beiden Zustände "gesperrt" und "frei" annehmen können. Sie werden primär zur Synchronisation nebenläufiger Zugriffe auf gemeinsame Daten verwendet. Ein Thread wird beim Warten auf einen gesperrten Semaphor so lange blockiert, bis dieser freigegeben wird. Danach wird er durch den wartenden Thread gesperrt. Falls mehrere Threads warten, erhält nur der erste den Zugriff, die übrigen bleiben weiter blockiert. Ein Semaphor wird auch als *Mutex* (*mut*ual *ex*clusion) bezeichnet.
- *Bedingungsvariablen (Condition Variables)*: Hierbei wartet ein Thread, bis eine Variable einen bestimmten Zustand erreicht. Dadurch können sich z.B. zwei kooperierende Threads A und B den Fortgang einer Aktivität signalisieren; Thread A etwa weist ein Zwischenergebnis einer gemeinsamen Variablen zu und setzt eine Bedingungsvariable auf den Zustand "Zwischenergebnis vorhanden", Thread B wartet, bis diese Bedingungsvariable den genannten Zustand einnimmt. Um den gemeinsamen Zugriff auf Bedingungsvariablen zu synchronisieren, werden auch diese durch Semaphore geschützt.

4.4.1 Semaphore

Ein Semaphor (*Mutex*) wird erzeugt und initialisiert durch die folgende Operation:

```
int pthread_mutex_init (pthread_mutex_t *mutex,      // -> Mutex
                        pthread_mutexattr_t attr);   // -> Mutex-Attribut
```

Der Parameter *mutex* ist eine vorab allokierte Datenstruktur des Mutex-Typs. Das Mutex-Attribut beschreibt die Art des Semaphors genauer; der Default *pthread_mutexattr_default* reicht aus, um Semaphore mit den elementaren, oben beschriebenen Eigenschaften zu erzeugen. Diese werden auch als *fast mutex* bezeichnet, da sie die effizienteste Form eines Semaphors darstellen.

Semaphore werden mit der folgenden Operation gesperrt:

```
int pthread_mutex_lock (pthread_mutex_t *mutex); // -> Mutex
```

Der Aufrufer wird ggf. bis zur Freigabe der Semaphore durch einen anderen Thread blockiert. Um diese Blockierung zu vermeiden, kann ein Thread auch nur testen, ob ein Semaphor frei ist. Wenn ja, so wird er gesperrt; falls er aber schon gesperrt war, muß der testende Thread korrekt reagieren und z.B. auf den Zugriff auf gemeinsame Daten verzichten. Die entsprechende Testoperation lautet:

```
int pthread_mutex_trylock (pthread_mutex_t *mutex); // -> Mutex-Datenstruktur
```

mit den Rückgabewerten "1 = Sperren erfolgreich", "0 = Sperren nicht möglich". Die Freigabe eines gesperrten Semaphors durch den sperrenden Thread geschieht durch:

```
int pthread_mutex_unlock (pthread_mutex_t *mutex); // -> Mutex-Datenstruktur
```

Zum Löschen von Semaphoren nach Abschluß einer zu synchronisierenden Bearbeitung wird die folgende Operation verwendet:

```
int pthread_mutex_destroy (pthread_mutex_t *mutex); // -> Mutex-Datenstruktur
```

Unten wird das veränderte Programmbeispiel mit integrierter Thread-Synchronisation dargestellt. Das Gesamtergebnis der nebenläufigen Kostenkalkulation wird nun von den Threads in einer globalen Variablen berechnet. Der Zugriff hierauf wird durch einen Semaphor synchronisiert. Ein explizites *pthread_exit* durch die Threads ist nun nicht mehr erforderlich, da kein Ergebnis zurückgeliefert wird. Die Synchronisation des Koordinators durch *pthread_join* ist aber dennoch möglich und nötig, um die Threads und den Semaphor koordiniert löschen zu können.

```
#define maxThread 10
pthread_mutex_t mutex;                    // Semaphor zur Synchronisation
int totalCosts = 0;                       // Gesamtkosten (global)

void addOpThread (pthread_attr_t arg)     // Operation zum Addieren
  {
  int *input = (int*)arg;                 // Eingabeparameter des Threads

  pthread_mutex_lock (&mutex);            // Sperren des Semaphors
  totalCosts += input [1] + input [2];    // Addition
  pthread_mutex_unlock (&mutex);          // Freigabe des Semaphors
  }                                       // (pthread_exit implizit)
```

```
void costCalc (int numCosts, int *costs[])          // Operation zur Kostenkalkulation
  // Eingabe: Anzahl Kostenpaare, Array von Kostenpaaren
  {
  pthread_t thread [maxThread];                      // Erzeugte Bearbeitungsthreads
  int dummy, i;                                      // Dummy für Thread-Rückgabe

  pthread_mutex_init (&mutex, pthread_mutexattr_default); // Erzeugen des Semaphors
  for (i=0;i<numCosts;i++)
    pthread_create (&thread[i], pthread_attr_default, addOpThread,
                    (pthread_addr_t) costs[i]);      // Erzeug. d. Bearbeitungsthreads

  for (i=0;i<numCosts;i++)                           // Warten auf alle Ergebnisse
    {
    pthread_join (thread[i],&dummy);                 // Warten auf Ende der Threads
    pthread_detach (&thread[i]);                     // Löschen des Threads
    }
  pthread_mutex_destroy (&mutex);                    // Löschen des Semaphors
  }
```

Statt *pthread_mutex_lock* hätte eventuell auch *pthread_mutex_trylock* eingesetzt werden können. Bei nicht erhaltener Sperre (Rückgabewert gleich 0) hätte der Thread dann aber das Ergebnis auf andere Weise weitergeben müssen, etwa wie im vorherigen Beispiel als Rückgabeparameter, ohne natürlich *pthread_mutex_unlock* danach noch aufrufen zu dürfen.

4.4.2 Erweiterung: Rekursive Semaphore

Semaphore vom Typ *fast mutex* haben einen Nachteil: Falls ein Thread, der einen solchen Semaphor schon gesperrt hat, dessen Sperroperation nochmals aufruft, so führt dies zu einer nicht auflösbaren Verklemmung. Dieser Fall kann z.B. vorkommen, wenn ein Semaphor in einer übergeordneten Prozedur gesperrt wird und eine geschachtelt oder gar rekursiv aufgerufene Prozedur die gleiche Sperre nochmals anfordert. Ein Beispiel wäre ein rekursiver Algorithmus zum Sortieren einer Liste, wobei von jedem Prozeduraufruf der Einfachheit halber die gesamte Liste gesperrt wird.

Um das Problem zu lösen, werden *rekursive Semaphore* von DCE angeboten. Diese lassen es zu, durch denselben Thread mehrmals gesperrt zu werden, müssen dann aber auch genauso oft wieder vom selben Thread freigegeben werden. Ein rekursiver Semaphor hält sich zusätzliche Zustandsinformation, von welchem Thread er gesperrt wurde und wie oft dies geschah.

Ein rekursiver Semaphor wird erzeugt, indem ein entsprechendes Attributobjekt generiert und bei der Initialisierung des Semaphors verwendet wird. Dazu wird zunächst die Operation

```
int pthread_mutexattr_create (pthread_mutexattr_t *attr); // -> Attributobjekt
```

unter Angabe einer bereits allokierten Attribut-Datenstruktur aufgerufen und das initialisierte Attribut durch die folgende Operation mit dem Wert "rekursiv" belegt:

```
int pthread_mutexattr_setkind_np (pthread_mutexattr_t *attr,    // -> Attributobjekt
                                  int kind);                    // -> Attributwert
```

wobei *kind* mit dem Wert *MUTEX_RECURSIVE_NP* initialisiert werden muß. Das Attributobjekt wird dann als Parameter *attr* an *pthread_mutex_init* übergeben. Anschließend kann das Attributobjekt mit der folgenden Operation gelöscht werden, falls es nicht mehr für die Initialisierung weiterer Semaphoren gebraucht wird:

```
int pthread_mutexattr_delete (pthread_mutexattr_t *attr);       // -> Attributobjekt
```

Das nachfolgende Beispiel soll das Erzeugen rekursiver Semaphoren zeigen. Ihr Einsatz entspricht dann dem obigen Beispiel, mit der Ausnahme, daß sie eben mehrfach durch den gleichen Thread gesperrt werden dürfen.

```
pthread_mutex_t mutex;
pthread_mutex_attr_t mutexattr;

main ()
  {
  pthread_mutexattr_create (&mutexattr);
  pthread_mutexattr_setkind_np (&mutexattr, MUTEX_RECURSIVE_NP);
  pthread_mutex_init (&mutex, mutexattr);
  pthread_mutexattr_delete (&mutexattr);
  // ... Erzeugen von Threads und Warten auf Thread-Ergebnisse
  pthread_mutex_destroy (&mutex);
  }
```

4.4.3 Bedingungsvariablen

Eine Bedingungsvariable wird ähnlich wie ein Semaphor erzeugt und gelöscht:

```
int pthread_cond_init     (pthread_cond_t *condvar,     // -> Bedingungsvariable
                           pthread_condattr_t attr);     // -> Bed.var.-Attribut

int pthread_cond_destroy (pthread_cond_t *condvar);     // -> Bedingungsvariable
```

Wie gezeigt, sind auch bei *pthread_cond_init* Attribute möglich, wobei aber hier nur der Default *pthread_condattr_default* betrachtet wird, der i.a. ausreicht. Zusammen mit einer Bedingungsvariablen muß *immer* auch ein Semaphor erzeugt werden. Dieser dient zur Synchronisation des Statustest-Zugriffs auf die Bedingungsvariable. Ein Thread wartet auf eine Bedingungsvariable *cond* mit der Operation:

```
int pthread_cond_wait (pthread_cond_t *cond,            // -> Bedingungsvariable
                       pthread_mutex_t *mutex);         // -> Mutex
```

unter zusätzlicher Angabe des synchronisierenden Semaphors *mutex*. Dieser Semaphor muß *unbedingt* zuvor mit *pthread_mutex_lock* gesperrt worden sein und muß nach erfolgreichem *pthread_cond_wait* wieder explizit freigegeben werden. Dabei ist es sehr wichtig, daß alle Threads, die auf eine bestimmte Bedingungsvariable warten, auch denselben Semaphor spezifizieren. Es ist daher z.B. sinnvoll, Bedingungsvariable und Semaphor in einer Anwendungsdatenstruktur zusammenzufassen.

Es ist auch möglich, unter Angabe eines Timeouts nur für begrenzte Zeit auf eine Bedingungsvariable zu warten; hierzu dient die folgende Operation:

```
int pthread_cond_timedwait (pthread_cond_t *cond,        // -> Bedingungsvariable
                            pthread_mutex_t *mutex,      // -> Mutex
                            struct timespec *abstime);   // -> Absolute Zeit
```

Diese Operation gibt den Wert -1 zurück, wenn der angegebene absolute Zeitpunkt erreicht ist, ohne daß die erwartete Bedingung eingetroffen ist. Die anzugebende Zeit entspricht dem folgenden Zeitformat:

```
struct timespec {
  unsigned long sec;      // Sekunden-Komponente
  long nsec;              // Nanosekunden-Komponente
  };
```

Die absolute Zeit wird von einem wohldefinierten Zeitpunkt in der Vergangenheit aus berechnet. Um relative Zeitangaben zu ermöglichen, wie sie in der Praxis üblich sind, wird folgende Operation angeboten:

```
int pthread_get_expiration_np (struct timespec *delta,      // -> Relative Zeit
                               struct timespec *abstime);   // <- Absolute Zeit
```

Diese Operation liefert unter Angabe einer gewünschten relativen Zeitspanne die absolute Zielzeit (aktuelle Zeit + gegebene Zeitspanne), die dann beim Aufruf von *pthread_cond_timedwait* übergeben werden muß.

Eine Bedingungsvariable wird mit der nachfolgenden Operation gesetzt (*signalisiert)*, was zur Deblockierung des ersten darauf wartenden Threads führt. Auch hierbei muß der Aufrufende den zur Bedingungsvariable gehörigen Semaphor gesperrt haben und später wieder freigeben.

```
int pthread_cond_signal (pthread_cond_t  *cond); // -> Bedingungsvariable
```

Dabei muß der signalisierende Thread natürlich anwendungsspezifisch gewährleisten, daß die entsprechende Anwendungsbedingung (z.B. vorhandenes Zwischenergebnis) tatsächlich vorliegt. Es ist also nicht wie z.B. bei aktiven Datenbanken möglich, die Anwendungsbedingungen selbst als expliziten Auslöser der Signalisierung heranzuziehen. Zusätzlich steht eine Signalisierungsoperation zur Verfügung, die *alle* auf eine Bedingungsvariable wartenden Threads reaktiviert:

```
int pthread_cond_broadcast (pthread_cond_t  *cond); // ->Bedingungsvariable
```

Diese Operation ist z.B. dann sinnvoll, wenn die Bedingungsvariable zum synchronisierten Start mehrerer Threads eines Thread-Pools verwendet wird.

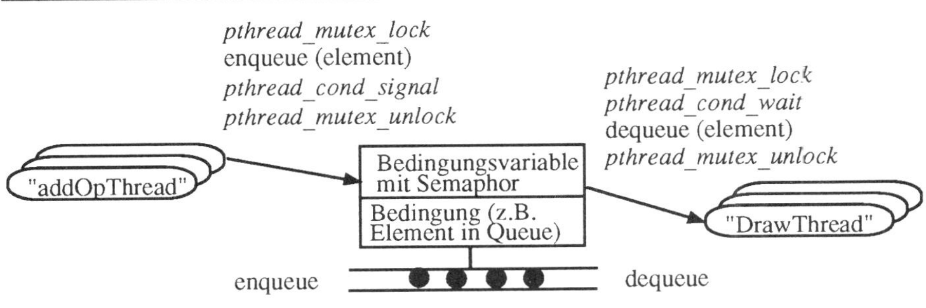

Abb. 4-4 Pipeline-Verarbeitung mit Bedingungsvariablen

Der wichtigste Unterschied zwischen Bedingungsvariablen und Semaphoren ist, daß Bedingungsvariablen dem aktiven Austausch von Information zwischen Threads dienen, während Semaphore zur passiven Zugriffssynchronisation auf gemeinsame Daten eingesetzt werden. Dies spiegelt sich z.B. auch dadurch wider, daß die Signalisierungsoperation ("Senden von Werten") und die Warteoperation ("Empfangen von Werten") bei Bedingungsvariablen meist mehrfach durch jeweils die gleichen Threads ("Sender" bzw. "Empfänger") aufgerufen wird. Bei Semaphoren rufen dagegen alle Threads unabhängig voneinander die Sperr- und Freigabeoperation auf. Die Pipeline-Verarbeitung ist ein gutes Beispiel für den Einsatz von Bedingungsvariablen (s. auch Abb. 4-4):

```
pthread_mutex_t mutex;                          // Semaphor zur Synchronisation
pthread_cond_t condvar;                         // Bedingungsvariable
Queue totalCosts ;                              // Schlange für Teilsummen

void addOpThread (pthread_addr_t  arg)          // Operation zum Addieren
  {
  // ... Berechne Summe der übergebenen Kosten
  pthread_mutex_lock (&mutex);                  // Sperren des Semaphors
  // ... Füge Summe in Schlange "totalCosts" ein
  pthread_cond_signal (&condvar);               // Signalisieren der Bed.var.
  pthread_mutex_unlock (&mutex);                // Freigabe des Semaphors
  }

void drawOpThread (pthread_addr_t arg)
  {
  while (1) {
    pthread_mutex_lock (&mutex);                // Sperren des Semaphors
    pthread_cond_wait (&condvar, &mutex);       // Warten auf Bed.Var.
    pthread_mutex_unlock (&mutex);              // Freigabe des Semaphors
    // ... entnehme Summe aus Schlange und führe graphische Ausgabe durch
    }
  }
```

```
void costCalc (int numCosts, int *costs[])
  {
  pthread_mutex_init (&mutex, pthread_mutexattr_default);      // Semaphor erzeugen
  pthread_cond_init (&condvar, pthread_condattr_default);      // Bed.var. erzeugen
  // erzeuge mehrere Threads für Operation "drawOpThread" zur graphischen Ausgabe
  // und dann mehrere Threads "addOpThread" für die Kostenpaare
  // ...
  }
```

In diesem Beispiel wird die Thread-Synchronisation zur Datenübergabe deutlich gemacht. Jeder "addOpThread" berechnet eine Teilsumme, fügt diese in die Schlange "totalCosts" ein und signalisiert dann den Threads zur graphischen Ausgabe "drawOpThread" mit *pthread_cond_signal*, daß ein solcher Wert vorliegt. Einer von diesen entnimmt den Wert nach erfolgreichem *pthread_cond_wait*, empfängt ihn also quasi vom anderen Thread. Die Operation *pthread_cond_broadcast* hätte alternativ zu *pthread_cond_signal* verwendet werden können, um alle Threads zu aktivieren, um etwa mehrere graphische Ausgaben in verschiedenen Bildschirmfenstern durchzuführen.

4.5 Thread-Attribute und Scheduling-Strategien

Unter dem Begriff *Thread-Scheduling* versteht man die Art und Weise, wie global verfügbare CPU-Zeit den einzelnen, zu einem bestimmten Zeitpunkt nicht blokkierten Threads zugeteilt wird. DCE bietet hierzu verschiedene Strategien an, die bei der Erzeugung eines Threads durch Angabe eines zuvor entsprechend initialisierten Thread-Attributobjektes festgelegt werden. Die Strategien sind prioritätsgesteuert. Abb. 4-6 zeigt hierzu die wichtigsten, im folgenden beschriebenen Operationen zur Verwaltung von Thread-Attributobjekten.

Ein Thread-Attributobjekt wird mit der Operation *pthread_attr_create* erzeugt und nach Gebrauch mit *pthread_attr_delete* gelöscht.

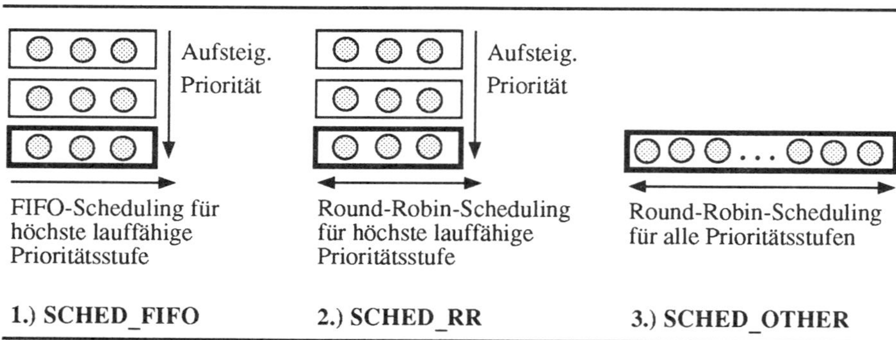

Abb. 4-5 Scheduling-Strategien

Scheduling-Strategien
Die Scheduling-Strategie des mit dem Attributobjekt zu erzeugenden Threads wird durch *pthread_attr_setsched* festgelegt. Für die Strategie (*schedPolicy*) bestehen die folgenden Möglichkeiten (s. Abb. 4-5):

1. *SCHED_FIFO (First-In-First-Out):* Bei dieser Strategie wird für jede Prioritätsstufe intern eine getrennte Scheduling-Warteschlange geführt. So lange Threads einer bestimmten Priorität im bereiten Zustand sind, wird diesen die CPU in FIFO-Ordnung zugeteilt, d.h. der erste bereite Thread erhält die CPU, bis er wieder blockiert usw. Threads niedrigerer Priorität kommen erst zum Zug, wenn kein Thread einer höheren Priorität im Zustand "bereit" ist, also alle blockiert sind.
2. *SCHED_RR (Round Robin):* Hier wird bzgl. den Prioritäten analog zu *SCHED_FIFO* verfahren, allerdings wird den bereiten Threads der höchsten Priorität nun die CPU im Zeitscheibenverfahren zugeteilt.
3. *SCHED_OTHER (Default):* Bei diesem Verfahren wird allen Threads die CPU im Zeitscheibenverfahren zugeteilt. Die Größe der Zeitscheiben hängt von der Priorität ab, ist aber nicht explizit festgelegt.
4. Grundsätzlich läßt sich sagen, daß das Default-Verfahren *SCHED_OTHER* am ehesten den gängigen Scheduling-Vorstellungen im Betriebssystembereich entspricht und sicherlich in den meisten Fällen sinnvoll ist. Die beiden anderen Verfahren sind nützlich, wenn die Eigenschaft der Priorisierung noch stärker betont werden soll; Prioritäten legen hier eine echte Ablaufreihenfolge fest. Allerdings kann es - besonders bei *SCHED_FIFO* - oft sehr lange dauern, bis andere Threads zum Zug kommen. Dies ist in bestimmten Fällen - z.B. bei der nebenläufigen RPC-Server-Realisierung des DCE - kaum wünschenswert.
   Wenn die verschiedenen Strategien gemischt verwendet werden, so kann den Threads mit *SCHED_OTHER*-Strategie dennoch durch Threads mit den beiden anderen Strategien vollständig die CPU entzogen werden.

```
int pthread_attr_create (pthread_attr_t *attr); // Erzeugen e. Attributobjekts
int pthread_attr_delete (pthread_attr_t *attr); // Löschen e. Attributobjekts

int pthread_attr_setsched (pthread_attr_t *attr, int schedPolicy);
                                          // Festlegen der Sched.-Strategie

int pthread_attr_setinheritsched (pthread_attr_t *attr, int inheritPolicy);
                                          // Angabe, ob Strategie v. Erzeuger
                                          // übernommen wird

int pthread_attr_setprio (pthread_attr_t *attr, int priority);
                                          // Festlegen der Thread-Priorität

int pthread_attr_setstacksize (pthread_attr_t *attr, long stacksize);
                                          // Festlegen der Stackgröße
```

Abb. 4-6 Operationen zur Verwaltung von Thread-Attributen

Vererbung von Scheduling-Strategien an erzeugte Threads
Mit der Operation *pthread_attr_setinheritsched* kann festgelegt werden, ob ein neu erzeugter Thread einfach die Scheduling-Strategie seines Erzeugers (Aufrufer von *pthread_create*) übernimmt (*inheritPolicy = PTHREAD_INHERIT_SCHED;* Default) oder ob er eine eigene, durch das Attributobjekt definierte Strategie verwendet (*inheritPolicy = PTHREAD_DEFAULT_SCHED*). Oft reicht das Vererben der Strategie aus, wenn z.B. ohnehin alle Threads die gleiche Strategie verwenden sollen oder wenn zumindest innerhalb einer Koordinator/Bearbeiter-Gruppe eine einheitliche Strategie eingesetzt wird.

Festlegung von Thread-Prioritäten
Die Operation *pthread_attr_setprio* dient zur Vorgabe einer Priorität *priority;* hohe Werte entsprechen hohen Prioritäten. Für jede Scheduling-Strategie sind bereits Minimal- und Maximalwerte durch Konstanten vorgegeben:
PRI_FIFO_MIN...PRI_FIFO_MAX, PRI_RR_MIN...PRI_RR_MAX, PRI_OTHER_MIN...PRI_OTHER_MAX.
Die gewählte Priorität sollte sich an diesen Werten orientieren; d.h. Prioritäten sollten relativ zu den Konstanten angegeben werden, etwa wie
(PRI_OTHER_MIN+PRI_OTHER_MAX) / 2. Die Priorität eines Threads kann durch die folgende Operation auch dynamisch adaptiert werden (mit *prioval* als neuer Prioritätsangabe):

```
int pthread_setprio (pthread_t thread, int prioval);
```

Festlegung der Stackgröße
Thread-Attributobjekte dienen außerdem noch der Festlegung der Stackgröße. Ein Thread-Stack wird mit *pthread_create* intern angelegt, um Speicherplatz für die lokalen Variablen und Parameter der aufgerufenen Prozeduren bereitzustellen. Bei stark geschachtelten Aufrufen reicht eventuell der Default (ca. 30 Kbytes) nicht mehr aus, was dann zu sehr unschönen und schwer auffindbaren Fehlern führt. Daher sollte in solchen Fällen eine großzügige Abschätzung der maximal benötigten Stackgröße durchgeführt werden. Der entsprechende Wert (in Bytes) wird dann an *pthread_attr_setstacksize* übergeben. Natürlich kann ein viel zu großer Wert ebenfalls zu (globalen) Speicherproblemen führen, gerade wenn mit sehr vielen dynamisch erzeugten Threads gearbeitet wird.

Beispiel
Abschließend soll ein kurzes Beispiel (Vereinfachung des obigen Beispiels) die Verwendung von Thread-Attributen veranschaulichen:

```
#define STACKSIZE 100000

void costCalc (int *costs)                  // Operation zur Kostenkalkul.
                                            // Eingabe: Kostenpaar
  {
  pthread_t thread;                         // Zu erzeugender Thread
  pthread_attr_t attr;                      // Thread-Attributobjekt
```

```
pthread_attr_create (&attr);                          // Erzeugen des Attributobj.
pthread_attr_setsched (&attr, SCHED_RR);              // Round-Robin Scheduling

pthread_attr_setinheritsched (&attr, PTHREAD_DEFAULT_SCHED);
                                                      // Keine Vererbung d. Strategie
pthread_attr_setprio (&attr, PRI_RR_MAX);             // Höchste Priorität
pthread_attr_setstacksize (&attr, STACKSIZE);         // Größerer Stack

pthread_create (&thread, attr, addOpThread, (pthread_addr_t) costs);

pthread_attr_delete (&attr);

// ... Warten auf Thread und Sammeln von Ergebnissen

}
```

Dabei wurde eine spezielle Scheduling-Strategie (*SCHED_RR*) vorgegeben, die Strategie-Vererbung ausgeschaltet und dem Thread die höchste Priorität sowie ein erweiterter Stack gegeben.

4.6 Spezielle Aspekte von DCE-Threads

Bei der Programmierung mit DCE-Threads sind einige Besonderheiten zu beachten, die im folgenden zusammengefaßt werden.

4.6.1 Aufruf von E/A- und Betriebssystem-Routinen

Viele der üblichen E/A- und Unix-Systemroutinen sind nicht für die Verwendung durch nebenläufige Prozesse ausgelegt. Dies hat zwei maßgebliche Gründe:

1. Zahlreiche Routinen halten interne Statusinformation außerhalb des Stacks, die bei nebenläufiger Verwendung unkontrolliert durch die verschiedenen Threads überschrieben wird.
2. Insbesondere der Aufruf von synchronen E/A-Routinen führt normalerweise zur Blockierung des gesamten Betriebssystemprozesses, also nicht nur zur Blockierung des aufrufenden Threads. Dies ist natürlich unerwünscht.

Aus diesen beiden Gründen werden vom DCE sogenannte *Jacket-Routinen* bereitgestellt (s. auch Abb. 4-7). Diese Routinen kapseln die Systemroutinen durch Semaphore ein, um das erste Problem zu lösen. Bei E/A-Routinen wird außerdem geprüft, ob der Aufruf zur Blockierung führen wird; in diesem Fall wird nur der aufrufende Thread blockiert und der Test auf Blockierung periodisch wiederholt, bis die E/A nicht blockierend abgewickelt werden kann. Dann wird der blockierte Thread reaktiviert. Dadurch wird das zweite Problem gelöst.

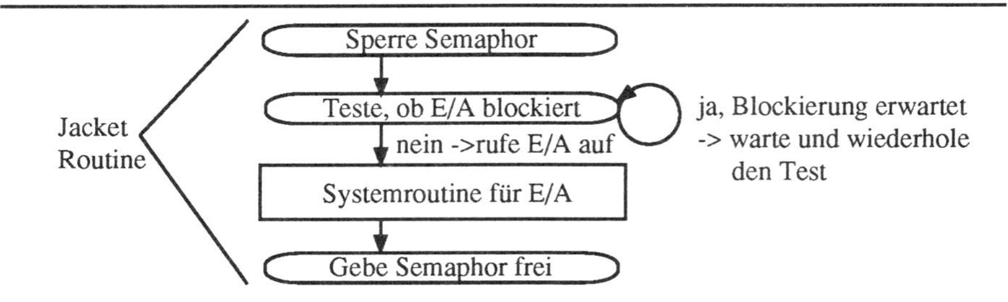

Abb. 4-7 Prinzip von Jacket-Routinen für E/A-Operationen

Entsprechende Jacket-Routinen stehen für Unix-E/A-Systemroutinen (bzgl. Dateien, Pipes und Sockets; s. Abb. 4-8) und für *fork* und *vfork* in Form von Precompiler-Makros zur Verfügung.

accept	pipe	sendmsg
close	recv	sendto
connect	recvmsg	socket
creat	recvfrom	socketpair
dup	read	write
dup2	readv	writev
fcntl	select	fork
open	send	vfork

Abb. 4-8 Liste des wichtigsten Jacket-Routinen

Für Anwendungen mit E/A auf Ebene der Programmiersprache C ist zu beachten, daß für die *C-stdio-Funktionen* durch DCE momentan keine Jacket-Routinen definiert sind. Eine Eingabe z.B. mittels *scanf* blockiert damit den gesamten Unix-Prozeß, also nicht etwa nur den aufrufenden Thread. Gleichermaßen sind die Ausgaberoutinen (z.B. *printf*) nicht Thread-safe, d.h. sie dürfen nicht von mehreren Threads gleichzeitig aufgerufen werden. Aus diesem Grund müssen Anwendungen auf die elementaren Systemfunktionen zurückgreifen, für die Jacket-Routinen definiert sind, also z.B. auf *read* und *write*. Da diese Funktionen keine Unterscheidung zwischen verschiedenen E/A-Datentypen (z.B. *int* oder *string*) erlauben, sind sie schwerfälliger zu handhaben. Hier sind in der Zukunft sicherlich Verbesserungen auf DCE-Ebene sinnvoll.

Zusätzlich werden spezielle Routinen zur Behandlung von Unix-Signalen in einer Thread-Umgebung angeboten. Die Operation *sigwait* blockiert den aufrufenden Thread bis zum Eintreffen eines asynchronen (prozeßexternen) Unix-Signals. Die Operation *sigaction* dient zur Installation von Signalbehandlungsroutinen für synchrone (prozeßinterne) Unix-Signale. Der Einsatz der Originalroutinen ist problematisch, da die Signalbehandlung mit diesen nur global auf Ebene von Unix-Prozessen und nicht getrennt pro Thread erfolgen kann. Generell sollte die Signalbehandlung in einer Thread-Umgebung immer durch dedizierte Threads und nicht durch asynchrone Programmiertechniken durchgeführt werden, die teilweise unkontrolliert mit der Thread-Verwaltung interferieren können.

4.6.2 Nonreentrant Software und globale Semaphore

Nicht nur bei Systemroutinen, sondern auch bei Anwendungssoftware besteht das Problem der *nonreentrant Software*, gegeben durch Codestücke, die nicht gleichzeitig von mehreren Threads bearbeitet werden dürfen. Gründe dafür sind z.B. das Führen interner Zustände in Prozeduren (etwa durch C-Variablen mit dem Attribut *static*) oder die Verwendung globaler Variablen in existierender Software. Bei neu erstellten Programmen kann dies verhindert werden, indem jeder Thread seinen eigenen Datenkontext führt. Der entsprechende Speicherbereich kann z.B. von seinem Erzeuger initialisiert und dem Thread als Parameter übergeben werden.

Bei existierendem non-reentrant Code müssen aber Semaphore eingesetzt werden. Natürlich müssen alle Threads für eine gegebene Routine den gleichen Semaphor sperren. Da dies in manchen Fällen schwierig zu kontrollieren ist bzw. zu unübersichtlichem Code führt, bietet das DCE als Alternative einen *globalen Semaphor* an. Diese ist bereits implizit vorab definiert, muß also nicht mit *pthread_mutex_init* erzeugt werden. Er wird gesperrt bzw. freigegeben mit den parameterlosen Operationen:

```
void pthread_lock_global_np ();
void pthread_unlock_global_np ();
```

Der globale Semaphor hat die Eigenschaften eines rekursiven Semaphors, die Sperr- und Freigabeaufrufe können also paarweise geschachtelt durch den gleichen Thread mehrfach ausgeführt werden. Dies ist eine unerläßliche Voraussetzung, um mehrere, in Aufrufbeziehung stehende Routinen unabhängig voneinander durch den globalen Semaphor zu schützen.

4.6.3 Verklemmungen

In jeder nebenläufigen Programmierumgebung können *Verklemmungen* auftreten, d.h. Threads warten zyklisch aufeinander. Ein einfaches Beispiel illustriert dies (s. Abb. 4-9): Thread A hat den Semaphor S1 gesperrt, auf den Thread B wartet, und Thread B hat den Semaphor S2 gesperrt, auf den Thread A wartet. Es resultiert ein Wartezyklus (Thread B -> Thread A -> Thread B). Keiner der beiden Threads kann seine Bearbeitung fortsetzen. Solche Situationen lassen sich nur durch eine spezielle Programmiertechnik vermeiden, bei der Semaphore von allen Threads nur in einer fest vorgegebenen Reihenfolge gesperrt werden können. Dann können keine zyklischen Sperrabhängigkeiten zwischen Threads mehr vorkommen.

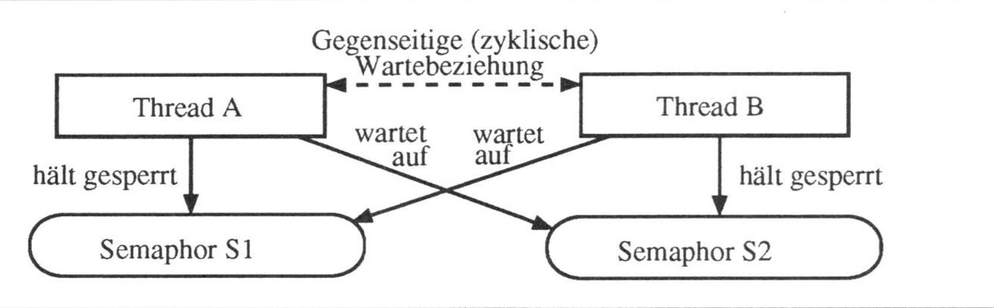

Abb. 4-9 Beispiel für eine Verklemmung zwischen Threads

Es kann alternativ auch versucht werden, alle benötigten Sperren in einem Zug mit *pthread_trylock* zu setzen. Falls dies bei einer Sperre nicht möglich ist, müssen alle schon gesetzten Sperren wieder freigegeben werden und ein neuer Versuch nach einer bestimmten Wartezeit unternommen werden. Verklemmungen können dann nicht mehr auftreten, dafür allerdings aber längere Verzögerungen bedingt durch mehrfache Wiederholung. Andere Techniken der Verklemmungserkennung und -behandlung (z.B. explizite Suche nach Wartezyklen) sind i.a. recht aufwendig zu implementieren. Für eine genauere Diskussion sei etwa auf [CEP84] verwiesen.

4.6.4 Leistungsmessungen zu DCE-Threads

Wie zum RPC (s. Abschnitt 3.9) wurden auch separat zu Threads Leistungsmessungen in der Arbeitsgruppe des Autors durchgeführt. Dabei waren die gleichen Rahmenbedingungen gegeben (DECStation 5240 unter Ultrix mit dem DCE Starter Kit Version 1.0, ohne zusätzliche Last).

Dabei wurde die mittlere Zeitdauer für eine Sequenz von *pthread_create* durch einen Haupt-Thread, einer Operation durch den gestarteten Thread, *pthread_exit* durch diesen Thread und schließlich *pthread_join* durch den Haupt-Thread gemessen. Zur Mittelwertbildung wurde diese Sequenz 1000 Mal durchlaufen. Dabei ergab sich ein mittlerer Wert von *0,9 ms* pro Sequenz. Dieser Wert ist zwar deutlich höher als die Zeit für einen einfachen Prozeduraufruf, aber für viele Anwendungen doch sicherlich akzeptabel, gerade wenn Threads mit dem RPC kombiniert werden, etwa für asynchrone Aufrufe (s. Abschnitt 3.9).

Effizienzsteigerungen sind eventuell durch die Verwaltung eines Pools von Threads möglich, von denen dann jeweils ein Thread für einen bestimmten Auftrag aktiviert wird, ohne explizit einen Thread neu erzeugen zu müssen. Allerdings ist dabei der Zeitaufwand zur eventuellen Verwaltung von Bedingungsvariablen zu berücksichtigen.

5 Verteilte Namensverwaltung im DCE

Dieses Kapitel beschreibt den DCE Directory Service zur verteilten Namensverwaltung, d.h. den *Cell Directory Service (CDS)* innerhalb einer Cell sowie den Cell-übergreifenden *Global Directory Service (GDS)*. Zunächst werden die Grundlagen der verteilten Namensverwaltung vertieft, die bereits in Abschnitt 2.3.3 kurz angesprochen wurden. Dann wird genauer auf die Architektur des DCE Directory Service mit seinen Teilkomponenten CDS, GDS sowie Global Directory Agent eingegangen und auch der Bezug zum Domain Name Service aufgezeigt. Daran schließt sich eine genaue Beschreibung der Formate für Namen und zugehörige Nameneinträge in CDS und GDS an. Auf dieser Basis wird die Programmierschnittstelle *XDS (X/Open Directory Service Interface)* anhand von Beispielen dargestellt; die vereinfachte Schnittstelle *NSI (Name Service Interface)* wurde bereits in Kap. 3 im Kontext des RPC beschrieben. Abschließend wird auf die interne Realisierung sowie auf Systemmanagement-Aufgaben beim DCE Directory Service eingegangen, die gerade bei dieser Komponente eine große Bedeutung haben.

Für den DCE-Anwendungsentwickler sind im Prinzip lediglich die bereits beschriebene NSI-Schnittstelle sowie für anspruchsvollere Probleme der Namensverwaltung auch die XDS-Schnittstelle wichtig; die meisten RPC-basierten Anwendungen werden jedoch mit NSI auskommen, zumal die XDS-Schnittstelle deutlich schwieriger zu handhaben ist. Ein Einblick in die Architekturkonzepte von CDS und GDS ist zwar zum Gesamtverständnis hilfreich, jedoch nicht notwendig, um Anwendungsprogramme zu entwickeln. Von den angebotenen Systemmanagement-Werkzeugen ist für den reinen Anwendungsprogrammierer lediglich das später beschriebene CDS-Kontrollprogramm wichtig, das eine interaktive Analyse von Namenseinträgen erlaubt.

5.1 Verteilte Namensverwaltung: Übersicht

5.1.1 Aufgaben und Eigenschaften

Die elementare Aufgabe einer verteilten Namensverwaltung ist die Abbildung logischer Namen auf Netzadressen. Dies wird auch als *Namensinterpretation* bezeichnet, die durch eine *Namensanfrage* initiiert wird. Dadurch wird es einer verteilten Anwendung ermöglicht, Kommunikationspartner oder benötigte Ressourcen benutzerfreundlich zu benennen. Die eingeführte Namensindirektion unterstützt auch dynamische Änderungen der System- und Anwendungsstruktur; wenn z.B. ein RPC-Server durch einen anderen mit dem gleichen logischen Namen ersetzt wird, können Clients unverändert auf den neuen Server zugreifen, auch wenn sich die Adresse des Server-Rechners geändert hat. Außerdem kann durch hierarchische Namen (z.B. *meier@entwicklung.osf.com* im Internet) ein klares Strukturierungskonzept eingeführt werden, indem z.B. Organisationseinheiten (hier etwa die OSF) mit bestimmten Namenskomponenten assoziiert werden. Die resultierende Struktur wird auch als *hierarchischer Namensraum* bezeichnet.

Erweiterte Verwaltungsmechanismen - wie z.B. im DCE - erlauben auch die Zuordnung von Attributen zu Namen. Dies ermöglicht eine erweiterte Informationshaltung - neben der Netzadresse eines Benutzers können z.B. seine Postadresse, seine Telefon- und Telefaxnummern oder seine berufliche Funktion gespeichert werden. Umgekehrt wird es möglich, auf der Basis von Attributen nach Namen zu suchen, also z.B. alle Personen mit einer bestimmten beruflichen Funktion innerhalb eines Unternehmens zu identifizieren. Ein ähnliches Beispiel wurde bereits in Kap. 3 zum RPC bei der Suche nach Servern mit bestimmten Eigenschaften (z.B. PostScript-Fähigkeit von Druckern) vorgestellt. Intern wird die Menge der Attribute (z.B. Telefonnummer oder berufliche Funktion) und der Attributwerte (z.B. "001 487 3534" oder "Programmierer"), die einem Namen zugeordnet sind, als *Nameneintrag* gespeichert.

5.1.2 Resultierende Anforderungen

Aus diesen Eigenschaften und weiteren konzeptionellen Überlegungen resultieren wesentliche Anforderungen an eine verteilte Namensverwaltung, durch die auch der Directory Service des DCE geprägt ist:

- *Namensstruktur:* Die Struktur von Namen sollte hierarchisch sein, um organisatorische Bereiche in großen Systemen gut unterscheiden zu können.
- *Struktur von Namenseinträgen:* Namenseinträge sollten flexibel konfigurierbar sein; dies bedeutet primär, daß Attribute und Attributwerte anwendungsspezifisch definiert werden können.
- *Anfrageoperationen:* Es sollten Operationen zur Namensinterpretation, also zur Abbildung von Namen auf Attributwerte, aber auch Operationen zum Attribut-basierten Zugriff auf Namen angeboten werden. Außerdem sind Operationen zum selektiven Auflisten von Teilen des hierarchischen Namensraums sowie zum Navigieren durch den Namensraum (*Browsing*) wichtig.
- *Verteilte Server-Struktur:* Um Effizienz und Fehlertoleranz zu verbessern, sollten die Namenseinträge verteilt durch mehrere kooperierende Directory Server verwaltet werden. Dies erlaubt eine bereichsspezifische Partitionierung des Namensraums sowie die selektive Replikation von Namenseinträgen.
- *Hierarchische Verwaltung:* Zusätzlich ist es sinnvoll, die Server-Struktur hierarchisch anzuordnen, um auch große Systeme verwalten zu können.

Die genannten Anforderungen werden insgesamt durch den Directory Service des DCE mit einer hierarchischen, Attribut-basierten Namensstruktur, verschiedenen Anfrageoperationen sowie einer zweistufigen verteilten CDS- bzw. GDS-Server-Struktur recht gut erfüllt. Die nachfolgenden Abschnitte beschäftigen sich mit den entsprechenden Detailkonzepten.

5.2 Konzeptionelle Grundlagen von CDS und GDS

5.2.1 Gesamtarchitektur

Die Gesamtarchitektur des DCE Directory Service umfaßt als wesentliche Teilkomponenten den *CDS* und den *GDS* mit den zugehörigen Servern. Der *Global Directory Agent (GDA)* ermöglicht die Kopplung von CDS und GDS. Der GDS ist konform zum ISO/CCITT X.500-Standard und ermöglicht dadurch die weltweite Bearbeitung von Namensanfragen. Als eine Alternative zum GDS kann auch der *Domain Name Service (DNS)* des Internet verwendet werden. Der Zusammenhang zwischen den Komponenten ist in Abb. 5-1 schematisch dargestellt.

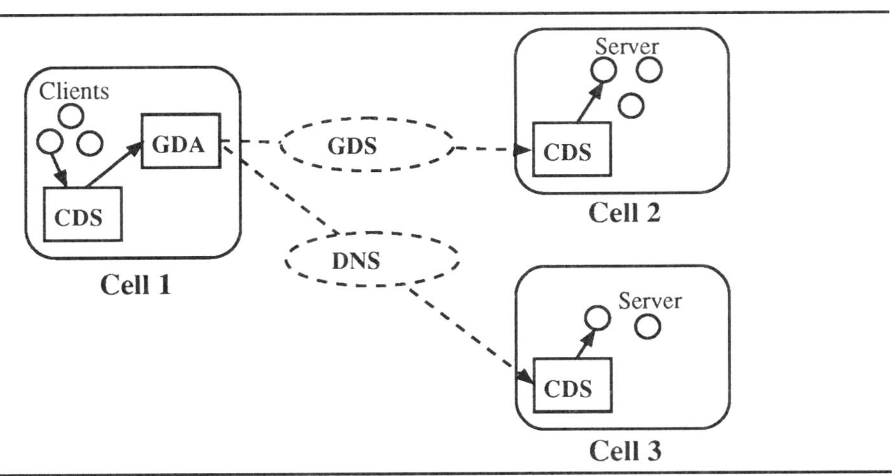

Abb. 5-1 Interaktion der Komponenten des Directory Service

Der CDS verwaltet jeweils Namen innerhalb einer Cell (hier also in Cell 1, 2 bzw. 3). Eine Namensanfrage bezüglich eines Namens in der gleichen Cell wird ausschließlich durch den CDS bearbeitet. Der CDS erkennt aufgrund der Namensstruktur, ob es sich um diesen Fall handelt. Andernfalls leitet er die Namensanfrage an den GDA seiner Cell weiter, der die Schnittstelle zur globalen, Cell-übergreifenden Namensverwaltung bildet. Im Beispiel ist dies durch die Anfrage eines Clients aus Cell 1 nach einem Server in einer fremden Cell (also in Cell 2 oder 3) gegeben.

Der GDA analysiert nun ebenfalls den vorgelegten Namen und entscheidet aufgrund der Namensstruktur, ob es sich um einen durch GDS oder aber durch DNS verwalteten Namen handelt. Dementsprechend wird einer der beiden globalen Verwaltungsdienste befragt, der dann den CDS der gewünschten fremden Cell identifiziert. Dieser bearbeitet schließlich die Namensanfrage endgültig und liefert im gegebenen Beispiel dem anfragenden Client in Cell 1 die Adresse eines Servers in Cell 2 bzw. 3 zurück.

5.2.2 Namensstruktur

Wie angedeutet, verwenden die drei verschiedenen Dienste CDS, GDS und DNS unterschiedliche Namensstrukturen, die aber dennoch miteinander integriert sind. Grundsätzlich wird zwischen CDS-Namen für Objekte (Server, Ressourcen etc.) innerhalb einer Cell einerseits und GDS- oder DNS-Namen für die Cells selbst andererseits unterschieden. Ein globaler Name setzt sich stets aus einem CDS-Namen und einem Cell-Namen zusammen; letzterer wird vorangestellt.

CDS-Namen

Diese Namen sind hierarchisch strukturiert und bestehen wie im Unix-Dateisystem aus einer Reihe von *Namenskomponenten* (*Directories*), die durch das Zeichen "/" getrennt werden. Die am weitesten rechts stehende Namenskomponente stellt den elementaren Objektnamen dar. Die Wurzel des Namensraums innerhalb einer Cell wird durch "/.:" gekennzeichnet und steht bei CDS-Namen ganz links. Sie wird später bei globalen Anfragen bzw. Namen durch den Namen der Cell substituiert. Ein bereits in Abschnitt 2.3.3 verwendetes Beispiel für CDS-Namen soll hier wiederholt werden: */.:/Abteilung_1/WS_5/printserver.*

Der Name besteht aus der Wurzel "/.:", dem Directory *Abteilung_1*, dem untergeordneten Directory *WS_5* und dem elementaren Namen *printserver*. Ein Directory dient zur Gruppierung von Namen oder von weiteren Directories eines organisatorischen Bereichs (hier der Bereich der Abteilung 1 bzw. der Workstation WS 5). Die einzelnen Teile des Namens (hier also *Abteilung_1*, *WS_5* und *printserver*) werden auch als *relative Namenskomponenten (Relative Distinguished Names, RDN)* bezeichnet.; der gesamte Name wird aufgrund der verlangten Eindeutigkeit auch als *Distinguished Name (DN)* bezeichnet.

CDS-Namen sind *untypisiert,* d.h. ihren Namenskomponenten sind nicht spezielle Datentypen zugeordnet, sondern sie werden semantisch als einfache Zeichenfolgen betrachtet.

GDS-Namen

Ein GDS-Name ist wie ein CDS-Name hierarchisch aufgebaut, allerdings besteht er aus *typisierten* Teilkomponenten. Jeder Komponente ist eine Typkennung <TK>

und ein Wert <W> in der Form <TK>=<W> zugeordnet. Die einzelnen Komponenten werden wiederum durch das Zeichen "/" getrennt. Die Zeichenfolge "/..." repräsentiert die Wurzel des globalen Namensraums. Ein Beispiel hierfür ist der Name */.../C=DE/O=OSF/OU=Entwicklung*.

Dieser globale Name repräsentiert eine Cell. Die Namenskomponente "C=DE" repräsentiert die Landeskennung der Cell (*C* steht für *Country*, *DE* für *Deutschland*). Die Komponente mit der Typkennung *O* repräsentiert die *Organisation*, in diesem Fall die Open Software Foundation (OSF), die Komponente mit Kennung *OU* steht für *Organizational Unit*, hier die Entwicklungsabteilung.

DNS-Namen

DNS-Namen sind eine Alternative zu GDS-Namen bei der globalen Namensgebung für Cells. Ihre hierarchischen Namenskomponenten sind durch Punkte "." getrennt und sind wie bei CDS *untypisiert*. Gegenüber CDS und GDS sind sie in umgekehrter Reihenfolge angeordnet. Die Wurzel des DNS-Namensraums wird wie bei GDS durch "/..." repräsentiert und steht ebenfalls ganz links. Der obige GDS-Name würde als DNS-Name folgendermaßen lauten:

/.../entwicklung.osf.de

DNS wurde bisher vorwiegend zur Verwaltung von Rechneradressen und Rechnernamen im Internet eingesetzt und ist sehr weit verbreitet. Dies war ein maßgeblicher Grund dafür, diesen Dienst mit in die Namensverwaltung des DCE aufzunehmen.

Integration zu vollständigen globalen Namen

Ein vollständiger Name im DCE besteht aus einem CDS-Namen und einem GDS- oder DNS-Namen. Für das obige Beispiel ergibt dies

/.../C=DE/O=OSF/OU=Entwicklung/Abteilung_1/WS_5/printserver

|______________________________||__________________________|

GDS-Name = Cell-Name CDS-Name

bzw.

/.../entwicklung.osf.de/Abteilung_1/WS_5/printserver

|__________________||__________________________|

DNS-Name = Cell-Name CDS-Name

Die Wurzel "/.:" des Cell-Namensraums wurde durch den Cell-Namen in GDS- bzw. DNS-Form ersetzt. Eine solche Namensform muß immer dann verwendet werden, wenn Objekte in fremden Cells benannt werden. Die zuvor eingeführten Begriffe *Distinguished Name (DN)* und *Relative Distinguished Name (RDN)* werden sinngemäß auf vollständige Namen erweitert; die obigen Namen sind DNs, die Komponenten wie etwa "C=DE", "WS_5" oder "entwicklung.osf.de" sind RDNs. Die letztere Komponente wird als ein einziger RDN betrachtet, da sie von den DCE-Diensten CDS oder GDS nicht weiter zerlegt, sondern direkt an DNS übergeben wird.

5.2.3 Junctions zur Verbindung von Namensräumen

Neben dem globalen Namensraum, der durch CDS und GDS gegeben ist, existieren innerhalb des DCE noch weitere, Komponenten-spezifische Namensräume. Vor allem ist dabei der Datei-Namensraum des DFS und der Namensraum des Security Service zu nennen. Diese Namensräume werden an CDS Directories über sogenannte *Junctions* angefügt. Als Resultat sind alle benannten Einheiten des DFS und des Security Service global innerhalb einer Cell sowie auch Cell-übergreifend zugänglich.

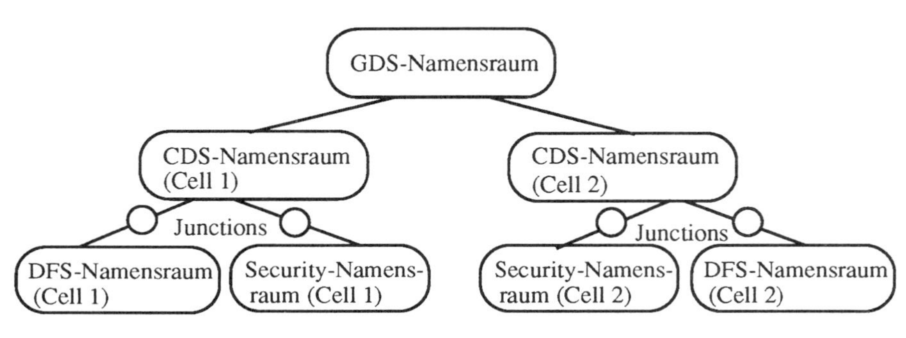

Abb. 5-2 Integration von Namensräumen mittels Junctions

Abb. 5-2 zeigt schematisch die Integration der Komponenten-Namensräume mittels Junctions. Jeweils eine Junction verbindet den DFS- und den Security-Namensraum von Cell 1 bzw. Cell 2 mit dem jeweiligen CDS-Namensraum, der durch Integration mit GDS zum globalen Namensraum erweitert wird. In der Praxis wird eine Junction durch eine integrierte Namensinterpretation realisiert: Sobald der CDS im Rahmen seiner Namensinterpretation ein Directory als Teil des Namens findet, über das eine Junction realisiert ist (*fs* für DFS und *sec* für den Security Service), übergibt er den verbleibenden Teil des Namens an die zuständige Komponente, etwa an den DFS. Ein Beispiel illustriert dies: Die Interpretation des Dateinamens */.:/fs/Projekt_A/Dokumentation.txt* wird zunächst vom CDS begonnen. Der nach der Junction verbleibende Teil des Namens, nämlich *Projekt_A/Dokumentation.txt* wird dann dem DFS übergeben, der die entsprechende Datei im Directory *Projekt_A* des globalen Dateisystems lokalisiert und dem anfragenden Benutzer zugänglich macht.

Junctions können prinzipiell auch anwendungsspezifisch implementiert werden; allerdings kann eine durchgehende, vollständig für den Benutzer transparente Namensinterpretation dabei kaum ohne Eingriffe in interne CDS-Mechanismen erreicht werden. In der Praxis ist daher in solchen Fällen eher eine explizit zweistufige Namensinterpretation zu empfehlen: Ein CDS/GDS-Name identifiziert einen anwendungsspezifischen Server, der dann einen zweiten, für ihn spezifischen Namen erhält und interpretiert. Ein Beispiel für einen solchen Server ist etwa ein Verteiler, der Druckaufträge auf mehrere Drucker verteilt. Der Verteiler wird auf CDS-Ebene, z.B. durch */.:/Abteilung_1/DruckerVerteiler*, benannt und erhält dann einen für ihn spezifischen Namen eines Druckers, z.B. *ln03*, den er wiederum selbst interpretiert und auf diese Weise den gewünschten Drucker identifiziert.

5.2.4 Der Default-Namensraum des DCE

Um die erwähnten Junctions zu realisieren und um DCE-interne Verwaltungsinformation abzulegen, wird für jede Cell ein Default-Namensraum vorgegeben, der dann anwendungsspezifisch um Subdirectories und Namenseinträge erweitert wird. Abb. 5-3 zeigt die oberste Ebene hiervon.

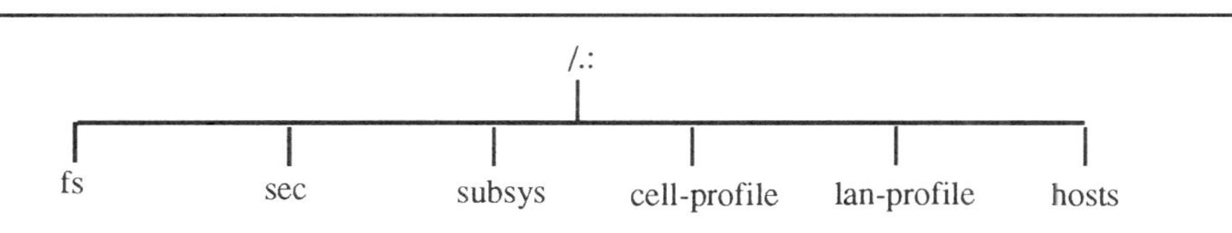

Abb. 5-3 Default-Namensraum einer Cell (oberste Ebene)

Die Directories *fs* und *sec* realisieren die erwähnten Junctions zum Zugriff auf Dateien, die vom DFS verwaltet werden, bzw. auf Instanzen, die im Rahmen der Authentisierung und Autorisierung durch den Security Service eine Rolle spielen (z.B. Benutzer oder Server). Zur Vereinfachung wird für DFS-Namen auch die Wurzelkennung *"/:"* eingeführt, die zum Namen */.:/fs* identisch ist. Die Datei */.:/fs/Projekt_A/Dokumentation.txt* könnte also auch über den Namen */:/Projekt_A/Dokumentation.txt* erreicht werden.

Im Directory *subsys* stehen DCE-Komponenten-spezifische Einträge, z.B. zu den einzelnen Servern des DTS, des DFS oder des Security Service. Für jede DCE-Komponente wird i.a. ein Subdirectory geführt. Die beiden Profiles, *cell-profile* und *lan-profile* definieren einen Suchpfad bezüglich der systemspezifischen Directory-Einträge, um DCE-Server initial zu lokalisieren. Das *lan-profile* listet speziell Einträge für möglichst nahegelegene Server innerhalb eines lokalen Netzes auf. Im *hosts*-Directory sind alle Rechner einer Cell mit ihren zugehörigen Netzadressen verzeichnet.

5.2.5 Aliases für CDS-Namen

Grundsätzlich ist es in DCE möglich, für einen Namen auch *Aliases*, also synonyme Namen zu definieren. Dadurch kann die gleiche Information (z.B. die Lokation eines RPC-Servers) über verschiedene Namen aufgefunden werden. Der dafür angebotene Mechanismus wird als *Soft Link* bezeichnet; ein Soft Link hat selbst einen Namen, nämlich den gewünschten Alias-Namen und verweist auf einen anderen Namen (das *Ziel* des Soft Links), für den er das Synonym darstellt. Der Mechanismus ist auf jeder beliebigen Ebene des CDS-Namensraums anwendbar; z.B. kann für ein übergeordnetes Directory ein Soft Link, also ein anderer Name für das Directory definiert werden. Anschließend kann jeder Namenseintrag innerhalb des Directories über beide Namen erreicht werden. Soft Links können sich auch auf Namen in einer fremden DCE-Cell beziehen, sofern das Ziel vollständig als globaler Name spezifiziert ist.

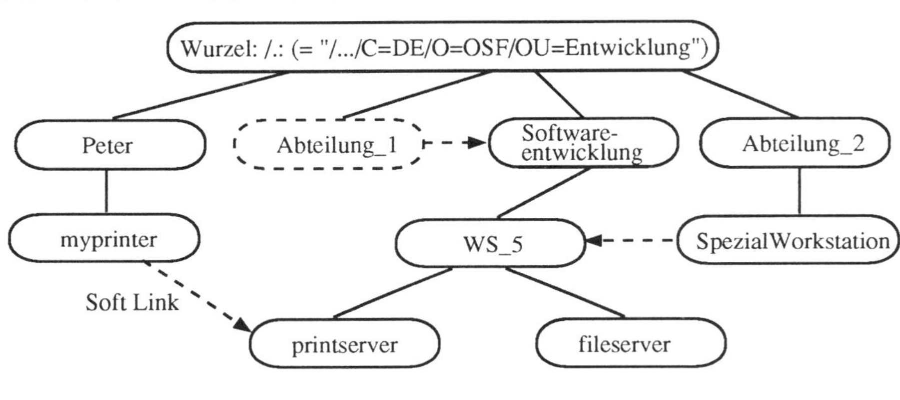

Abb. 5-4 Beispiele für Soft Links auf CDS-Ebene

Einige Beispiele, ausgehend von obigen Namen
/.../C=DE/O=OSF/OU=Entwicklung/Abteilung_1/WS_5/printserver
sollen den Mechanismus genauer erläutern (s. Abb. 5-4). Ein Soft Link sei durch die Notation <Alias-Name> -> <Ziel> definiert; auf die interaktive Definition von Soft Links wird erst später eingegangen. Die Einführung von Soft Links ist mit mehreren alternativen Zielen verbunden, die im folgenden unterschieden werden:

Umstrukturierung des Namensraums

Bei organisatorischen Umstrukturierungen werden existierende Komponenten oft zwangsläufig neu benannt, z.B. wenn die Umstrukturierung mit einem Ortswechsel verbunden ist und die Standorte von Rechnern, Servern oder Abteilungen mit in den Namen aufgenommen werden. In unserem Fall kann auch bei einer Neuorganisation der Abteilungen eine Namensänderung auftreten, z.B. wenn die Abteilungen gemäß ihren Aufgaben (etwa *Softwareentwicklung* anstatt *Abteilung_1*) benannt werden sollen. In diesem Fall ermöglicht ein Soft Link vom alten auf den neuen Namen den ununterbrochenen Zugriff, falls noch nicht allen betroffenen Stellen der neue Namen bekannt gemacht wurde:

/.:/Abteilung_1 -> */.:/Softwareentwicklung*
Nach dieser Maßnahme ist es beispielsweise möglich, mit dem Namen
/.:/Abteilung_1/WS_5/printserver
weiterhin auf den Print Server zuzugreifen, der nun eigentlich über
/.:/Softwareentwicklung/WS_5/printserver
zu erreichen wäre.

Organisationsübergreifende Querverweise im Namensraum
Der Soft Link
/.:/Abteilung_2/SpezialWorkstation -> */.:/Softwareentwicklung/WS_5*
ermöglicht einen Querverweis vom Namensbereich der Abteilung 2 in den Bereich der Softwareentwicklungsabteilung (vorher Abteilung 1), ohne daß bei einer Namensanfrage direkt Namen innerhalb des Directories dieser Abteilung bekannt sein müssen. Beispielsweise kann auf den oben benannten Print Server mit dem Namen */.:/Abteilung_2/SpezialWorkstation/printserver* zugegriffen werden. Bei entsprechender Autorisierung erleichtert die Einführung solcher Soft Links die Abteilungs- oder Organisations-übergreifende Kooperation.

Einführung persönlicher Namen ("Nicknames")
Der Soft Link */.:/Peter/myprinter* -> */.:/Softwareentwicklung/WS_5/printserver* ermöglicht z.B. den Zugriff auf den entsprechenden Print Server im Rahmen des RPC-Bindevorgangs, wobei nur noch der "persönliche" Name *myprinter* im Directory von *Peter* angegeben werden muß.

Diese Beispiele zeigen einige Möglichkeiten für die Verwendung von Aliases bzw. Soft Links auf. In der Praxis lassen sich diese Techniken vielfältig kombinieren, um einen gut handhabbaren Namensraum zu konfigurieren. Die interaktiven Befehle zur Definition und Manipulation von Soft Links werden in Abschnitt 5.3 näher erläutert.

5.2.6 Struktur von Namenseinträgen

Attribute
Ein CDS-Namenseintrag besteht grundsätzlich aus einer Menge von *Attributen,* welche die zu einem Namen gehörende Information speichern. Jedes Attribut umfaßt einen *Attributnamen* (z.B. *Telefonnummer* oder *Lokation*), der auch als *Attributtyp* bezeichnet wird, sowie einen oder mehrere zugehörige *Attributwerte* (z.B. *0721/001100, 0721/00222* als Attributwerte für Telefonnummern oder *Gartenstraße* als Attributwert für eine Lokation). Für jedes Attribut wird außerdem die Syntax der erlaubten Werte festgelegt (z.B. *String, Byte, Timestamp* etc.). Eventuell etwas verwirrend kann die im DCE pragmatisch vorgenommene Gleichsetzung von Attributname und Attributtyp sein, die sich auch in der DCE-Dokumentation findet [OSF3]. In Programmiersprachen wird dagegen streng zwischen den Attribut- oder Komponentennamen einer Datenstruktur und den zugehörigen Datentypen unterschieden.

Abb. 5-5 veranschaulicht die Struktur eines Namenseintrags am Beispiel des Print Servers; zu sehen sind mehrere Attribute mit den Attributtypen *Lokation, Formate* und *Gruppe*. Das *mehrwertige* Attribut *Formate* umfaßt mehrere Werte (z.B. *PostScript, ASCII, Bitmap* etc.), den anderen Attributen ist jeweils nur ein Wert zugeordnet.

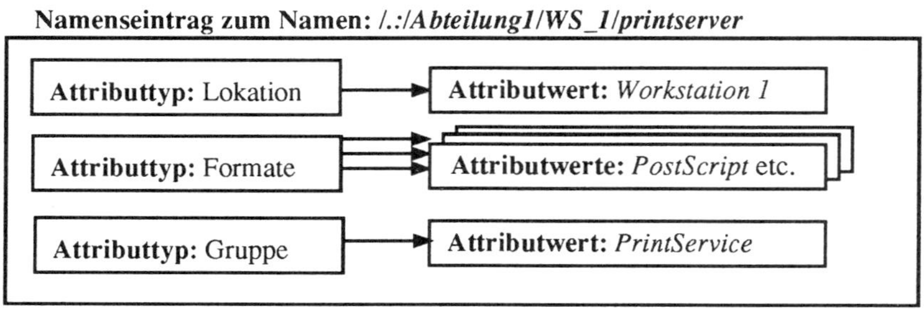

Abb. 5-5 Struktur eines Namenseintrags

Neben der Speicherung von Information ist es mittels Attributen auch möglich, Suchoperationen im Rahmen von Namensanfragen zu steuern. Eine solche Attribut-basierte Anfrage könnte beispielsweise nach einem beliebigen Server der Gruppe *PrintService* suchen.

Attribute beim CDS

Attribute sind beim CDS Bestandteil eines Namenseintrags, der über einen globalen Namen bzw. über einen CDS-Namen referenziert wird; ein Beispiel hierfür ist die gezeigte Attributstruktur des Print Servers. Bei CDS wird eine Menge von Default-Attributtypen in Form einer Tabelle vordefiniert, die in einer Konfigurationsdatei abgelegt ist. Jedem Attributtyp ist eine global eindeutige, hierarchisch strukturierte numerische Kennung zugeordnet (Beispiel: 1.3.22.1.3.13). Diese Kennungen dienen zur internen Identifikation von Attributen. Die vorletzte Komponente (hier *3*) zeigt an, daß sich die Kennung hier auf CDS bezieht (*1* steht dagegen für den RPC), die letzte Komponente (hier *13*) gibt die Attributnummer innerhalb des CDS an. Abb. 5-6 zeigt einen begrenzten Auszug aus der Menge der vordefinierten CDS-Attribute mit der zugehörigen Kennung, dem Attributtyp und der Syntax der Attributwerte.

Die verschiedenen Attribute werden je nach Art des Eintrags selektiv verwendet, sie treten also grundsätzlich nicht alle gemeinsam auf. Die ersten drei Attribute enthalten Information zu exportierten Ressourcen-Objekten im Zusammenhang mit RPC-Servern (*RPC_ObjectUUIDs*), zu RPC-Gruppeneinträgen (*RPC_Group*) sowie zu Suchlisten in Form von RPC-Profiles (*RPC_Profile*) (s. auch Kap. 3). Die weiteren Attribute werden z.T. später nochmals angesprochen; auszugsweise sei lediglich hingewiesen auf *CDS_Replicas* als die Menge der Server (*Clearinghouses*), die ein bestimmtes Directory replizieren, *CDS_Convergence* als Konvergenzmodus zur Bestimmung der Aktualisierungshäufigkeit der Replikate und *CDS_LinkTarget* als Ziel von Soft Links (siehe auch Abschnitt 5.5.2).

Kennung	**Attributtyp**	**Syntax**	**Semantik**
1.3.22.1.1.2	RPC_ObjectUUIDs	byte	// exportierte Objekt-UUIDs
1.3.22.1.1.3	RPC_Group	byte	// RPC-Gruppeneinträge
1.3.22.1.1.4	RPC_Profile	byte	// RPC-Profile-Einträge
1.3.22.1.3.13	CDS_UTS	Timestamp	// Zeitstempel
1.3.22.1.3.15	CDS_Class	byte	// Klasse des Eintrags
1.3.22.1.3.17	CDS_ObjectUUID	uuid	// UUID des Eintrags
1.3.22.1.3.19	CDS_Replicas	ReplicaPointer	// Replikate (Clearinghouses)
1.3.22.1.3.21	CDS_Convergence	small	// Konvergenzmodus
1.3.22.1.3.23	CDS_ParentPointer	ParentPointer	// Übergeordnetes Directory
1.3.22.1.3.27	CDS_LinkTarget	FullName	// Ziel für Soft Links
1.3.22.1.3.28	CDS_LinkTimeout	Timeout	// Timeout für Soft Links
1.3.22.1.3.30	CDS_Towers	byte	// exportierte RPC-Schnittst.
1.3.22.1.3.32	CDS_CHName	FullName	// Clearinghouse
1.3.22.1.3.42	CDS_LastSkulk	Timestamp	// Letzte Replikat-Aktualis.
1.3.22.1.3.43	CDS_LastUpdate	Timestamp	// Letztes Update d. Eintrags
1.3.22.1.3.52	CDS_GDAPointers	gdaPointer	// Referenzen auf GDAs

Abb. 5-6 Vordefinierte Attribute bei CDS (begrenzter Auszug)

Attribute beim GDS

Beim GDS sind die Attribute im Gegensatz zum CDS ein Teil des Namens selbst. Beim GDS-Namen */.../C=DE/O=OSF/OU=Entwicklung* kommen z.B. drei Attribute mit den Attributtypen *C*, *O* und *OU* sowie den Attributwerten *DE*, *OSF* und *Entwicklung* vor. Beim GDS erfolgt die Attributdefinition durch ein globales *Schema*, das ähnlich einem Datenbankschema die Menge der erlaubten Attribute fest vorgibt. Abb. 5-7 zeigt einen begrenzten Auszug aus dieser Menge; anstatt der beim CDS als Kommentar gegebenen Attributsemantik wird hier ein fest vordefinierter *Identifier* der Beschreibungssprache *ASN.1* mit angegeben. Bei den für die Syntax verwendeten Bezeichnern steht *CIS* für *Case Ignore String* (String ohne Unterscheidung von Groß-/Kleinschreibung), *PS* für *Printable String* und *NS* für *Numeric String*.

Diese Attribute können grundsätzlich alle als Bestandteil eines Namens verwendet werden. In der Praxis werden aber zur Identifikation von DCE-Cells i.a. nur Attribute der Typen *C*, *O* und *OU* und evtl. *CN* eingesetzt. Das Schema gibt neben den Attributtypen auch deren zulässige hierarchische Anordnung innerhalb eines Namens an. So müssen beispielsweise die Attribute *C*, *O*, *OU* und *CN* immer auch in dieser Reihenfolge verwendet werden. Auf einer Hierarchieebene sind dann aber auch teilweise mehrere Attributtypen erlaubt, so etwa die Telefon-, Telex- und Faxnummern einer Person, die durch einen *Common Name (CN)* identifiziert wird.

Kennung	Attributtyp	ASN.1 Identifier	Syntax
2.5.4.0	OC	objectClass	----
2.5.4.3	CN	commonName	CIS
2.5.4.4	S	surname	CIS
2.5.4.5	SN	serialNumber	PS
2.5.4.6	C	countryName	PS
2.5.4.7	L	localityName	CIS
2.5.4.8	SP	stateOrProvinceName	CIS
2.5.4.9	SADR	streetAddress	CIS
2.5.4.10	O	organizationName	CIS
2.5.4.11	OU	organizationalUnitName	CIS
2.5.4.16	POST	postalAddress	PostalAddress
2.5.4.17	PC	postalCode	CIS
2.5.4.18	POB	postOfficeBox	CIS
2.5.4.19	PDO	physicalDeliveryOfficeName	CIS
2.5.4.20	TEL	telephoneNumber	TelephoneNumberSyntax
2.5.4.21	TLX	telexNumber	TelexNumber
2.5.4.22	TLXT	telexTerminalIndentifier	TelexTerminalIdentifier
2.5.4.23	FAX	facsimileTelephoneNumber	FacsimileTelephoneNumber
2.5.4.25	ISDN	InternationalISDNNumber	NS

Abb. 5-7 Vordefinierte Attribute bei GDS (begrenzter Auszug)

Bedeutung der Attribute für Anwender
Für DCE-Anwender beschränkt sich der Gebrauch von Attributen meist auf die implizite Verwendung vordefinierter CDS-Attribute, wenn etwa nach einer Gruppe von Servern über die NSI-Schnittstelle gesucht wird, sowie auf die Vorgabe von GDS-Attributen, um einen vollständigen GDS-Namen und damit den Namen einer Cell zu spezifizieren. Grundsätzlich ist es aber auch möglich, CDS-Attribute explizit in Namensanfragen zu verwenden und - unter Mithilfe des Systemmanagers - auch neue Attributtypen zu definieren (s. Abschnitt 5.3).

5.3 CDS Control Program und Browser

Die einfachste Art und Weise für Benutzer, auf CDS- und GDS-Namenseinträge zuzugreifen, bietet das *CDS Control Program (cdscp)*. Diese interaktive Schnittstelle bietet dem Endbenutzer und dem Anwendungsentwickler Kommandos zum Zugriff auf Namen und zur Manipulation von Namenseinträgen an. Dieses Kontrollprogramm wird im folgenden näher erläutert. Außerdem wird auch darauf eingegangen, wie der *CDS-Browser* zum Inspizieren eines Namensraums verwendet werden kann.

Das Kontrollprogramm unterstützt auch den Systemmanager, indem es etwa Möglichkeiten bietet, die Replikation von Directories zu steuern (s. Abschnitt 5.6).

5.3.1 Überblick über die einzelnen Kommandos

Abb. 5-8 gibt eine Übersicht über die einzelnen Kommandos des Kontrollprogramms, die für den Anwender relevant sind. Das Programm wird zunächst mit *cdscp* aufgerufen, daraufhin befindet man sich im Kommandomodus. Die Basiskommandos sind *list* zum Auflisten von Directories oder Namenseinträgen, *show* zum Anzeigen von Detailinformation zu einem gegebenen Eintrag bzw. Directory, *create* zum Erzeugen von Einträgen oder Directories sowie *delete* zum Löschen. Diese Kommandos werden um Unterkommandos ergänzt, die angeben, ob ein Directory (*directory*) oder ein Namenseintrag (*object*) manipuliert werden soll. Weitere Kommandos *set, add* und *remove* stehen zur Manipulation von Attributen einzelner Namenseinträge zur Verfügung. Die jeweils gewünschten Directories oder Namenseinträge werden durch CDS- und ggf. GDS-Namen (im folgenden als *<name>* bezeichnet) spezifiziert, wobei i.a. auch Wildcards ("*") möglich sind.

```
Auflisten und Manipulieren von Directories
list directory <name>                        // Auflisten von Directories
show directory <name>                        // Auflisten von Detailinformation
create directory <name>                      // Erzeugen eines Directories
delete directory <name>                      // Löschen eines Directories

Auflisten und Manipulieren von Namenseinträgen
list object <name>                           // Auflisten von Namenseinträgen
show object <name> [<attr>...]               // Auflisten von Detailinformation (evtl.
                                             // selektive Angabe gewünschter Attribute)
create object <name>                         // Erzeugen eines Namenseintrags
delete object <name>                         // Löschen eines Namenseintrags

set object <name> <attr> = <value>           // Setzen eines Attributwertes
add object <name> <attr> = <value>           // Einfügen eines Attributwertes eines
                                             // mehrwertigen Attributs
remove object <name> <attr> = <value>        // Löschen eines Attributwertes eines
                                             // mehrwertigen Attributs

Auflisten und Manipulieren von Soft Links
list link <name>                             // Auflisten von Soft Links
show link <name> [<attr>...]                 // Auflisten von Detailinformation (evtl.
                                             // selektive Angabe gewünschter Attribute)
create link <name1> CDS_LinkTarget <name2> // Erzeugen eines Soft Links
delete link <name>                           // Löschen eines Soft Links
set link <name> <attr> = <value>             // Setzen eines Soft-Link-Attributwertes

Auflisten von Information über eine Cell
show cell <name>                             // Auflisten von Cell-Information;
                                             // <name> = "/.:" für die eigene Cell
```

Abb. 5-8 Benutzerkommandos des CDS Control Programs

Die Kommandos sind teilweise selbsterklärend; einige Besonderheiten sind jedoch anzumerken. Zunächst wird bei *list* und *show* grundsätzlich nur Information von genau der Directory-Ebene ausgegeben, die dem vorgegebenen Namen entspricht. Beispielsweise gibt das Kommando

list directory /.:/Abteilung_1

lediglich *Abteilung_1* aus, nicht aber - wie evtl. erwartet - alle untergeordneten Directory-Einträge im gegebenen Directory *Abteilung_1*. Um letzteres zu erreichen, muß das Kommando *list directory /.:/Abteilung_1/** eingegeben werden. Gleiches gilt für *list object*, *list link* sowie für das *show*-Kommando.

Bei *show object* und *show link* können Attributtypen vorgegeben werden, auf die sich die angezeigte Information beschränken soll. Ansonsten werden alle Attribute ausgegeben. Bei *add*, *set* und *remove object* müssen die gewünschten Attribute und die zugehörigen Attributwerte in jedem Fall angegeben werden. Das Kommando *add* fügt einem mehrwertigen Attribut einen zusätzlichen Wert hinzu, während *set* lediglich den Wert eines einfachen Attributs setzt bzw. ändert.

In jedem Fall muß der verwendete Attributtyp bereits innerhalb von DCE definiert sein. Das Einführen völlig neuer Attributtypen macht mehr Aufwand und ist nicht alleine über *cdscp* möglich, sondern erfordert das Ändern von DCE-interner Tabelleninformation. Dies sollte i.a. vom Systemmanager im Auftrag eines Anwenders durchgeführt werden. Dazu muß der Attributname in die DCE-Systemdatei *cds_attributes* eingetragen werden und mit einer eindeutigen Kennung und einer Attributsyntax versehen werden (s. Abschnitt 5.2.6).

Bei der Definition eines Soft Links wird als *<name1>* der neue Alias-Name und als *<name2>* das Ziel des Links angegeben.

Beim Löschen eines Directories *d* ist zu beachten, daß zunächst explizit alle Namenseinträge in *d* und alle dem Directory *d* untergeordneten Directories (und rekursiv auch deren Namenseinträge) gelöscht werden müssen.

5.3.2 Beispiele für die Verwendung der Kommandos

Im folgenden wird eine kurze Beispielsitzung mit dem CDS Control Program dokumentiert[1]. Alle Ausgaben sind kursiv gehalten, alle Eingaben in Normalschrift. Die Ausgaben sind teilweise gekürzt. Zunächst wird das Programm aufgerufen:

$ cdscp
cdscp>

Nun soll zunächst Information über die eigene Cell ausgegeben werden:

cdscp> show cell /.:
SHOW
CELL /.../telematik
AT 1992-07-28-15:58:13
Namespace Uuid = 96EB0E8C-5B01-11CB-8F97-08002B2D746D

[1] Das Beispiel entspricht aus praktischen Gründen nicht exakt einem der bisher diskutierten Beispiele.

Clearinghouse Uuid = 92C28484-5B01-11CB-8F97-08002B2D746D
Clearinghouse Name = /.../telematik/t500m0_ch
Replica Type = Master
Tower = ncacn_ip_tcp:129.13.3.6[]
Tower = ncacn_dnet_nsp:3.6[]
Tower = ncadg_ip_udp:129.13.3.6[]

Angezeigt wird dabei der Name der Cell, die internen Nummern des Namensraums und eines CDS-Servers (Clearinghouse), der zugehörige Replikationsmodus sowie RPC-Bindeinformation für diesen Server. Anschließend sollen alle Directories auf oberster Stufe ausgegeben werden:

cdscp> list directory /.:/*
LIST
DIRECTORY /.../telematik
AT 1992-07-28-15:58:40
Abteilung_1
Abteilung_2
fs
hosts
sec
subsys

Der Anwender interessiert sich speziell für das erste Directory und möchte dessen Subdirectories analysieren:

cdscp> list directory /.:/Abteilung_1/*
LIST
DIRECTORY /.../telematik/Abteilung_1
AT 1992-07-28-15:59:49
WS_1
WS_5

Anschließend läßt sich der Anwender alle Namenseinträge des Subdirectories *WS_5* auflisten:

cdscp> list object /.:/Abteilung_1/WS_5/*
LIST
OBJECT /.../telematik/Abteilung_1/WS_5
AT 1992-07-28-16:00:13
Datenbank
Graphikprogramm
printserver

Er möchte sich nun genaue Informationen zu dem *printserver*-Eintrag ausgeben lassen:

cdscp> show object /.:/Abteilung_1/WS_5/printserver
SHOW
OBJECT /.../telematik/Abteilung_1/WS_5/printserver
AT 1992-07-28-16:05:16

RPC_ClassVersion = 0100
CDS_CTS = 1992-07-07-11:46:48.089838100/08-00-2b-2d-74-6d
CDS_UTS = 1992-07-07-11:46:50.621054100/08-00-2b-2d-74-6d
CDS_Class = RPC_Entry
CDS_ClassVersion = 1.0
CDS_Towers = :
Tower = ncacn_ip_tcp:129.13.3.62[]
CDS_Towers = :
Tower = ncadg_ip_udp:129.13.3.62[]

Ausgegeben wird vor allem RPC-spezifische Attributinformation, da es sich um einen RPC-Server handelt. Beispielsweise werden als Klasse (*CDS_Class*) des Eintrags der Wert *RPC_Entry* und als Bindeinformation *(CDS_Towers)* die Daten der Binding Handles geliefert. Der Anwender möchte nun das anwendungsspezifisch vordefinierte Attribut vom Typ *Lokation* des Print Servers mit dem Wert *Workstation_5* belegen:

cdscp> set object /.:/Abteilung_1/WS_5/printserver Lokation = Workstation_5

Bei erfolgreicher Durchführung liefert das Kommando keine weitere Ausgabe. Anschließend soll noch der in Abschnitt 5.2.5 eingeführte Soft Link vom Eintrag */.:/Abteilung_2/SpezialWorkstation/printserver* zum gegebenen Print Server eingeführt werden:

cdscp> create link /.:/Abteilung_2/SpezialWorkstation/printserver CDS_LinkTarget \
/.:/Abteilung_1/WS_5/printserver

Ein anschließendes *show object* Kommando auf dem Soft Link liefert die gleiche Information wie oben, nun aber zusätzlich auch mit dem neuen Attribut *Lokation*:

cdscp> show object /.:/Abteilung_2/SpezialWorkstation/printserver
SHOW
OBJECT /.../telematik/Abteilung_2/SpezialWorkstation/printserver
AT 1992-07-28-16:07:18
RPC_ClassVersion = 0100
CDS_CTS = 1992-07-07-11:46:48.089838100/08-00-2b-2d-74-6d
CDS_UTS = 1992-07-07-11:46:50.621054100/08-00-2b-2d-74-6d
CDS_Class = RPC_Entry
CDS_ClassVersion = 1.0
CDS_Towers = :
Tower = ncacn_ip_tcp:129.13.3.62[]
CDS_Towers = :
Tower = ncadg_ip_udp:129.13.3.62[]
Lokation = Workstation_5

Zum Schluß soll noch der *Datenbank*-Eintrag aus dem Directory *WS_5* gelöscht werden, da die Datenbank z.B. momentan nicht verfügbar ist:

cdscp> delete object /.:/Abteilung_1/WS_5/Datenbank
cdscp> exit

5.3.3 Einsatz des CDS-Browsers

Wenn ein Namensraum nur lesend inspiziert werden soll, eignet sich hierfür auch der graphische *CDS-Browser*. Er zeigt verschiedene Symbole für Directories, Namenseinträge, Soft Links und CDS-Server (Clearinghouses) an (s. Abb. 5-9). Der Browser wird mit dem Kommando *cdsbrowser* aufgerufen.

Clearinghouse:		Namenseintrag:	
Directory:		Soft Link:	

Abb. 5-9 Symbole des CDS-Browsers

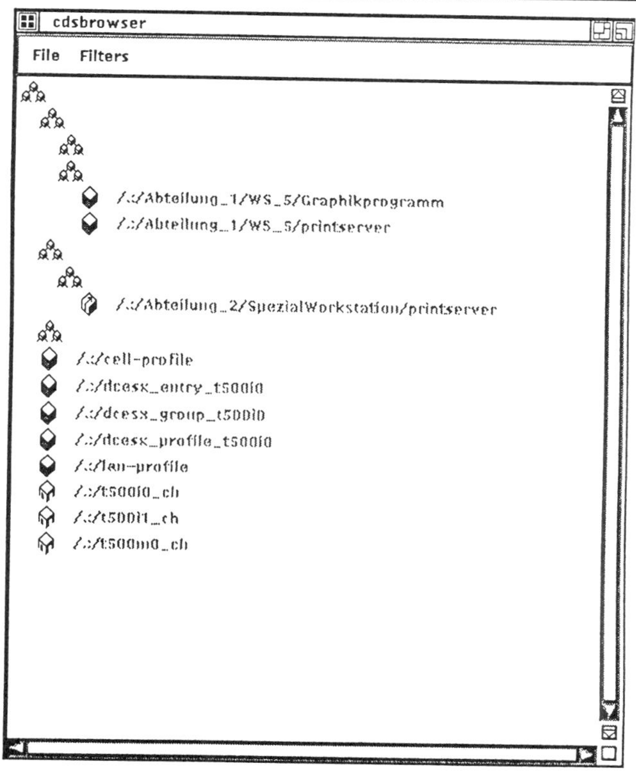

Abb. 5-10 Bildschirmfenster des CDS-Browsers: Beispiel

Ein Directory wird durch doppeltes Anklicken des zugehörigen Symbols geöffnet und später auf die gleiche Weise wieder geschlossen. So kann man sich schrittweise den gesamten CDS-Namensraum anschauen. Um auf die Details der einzelnen Nameneinträge zuzugreifen, muß aber - zumindest in der bisherigen DCE-Version - das CDS Control Program aufgerufen werden. Abb. 5-10 zeigt das Bildschirmfenster des CDS-Browsers für das obige Beispiel, nachdem einige Directories geöffnet wurden.

Sichtbar sind die Directories */.:/Abteilung_1* und */.:/Abteilung_2* mit ihren Subdirectories, speziell auch der Soft Link von */.:/Abteilung_2/SpezialWorkstation/printserver* nach */.:/Abteilung_1/WS_5/printserver*. Neben einigen systemspezifischen Namenseinträgen werden auch drei Clearinghouses innerhalb der Cell angezeigt.

Für die nicht geöffneten Directories wird kein Name angezeigt; es handelt sich hierbei z.B. um das Directory */.:/hosts*. Die Einträge selbst können mit dem CDS-Browser nicht näher inspiziert werden; hierzu muß getrennt das CDS Control Program aufgerufen werden.

5.4 XDS-Programmierschnittstelle

Eine andere Möglichkeit zum Zugriff auf CDS und GDS bietet die Programmierschnittstelle *XDS (X/Open Directory Service Interface)*. Diese standardisierte Schnittstelle ist über eine Menge von C-Funktionen zugänglich. Im Gegensatz zur RPC-spezifischen *NSI-Schnittstelle* bietet sie allgemeine Möglichkeiten zum Zugriff auf Namenseinträge und speziell auf Attribute. Im Unterschied zum CDS-Kontrollprogramm wird bei GDS-Namen eine Attribut-basierte Suchfunktion unterstützt. Außerdem ist durch die Programmintegration der Schnittstellenaufrufe eine sehr viel umfangreichere Verarbeitung und Manipulation von Namenseinträgen möglich.

Allerdings ist die XDS-Schnittstelle vergleichsweise schwierig zu handhaben, da die Namen sowie die weiteren Funktionsparameter in Form von umfangreichen geschachtelten Datenstrukturen übergeben werden müssen. Erfahrungsgemäß werden viele verteilte Anwendungen mit der NSI-Schnittstelle und den interaktiven Kontrollmechanismen durch *cdscp* auskommen und die XDS-Schnittstelle nicht unbedingt benötigen. Der mit XDS verbundene Mehraufwand bei der Programmierung scheint nur bei speziellen Anwendungsfällen, z.B. bei einer umfangreichen Verwaltung anwendungsspezifischer Namensattribute, gerechtfertigt. Aus diesen Gründen beschränkt sich die nachfolgende Darstellung auf die konzeptionelle Struktur der Schnittstelle, ohne aber genaue Programmdetails zu liefern.

5.4.1 Übersicht

Abb. 5-11 zeigt die konzeptionelle Einordnung der XDS-Schnittstelle. Ihre Funktionen werden von Anwendungsprogrammen zwar teilweise direkt benutzt, zusätzlich sind aber Datentypen und Hilfsfunktionen einer weiteren Schnittstelle *XOM (X/Open Object Management)* erforderlich. Bei den hierdurch verwalteten *Objekten* handelt es sich um spezielle Datenstrukturen, die von XDS als Eingaben bzw. Ausgaben verwendet werden. Die Objekte sind wie bei der objektorientierten Programmierung in Form von Klassen strukturiert, ihnen sind jedoch keine klassenspezifischen Operationen zugeordnet; es stehen lediglich allgemeine Hilfsfunktionen zum Kopieren oder zum Auslesen der Komponenten der Objekte zur Verfügung. Die XOM-Schnittstelle ist auch wichtig, um dem Anwendungsprogramm die Resultate von XDS-Operationen überhaupt verfügbar zu machen. Die Ergebnis-Objekte von XDS sind nämlich in privaten XDS-Speicherbereichen abgelegt und werden erst durch XOM-Funktionen in öffentliche, den Anwendungsprogrammen zugängliche Speicherbereiche gebracht.

Die XDS-Schnittstelle bietet Zugriffsfunktionen zum Lesen von Namenseinträgen, zur Durchführung von Suchoperationen auf dem Namensraum und zum Verändern von Namenseinträgen an. Zuvor müssen von der Anwendung einige Initialisierungsfunktionen aufgerufen werden, um Zugang zu den Directory Servern zu erhalten. Die XDS-Operationen greifen dann auf CDS zu, über den wiederum der Zugang zu GDS mit Hilfe des GDA möglich ist. Aus Sicht der Anwendung wird der Unterschied zwischen CDS und GDS wie auch bei *cdscp* lediglich durch die unterschiedliche Form von CDS- bzw. GDS-Namen sichtbar.

Über XDS ist es allerdings wie auch über NSI *nicht* möglich, Directories zu erzeugen oder zu löschen. Dies muß in jedem Fall über *cdscp* erfolgen. Die erwähnte Attribut-basierte Suchoperation ist außerdem nur für GDS-Attribute definiert.

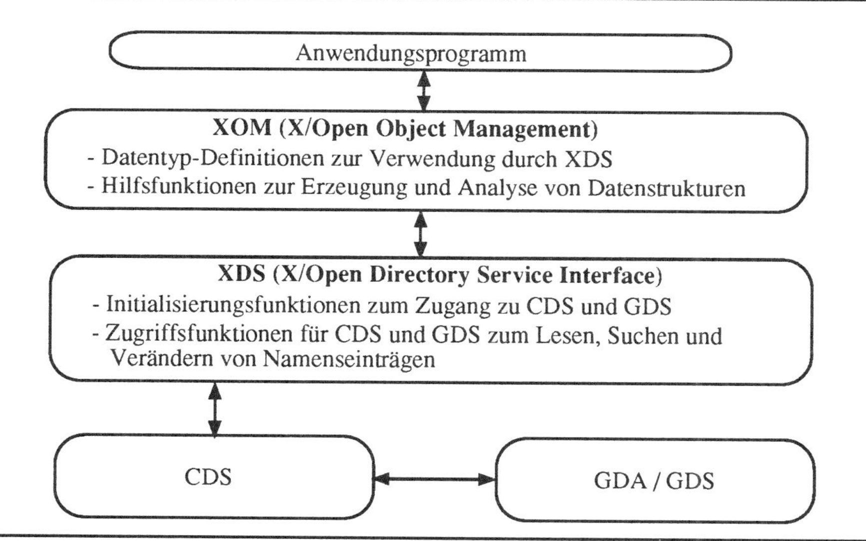

Abb. 5-11 Konzeptionelle Struktur der XDS-Schnittstelle

Im folgenden werden zunächst einige wichtige Datentypen erläutert, um dann konkret auf die XDS- und XOM-Funktionen sowie auf die Initialisierungsfunktionen einzugehen.

5.4.2 XDS- und XOM-Datentypen

Die XDS-Schnittstelle führt zusammen mit XOM einige Datentypen (*Objektklassen*) ein, die bei den einzelnen Funktionsaufrufen relevant sind. Alle Klassennamen beginnen mit *DS_C_*. Am wichtigsten ist dabei die Darstellung von Namen durch geschachtelte Objektstrukturen, die im folgenden erläutert wird. Zusätzlich existieren zahlreiche weitere Objektklassen für Parameterobjekte, die aber lediglich bei der Beschreibung der XDS-Funktionen unten mit erwähnt werden.

CDS- und GDS-Namen werden durch Objekte der Klasse *DS_C_DS_DN* (*Distinguished Name*) repräsentiert. Jedes Objekt umfaßt ein oder mehrere Teilobjekte der Klasse *DS_C_DS_RDN* (*Relative Distinguished Name*), und zwar eines pro Namenskomponente. Jedem solchen Objekt ist wiederum ein Objekt der Klasse *DS_C_AVA (Attribute-Value-Association,* etwa *DS_A_COUNTRY_NAME* aus Abb. 5-12 unten*)* zugeordnet; dort stehen schließlich die Attributtypen und -werte. Für CDS-Namen, deren Namenskomponenten wie beschrieben untypisiert sind, werden Hilfsattribute vom Typ *DSX_TYPELESS_RDN* eingeführt, deren Wert dann jeweils einer Namenskomponente entspricht.

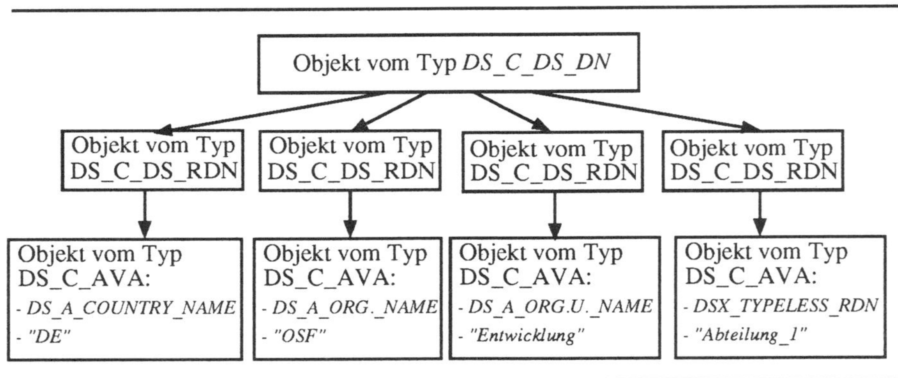

Abb. 5-12 Namensrepräsentation durch XDS/XOM-Objekte

Abb. 5-12 zeigt die Gesamtstruktur eines *DS_C_DS_DN*-Objektes zur Repräsentation des Namens */.../C=DE/O=OSF/OU=Entwicklung/Abteilung_1*. Es fällt auf, daß die übergeordneten Objekte aus Anwendungssicht keine wesentlichen Daten enthalten; die Namensinformation ist vollständig in den Objekten vom Typ *DS_C_AVA* abgelegt. Für die typisierten GDS-Namenskomponenten werden die in der Abbildung gezeigten vordefinierten Konstanten verwendet (z.B. *DS_A_ORGANIZATIONAL_UNIT_NAME*, oben abgekürzt).

5.4.3 XDS- und XOM-Funktionen

Die XDS-Funktionen lassen sich gliedern in Leseoperationen *(ds_read, ds_compare)*, Suchoperationen *(ds_list, ds_search)* und Änderungsoperationen *(ds_add_entry, ds_remove_entry, ds_modify_entry)*. Die Semantik der einzelnen Operationen wird im folgenden kurz erläutert. Die Signatur ihrer Schnittstellen ist in Abb. 5-13 in verkürzter Form mittels einer Pseudo-Notation zusammengefaßt, die lediglich die übergebenen Datentypen spezifiziert und zwischen Ein- und Ausgabeparametern unterscheidet. Die einzelnen Datentypen werden unten erläutert. Einfache Datentypen, z.B. für Statusausgaben, werden aber weggelassen. Auf ausführliche Beispiele wird an dieser Stelle verzichtet, da die Grundfunktionalität weitgehend den bereits anhand von Beispielen beschriebenen Eigenschaften des CDS Kontrollprogramms entspricht.

```
ds_read          -> DS_C_DS_DN
                 -> DS_C_ENTRY_INFORMATION_SELECTION
                 <- DS_C_READ_RESULT

ds_compare       -> DS_C_DS_DN
                 -> DS_C_AVA
                 <- DS_C_COMPARE_RESULT

ds_list          -> DS_C_DS_DN
                 <- DS_C_LIST_RESULT

ds_search        -> DS_C_DS_DN
                 -> DS_C_FILTER
                 <- DS_SEARCH_RESULT

ds_add_entry     -> DS_C_DS_DN
                 -> DS_C_ATTRIBUTE_LIST

ds_remove_entry  -> DS_C_DS_DN

ds_modify_entry  -> DS_C_DS_DN
                 -> DS_C_ENTRY_MODIFICATION_LIST
```

Abb. 5-13 Signatur der XDS-Funktionen in Pseudo-Notation

Alle Funktionen erhalten als Eingabe einen CDS-/GDS-Namen, der den oder die betreffenden Namenseinträge spezifiziert.

Leseoperationen
Die Funktion *ds_read* dient zum Lesen von Attributwerten, ähnlich wie *show object* von *cdscp*. Als Eingabe erhält die Funktion neben dem Namen auch ein Selektionsobjekt, das die gewünschten Attribute spezifiziert. Ausgabe ist ein Ergebnisobjekt, das mittels mehrerer Teilobjekte die zugehörigen Attributwerte liefert.
Die Funktion *ds_compare* hat als Eingabe eine *Attribute-Value-Association* (s.o.), die einen Attributtyp und -wert spezifiziert. Ausgabe ist ein Ergebnisobjekt, das anzeigt, ob der Vergleich positiv ausfiel, aber auch einige Zusatzinformation liefert, z.B. ob ein Alias-Name dereferenziert wurde.

Suchoperationen
Die Operation *ds_list* dient wie *list object* oder *list directory* von *cdscp* zum Auflisten von Namenseinträgen oder Directories. Sie gibt ein Ergebnisobjekt zurück, dessen Teilobjekte die Menge der gefundenen Einträge im einzelnen beschreiben.
Die Operation *ds_search*, die nur auf GDS-Namen operiert *(!)*, erhält neben einem Namen, der den Ausgangspunkt der Suche beschreibt, ein Filter-Objekt, das die anzuwendenden Selektionskriterien spezifiziert. Dabei können Attributwerte durch logische Operatoren (*AND, OR, NOT*) verknüpft werden, so daß eine Attributbasierte Suche möglich ist. Dies wird deshalb nur auf GDS-Ebene unterstützt, weil nur dort die Attributtypen in Form eines festen Schemas dem System bekannt sind (s. Abschnitt 5.2.6). Das Ausgabeobjekt umfaßt eine Liste aller zum Selektionskriterium passenden Namenseinträge mit den zugehörigen Attributwerten. Diese Information wird in Form von zahlreichen geschachtelten Teilobjekten repräsentiert. Eine Suchoperation mit vergleichbarer Mächtigkeit steht über *cdscp* nicht zur Verfügung.

Änderungsoperationen
Die Operation *ds_add_entry* erzeugt einen neuen Namenseintrag mit den durch eine Attributliste vorgegebenen Attributen. Umgekehrt dient die Funktion *ds_remove_entry* zum Löschen von Namenseinträgen. Die Operationen entsprechen den *create*- und *delete*-Operationen von *cdscp*. Wie oben erwähnt, können mit den beiden Operationen jedoch keine Directories manipuliert werden; dies ist ausschließlich über *cdscp* möglich. Die Funktion *ds_modify_entry* schließlich ermöglicht das Ändern der Attribute von Namenseinträgen. Mögliche Änderungsmodi sind das Hinzufügen eines Attributs oder eines Attributwertes sowie das Löschen eines Attributs oder eines Attributwertes. Die Attribute und ihre Werte werden wie auch der Modus mittels einer Modifikationsliste spezifiziert. Bei *cdscp* entspricht die angebotene Funktionalität den Operationen *set, add* und *remove object.*

Initialisierung
Vor dem Aufrufen der genannten Funktionen muß der Zugang zum Directory Service durch einige Initialisierungsroutinen bereitgestellt werden. Zu nennen sind *ds_initialize* zur allgemeinen Initialisierung, *ds_version* zum Spezifizieren der gewünschten Funktionalität (z.B. Zugriff nur auf CDS oder auch auf GDS) und *ds_bind* zum Herstellen einer logischen Verbindung mit einem Directory Server,

speziell mit einem DSA (Directory System Agent) des GDS. Die Funktion *ds_shutdown* dient zum Auflösen einer solchen Verbindung nach dem Ende einer Anfragesitzung.

XOM-Hilfsfunktionen

XOM stellt eine Reihe von Funktionen bereit, um dem Anwendungsprogramm den Zugriff auf XDS-Ergebnisobjekte zu ermöglichen und um Eingabeobjekte geeignet aufzubereiten. Außerdem bietet XOM eine Reihe von C-Makros an, die zur Vereinbarung von Typkonstanten für Anwendungsprogramme wichtig sind.

An dieser Stelle sei vor allem die XOM-Funktion *om_get* erwähnt. Sie kopiert die Daten eines privaten Ergebnisobjektes, das von XDS zurückgeliefert wurde, in den Speicherbereich des Anwendungsprogramms. Anschließend ist es der Anwendung möglich, direkt auf die zurückgelieferten Teilobjekte und Daten zuzugreifen.

Um ein Eingabeobjekt geeignet aufzubauen, kann die XOM-Operation *om_put* verwendet werden; sie kopiert Daten in die Datenstruktur eines Eingabeobjektes. Weitere Operationen stehen zur Verfügung, um Eingabeobjekte dynamisch zu erzeugen und um die Speicherverwaltung für die verwendeten Objekte zu realisieren.

Fazit

Die Benutzung der XDS-Schnittstelle erfordert durch die relativ aufwendige Strukturierung der verwendeten Parameterdaten in Form von Objekten mit umfangreichen hierarchischen Teilobjekten relativ viel Programmieraufwand. Diese Tendenz wird durch die erforderliche Verwendung der XOM-Hilfsfunktionen noch verstärkt. Allein der Zugriff auf die Attribute eines Namenseintrags mittels *ds_read* erfordert aus Erfahrung i.a. mehrere Seiten Programmcode. Allerdings ist dieser Code stets recht systematisch aufgebaut und macht daher zumindest kaum konzeptionelle Schwierigkeiten.

Dennoch ist der mit dem Zugriff über XDS verbundene Aufwand wohl nur für spezielle Anwendungen zu rechtfertigen. Ein typisches Merkmal solcher Anwendungen ist die Tatsache, daß CDS und GDS nicht nur zum einfachen Suchen nach RPC-Servern verwendet werden, sondern eher als eine verteilte Datenbank betrachtet werden, die wie eine relationale Datenbank zahlreiche anwendungsspezifische Attribute durch ihr Schema bzw. durch Tabellen in CDS definiert. Auf dieser Basis können spezielle Anwendungen erstellt werden, die CDS und GDS als erweiterte Verzeichnisdienste zur Verwaltung komplexer Informationseinheiten verwenden. Die hierzu erforderlichen Programmierdetails sind der DCE-Dokumentation zu entnehmen ([OSF3] und [OSF4]).

5.5 Interne Realisierung der Namensverwaltung

5.5.1 Interner Ablauf einer Namensinterpretation

Auf der Basis der beschriebenen Architektur und der Namensstrukturen kann nun genauer betrachtet werden, wie die verteilte Namensinterpretation intern arbeitet. Der zugrundeliegende Ablauf ist schematisch in Abb. 5-14 dargestellt.

Ein Anwendungsprogramm stellt entweder über die in Kap. 3 beschriebene NSI-Schnittstelle oder über die X/Open Directory Schnittstelle XDS eine Namensanfrage. Diese wird an den auf jedem Rechner laufenden CDS-Clerk übergeben, der den Client von CDS darstellt.

Cache des CDS-Clerks

Der CDS-Clerk führt zur Effizienzverbesserung von Anfragen einen lokalen Cache, in dem er die Ergebnisse früherer Namensanfragen hält. Zunächst überprüft er, ob er den Nameneintrag zum gesuchten Namen im Cache finden kann und liefert im positiven Fall sofort das Ergebnis an die Anwendung zurück. Der Cache wird in persistentem Speicher gehalten und bleibt daher auch nach einem Systemabsturz mit anschließendem Wiederanlauf erhalten. Die Cache-Daten können zwar wegen möglicher zwischenzeitlicher Änderungen veraltet sein, allerdings wird dieses Risiko wegen der normalerweise geringen Änderungshäufigkeit toleriert. Bei Bedarf nach absoluter Konsistenz der Ergebnisse kann die Anwendung den Cache-Mechanismus auch explizit umgehen.

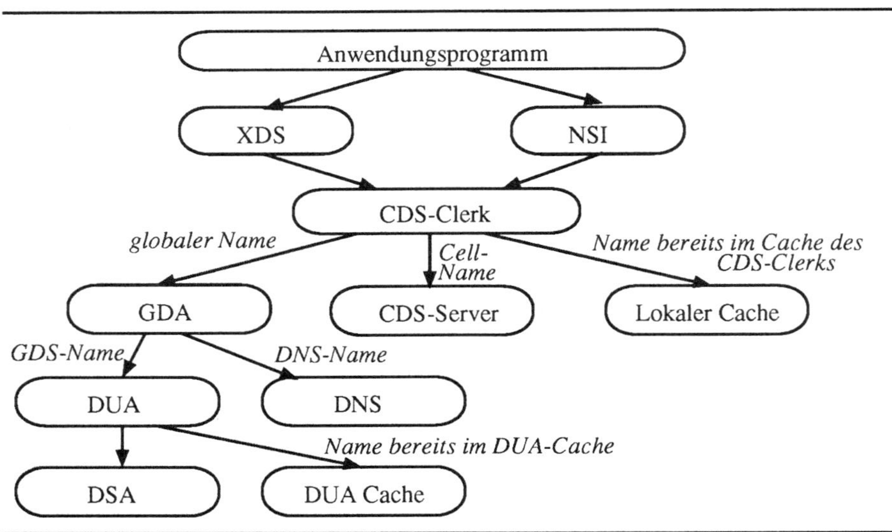

Abb. 5-14 Schematischer Ablauf der Namensinterpretation

Bearbeitung in der lokalen Cell
Für nicht im Cache gefundene Namen wird überprüft, ob sie sich auf die eigene Cell beziehen. Dies ist der Fall, wenn es sich um reine CDS-Namen handelt (vorangestelltes "/.:" wie bei */.:/Abteilung_1/WS_5/printserver*) oder wenn der globale Namensteil die eigene Cell repräsentiert (z.B. beim Namen:
/.../C=DE/O=OSF/OU=Entwicklung/Abteilung_1/WS_5/printserver
innerhalb der Cell */.../C=DE/O=OSF/OU=Entwicklung*).

Die Anfrage wird dann an einen CDS-Server der eigenen Cell übergeben. Je nach Partitionierung und Replikation des Cell-Namensraums kann dieser Server die Anfrage selbst beantworten oder muß noch einen weiteren CDS-Server innerhalb der gleichen Cell befragen (s. Abschnitt 5.5.2).

Globale Bearbeitung
Bei globalen Namen wird die Anfrage an den GDA der eigenen Cell weitergeleitet. Dieser untersucht, welche Struktur die globale Namenskomponente hat; typisierte Namen im X.500-Format werden an GDS weitergegeben, während untypisierte Namen an den DNS weitergeleitet werden. Beim GDS wird wie beim CDS zwischen Clients (*Directory User Agent, DUA*) und Servern (*Directory System Agent, DSA*) unterschieden (s. Abb. 5-15). Der GDA beauftragt einen DUA mit der globalen Namensinterpretation. Implementierungstechnisch kann der GDA mit dem DUA auf einem Rechner zusammengefaßt werden - definitive Festlegungen werden jedoch in dieser Beziehung durch das DCE nicht gemacht. Der DUA führt wie die CDS-Clerks einen Cache mit den Ergebnissen bisheriger Namensanfragen und kann so die Namensinterpretation ggf. ohne verteilte Interaktion mit einem DSA durchführen. Im allgemeinen Fall wird aber ein DSA kontaktiert, der ggf. unter Interaktion mit weiteren DSAs den Namen interpretiert. Der DSA liegt typischerweise außerhalb der Cell, die die Namensanfrage initiiert hat.

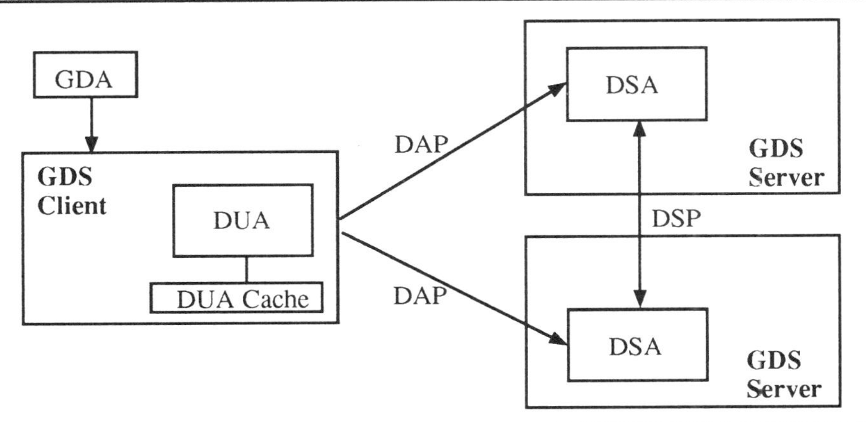

Abb. 5-15 GDS-Client/Server-Konfiguration

Zur Kommunikation zwischen DUA und DSA wird intern das standardisierte *Directory Access Protocol (DAP)* verwendet, die DSAs kommunizieren untereinander mittels des ebenfalls standardisierten *Directory System Protocols (DSP)*. Diese Protokolle ermöglichen eine weltweite Interoperabilität zwischen X.500-Systemen. Das DSP ermöglicht zwei verschiedene Varianten bei der Bearbeitung von Namensanfragen über mehrere DSAs, die durch den Systemmanager ausgewählt werden: Beim *referral* wird dem DUA von einem DSA mitgeteilt, an welchen anderen DSA er sich zur vollständigen Bearbeitung der Anfrage wenden soll. Beim *chaining* leiten die DSAs die Anfragen direkt untereinander ohne zwischenzeitliche Interaktion mit dem anfragenden DUA weiter. Dabei kann intern auch ein Multicast an mehrere DSAs eingesetzt werden.

Als Ergebnis der Namensinterpretation der globalen Namenskomponente wird dem ursprünglich anfragenden CDS-Clerk die Adresse des zuständigen CDS-Servers in der fremden Cell geliefert. In dieser Phase wurde also die fremde Cell lokalisiert, die Cell-Namenskomponente aber noch nicht innerhalb dieser Cell interpretiert. Der CDS-Clerk stellt schließlich eine direkte Anfrage an den ihm nun bekannten zuständigen CDS-Server und erhält das Ergebnis der vollständigen Namensinterpretation. Der gesamte Ablauf einer globalen Namensanfrage über CDS und GDS ist nochmals in Abb. 5-16 als Weg-Zeit-Diagramm zusammengefaßt. Abschließend sei noch angemerkt, daß bei Auftreten eines Soft Link im Rahmen der Namensinterpretation dieser durch den als sein Ziel angegebenen Namen ersetzt wird und die Interpretation dann wie oben weitergeführt wird.

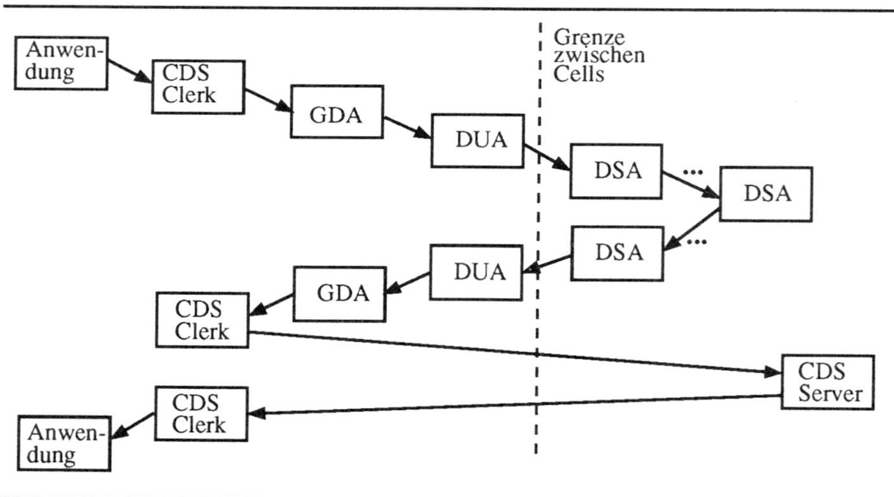

Abb. 5-16 Globale Namensinterpretation als Weg-Zeit-Diagramm

5.5.2 Verteilung und Replikation von Namenseinträgen

Grundkonzept
Alle Namenseinträge unterhalb der globalen Wurzel "/..." repräsentieren zusammen den globalen Namensraum. Insgesamt resultiert daraus eine i.a. sehr große Datenbasis, die durch eine gezielte Verteilung auf mehrere Server besser handhabbar wird. Grundsätzlich entsteht bereits durch die Aufteilung in Cell-interne CDS-Namen und in Cell-übergreifende GDS- bzw. DNS-Namen eine sinnvolle Aufteilung der Verwaltungsbereiche; die Namenstabellen für Cell-interne Namen sind gemäß ihrer Cell-Zugehörigkeit disjunkt partitioniert. Unter Hinzuziehung des GDS bzw. DNS kann dennoch jeder beliebige Name im System ermittelt werden.

Zusätzlich können aber auch die Namenstabellen innerhalb GDS, DNS und CDS auf mehrere Server verteilt und auch teilweise repliziert werden. Durch die Verteilung kann erreicht werden, daß ein Namenseintrag dort gespeichert ist, wo er am häufigsten gebraucht wird (*Lokalität*). Die Replikation ermöglicht eine weitere Verbesserung der Lokalität zumindest für die i.a. dominierenden lesenden Zugriffe auf Namen im Rahmen der Namensinterpretation. Vor allem aber wird durch die Replikation die Verfügbarkeit für Lesezugriffe erhöht; ein Name kann interpretiert werden, so lange noch jeweils mindestens ein Server verfügbar ist, der die zugehörigen Namenskomponenten verwaltet.

Die zugrundeliegende Server-Struktur bei GDS und CDS ist in Abb. 5-17 zusammengefaßt. Sowohl für den globalen Namensraum wie auch für die Cell-internen Namensräume stehen jeweils mehrere Server (CDS-Server bzw. DSAs) zur Verwaltung von Namenseinträgen zur Verfügung.

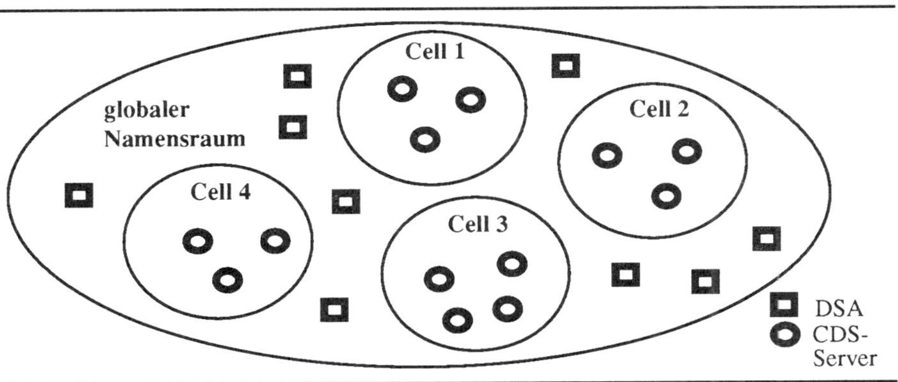

Abb. 5-17 Server-Struktur für GDS und CDS

Generell wird für die verschiedenen Directory Services innerhalb des DCE einheitlich ein Replikationsverfahren auf der Basis von Primärkopien (*Master-Kopie*) und Sekundärkopien (*Read-only-* bzw. *Shadow-Kopie*) verwendet. Alle Directory Server beantworten Lesezugriffe, während nur der Directory Server mit der Primärkopie auch Änderungen an Namenseinträgen vornimmt, die er dann an andere Server mit Sekundärkopien propagiert. Dieses Prinzip soll für CDS erläutert werden.

Replikation innerhalb CDS
Der CDS wird intern durch mehrere *CDS-Server* einer Cell realisiert. Die Namensinformation kann auf mehreren Servern repliziert werden; die kleinste Einheit der Replikation ist das Directory. Die Menge der Directories, die von einem bestimmten Server verwaltet werden, wird auch als *Clearinghouse* bezeichnet; damit wird dieser Begriff präzisiert, der bisher der Einfachheit halber mit einem CDS-Server gleichgesetzt wurde. Ein Clearinghouse ist also eine physische Gruppierungseinheit. Die Primärkopien für unterschiedliche Directories können durch unterschiedliche Clearinghouses verwaltet werden.

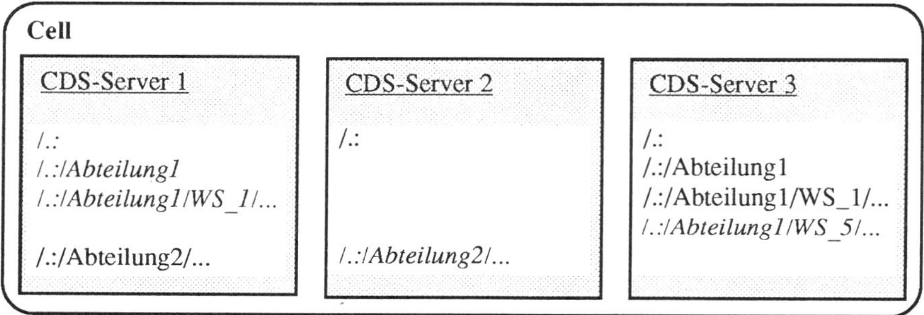

Abb. 5-18 Replikation von Namenseinträgen durch CDS-Server

Dies wird in Abb. 5-18 am Beispiel illustriert. Drei CDS-Server verwalten die Namen einer Cell, die u.a. die beiden Directories */.:/Abteilung1* und */.:/Abteilung2* mit Subdirectories für bestimmte Workstations umfaßt. Die lediglich hier zur besseren Darstellung gewählte Notation *<dir>/...* bei den CDS-Servern repräsentiert alle Namenseinträge, die unterhalb des Directories <dir> im Namensbaum zu finden sind. Die Notation *<dir>* repräsentiert lediglich die Einträge im Directory <dir>, nicht aber weitere untergeordnete Subdirectories.

In der Abbildung ist ein Directory-Name kursiv geschrieben, wenn der entsprechende Server die Primärkopie hierzu verwaltet (also z.B. */.:/Abteilung1/WS_1* bei Server 1). Die Einträge im Wurzel-Directory "/.:" werden üblicherweise bei allen CDS-Servern einer Cell repliziert, da hierauf am häufigsten zugegriffen wird. Alle anderen Einträge sollten bei relativ hohen Verfügbarkeitsanforderungen durch mindestens eine Sekundärkopie repliziert werden. Im gegebenen Beispiel wird dies für alle Directories außer */.:/Abteilung1/WS_5* realisiert.

Interne Verkettung von Directories
Um Namensinterpretationen bei teilweise partitionierten und teilweise replizierten Namenseinträgen abwickeln zu können, müssen die verschiedenen Directories miteinander verkettet werden. Dies geschieht durch sogenannte *Child Pointers* von ei-

nem übergeordneten Directory (z.B. */.:/Abteilung1*) zu einem Subdirectory (z.B. */.:/Abteilung1/WS_1*). Ein solcher Zeiger umfaßt neben dem Namen des Subdirectories auch die Namen aller CDS-Server, die das Subdirectory verwalten, also seine Einträge replizieren. Dieses Prinzip wird in Abb. 5-19 illustriert; Pfeile repräsentieren Child Pointer.

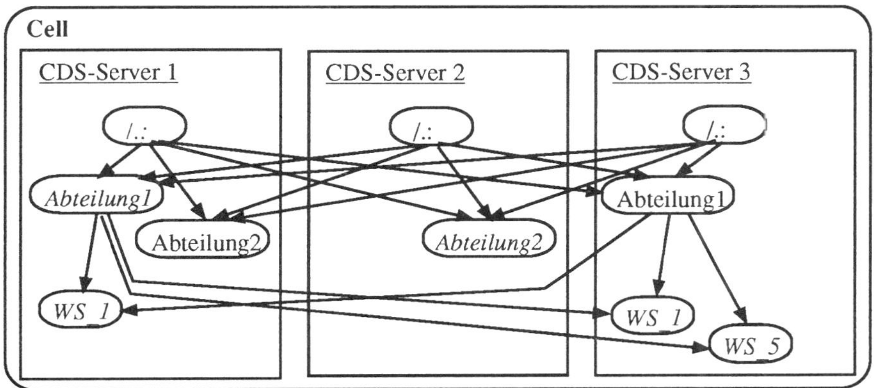

Abb. 5-19 Interne Verkettung von Directories über Child Pointer

Namenseinträge für die CDS-Server selbst werden im Wurzeldirectory geführt und damit überall repliziert. Ein solcher Eintrag ordnet einem CDS-Server-Namen die Adresse des Rechners zu, auf dem sich der Server befindet. Auf diese Weise ist es möglich, ein von einem anderen CDS-Server verwaltetes Subdirectory zu lokalisieren, indem die Lokation des verwaltenden Servers bestimmt wird. Dies sei am Beispiel verdeutlicht: Eine Anfrage nach dem Namen */.:/Abteilung1/WS_5/printserver* wird über NSI oder XDS an den *CDS-Server 1* übergeben. Dieser findet in seinen eigenen Tabellen das Directory */.:/Abteilung1* und darin einen Child-Pointer-Eintrag für das Subdirectory *WS_5* mit dem verwaltenden Server *CDS-Server 3*. Server 1 interpretiert daraufhin zunächst den Namen des Servers */.:/CDS-Server3*, den er aufgrund des replizierten Wurzel-Directories in seinen eigenen Tabellen findet. Damit erhält er die Netzadresse von Server 3 und leitet die Anfrage an ihn weiter. Server 3 kann die Namenskomponente *printserver* in dem von ihm verwalteten Directory */.:/Abteilung1/WS_5* finden und liefert die zugehörigen Attributwerte über Server 1 an den CDS-Clerk zurück.

Durch die Replikation von Directories kann die Anzahl solcher verteilter Anfragen über mehrere CDS-Server reduziert werden. Beispielsweise könnte der Name */.:/Abteilung1/WS_1/printserver* sowohl von Server 1 wie auch von Server 3 lokal interpretiert werden.

Automatisches Propagieren von Änderungen der Primärkopie

Das Propagieren von Änderungen der Primärkopie an die Sekundärkopien eines Directories kann in zwei verschiedenen Modi erfolgen: (1) Bei *sofortiger Propa-*

gierung werden alle Kopien unverzüglich aktualisiert. (2) Bei *verzögerter Propagierung* werden durchgeführte Änderungen dagegen periodisch in vorgegebenen Zeitabständen an die Sekundärkopien weitergeleitet. Falls ein Clearinghouse mit einer zu aktualisierenden Sekundärkopie nicht erreichbar ist (z.B. wegen Ausfall des Rechnerknotens), wird der Systemadministrator informiert und die Aktualisierung später erneut versucht. Der Administrator entscheidet auch über den verwendeten Aktualisierungsmodus; Modus 1 ist bei strikten Konsistenzanforderungen geeignet, während Modus 2 eine Laufzeitoptimierung unter Ausnutzung reduzierter Konsistenzbedingungen darstellt.

Die verzögerte Propagierung von Änderungen kann durch die Festlegung des verwendeten Zeitintervalls genauer gesteuert werden. Hierzu werden dem Systemadministrator drei Stufen angeboten: (1) Um eine *hohe Konvergenz* der replizierten Namenseinträge nach Änderungen zu erreichen, findet alle 12 Stunden eine Änderungspropagierung statt. Falls ein Clearinghouse zu diesem Zeitpunkt nicht erreichbar ist, so wird nach einer Stunde ein erneuter Aktualisierungsversuch gestartet. (2) Eine mittlere Konvergenz wird durch eine Propagierung in 12-Stunden-Abständen, jedoch ohne beschleunigte Propagierung bei Unerreichbarkeit von CDS-Servern erzielt. (3) Eine geringe Konvergenz, die aber auch mit geringerem Laufzeitaufwand verbunden ist, wird durch Propagierung in 24-Stunden-Intervallen erreicht.

Ein vergleichbarer Propagierungsmechanismus mit drei Konvergenzmodi existiert auch für den GDS. Allerdings ist hier die Granularität der Aktualisierungszeitintervalle anders festgelegt, und zwar wahlweise im Bereich von Minuten, Stunden oder Tagen.

5.6 Systemmanagement-Aufgaben

Die Systemverwaltung von CDS und GDS stellt zahlreiche Anforderungen an den Systemmanager. Der vorliegende Abschnitt faßt die wichtigsten Aufgaben zusammen und beschreibt, wie das CDS Control Program durch spezielle Management-Kommandos hierfür Unterstützung leistet. Zu den Details der Installation einer CDS- und GDS-Server-Konfiguration sowie zu speziellen Aspekten in bezug auf Wartungsaufgaben ist jedoch auf die DCE-Dokumentation zurückzugreifen ([OSF5] und [OSF6]).

5.6.1 CDS Management

Die Systemmanagement-Aufgaben für CDS umfassen die folgenden Bereiche:

- *Installation:* Zunächst müssen einige Systemprozesse auf beteiligten CDS-Client- und -Server-Rechnern installiert werden. Für Clients sind dies der *CDS Advertiser Process (cdsadv)*, der automatisch CDS-Server lokalisiert und mit ihnen Kommunikationsverbindungen aufbaut, sowie der *CDS-Clerk (cdsclerk)*, der die Kommunikationsschnittstelle zu CDS-Servern zur Übergabe von Anfragen und Kommandos realisiert. Neben diesen Prozessen muß auf jedem CDS-Server der *CDS-Dämon (cdsd)* installiert werden, der Client-Anfragen entgegennimmt und bearbeitet.

- *Struktur des Namensraums:* Der Systemmanager ist auch für die allgemeine Strukturierung des Namensraums, z.B. durch Vorgabe von Systemdirectories, verantwortlich. Bei größeren Umstrukturierungen ist es auch seine Aufgabe, geeignete Soft Links zur Gewährleistung des weiteren Zugriffs auf Directories einzurichten (s. Abschnitt 5.2.5).
- *Zugriffskontrolle:* Auf der Basis von Zugriffskontrollisten (s. Kap. 6) ist für alle systemspezifischen Directories und Namenseinträge ein geeigneter Zugriffsschutz durch Definition von Rechten für Benutzer und Benutzergruppen zu definieren. Hierzu dient der *ACL Editor* (s. Kap. 6).
- *Kontrolle der Replikation:* Der Systemmanager muß auch festlegen, in welchen Clearinghouses welche Directories repliziert werden. Ferner muß er nach wichtigen Änderungen der Namenseinträge explizite Replikat-Updates (*skulk*) durchführen. In jedem Fall muß die Häufigkeit der automatischen periodischen Updates festgelegt werden.
- *Cell-übergreifende Namensverwaltung:* Um den GDS mit benutzen zu können, muß ein GDA innerhalb der Cell konfiguriert werden und der Name der Cell muß dem GDS bekannt gemacht werden.

Für diese Bereiche stehen verschiedene Werkzeuge und Dienstprogramme zur Verfügung. Zahlreiche Aufgaben sind auch auf Betriebssystemebene durchzuführen. So ist z.B. dafür zu sorgen, daß die genannten Prozesse automatisch nach einem System-Reboot gestartet werden. Die nachfolgende Beschreibung geht auf die Möglichkeiten ein, die das CDS Control Program direkt bietet.

5.6.2 Das CDS Control Program als Management-Werkzeug

Das *CDS Control Program* (s. auch Abschnitt 5.3) umfaßt einige Kommandos, die speziell die Systemadministration von CDS unterstützen. Abb. 5-20 zeigt einige der wichtigsten Befehle im Überblick. Für die Angabe von Namen gelten die gleichen Richtlinien wie in Abschnitt 5.3 beschrieben.

Die Clearinghouse-Operationen dienen zur Identifikation von Clearinghouses, zur Analyse von Detailinformation zu einem bestimmten Clearinghouse sowie zum lokalen Erzeugen und Löschen von Clearinghouses. Bei der Erzeugung müssen allerdings bereits alle erforderlichen Systemdateien auf dem entsprechenden Rechner installiert sein. Ein Clearinghouse kann nur gelöscht werden, wenn es nicht die Master-Kopie eines Directories verwaltet. Gegebenenfalls muß die Master-Kopie erst an ein anderes Clearinghouse transferiert werden oder das betreffende Directory gelöscht werden.

Die *show*-Operation zur Client- und Server-Analyse zeigt Statusinformation an. Das Kommando muß auf dem Rechner aufgerufen werden, auf dem sich der CDS-Client (Clerk) bzw. der CDS-Server befinden. Die *disable*-Operation ermöglicht das Löschen eines Clerk- bzw. Server-Prozesses. Diese Prozesse können später auf Betriebssystemebene, also z.B. durch Unix-Kommandos, wieder gestartet werden.

Verwaltung von Clearinghouses
list clearinghouse <name> // Auflisten von Clearinghouses
show clearinghouse <name> // Auflisten von Detailinformation
create clearinghouse <name> // Erzeugen eines Clearinghouses
delete clearinghouse <name> // Löschen eines Clearinghouses

Analyse und Manipulation lokaler CDS-Clerks und CDS-Server
show clerk // Information über CDS-Clerk
show server // Information über CDS-Server
disable clerk // Löschen eines CDS-Clerks
disable server // Löschen eines CDS-Servers

Kontrolle der Replikation von Directories
create replica <dir-name> clearinghouse <name> // Erzeugen eines Replikats
delete replica <dir-name> clearinghouse <name> // Löschen eines Replikats
set directory <dir-name> to skulk // Explizites Anfordern eines Updates
set directory <dir-name> CDS_Convergence = <mode>
// Einstellen des Konvergenzmodus
set directory <dir-name> to new epoch master <name1> read-only <name2>...
// Festlegung neuer Master / R/O-Kopien

Abb. 5-20 Wichtige Management-Kommandos von cdscp

Die Operationen zur Replikationskontrolle ermöglichen die Definition von Directory-Replikaten in bestimmten Clearinghouses (*create replica*) und das Löschen von Replikaten (*delete replica*) sowie das Steuern der Replikat-Aktualisierung. Hierzu kann eine sofortige Aktualisierung (ein *skulk*) angefordert werden (*set directory <name> to skulk*). Alternativ können auch die Aktualisierungsintervalle durch Wahl eines bestimmten Modus eingestellt werden. Als Modi für das hierbei verwendete Attribut *CDS_Convergence* stehen *low, medium* und *high* zur Verfügung (s. Abschnitt 5.5.2). Außerdem ist es möglich, eine Neuzuordnung der Master-Kopie und der Read-Only-Kopien zu Clearinghouses vorzunehmen (*set directory <name> to new epoch ...*).

Durch kombinierte Anwendung der Operationen können z.B. neue Clearinghouses definiert und mit bestimmten zu verwaltenden Directories versehen werden, Directory-Kopien verlagert werden und vieles mehr. Häufig ist es auch erforderlich, diese Kommandos in Kombination mit den eher anwendungsorientierten *cdscp*-Befehlen aus Abschnitt 5.3 einzusetzen; z.B. ist es sinnvoll, nach der Definition eines neuen Directories auch dessen Replikationsorte festzulegen.

Beispiel
Wie in Abschnitt 5.3 soll auch hier die Anwendung der Kommandos anhand eines kleinen Beispiels illustriert werden. Ein Systemmanager möchte zunächst eine Li-

ste aller Clearinghouses in der eigenen Cell anzeigen lassen (die Namen der Clearinghouses sind im Wurzel-Directory der Cell abgelegt):

```
$ cdscp
cdscp> list clearinghouse /.:/*
                    LIST
                    CLEARINGHOUSE /.../telematik
                    AT 1992-07-30-13:59:20
t500i0_ch
t500m0_ch
```

Danach möchte er genauere Information zum ersten Clearinghouse erhalten (die Ausgabe ist gekürzt):

```
cdscp> show clearinghouse /.:/t500i0_ch
                    SHOW
                    CLEARINGHOUSE /.../telematik/t500i0_ch
                    AT 1992-07-30-14:02:51
                    CDS_CTS = 1992-07-16-12:29:09.558785100/aa-00-04-00-3e-0c
                    CDS_UTS = 1992-07-16-12:29:13.621281500/aa-00-04-00-3e-0c
                    CDS_ObjectUUID = 94112F82-62F6-11CB-9A7F-08002B1C5088
                    CDS_CHName = /.../telematik/t500i0_ch
                    CDS_CHLastAddress = :
                    Tower = ncacn_ip_tcp:129.13.3.62[]
                    CDS_CHState = on
                    CDS_CHDirectories = :
                    UUID of Directory = 94BF3AD3-62F6-11CB-9A7F-08002B1C5088
                    Name of Directory = /.../telematik
                    CDS_ReplicaVersion = 3.0
                    CDS_NSCellname = /.../telematik
                    Read_Accesses = 360752
                    Write Accesses = 627
```

Ausgegeben werden neben der üblichen Information zu Zeitstempeln und UUIDs u.a. auch die Binde-Information für den Zugang mittels RPC, die verwalteten Directories, der Name der Cell sowie einige aktuelle Zähler für Zugriffe etc. Nun soll eine weitere Read-Only-Kopie des Directories */.:/hosts* im anderen Clearinghouse angelegt werden. Anschließend soll noch der Konvergenzmodus dieses Directories auf den Wert *high* gesetzt werden, um eine häufige Aktualisierung zu erreichen:

```
cdscp> create replica /.:/hosts clearinghouse /.:/t500m0_ch
cdscp> set directory /.:/hosts CDS_Convergence = high
cdscp> exit
```

5.6.3 GDS Management

Die Management-Aufgaben zu GDS werden i.a. auf dem Rechner eines DSA durchgeführt und werden vom System durch eine größere Anzahl von Menuorientierten Bildschirmmasken unterstützt. Neben der Installation von Systemprozessen für DUAs und DSAs fallen die folgenden Aufgaben an:

- *Schema Administration:* Dieser Bereich befaßt sich mit der Definition und Modifikation des GDS-Schemas, das die Menge der zulässigen Attribute der GDS-Namen spezifiziert. Es stehen Masken zur Festlegung von Attributen und zur Definition von *Klassen* zur Verfügung; letztere spezifizieren die erlaubte Reihenfolge der Attribute für bestimmte Arten von Namen.
- *Shadow Administration:* Die Aufgaben dieses Feldes umfassen die Definition von Replikaten für Namenseinträge bei verschiedenen DSAs sowie die Steuerung der periodischen Aktualisierung von Replikaten. Hierzu können sogenannte *Shadowing Jobs* gestartet werden.
- *Subtree Administration:* Mit den Management-Funktionen dieses Bereichs können gesamte Teilbäume des GDS-Namensraums manipuliert werden. Beispielsweise können alle Namenseinträge einer *Organizational Unit* einer neuen Organisation zugeordnet werden. Dadurch werden globale Rekonfigurationen der Namensstruktur unterstützt.

Die einzelnen Masken zur Realisierung dieser Aufgaben sind recht umfangreich (s. [OSF5] und [OSF6]) und können daher an dieser Stelle nicht genauer erläutert werden. Um aber einen groben Eindruck von der Maskenstruktur zu vermitteln, sind in Abb. 5-21 selektiv zwei Masken aus [OSF5] zur Auswahl von Operationen zur Shadow Administration und - als Teilaufgabe davon - zur Auswahl der Aktualisierungshäufigkeit von Replikaten dargestellt.

```
(Mask 13)   Directory System   Shadow Adm.

  OPERATIONS:
    0 Exit
    1 Create Shadows and Shadowing Job
    2 Create Shadowing Job
    3 Remove Shadows and Shadowing Job
    4 Remove Shadowing Job
    5 Update Shadowing Job
    6 Display Shadowing Job
    7 Display Update Errors
    8 Remove Update Error
```

```
(Mask 14)   Directory System   Update...

Object Name:                ..................
                            ..................
Object Interpretation:      SINGLE OBJECT
Target DSA:                 ..................
                            ..................
Job:                        MODIFY UPDATE
                            FREQUENCY
Update Frequency:           HIGH
Update Times:               EVERY 5 MINUTES
```

Abb. 5-21 Masken für das GDS Shadow-Management

Die linke Maske zeigt alle verfügbaren Operationen zur Shadow Administration an und erlaubt die Selektion einer Operation. Die rechte Maske erscheint beim Update eines Shadowing Jobs. Sie ist nur etwas vereinfacht dargestellt und nur teilweise ausgefüllt; die eingetragenen Felder spezifizieren, daß die Aktualisierungshäufigkeit wie angegeben verändert werden soll (Aktualisierung alle 5 Minuten).

6 Security Service

Dieses Kapitel vertieft die Behandlung der Sicherheitsproblematik, die durch den *DCE Security Service* realisiert wird. Seine wesentlichen Mechanismen, nämlich *Authentisierung, Autorisierung* und *Verschlüsselung*, helfen zu gewährleisten, daß Server-Aufrufe und Datenzugriffe nur von genau den Clients bzw. Instanzen durchgeführt werden, die auch die erforderliche Berechtigung besitzen, und daß unberechtigte Instanzen keine Kenntnis von den ausgetauschten Daten erlangen. In diesem Zusammenhang verifiziert die Authentisierung die Identität von Client und Server.

Nach einer kurzen Diskussion der wichtigsten Eigenschaften des Security Service werden die Detailabläufe und die interne Realisierung der Authentisierung und der Autorisierung beschrieben. Ferner wird ein kurzer Überblick über weiterführende Programmierschnittstellen des Security Service gegeben, bevor dann die wichtigsten Systemverwaltungsaufgaben im Zusammenhang mit diesem Dienst erörtert werden.

Für den Anwendungsprogrammierer und den Endbenutzer sind die meisten der beschriebenen Mechanismen transparent und erfordern keine zusätzliche Programmierung. Im wesentlichen wird der Security Service integriert mit anderen DCE-Komponenten verwendet bzw. anwendungsspezifisch über die in Abschnitt 3.7 beschriebenen RPC-Schnittstellenfunktionen eingesetzt. Einige Werkzeuge des Security Service, v.a. der *ACL Editor*, sind jedoch auch für Anwender von Bedeutung. Ferner ist es in jedem Fall von Vorteil, einen Überblick über die interne Funktionalität des Security Service zu besitzen, um die angebotenen Mechanismen von ihrer Funktionalität her einordnen und bewerten zu können.

6.1 Wichtige Eigenschaften des Security Service

In Abschnitt 2.3.4 wurde bereits ein grober Überblick über die wesentlichen Komponenten des Security Service gegeben. Dabei handelt es sich um den *Registry Server* zur Verwaltung von Benutzerinformation, den *Authentisierungsserver* zur Realisierung des Authentisierungsvorganges sowie den *Privilege Server* zur Vergabe von Zugriffsberechtigungsinformation. Alle drei Server greifen auf dieselbe Security-Datenbasis zu, in der alle für den Security Service wesentlichen Daten abgelegt sind, so beispielsweise die Liste der definierten Benutzernamen zusammen mit verschlüsselter Paßwort-Information. Die genannten Server und die Security-Datenbasis werden innerhalb einer Cell i.a. mehrfach repliziert, um eine hohe Verfügbarkeit zu erzielen.

Wie auch beim Directory Service existiert jedoch nur ein aktualisierbares Exemplar der Datenbasis (*Primärkopie*), alle anderen Kopien davon sind Read/Only-Replikate (*Sekundärkopien*), die nur gezielt von der Primärkopie aus aktualisiert werden. Die Aktualisierung der Sekundärkopien erfolgt erst nach erfolgreicher Aktualisierung der Primärkopie. Falls Sekundärkopien momentan z.B. wegen Rechnerausfällen nicht verfügbar sind, wird die noch ausstehende Aktualisierungsanforderung in eine Aktualisierungstabelle bei der Primärkopie eingetragen und periodisch wiederholt. Die grundlegenden internen Abläufe dabei sind ähnlich wie bei den replizierten CDS-Servern (s. Kap. 5) und werden daher an dieser Stelle nicht weiter vertieft.

Authentisierung	Gegenseitige Authentisierung durch mehrfachen Austausch verschlüsselter Information
Autorisierung	Autorisierung von Benutzern und Benutzergruppen durch Zugriffskontrollisten mit Unterscheidung zahlreicher verschiedener Rechte
Verschlüsselung	Verschlüsselung auf der Basis privater Schlüssel
Systemadministration	Werkzeuge für Benutzer- und Zugriffskontrollinformation

Abb. 6-1 Wichtige Eigenschaften des Security Service

Die Tabelle in Abb. 6-1 faßt die wichtigsten Eigenschaften der insgesamt vom Security Service erbrachten Dienstleistungen zusammen. Die Authentisierung wird durch den gezielten, mehrfachen Austausch verschlüsselter Nachrichten zwischen einem Client, einem Server und dem Security Service realisiert. Sie sichert schließlich die gegenseitige Authentizität zu.

Die Autorisierung basiert auf Zugriffskontrollisten (*ACLs, Access Control Lists*), die den einzelnen Servern angefügt werden. Dabei werden zahlreiche Rechte unterschieden, die auch an Gruppen von Benutzern oder Servern sowie auch an Instanzen in fremden Cells vergeben werden können. Die Verschlüsselung im Rahmen der Authentisierung sowie bei der allgemeinen Nachrichtenübertragung basiert auf privaten Schlüsseln, die vom Security Service als Schlüsselvergabestelle verwaltet werden. Als Verschlüsselungsverfahren wird der *Data-Encryption-Standard (DES)* [NBS77] eingesetzt. Erweiterungen auf Verfahren mit öffentlichen Schlüsseln sind geplant, aber bisher noch nicht im DCE realisiert. Der Security Service stellt außerdem einige Werkzeuge zur Systemadministration zur Verfügung, um etwa Benutzer-Accounts zu definieren oder ACLs zu verwalten.

6.2 Authentisierung und Verschlüsselung

Die *Authentisierung* wird primär beim authentisierten RPC (s. Abschnitt 3.7) eingesetzt. Indirekt kommt sie dadurch wahlweise auch bei anderen DCE-Komponenten zum Einsatz, die den RPC als Basiskommunikationsmechanismus verwenden, so etwa beim CDS oder beim DTS. Der Mechanismus basiert auf einem umfangreichen verteilten Protokoll auf der Basis privater Schlüssel, das im folgenden in seiner Grundstruktur dargestellt wird. Ferner wird darauf eingegangen, wie eine Cell-übergreifende Authentisierung realisiert werden kann und wie die eventuell zukünftig alternativ eingesetzten Authentisierungsverfahren auf der Basis öffentlicher Schlüssel arbeiten.

6.2.1 Ablauf des Authentisierungsprotokolls

Der in Kap. 2 beschriebene Ablauf bei der Authentisierung und Autorisierung wurde dort nur vereinfacht dargestellt und wäre in der gezeigten Form nicht vollständig sicher gegen unberechtigte Eingriffe. Die übertragene Information muß vielmehr mittels einer umfangreicheren Strategie verschlüsselt werden. Die Abbildungen 6-2 und 6-3 zeigen dazu die verschlüsselten Nachrichten in formaler Notation in Anlehnung an [OSF3] und [SNS88]; letzteres ist die Beschreibung des zugrundeliegenden Authentisierungsdienstes *Kerberos*. Die verwendete Notation {<x>}K<k> bedeutet, daß die übertragene Information <x> mit dem Schlüssel K<k> verschlüsselt wird. Unterhalb der beteiligten Komponenten ist jeweils die nach Empfang einer Nachricht aktuell entschlüsselte bzw. selbst generierte Information gezeigt. Auch in dieser Darstellung werden noch einige geringfügige Vereinfachungen getroffen, um die Beschreibung kompakt zu halten (z.B. wird im Originalprotokoll noch ein weiterer Konversationsschlüssel eingeführt [OSF3]).

Login
Diese Phase (s. Abb. 6-2) wird beim Login eines Benutzers durchlaufen. Sie dient dazu, einen Benutzer gegenüber dem Security Service zu authentisieren und in damit in die Lage zu versetzen, später Zugriffsberechtigungen für anwendungsspezifische Server bzw. für DCE-Server zu erwerben. Alle auftretenden Interaktionen werden ausschließlich intern durchgeführt; der Benutzer registriert deren Ablauf lediglich an der Meldung, ob die Authentisierung erfolgreich ablief oder nicht.

Die Login-Komponente sendet zunächst eine Authentisierungsanforderung an einen Security Server unter Angabe des Benutzernamens *B*; dieser entspricht dem in Abschnitt 3.7. eingeführten *Principal Name* des Benutzers, der mittels der Security-Administrationstechniken (s. Abschnitt 6.4) definiert wird. Die Principal Names sind im Cell-Namensraum unterhalb des Directories */.:/sec/principal* abgelegt, also z.B. */.:/sec/principal/B*. Zu Zwecken der Zugriffskontrolle (s. Abschnitt 6.3) können auch Gruppen von Benutzern definiert werden, wobei die Gruppennamen unter */.:/sec/group* geführt werden, also z.B. */.:/sec/group/Benutzergruppe_1*.

Innerhalb reiner Security-Funktionen können die vorstehenden Directories bei der Namensangabe auch weggelassen werden.

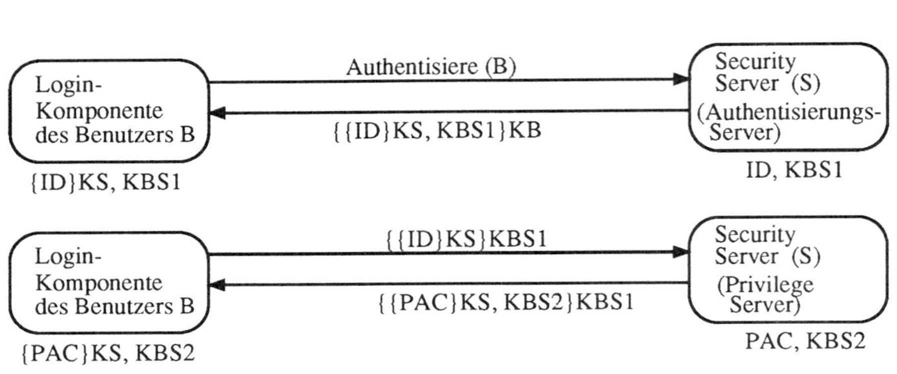

Abb. 6-2 Authentisierungsprotokoll in der Login-Phase

Der Security Server (speziell der Authentisierungsserver) generiert daraufhin einen (beliebigen) Konversationsschlüssel *KBS1* zur Konversation zwischen ihm und dem Benutzer. Außerdem erzeugt er eine Benutzerkennung *ID*, die die interne Repräsentation der Benutzerinformation von *B* darstellt, und verschlüsselt die *ID* mit seinem eigenen privaten Schlüssel *KS*. Das Resultat sowie den Konversationsschlüssel verschlüsselt er wiederum mit dem privaten Schlüssel *KB* des Benutzers *B*. Grundsätzlich kennt der Security Service alle privaten Schlüssel aller Instanzen in einer DCE-Cell, also auch *KB*.

Die Login-Komponente ist nun in der Lage, den erhaltenen Konversationsschlüssel *KBS1* mit dem ihr bekannten Schlüssel *KB* zu entschlüsseln; letzterer wird aus dem vom Benutzer eingegebenen Paßwort abgeleitet. Die Benutzerkennung *ID* bleibt weiterhin mit *KS* verschlüsselt, da *KS* nur dem Security Server bekannt ist.

Daraufhin verschlüsselt die Login-Komponente die noch mit *KS* verschlüsselte Benutzerkennung zusätzlich mit *KBS1* und sendet das Ergebnis zurück an den Security Server (genauer an den Privilege Server). Dieser entschlüsselt die Benutzerkennung *ID* zunächst mit *KBS1* und dann noch mit *KS* und erhält sie damit im Klartext. Er vergleicht diese Information mit der vom Authentisierungsserver zuvor generierten Benutzerkennung. Falls sie hiermit übereinstimmt, so weiß der Server, daß es sich um einen authentischen Benutzer handelt. Ein anderer Benutzer hätte *KB* nicht kennen können und wäre damit nicht in der Lage gewesen, *KBS1* zu entschlüsseln und damit auch die *ID*-Information wieder korrekt zu verschlüsseln. Durch die zusätzliche Verschlüsselung von *ID* mit *KS* wird erreicht, daß der Client keine falsche *ID*-Information generieren kann; er wäre nicht in der Lage, diese wieder korrekt mit *KS* zu verschlüsseln.

Nachdem sich der Privilege Server also der Authentizität des Benutzers versichert hat, generiert er ein sogenanntes *Privilege Attribute Certificate (PAC)*. Dieses erlaubt dem Benutzer später, Zugriffsberechtigungen für Anwendungsserver anzufordern. Das *PAC* wird mit *KS* verschlüsselt und anschließend noch - zusammen mit einem zweiten, neu generierten Konversationsschlüssel *KBS2* - mit *KBS1* verschlüsselt und an die Login-Komponente zurückgeschickt. Diese kann *KBS2* unter Verwendung von *KBS1* entschlüsseln und erhält außerdem das noch mit *KS* verschlüsselte *PAC*. Das Erzeugen des weiteren Konversationsschlüssels *KBS2* ist erforderlich, um zu verhindern, daß unberechtigt und "blind" vom Netz kopierte Daten später einfach erneut gesendet werden; in diesem Fall gälte dies für das mit *KS* und *KBS1* verschlüsselte *PAC*. Die Login-Komponente bewahrt sich das verschlüsselte *PAC* im Speicher auf und kann dann *KBS1* sowie jegliche Paßwort-Information löschen.

Aufruf eines Anwendungsservers

Die zweite in Abb. 6-3 dargestellte Phase realisiert einen authentisierten RPC, um einen Anwendungsserver aufzurufen. Sie wird über die in Abschnitt 3.7 behandelten RPC-Schnittstellenfunktionen angestoßen. Zunächst sendet die Security-Software des nun als Client eines Anwendungsservers *X* agierenden Benutzers eine Berechtigungsanforderung an den Security Server (den Authentisierungsdienst). Die Anforderung enthält das mit *KS* verschlüsselte *PAC* aus der ersten Phase; dieses wird mit dem Konversationsschlüssel *KBS2* verschlüsselt. Außerdem wird der *Principal Name* des gewünschten Anwendungsservers *X* im Klartext mitgeschickt. Der Authentisierungsserver entschlüsselt das *PAC* und überzeugt sich mittels der im *PAC* enthaltenen Information nochmals, daß es sich tatsächlich um den entsprechenden Benutzer *B* handelt (das *PAC* umfaßt entsprechende interne Kennungen).

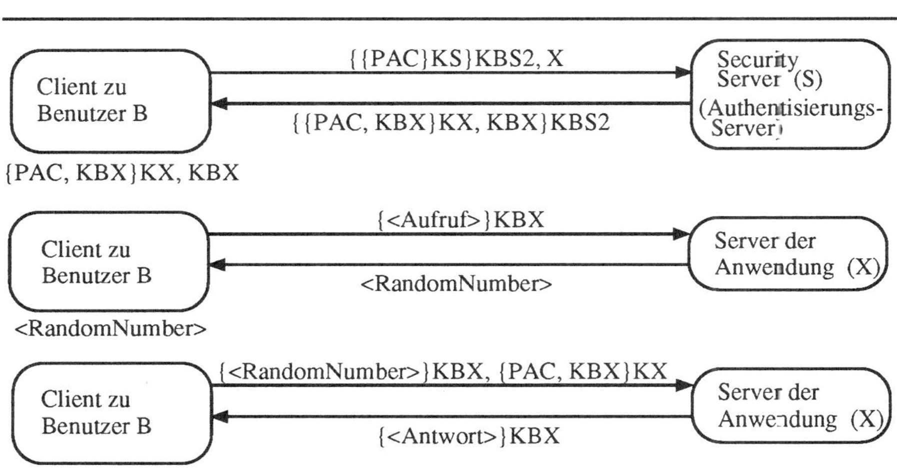

Abb. 6-3 Authentisierungsprotokoll beim Server-Aufruf

Anschließend wird ein weiterer Konversationsschlüssel *KBX* zur Kommunikation zwischen dem Benutzer *B* und dem Server *X* generiert. Dieser wird zusammen mit dem *PAC* mit dem privaten Schlüssel *KX* des Anwendungsservers verschlüsselt. Das Resultat wird außerdem noch - zusammen mit *KBX* - mit *KBS2* verschlüsselt. Auf Seiten des Benutzers kann dadurch *KBX* entschlüsselt werden. Die übrige Information wird zunächst in der noch mit *KX* verschlüsselten Form zwischengespeichert.

Nun erfolgt der RPC-Aufruf an den Server, der mit *KBX* verschlüsselt wird. Der Server speichert die erhaltenen Daten zwischen, kann sie aber noch nicht entschlüsseln, da er *KBX* noch nicht kennt. Ferner ist er noch nicht sicher, ob *B* authentisch ist. Daher sendet er eine von ihm selbst generierte Zahl *<RandomNumber>* an den Client für einen Authentisierungstest zurück. Der Client verschlüsselt die Zahl mit *KBX* und sendet außerdem das bereits mit *KX* verschlüsselte *PAC* sowie den ebenfalls so verschlüsselten Konversationsschlüssel *KBX* an den Server zurück.

Der Server erhält den Konversationsschlüssel, nachdem er ihn mit *KX* entschlüsselt hat und entschlüsselt damit auch die von ihm generierte und vom Client zurückgeschickte Zahl. Falls es sich um die korrekte Zahl handelt, ist der Server sicher, daß es sich um einen authentischen Client handelt; aufgrund der zuvor mit dem Security Server durch den Client bzw. Benutzer durchgeführten Interaktion kann nur ein authentischer Client den Konversationsschlüssel *KBX* kennen.

Daraufhin prüft der Server die im *PAC* enthaltene Information und vergleicht sie mit einer von ihm lokal verwalteten Zugriffskontrolliste (s. auch Abschnitt 6.3). Falls der Client über die erforderlichen Zugriffsrechte verfügt, führt der Server den Aufruf durch und liefert das Ergebnis wiederum mit *KBX* verschlüsselt an den Client zurück. Dieser Ablauf wiederholt sich entsprechend für Folgeaufrufe.

Insgesamt gewährleistet das Protokoll, daß Clients gegenüber dem Security Service und gegenüber Anwendungsservern authentisiert sind. Umgekehrt wird aber auch die Authentisierung des Anwendungsservers gegenüber dem Client zugesichert: Ein nicht authentischer Server könnte *KX* nicht kennen und damit auch *KBX* nicht entschlüsseln. Aus diesem Grund hätte er keinen Zugriff auf die vom Client mit *KBX* verschlüsselten und an ihn übertragenen Daten. Der Client könnte zudem an einer nicht korrekt verschlüsselten Antwort auch erkennen, daß es sich nicht um einen authentischen Server handelt, selbst wenn der Server die Aufrufdurchführung vortäuscht.

Das Protokoll ermöglicht außerdem die Verschlüsselung der zwischen Client und Server übertragenen RPC-Nachrichten unter Verwendung von *KBX* und ist damit in der Lage, die unterschiedlichen Schutzgrade aus Abschnitt 3.7 zu realisieren (z.B. Verschlüsselung jedes Aufrufs oder jedes Pakets).

Eine Grundvoraussetzung für die Gewährleistung der Sicherheitsaspekte durch das dargestellte Protokoll ist die physische Sicherung der Schlüsselvergabestelle, also des Security Servers mit der zugehörigen Datenbasis. Dies muß durch geeignete organisatorische Rahmenbedingungen vom Systemadministrator gewährleistet werden.

6.2.2 Cell-übergreifende Authentisierung

Das beschriebene Verfahren basiert darauf, daß der Security Server alle privaten Schlüssel kennt. Dies ist aber nur innerhalb einer Cell der Fall. Bei Cell-übergreifenden authentisierten RPC-Aufrufen von einem Client in *Cell 1* zu einem Server in *Cell 2* ist dagegen eine Erweiterung des Protokolls erforderlich. Die Möglichkeit, daß die Security Server sich ihre eigenen privaten Schlüssel gegenseitig bekannt machen (oben z.B. der Schlüssel *KS*), ist aus organisatorischen Gründen auszuschließen, da sonst beliebige Cell-übergreifende Zugriffe auf die Security-Datenbasen durch die jeweiligen Security Server möglich wären. Vielmehr werden spezielle Principal Names für die Security Server der jeweils fremden Cell als sogenannte *Surrogate* (z.B. die Surrogate *SC2* für *Cell 2* in *Cell 1* und *SC1* für *Cell 1* in *Cell 2*) eingeführt (s. Abb. 6-4).

Abb. 6-4 Surrogate für die Security Server fremder Cells

Den Surrogaten für jeweils zwei Cells wird nun ein gemeinsamer Schlüssel zugeordnet (hier *K1-2*), der aber verschieden von den privaten Schlüsseln der Security Server ist. Die Surrogate und ihre Schlüssel müssen von den jeweiligen Systemadministratoren in gemeinsamer Absprache eingeführt werden.

Nun ist es möglich, das gesamte Authentisierungsprotokoll zwischen dem Client und dem fremden Authentisierungs- und Privilege-Server in der beschriebenen Form abzuwickeln. Dazu verschlüsselt der Security Server der eigenen Cell zunächst das *PAC* des Clients mit dem gemeinsamen Schlüssel (hier *K1-2*). Das Ergebnis wird an den fremden Security Server weitergeleitet, der aufgrund der erfolgreichen Entschlüsselung durch *K1-2* dem Client vertraut und diesem schließlich nach mehreren in Abschnitt 6.2 beschriebenen Interaktionen einen Konversationsschlüssel für den gewünschten Server zur Verfügung stellt. Der Client muß allerdings auch für diesen Server speziell als Principal einer fremden Cell autorisiert sein (s. Abschnitt 6.3).

6.2.3 Erweiterung: Öffentliche Schlüssel

Neben den hier vorgestellten Verfahren auf der Basis privater Schlüssel gibt es auch Ansätze, die *öffentliche Schlüssel* verwenden. Bei solchen Verfahren generiert jeder potentielle Empfänger zunächst einen geheimen Schlüssel *KE* zur Entschlüsselung empfangener Nachrichten. Aus diesem Schlüssel berechnet er unter Verwendung einer allgemein bekannten Funktion *F* einen korrespondierenden öffentlichen Schlüssel *KV* zur Verschlüsselung und macht diesen allen potentiellen Sendern bekannt. Die Besonderheit dabei ist, daß die Funktion *F* so gewählt wird, daß ihre Umkehrfunktion praktisch nicht berechenbar ist (*F* ist eine *Einwegfunktion*); dies wird durch ein Verfahren auf der Basis einer speziellen Primzahl-Zerlegung erreicht. Damit kann *KE* nicht unter Verwendung von *KV* berechnet werden und ist also nur dem Empfänger bekannt. Die Verschlüsselung und Entschlüsselung erfolgt durch zwei getrennte öffentliche Funktionen unter Eingabe des jeweiligen Schlüssels.

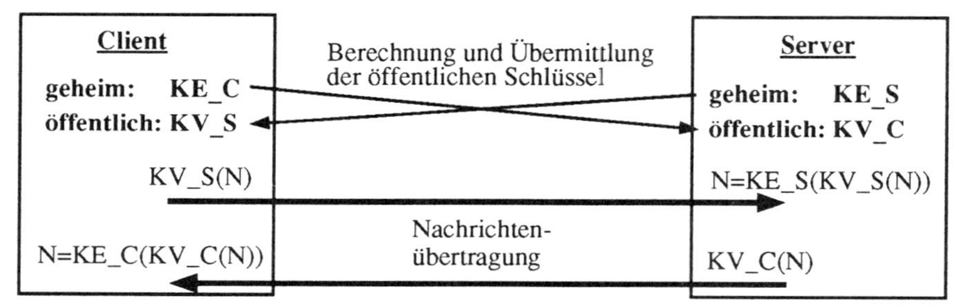

Abb. 6-5 Verfahren auf der Basis öffentlicher Schlüssel: Struktur

Abb. 6-5 zeigt ein Beispiel hierzu. Ein Client generiert den geheimen Schlüssel *KE_C*, ein Server den geheimen Schlüssel *KE_S*. Daraus werden die öffentlichen Schlüssel *KV_C* und *KV_S* mittels einer Einwegfunktion abgeleitet und jeweils dem Kommunikationspartner bekannt gemacht. Der Client verschlüsselt die gesendeten Nachrichten *N* mit *KV_S*, der Server mit *KV_C*. Beide Seiten sind dann unter Verwendung ihrer geheimen Schlüssel zur Entschlüsselung der empfangenen Nachrichten fähig.

Verfahren auf der Basis öffentlicher Schlüssel können eventuell höhere Sicherheit als der genormte *DES*-Standard bieten und erfordern nicht unbedingt eine vertrauenswürdige Schlüsselvergabestelle. Sie können insbesondere auch eingesetzt werden, um private Schlüssel in einer Initialphase sicher verteilen zu können, also z.B. der Schlüsselvergabestelle bekannt zu machen. Öffentliche Schlüsselverfahren haben lediglich den Nachteil, daß Paare von Verschlüsselungsfunktionen anstatt Schlüssel einer Standardfunktion in der Bibliothek gespeichert werden müssen.

Außerdem kann die Berechnung der erforderlichen Funktionen zeitaufwendiger sein als bei privaten Schlüsselverfahren.

In der Zukunft ist geplant, ein Verfahren auf der Basis öffentlicher Schlüssel mit in das DCE zu integrieren. Die Selektion des Verfahrens erfolgt beim Aufruf der RPC-Funktionen für den authentisierten RPC (s. Abschnitt 3.7) durch Spezifikation der Art des gewünschten Authentisierungsdienstes. Schon jetzt ist dort eine entsprechende Konstante zur Auswahl eines öffentlichen Schlüsselverfahrens vorgesehen (*rpc_c_authn_dce_public*).

6.3 Autorisierung

Neben der Authentisierung ist die *Autorisierung* ein weiterer wesentlicher Mechanismus des Security Service. Die Autorisierung beruht auf der Prüfung von Zugriffsrechten von Clients durch Server, die eine bestimmte Operation durchführen sollen. Dies gilt sowohl für Server einer Anwendung wie auch für DCE-interne Server wie etwa die CDS-, DTS- oder DFS-Server. Die in Form von *ACLs (Access Control Lists)* gespeicherten Zugriffsrechte werden von den jeweiligen Servern dezentral verwaltet. Die nachfolgenden Abschnitte beschreiben die Struktur von ACLs, die Art der möglichen Einträge in eine ACL sowie den *ACL Editor* als Werkzeug zur Installation und Verwaltung von ACLs.

6.3.1 Zugriffskontrollisten: ACLs

Eine ACL umfaßt eine Reihe von *Attributen* mit *Einträgen*, die verschiedenen Principals bzw. Gruppen hiervon bestimmte Rechte bezüglich eines Servers oder bezüglich eines von einem Server verwalteten Datenobjektes einräumen.

CDS-Name: /.:/Abteilung_1

user_obj	/.:/sec/principal/Meier	: rwidt
foreign_user	/.../firma_z.de/sec/principal/Gross	: r --- t
group_obj	/.:/sec/group/Abteilung_1	: rwi- t

Abb. 6-6 Beispiel einer Zugriffskontrolliste für ein CDS-Directory

Einführendes Beispiel

Zur Einführung zeigt Abb. 6-6 eine Zugriffskontrolliste für ein CDS-Directory */.:/Abteilung_1*, das von einem CDS-Server verwaltet wird (s. auch Kap. 5). Die Liste spezifiziert zunächst durch den Eintrag für das Attribut *user_obj*, daß der spezielle Benutzer *Meier* (z.B. der Abteilungsleiter) alle überhaupt möglichen Zugriffsrechte hat (*r=read, w=write, i=insert, d=delete* und *t=test*; *test* erlaubt den Test auf Übereinstimmung von Attributwerten der Namenseinträge mit vorgegebenen Werten). Der Abteilungsleiter kann also Namenseinträge im gegebenen Directory lesen, verändern, einfügen, löschen und bezüglich ihrer Attribute testen. Außerdem wird ein Benutzer einer fremden Cell (*foreign_user*) spezifiziert, dem das *read*- und *test*-Recht eingeräumt wird. Der nachfolgende ACL-Eintrag für *group_obj* gibt den Namen einer Benutzergruppe (hier der Abteilung) an, deren Mitglieder alle Rechte außer *delete* auf das Directory haben.

Es sei darauf hingewiesen, daß die genannten Arten von Rechten nicht für alle ACLs im DCE fest vorgegeben sind, sondern daß einsatzabhängig durchaus auch andere Rechte vorkommen bzw. definiert werden können. Dies ist z.B. beim Distributed File Service der Fall, wo das *execute*-Recht auf Dateien hinzukommt, das *test*-Recht dagegen nicht definiert ist.

Attribut	Anzahl Einträge	Bedeutung
user_obj	1	Rechte für den Besitzer des Objektes
user	*	Rechte für andere Benutzer
foreign_user	*	Rechte für Benutzer aus anderen Cells
group_obj	1	Rechte für die Besitzergruppe des Objektes
group	*	Rechte für andere Gruppen
foreign_group	*	Rechte für Gruppen aus anderen Cells
other_obj	1	Rechte für eine ausgewählte weitere Instanz
foreign_other	*	Rechte für weitere Instanzen aus anderen Cells
any_other	1	Rechte für beliebige andere Instanzen

Abb. 6-7 Mögliche Arten von ACL-Einträgen

Übersicht über die einzelnen ACL-Attribute

Abb. 6-7 zeigt alle angebotenen Typen von ACL-Attributen im Zusammenhang. Es wird auch angegeben, wie viele Einträge für ein Attribut maximal möglich sind ("*" steht für beliebig viele Einträge). Für die unter Zugriffsschutz stehenden Einheiten (Server, Datenobjekte etc.) wird im folgenden der Sammelbegriff *Objekt* verwendet. Die zugreifenden Einheiten werden auch *Instanzen* genannt.

Grundsätzlich können für jedes Objekt ein Besitzer (*user_obj*), eine Besitzergruppe (*group_obj*) und eine weitere eng zugeordnete Instanz (*other_obj*) mit ihren zugehörigen Rechten definiert werden. Im Gegensatz zu den übrigen ACL-Attributen kann für diese Attribute jeweils nur *ein* Eintrag definiert werden (z.B. */.:/user/Meier* wie oben). Die Rechte für Mengen anderer Benutzer und Benutzergruppen werden dagegen durch *user* bzw. *group* spezifiziert. Zugriffsrechte für Instanzen aus fremden Cells werden separat definiert; die Rechte entsprechender Benutzer, Gruppen sowie weiterer Instanzen werden unter *foreign_user*, *foreign_group* und *foreign_other* geführt. Eine Sonderstellung nimmt das Attribut *any_other* ein; es nennt nicht explizit Instanzen, sondern definiert pauschale Rechte für alle Instanzen, die nicht über die anderen Attribute explizit erfaßt werden.

Neben diesen Attributen stehen noch zwei sogenannte *Maskierungsattribute* zur Verfügung: Die Rechte zum ersten Attribut *mask_obj* werden bei der Entscheidung über eine Zugriffserlaubnis mit allen anderen Einträgen (außer *user_obj* und *other_obj*) UND-verknüpft. Sie bieten eine einfache Möglichkeit, bestimmte Rechte (z.B. das Schreibrecht auf ein Objekt) zumindest temporär global für alle Instanzen - außer für den Besitzer (*user_obj*) bzw. für *other_obj* - auszublenden, ohne die einzelnen Einträge ändern zu müssen. Einträge zum zweiten Attribut *unauthenticated* werden dagegen nur dann mit den anderen Einträgen UND-verknüpft, wenn die zugreifende Instanz nicht authentisiert ist, also wenn z.B. bei einem RPC-Aufruf explizit auf die Authentisierung verzichtet wird. Dies dient zum Ausblenden der Rechte für Instanzen, deren Identität nicht verifiziert wurde.

6.3.2 Prüfung der Zugriffsrechte zur Laufzeit

Ein Server spezifiziert durch die in Abschnitt 3.7 eingeführte Funktion *rpc_server_register_auth_info*, daß ankommende Aufrufe geeignet autorisiert sein müssen. In diesem Fall wird beim Eintreffen eines Aufrufs ein Algorithmus zur Prüfung der Zugriffsrechte ausgeführt. Diese Prüfung wird von einem *ACL Manager* realisiert, der mit der Implementierung des verwendeten Algorithmus gleichgesetzt werden kann. Es ist grundsätzlich möglich, anwendungsspezifische Prüfalgorithmen und damit ACL Manager zu implementieren ([OSF3], [OSF4]); hier soll jedoch nur das Grundprinzip bei den standardmäßig verfügbaren ACL Managern für dedizierte DCE-Server (z.B. CDS-Server) vorgestellt werden.

Die zur Auswertung durch ACL-Manager benötigte Information befindet sich in der ACL des Servers sowie in dem mitgeschickten PAC des aufrufenden Clients; letzteres umfaßt z.B. auch Information über die Gruppenzugehörigkeit des Clients. Eine weitere Eingabe für den Prüfalgorithmus ist die Art des angeforderten Zugriffs. Der Algorithmus vergleicht in mehreren Schritten in der oben genannten Reihenfolge der Attribute, welche ACL-Einträge für den aufrufenden Client zutreffen. Beispielsweise werden für Clients der gleichen Cell der unter *user_obj* und die unter *user* stehenden Namen mit dem Principal Name des Clients verglichen. Für Clients aus fremden Cells wird dagegen der Eintrag unter *foreign_user* verglichen. Falls sich daraus noch nicht die erforderlichen Zugriffsrechte ergeben, wird die Gruppenzugehörigkeit des Clients mittels des PAC ermittelt und mit den ACL-Gruppenattributen verglichen usw. Zum Schluß werden die ermittelten Rechte mit den bei *mask_obj* und - für nicht authentisierte Clients - mit den bei *unauthenticated* eingetragenen Rechten UND-verknüpft. Dann kann entschieden werden, ob die erforderlichen Zugriffsrechte für den jeweiligen Client tatsächlich vorhanden sind.

Ein zusammenfassendes Beispiel soll den Vorgang genauer illustrieren. Abb. 6-8 zeigt die um einige Attribute erweiterte Zugriffskontrolliste aus Abb. 6-6. Es sei nun angenommen, daß der Benutzer *Mueller* aus der lokalen Cell auf das Directory

/.:/Abteilung_1 mit den Rechten *read (r)*, *insert (i)* und *test (t)* zugreifen will und daß dieser Benutzer auch der Gruppe *Abteilung_2* angehört.

CDS-Name: /.:/Abteilung_1		
user_obj	/.:/sec/principal/Meier	: rwidt
user	/.:/sec/principal/Mueller	: r ---t
foreign_user	/.../firma_z.de/sec/principal/Gross	: r ---t
group_obj	/.:/sec/group/Abteilung_1	: rwi-t
group	/.:/sec/group/Abteilung_2	: r-i- t
group	/.:/sec/group/Abteilung_3	: r-i- t
mask_obj		: r-i-t
unauthenticated		: ----t

Abb. 6-8 Erweitertes Beispiel einer Zugriffskontrolliste

Die Prüfung der Zugriffsrechte ergibt zunächst *r* und *t* aufgrund des *user*-Eintrags */.:/sec/principal/Mueller*. Aufgrund des Gruppeneintrags */.:/sec/group/Abteilung_2* wird dem Benutzer als Gruppenmitglied aber zusätzlich das Recht *i* zugestanden. Die weiteren Einträge treffen für den Benutzer *Mueller* nicht zu. Die Maskierung der ermittelten Rechte mit dem Eintrag unter *mask_obj* führt nicht zu einer Reduzierung der Rechte, so daß der geforderte Zugriff gewährt werden kann. Wäre der Benutzer *Mueller* aber nicht authentisiert, so würde eine Maskierung mit *unauthenticated* erfolgen; dies würde die Rechte auf das *test-Recht* beschneiden, so daß der geforderte Zugriff abgelehnt würde.

6.3.3 ACLs für CDS-Directories

Bisher wurde davon ausgegangen, daß eine ACL sich direkt auf ein bestimmtes Objekt, also z.B. auf einen Namenseintrag bezieht. Solche ACLs sind auch der Regelfall und werden als *Object ACLs* bezeichnet. Zusätzlich existieren aber auch andere ACL-Typen, die Default-Rechte für Object ACLs für Objekte innerhalb von CDS-Directories oder innerhalb von anderen *Sammelstrukturen* (z.B. DFS-Directories) vorgeben. Diese sogenannten *Creation ACLs* dienen dazu, ein innerhalb einer Sammelstruktur erzeugtes Objekt in jedem Fall per Default mit einer bestimmten Object ACL zu versehen. Grundsätzlich gilt die Regel, daß die Attributwerte einer Creation ACL an die Object ACL für die innerhalb einer Sammelstruktur generierten Objekte vererbt werden, falls keine Object ACL explizit spezifiziert wird.

Beispielsweise würden die Creation-ACL-Attribute des CDS-Directories */.:/Firma_A/Abteilung_1* an die Object ACLs der Namenseinträge */.:/Firma_A/Abtei-*

lung_1/Server_X oder */.:/Firma_A/Abteilung_1/Server_Y* per Default weitergegeben (s. Abb. 6-9).

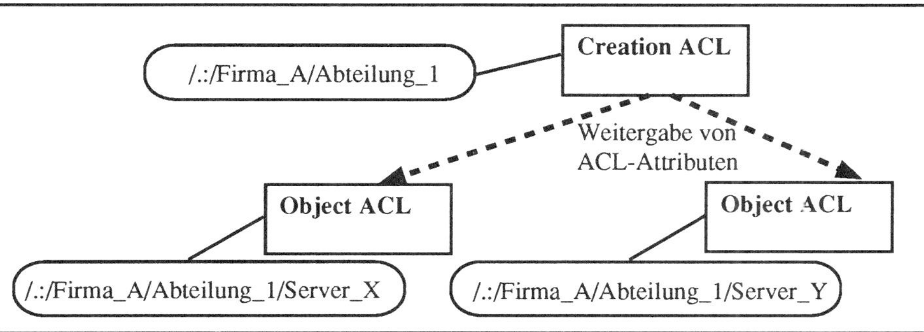

Abb. 6-9 Weitergabe von Attributen einer Creation ACL

Es wird sogar noch genauer zwischen der Vererbung von Attributen an Directories bzw. an einfache Namenseinträge innerhalb eines Directories unterschieden; zu einzelnen Details hierzu sei auf [OSF3] verwiesen.

6.3.4 Der ACL Editor

Zur Definition von ACLs steht der *ACL Editor* des DCE zur Verfügung, der sowohl vom Anwendungsprogrammierer und vom Systemmanager wie auch vom Endbenutzer verwendet wird. Der Editor ermöglicht die Definition der genannten ACL-Einträge und die Zuordnung entsprechender Rechte zu einem Eintrag. Er wird mit dem Kommando *acl_edit <object>* aufgerufen. Dabei ist *<object>* der CDS/GDS-Name des betreffenden Objektes, für das eine ACL bearbeitet werden soll.

```
l               // Auflisten einer ACL
p               // Auflisten der für die ACL generell möglichen Arten von Rechten
t <rights>      // Test, ob die angegebenen Rechte dem aufrufenden Principal zustehen
m <entry>       // Ändern oder Hinzufügen eines ACL-Eintrags
d <entry>       // Löschen eines ACL-Eintrags
k               // Löschen aller Einträge (außer user_obj)
e               // Beenden des ACL Editors mit Abspeichern der Änderungen
ab              // Beenden des ACL Editors ohne Abspeichern der Änderungen
```

Abb. 6-10 Wichtige Kommandos des ACL-Editors

Nach dem Starten des ACL Editors können seine speziellen Befehle zur Bearbeitung der zum Objekt gehörigen ACL eingegeben werden, die auszugsweise in Abb. 6-10 zusammengefaßt sind. Ein Beispiel illustriert zunächst das Auflisten der oben beschriebenen ACL:

```
$ acl_edit /.:/Abteilung_1
sec_acl_edit> l
# SEC_ACL for /.../telematik/Abteilung_1
# Default cell = /.../telematik
mask_obj:r-i-t
user_obj:rwidt
user:Mueller:r---t    #effective:r---t
...
```

Die Ausgabe wurde gekürzt. Sie entspricht den oben definierten Rechten. Zusätzlich wird unter *#effective* angegeben, welche Rechte für einen bestimmten Benutzer übrig bleiben, wenn die Maskierung mit *mask_obj* durchgeführt wurde. Dies ist wichtig, um auf einen Blick die tatsächlichen Rechte eines Benutzers beurteilen zu können.

Nun soll angezeigt werden, welche Rechte generell bei der ACL des gegebenen Objektes möglich sind:

```
sec_acl_edit> p
Token        Description
r            read
w            write
i            insert
d            delete
t            test
```

Anschließend prüft der Aufrufende, ob er das Lese- und Test-Recht besitzt:

```
sec_acl_edit> t rt
Granted
```

Nun ändert er den *user*-Eintrag sowie den *mask_obj*-Eintrag der ACL:

```
sec_acl_edit> m user:Mueller:rwt
sec_acl_edit> m mask_obj:rwt
```

Danach sind in der ACL die entsprechenden Änderungen vermerkt:

```
sec_acl_edit> l
# SEC_ACL for /.../telematik/Abteilung_1
# Default cell = /.../telematik
mask_obj:rw--t
user_obj:rwidt
user:Mueller:rw--t    #effective:rw--t
...
```

Nur weil auch *mask_obj* geändert wurde, erhält der Benutzer Mueller zusätzlich das Schreibrecht; die Änderung von *user* alleine hätte ihm aufgrund der Maskierung keine zusätzlichen Rechte gewährt. Das Löschen von Einträgen wird nicht in Betracht gezogen, sondern der ACL Editor wird unter Abspeichern der Änderungen verlassen:

sec_acl_edit> e

6.4 Administrationsaufgaben

6.4.1 Übersicht

Der Security Service erfordert eine Reihe relativ umfangreicher Administrationsaufgaben. Diese werden nachfolgend zusammengefaßt:

- *Installation einer Registry-Datenbasis:* Zunächst muß eine Registry-Datenbasis mittels des interaktiven Befehls *sec_create_db* erzeugt und initialisiert werden. Anschließend kann der Security Dämon *secd* auf dem Rechner mit der Primärkopie sowie auf anderen Rechnern, die eine Sekundärkopie verwalten sollen, gestartet werden.
- *Verwaltung der Registry-Datenbasis:* Die laufende Verwaltung der Registry-Datenbasis wird durch das unten beschriebene Werkzeug *rgy_edit,* den *Registry Editor,* ermöglicht. Die wichtigsten Aufgaben sind das Einrichten von Benutzer-Accounts und Benutzergruppen. Ein Account umfaßt die in Betriebssystemen wie Unix übliche Information, z.B. Paßwortdaten oder bestimmte Quota-Begrenzungen. Mit dem Werkzeug *sec_admin* können allgemeine Verwaltungsaufgaben durchgeführt werden, so z.B. die Generierung eines neuen Schlüssels für einen Security Server.
- *Verwaltung von Unix-Accounts:* Um die Konsistenz zur Account-Verwaltung der an einer DCE-Cell beteiligten Unix-Rechner zu wahren, stehen Mechanismen zum Importieren existierender Unix-Accounts in die Registry-Datenbasis sowie zum Exportieren neuer Accounts in ein Unix-System zur Verfügung (*passwd_import* bzw. *passwd_export*).
- *Cell-übergreifende Authentisierung:* Wie beschrieben, erfordert die Cell-übergreifende Authentisierung das Installieren eines Surrogats für die jeweils fremde Cell.
- *Definition von Standard-Management-Attributen:* Der Systemadministrator hat auch die Möglichkeit, spezielle Default-Management-Attribute an seine jeweilige Systemumgebung anzupassen, so z.B. die Lebensdauer von Paßwörtern.

Neben diesen grob dargestellten Mechanismen sind zahlreiche weitere Detailaspekte und -aufgaben, z.B. zu Installationsfragen, von Bedeutung, die in [OSF5] genauer beschrieben werden. Im nachfolgenden Abschnitt wird vor allem darauf eingegangen, wie das Dienstprogramm *rgy_edit* zur Verwaltung der Registry-Datenbasis, also z.B. zum Einrichten von Principal Names, eingesetzt werden kann.

6.4.2 Der Registry Editor

Der Registry Editor, *rgy_edit*, ermöglicht das Einrichten der Registry-Daten für Benutzer, Gruppen und Accounts. Auch weitergehende Aufgaben wie z.B. die Installation von Cell-übergreifenden Surrogaten werden dadurch unterstützt. Innerhalb des Editors können Principal Names und Gruppennamen auch ohne voranstehende Angabe der */.:/sec/principal* bzw. */.:/sec/group*-Directories des Security Service erfolgen, da sie in jedem Fall im Kontext des Security Service verwendet werden. Der Editor wird mit *rgy_edit* aufgerufen und mit *quit* wieder verlassen. Er kennt verschiedene Modi, innerhalb derer dann die meisten Kommandos angewandt werden. Die Modi werden mit dem Kommando *do <mode>* gewählt; als *<mode>* sind *principal, group, account* und *organization* möglich. Gruppen fassen - wie oben beschrieben - mehrere Benutzer zu Autorisierungszwecken zusammen. Organisationen sind ebenfalls Mengen von Benutzern. Sie dienen aber zur Vorgabe von Default-Administrationstechniken für ihre Security-Daten [OSF5] und werden hier nicht näher betrachtet.

In jedem Modus stehen die Subkommandos *add, change, delete* und *view* zum Einrichten, Ändern, Löschen und Inspizieren von Registry-Daten zur Verfügung. Für Gruppen existiert außerdem das *member*-Kommando zum Hinzufügen bzw. Löschen von Mitgliedern. Die einzelnen Kommandos werden im folgenden anhand kurzer Beispiele erläutert:

Einrichten von Principal Names
Das Definieren eines Principal Names erfordert zunächst die Selektion des *principal*-Modus und dann die Definition des Benutzernamens mittels *add*:

```
$ rgy_edit
rgy_edit=> do principal
Domain change to: principal
rgy_edit=> add
Add Principal=> Enter name: meier
Enter UNIX number: (auto assign)
Enter full name in quotes: () "peter meier"
Enter object creation quota (unlimited):
Add Principal=> Enter name:
```

Für die intern verwendeten Attribute wie z.B. für eine eindeutige *Unix Number* oder für eine Quota für die Erzeugung von Registry-Objekten werden die in Klammern vom System gegebenen Defaults gewählt. Alle Attribute (einschließlich des Namens selbst) können mit dem *change*-Kommando abgeändert werden. Die dafür erforderlichen Eingaben haben das gleiche Aussehen wie bei *add*. Der definierte Benutzername könnte mit *delete* im gleichen Modus wieder gelöscht werden:

rgy_edit=> delete meier
Please confirm delete of name "meier" [y/n]: (n) y

Definition von Gruppen
Anschließend soll eine Benutzergruppe *Abteilung_1* definiert werden und der Benutzer *meier* in die Gruppe eingefügt werden:

$ rgy_edit
rgy_edit=> do group
Domain change to: group
rgy_edit=> add
Add Group=> Enter name: Abteilung_1
Enter UNIX number: (auto assign)
Enter full name in quotes: () "Abteilung_1"
Include group on PROJLIST [y/n]? (y) y
Add Group=> Enter name:
rgy_edit=> member
Enter group name: Abteilung_1
Enter name to add: meier
Enter name to add:
Enter name to remove:
Enter group name:

Das *member*-Kommando kombiniert Möglichkeiten zum Hinzufügen und Löschen von Gruppenmitgliedern. Für eine bereits definierte Gruppe können anschließend wie oben beschrieben ACL-Gruppeneinträge vorgenommen werden, um ihren Mitgliedern bestimmte Zugriffsrechte zuzuordnen.

Definition von Accounts
Für einen Benutzer muß ein Account definiert werden, bevor die von ihm gestarteten Programme sich an der authentisierten Kommunikation beteiligen können. Ein Account umfaßt vor allem die Paßwort-Information und wird wie folgt erzeugt:

$ rgy_edit
rgy_edit=> do account
Domain change to: account
rgy_edit=> add
Add Account=> Enter account id [pname]: meier
Enter account group [gname]: Abteilung_1
Enter account organization [oname]:
Enter password:
Retype Password:
Enter your password:
Enter misc info in quotes: ()
Enter home directory: (/) /.:/fs/users/meier
Enter shell: () /bin/csh
...

Am Schluß wurden zahlreiche ja/nein-Abfragen zu Account-Daten weggelassen, die nur von interner Bedeutung sind. Einige anzugebende Attribute (z.B. die *Shell*) entsprechen den Daten, die für Unix-Accounts typischerweise zu spezifizieren sind.

Inspizieren von Registry-Information
Das *view*-Kommando ermöglicht in jedem Modus, Information zu den entsprechenden Principal Names, Gruppen oder Accounts zu inspizieren. Nach Wahl entsprechend des Modus wird *view <name> [-f]* mit dem Namen der gewünschten Instanz eingegeben. Die Option *-f* führt zur Ausgabe vollständiger, umfangreicher Information. Zur Übersicht ein kurzes Beispiel mit Ausgabe diverser interner Information:

```
$ rgy_edit
rgy_edit=> do principal
Domain change to: principal
rgy_edit=> view meier
meier                  105
 Uuid:       14B553AE-72C7-11CB-B9DA-08002B0F7CEB
 Primary:    pr               Reserved: --
 Quota:      unlimited
```

Installation von Surrogaten:
Die für die Cell-übergreifende Authentisierung erforderlichen Surrogate werden ebenfalls mittels *rgy_edit* definiert, und zwar mit dem Kommando *cell* außerhalb eines speziellen Modus. Dabei wird für jede Cell ein spezieller Account als Surrogat in Absprache der Systemmanager definiert.

Der Registry Editor stellt zahlreiche weitere Kommandos zur Verfügung; u.a. wird die Festlegung von Default-Werten (z.B. für bestimmte Quotas) unterstützt, es können automatisch Schlüssel für systeminterne, benutzerunabhängige Server generiert werden und es können interne Verwaltungsparameter für einen Registry Server gesetzt werden. Hierzu sei auf [OSF5] verwiesen.

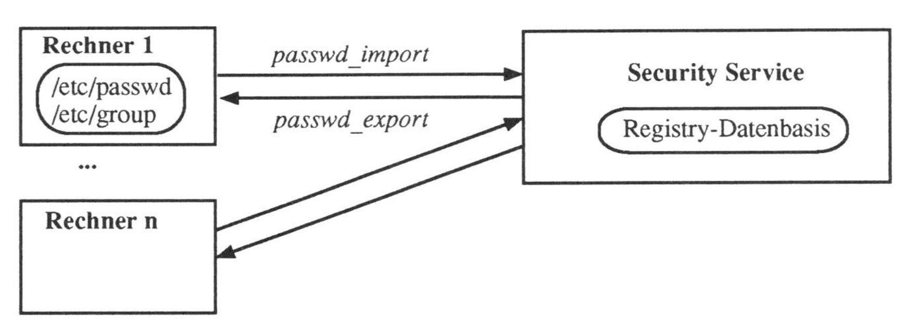

Abb. 6-11 Import und Export von Paßwort-Information

6.4.3 Konsistenz mit Unix-Accounts

Um Unix-Accounts konsistent mit Accounts des DCE Security Service zu halten, stehen die Hilfsprogramme *passwd_import* und *passwd_export* bereit (s. Abb. 6-11).

Import
Mit dem Programm *passwd_import* können - z.B. bei Neuinstallation einer DCE-Umgebung - existierende Unix-Accounts von verschiedenen Rechnern einer Cell in die DCE-Security-Umgebung importiert werden. Das Programm öffnet zunächst die lokalen Unix-Systemdateien */etc/passwd* und */etc/group* und baut eine Verbindung zwischen dem lokalen Rechner und einem Registry Server auf. Dann werden die einzelnen Einträge unter Unix gelesen und auf Namenskonflikte mit den DCE-Security-Einträgen hin untersucht. Solche Konflikte müssen anschließend manuell behoben werden; bereits in DCE existierende Accounts werden nicht automatisch importiert. Für alle anderen Einträge werden aber Accounts bzw. Gruppen in DCE erzeugt. Außerdem werden Gruppenmitglieder automatisch auch auf DCE-Ebene in die entsprechenden Gruppen eingetragen. Das *passwd_import*-Kommando hat zahlreiche Optionen, um den Import-Vorgang zu steuern, z.B. zur Angabe der Directory-Pfade für die Unix-Dateien oder zum Anfordern einer Ablaufprotokollierung während der Programmausführung.

Export
Mit dem Programm *passwd_export* können umgekehrt Accounts von DCE in eine Unix-Umgebung exportiert werden. Dadurch wird es möglich, auch unabhängig von DCE wie üblich in einer Unix-Umgebung zu arbeiten und dennoch die Konsistenz zwischen verschiedenen Account-Daten unter DCE bzw. Unix zu wahren. Das Programm sollte in regelmäßigen Abständen gestartet werden, um Account-Änderungen anzugleichen. Es arbeitet gerade umgekehrt wie *passwd_import* und erzeugt neue */etc/passwd*- und */etc/group*-Dateien auf dem lokalen Rechner, wobei die DCE-Account-Daten dort entsprechend eingetragen werden.

6.5 Weiterführende Programmierschnittstellen

Neben der in Abschnitt 3.7 beschriebenen RPC-Security-Schnittstelle stehen im Zusammenhang mit dem Security Service zahlreiche andere Programmierschnittstellen zur Verfügung. Diese sind jedoch durchweg weniger für den reinen Anwendungsentwickler, sondern eher für den Entwickler von DCE-Systemsoftware gedacht. Aus diesem Grund werden die Schnittstellen hier nicht detailliert beschrieben, sondern sollen nur der Vollständigkeit halber kurz zusammengefaßt werden:

- *Registry-Schnittstelle:* Diese Schnittstelle bietet Funktionen zum Zugriff auf Registry-Datenbasen an. Dadurch wird zunächst der Aufbau entsprechender

Kommunikationsverbindungen unterstützt. Anschließend können alle Funktionen, die mittels *rgy_edit* möglich sind, auch programmtechnisch entfernt aufgerufen werden.
- *Login-Schnittstelle:* Diese Schnittstelle ermöglicht das explizite Installieren und Verifizieren von Login-Kontexten, die die Security-Information eines Benutzers zur Laufzeit charakterisieren. Im wesentlichen wird hierzu die erste Phase des Authentisierungsprotkolls aus Abschnitt 6.2 durchgeführt. Normalerweise werden Login-Kontexte aber bereits automatisch von DCE aufgebaut.
- *Key-Management-Schnittstelle:* Über diese Schnittstelle können Schlüssel für systeminterne oder auch anwendungsspezifische Server erzeugt werden, sofern diese nicht einem Benutzer zugeordnet sind, also die Schlüssel nicht aus einem Paßwort erzeugt werden können. Die entsprechenden Funktionen können für fortgeschrittene DCE-Anwendungsentwickler interessant sein, um eine größere Server-Umgebung mit authentisierter Kommunikation zu realisieren.
- *ACL-Schnittstelle:* Mit den Funktionen dieser Schnittstelle können die Mechanismen des ACL Editors programmtechnisch eingesetzt werden. Außerdem ist es möglich, anwendungsspezifische ACL Manager zu implementieren, die den in Abschnitt 6.3 beschriebenen Algorithmus zum Test von Zugriffsberechtigungen anwendungsspezifisch realisieren.
- *ID-Map-Schnittstelle:* Diese Schnittstelle bietet spezielle Möglichkeiten, um Principal Names aus fremden Cells in ihre Komponenten zu zerlegen und schließlich auf systeminterne UUIDs abzubilden. Dies ist zur Implementierung einer anwendungsspezifischen Zugriffskontrolle erforderlich. Die Schnittstelle wird aber für Cell-interne authentisierte Kommunikation nicht gebraucht und generell nur dann eingesetzt, wenn anwendungsspezifische ACL Manager implementiert werden.

Insgesamt betrachtet, bietet der Security Service relativ einfach handhabbare Techniken an, um eine umfassende Authentisierung und Autorisierung von Benutzern und anderen Instanzen in einer DCE-Umgebung zu ermöglichen. Wegen der auftretenden Leistungseinbußen und wegen der anfallenden Verwaltungsaufgaben muß aber anwendungsspezifisch geprüft werden, ob ein entsprechender Bedarf nach Sicherheitsmechanismen vorliegt, um die Security-Techniken dann selektiv einzusetzen. Die selektive Vorgehensweise kann sich z.B. in der Definition unterschiedlicher Zugriffsrechte für verschiedenartige Instanzen oder in der Wahl unterschiedlicher Sicherheitsgrade bei der RPC-Kommunikation äußern.

7 Der Distributed Time Service

Dieses Kapitel vertieft den *Distributed Time Service* (DTS) des DCE. Dieser verteilte Dienst, der zur Synchronisation von Systemuhren verteilter Rechner dient, wird von anderen DCE-Komponenten - insbesondere vom Security Service - verwendet. Gleichzeitig stellt er dem Anwendungsentwickler eine Programmierschnittstelle zur Ermittlung und Verarbeitung synchronisierter Zeitangaben zur Verfügung; dadurch werden insbesondere Zeitstempel-basierte verteilte Algorithmen unterstützt.

Im folgenden werden zunächst die wichtigsten Eigenschaften des DTS und seine interne Architektur beschrieben. Anschließend wird die DTS-Programmierschnittstelle anhand von Beispielen vorgestellt.

Architektur	Verteilte Time Server und Clients, externe Zeitgeber
Zeitformate	Coordinated Universal Time (UTC), Greenwich Mean Time
Zeitsynchronisation	Periodische verteilte Synchronisationsnachrichten
Bezug zu Absolutzeit	Einspeisung externer Zeitgeber
Ungenauigkeitsproblem	Verwendung einer expliziten Ungenauigkeitsangabe
Operationen an Anwendungsschnittstelle	Ermittlung, Konvertierung und Manipulation von Zeiten, Zeitarithmetik, Berücksichtigung von Zeitzonen

Abb. 7-1 Wichtige Eigenschaften des Distributed Time Service

7.1 Wichtige Eigenschaften des DTS

Abb. 7-1 faßt die wichtigsten Eigenschaften des DTS tabellarisch zusammen. Es handelt sich wie bei den meisten anderen DCE-Komponenten um eine verteilte Architektur, die aus verschiedenen, untereinander synchronisierten Time Servern besteht. Zusätzlich können Time Clients ihre eigene Systemzeit gegen die Systemzeiten der Server abstimmen. Externe Zeitgeber erlauben das Einspeisen korrekter absoluter Zeitangaben, z.B. über Funk.

Intern wird als Zeitrepräsentation die von der ISO standardisierte *Coordinated Universal Time (UTC)* verwendet (ISO DIS 8601). Außerdem ist eine Konvertierung in das Format der *Greenwich Mean Time (GMT)* sowie in externe String-Repräsentationen möglich. Die Zeitsynchronisation basiert auf periodisch mittels RPC ausgetauschten Synchronisationsnachrichten zwischen den Servern, zwischen Clients und Servern sowie zwischen dedizierten Servern und externen Zeitgebern.

Die Zeitformate umfassen neben absoluten oder relativen Zeiten auch eine *Ungenauigkeitsangabe*. Diese wird vom System bestimmt und repräsentiert das mögliche Toleranzintervall von Zeitangaben gegenüber der absoluten Realzeit. Entsprechende (relativ geringe) Ungenauigkeiten entstehen durch die unvermeidlichen Abweichungen der Systemuhren innerhalb eines Synchronisationszeitraums. Die Ungenauigkeitsangaben sind besonders beim Vergleich zweier Zeiten von Bedeutung.

Der DTS bietet dem Anwender verschiedene Operationen zum Umgang mit Zeitangaben, u.a. zum Ermitteln der aktuellen (synchronisierten) Systemzeit, zur Konvertierung von Zeitangaben zwischen verschiedenen Formaten, zur Manipulation von Zeitangaben (z.B. Ausblenden der Ungenauigkeitsangabe), für Zeitarithmetik (Zeitvergleiche, Addition, Subtraktion und Multiplikation) und zur Ermittlung von Zeitangaben spezifisch für bestimmte geographische Zeitzonen. Diese Operationen sind sehr nützlich für verteilte Algorithmen, um z.B. verteilt synchronisierte Zeitstempel zu erzeugen oder zu vergleichen.

7.2 Interne Systemstruktur und Zeitformate

7.2.1 Architekturkonzept

Abb. 7-2 zeigt die interne Struktur einer DTS-Client/Server-Konfiguration als Detaillierung von Abb. 2-11 aus Kap. 2. Wie dort bereits beschrieben, tauschen die Time Server innerhalb einer Cell periodische Synchronisationsnachrichten unter Angabe ihrer aktuellen Systemzeit aus und adaptieren jeweils ihre eigenen Systemzeiten entsprechend.

Der wesentliche Unterschied zwischen *Time Servern* und *Clients* (*Time Clerks*) ist, daß die Clerks nur die Systemzeit von Servern erfragen und ihre eigene Zeit anpassen, nicht aber selbst anderen Rechnern ihre eigene Zeit zur Verfügung stellen. Es ist von Vorteil, als Time Server etwa Rechner mit besonders genauen Systemuhren und mit einer hohen mittleren Verfügbarkeit zu wählen, eine Aufgabe des Systemmanagers.

Bei den Servern wird zusätzlich eine genauere Aufgliederung vorgenommen. Neben den gewöhnlichen Time Servern innerhalb einer Cell können auch *globale Time Server* außerhalb von Cells integriert werden. Dies sind explizit ausgezeichnete Instanzen, die z.B. mehrere Cells mit ihrer - eventuell durch spezielle Hardware sehr genauen - Systemzeit bedienen. Um die Anzahl der externen Schnittstellen zu solchen Servern einzugrenzen, greifen Time Server innerhalb einer Cell nur über sogenannte *Courier Time Server* auf globale Time Server zu. Praktisch betrachtet bedeutet das, daß sich die Time Server einer Cell periodisch mit ihrem Courier Time Server synchronisieren, der sich wiederum mit einem globalen Time Server synchronisiert. Globale Time Server ermöglichen auch eine erweiterte Synchronisation für Cells, in denen z.B. nur ein einziger Time Server zur Verfügung steht. Time Clerks können dann indirekt einen oder mehrere globale Time Server befragen, um eine zuverlässigere Synchronisation zu erzielen.

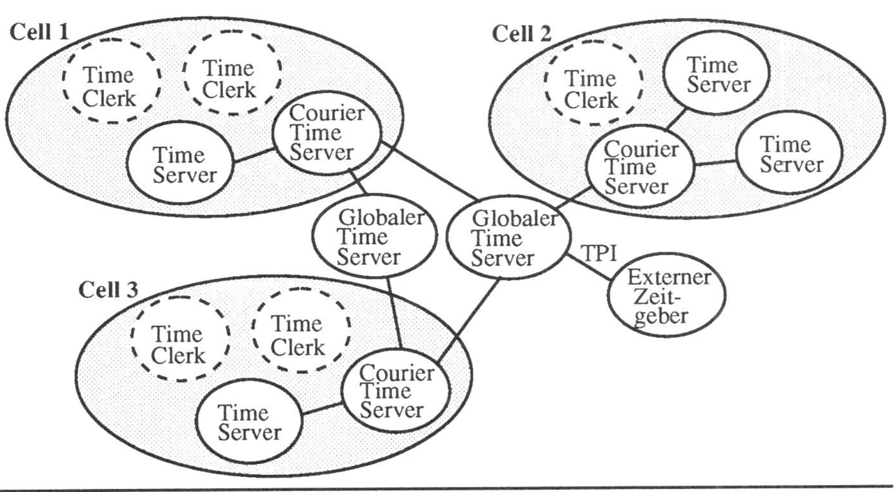

Abb. 7-2 Detaillierte Time Server Konfiguration

Globale Time Server bzw. ggf. auch Time Server innerhalb einer Cell können sich über das sogenannte *Time Provider Interface (TPI)* mit einem externen Zeitgeber und dadurch mit der realen Absolutzeit synchronisieren. Hierzu wird auf dem gleichen Rechner ein Time Provider Prozeß installiert, der z.B. über Funk die korrekte Absolutzeit empfängt. Die erforderliche Hardware-Schnittstelle ist allerdings nicht Teil der DCE-internen Festlegungen. Dieser Prozeß wird dann vom Time Server auf demselben Rechner über die RPC-Schnittstelle des TPI periodisch nach seiner Zeitangabe befragt.

Die Synchronisation eines Servers bzw. eines Clients erfordert immer Zeitangaben von mehreren Servern, um mögliche Fehler gering zu halten und um völlig fehlerhafte Zeitangaben maskieren zu können. Das Synchronisationsprotokoll bildet die Schnittmenge der Zeitintervalle, die aus Zeitangabe und Ungenauigkeitsangabe für alle Rechner ermittelt werden (s. Abb. 7-3, hier mit 4 Intervallen *I1-I4* aufgrund der Zeitangaben von 4 Servern). Dabei werden Intervalle, die sich nur geringfügig mit anderen Intervallen überlappen, als fehlerhaft betrachtet und ignoriert (hier z.B. das Intervall *I4*).

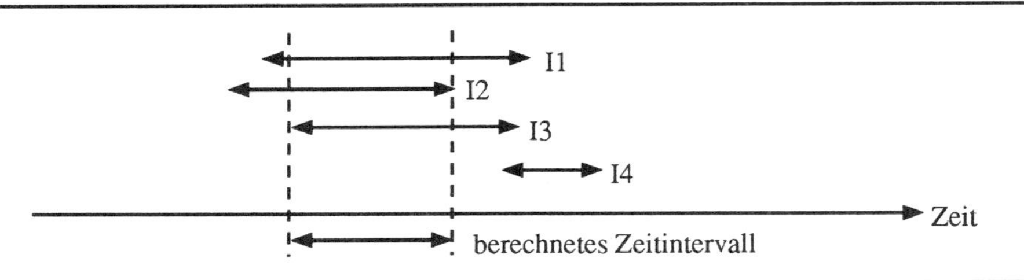

Abb. 7-3 Berechnung der Zeit bei der Synchronisation

Die von einem Server erhaltenen Zeitangaben werden vor der gezeigten Berechnung noch adaptiert, indem die mittlere Übertragungszeit und die dabei auftretende Varianz durch Erhöhung der Zeitangabe bzw. Erweiterung des Ungenauigkeitsintervalls berücksichtigt werden. Die schließlich neu berechnete Zeit wird nicht sofort dem Register mit der aktuellen Systemzeit zugewiesen, sondern es wird nur der Delta-Wert, um den die Systemzeit im Takt inkrementiert wird, erhöht oder verringert. Dadurch ergibt sich eine schrittweise Anpassung, die unerwünschte Effekte verhindert, die aufgrund von Zeitsprüngen auftreten können.

7.2.2 Zeitformate

Coordinated Universal Time

Wie oben erwähnt, verwendet der DTS als internes Zeitformat für absolute und relative Zeitangaben die standardisierte *Coordinated Universal Time (UTC)*; deren momentaner Absolutwert bezieht sich auf die Greenwich Time. Zusätzlich wird eine Zeitdifferenzangabe (*Time Difference Factor, TDF)* geführt, die weltweit die Differenz der lokalen Ortszeit gegenüber der Greenwich Time repräsentiert (z.B. plus 1 Stunde in Deutschland). Die angefügte Ungenauigkeitsangabe (*Inaccuracy Component, IAC*) beschreibt den Toleranzbereich der Zeitangabe. Das interne UTC-Format wird als nicht direkt lesbare Bytefolge in einer Datenstruktur vom vordefinierten C-Typ *utc_t* bzw. *struct utc* abgespeichert; der Anwendungsprogrammierer verwendet diesen als *opaque* Typ, d.h. er greift niemals direkt auf die Komponenten der Datenstruktur zu, sondern verwendet die Struktur nur als Zwischenrepräsentation. Aus diesem Grund interessiert auch das genaue Format der *struct utc* an dieser Stelle nicht weiter. Diese Darstellung läßt sich jedoch in eine semantisch äquivalente ASCII-String-Repräsentation konvertieren. Ein Beispiel für eine absolute Zeitangabe in String-Format ist etwa:

```
1992-4-13-12:20:25.345+01:00I000.123
|-----------| |--------------| |-------| |----------|
   Datum       Uhrzeit        TDF       IAC
```

Das Datum (hier: 13.4.1992) ist im Format <Jahr-Monat-Tag>, die Uhrzeit wird repräsentiert als <Stunden:Minuten:Sekunden.1/1000-Sekunden> (hier: 12 Uhr 20 und 25,345 Sekunden), die Zeitdifferenzangabe (eingeleitet durch "+" oder "-") umfaßt aus praktischen Gründen lediglich Stunden und Minuten (hier: plus 1 Stunde), und die Ungenauigkeitsangabe (eingeleitet durch "I") erfolgt in Sekunden und 1/1000-Sekundenbruchteilen (hier: 0,123 Sekunden). Beim internen UTC-Format wird sogar mit Zeiteinheiten von 100 Nanosekunden gearbeitet (also 1/10000 statt 1/1000 Sekundenbruchteilen); dies ist für die Konvertierung von Zeitangaben zwischen verschiedenen Formaten wichtig. Einzelne Komponenten können auch selektiv weggelassen werden, so etwa die Sekunden und Sekundenbruchteile, die Zeitdifferenzangabe bzw. die Ungenauigkeitsangabe.

Relative Zeitangeben haben ein ähnliches Format:

```
150-13:18:01.011I000.800
|-------------------| |---------|
   Zeitangabe      IAC
```

Diese Zeitangabe setzt sich aus Tagen, Stunden, Minuten, Sekunden und 1/1000-Sekunden zusammen, die Ungenauigkeitsangabe entspricht der obigen Form. Auch hier können Sekunden, Sekundenbruchteile und Ungenauigkeitsangabe selektiv weggelassen werden. Es steht noch ein weiteres relatives Zeitformat für längere Zeiträume unter Angabe von Jahren, Monaten, Wochen etc. zur Verfügung [OSF3], auf das aber nicht weiter eingegangen werden soll.

Greenwich Mean Time

Extern können Zeitangaben neben dem gezeigten, in UTC konvertierbaren String-Format auch im Format der *Greenwich Mean Time (GMT)* spezifiziert werden. Auch hierfür existieren UTC-Konvertierungsroutinen.

Für absolute Zeiten stehen zwei verschiedene GMT-Formate mit unterschiedlich genauer Zeitrepräsentation zur Verfügung, die *tm*-Structure (kleinste Zeiteinheit: Sekunden) und die *timespec*-Structure (kleinste Zeiteinheit: Nanosekunden) mit den entsprechenden C-Datenstrukturen:

```
struct tm {
        int tm_sec;             // Sekunden (0-59)
        int tm_min;             // Minuten (0-59)
        int tm_hour;            // Stunden (0-23)
        int tm_mday;            // Tage eines Monats (1-31)
        int tm_mon;             // Monat (0-11, Januar = 0)
        int tm_year;            // Jahr - 1900 (Zählung ab 1900, z.B. 1995 = 95)
        int tm_wday;            // Wochentag (0-6, Sonntag = 0)
        int tm_yday;            // Tag im gegebenen Jahr (0-364 bzw. 365)
        int tm_isdst;           // Sommerzeit? (wenn ja, dann != 0)
        long tm_gmtoff;         // Offset gegenüber GMT
        char *tm_zone; };       // Zeitzone, für die die Zeitangabe gilt

struct timespec {
        unsigned long tv_sec;   // Sekunden (seit 1. Jan. 1970)
        long tv_nsec;      };   // zusätzliche Nanosekunden
```

Bei Verwendung der Datenstrukturen ist die unterschiedliche Zeitbasis zu beachten (Jahr 1900 bzw. 1970). Die eigentlich redundanten Komponenten *tm_wday* und *tm_yday* der *struct tm* werden von einigen Konvertierungsroutinen nicht verwendet und sind ggf. optional. Ebenso wird das Flag *tm_isdst* nur in speziellen Fällen verwendet, wenn die Zeitverschiebung wegen Sommerzeit berücksichtigt werden soll, ohne daß die Systemzeit intern umgestellt wird; dieser Fall wird hier nicht genauer betrachtet. Gleiches gilt für die Berücksichtigung verschiedener Zeitzonen, die durch *tm_zone* angegeben werden und deren Zeitverschiebung durch *tm_gmtoff* repräsentiert wird.

Relative Zeiten werden im GMT-Format durch die folgende Datenstruktur mit vorzeichenbehafteter Komponente beschrieben:

```
struct reltimespec {
        long tv_sec;                    // Sekunden
        long tv_nsec;    };             // zusätzliche Nanosekunden
```

Bei Verwendung dieser Datenstrukturen ist ein direkter Zugriff auf die einzelnen Zeitkomponenten und damit z.B. auch ihre selektive Ausgabe möglich.
Wie für das UTC-Format werden entsprechende Datentypen fest vordefiniert, nämlich *timespec_t* für *struct timespec* und *reltimespec_t* für *struct reltimespec*.

7.3 Programmierschnittstelle

Die DTS-Programmierschnittstelle dient zur *lokalen* Interaktion eines DCE-Anwendungsprogramms mit dem DTS-Clerk auf einem DTS-Client-Rechner bzw. mit dem DTS-Server auf einem DTS-Server-Rechner. Dabei finden nicht notwendigerweise verteilte Interaktionen als direkte Folge statt; vielmehr beziehen sich alle Operationen auf die lokale Systemzeit, die unabhängig davon periodisch synchronisiert wird. In bezug auf die Verteilung ist für den Anwendungsentwickler lediglich diese Synchronisationseigenschaft von Bedeutung; sie erlaubt es vor allem, ermittelte Zeitangaben für die Konstruktion von Zeitstempeln zu verwenden, diese dann zusammen mit RPC-Aufrufen zu verschicken und beim Empfänger mit anderen Zeitstempeln zu vergleichen. Auf diese Weise können dezentrale Verfahren wie etwa der *wait-die-* oder der *wound-die-*Algorithmus zur Behandlung von Verklemmungen bei verteilten Transaktionen implementiert werden [CEP84]. Der nachfolgende Abschnitt behandelt als Grundlage zunächst die wichtigsten DTS-Schnittstellenfunktionen.

Die Darstellung gliedert sich auf in Funktionen zur Ermittlung, Konvertierung und Manipulation von Zeiten sowie zur arithmetischen Zeitberechnung. Generell zeigt ein Rückgabewert von 0 die erfolgreiche Bearbeitung, -1 dagegen einen Fehler an. Bezüglich der Eingabeparameter ist wichtig, daß bei Angabe des Nullzeigers anstelle einer geforderten Zeitangabe jeweils die *aktuelle Systemzeit* verwendet wird. Mit Nullzeigern belegte Ausgabeparameter werden von den Systemfunktionen ignoriert.

Einige Funktionen, die auch durch andere ausgedrückt werden können oder für weniger wichtig gehalten werden, sind aus Platzgründen nicht aufgeführt; für zusätzliche Information sei auf [OSF3] und [OSF4] verwiesen. Insbesondere werden nur Funktionen aufgeführt, die im Kontext der lokalen bzw. einer beliebig vordefinierten Zeitzone, aber nicht über Zeitzonen hinweg arbeiten.

7.3.1 Ermittlung und Konvertierung von Zeitangaben

Ermittlung der Systemzeit
Um die aktuelle Systemzeit als UTC-Datenstruktur zu ermitteln, wird die folgende Funktion aufgerufen:

```
int utc_gettime (utc_t *utc);                // <- aktuelle Systemzeit
```

Die zurückgelieferte Zeit umfaßt eine systemabhängige Ungenauigkeitsangabe, die durch den internen Synchronisationsalgorithmus bestimmt wird. Außerdem wird die Zeitdifferenzangabe abhängig von der jeweiligen Ortszeit mitgeliefert.

Wie oben erwähnt, ist auch die bidirektionale Konvertierung zwischen UTC einerseits und *ASCII-String-Format, tm* und *timespec* andererseits möglich. Die wichtigsten Konvertierungsfunktionen sind in Abb. 7-4 zusammengefaßt und werden nachfolgend im einzelnen vorgestellt.

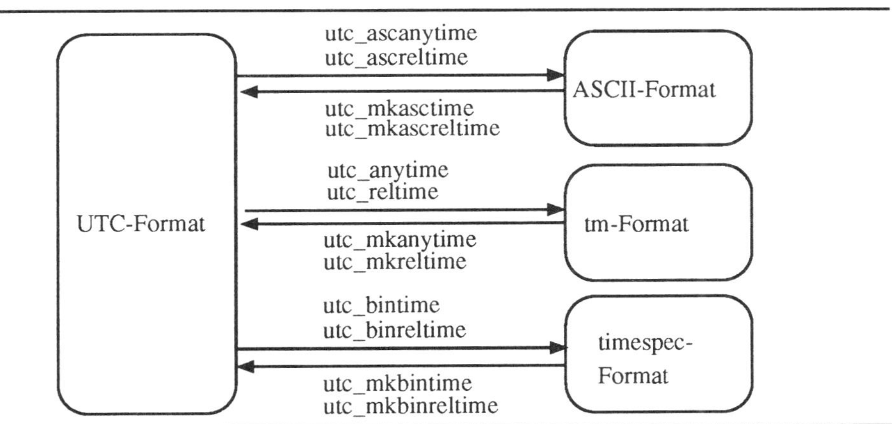

Abb. 7-4 Konvertierungsfunktionen zwischen Zeitformaten

Konvertierung von Zeitangaben: ASCII-Format
Eine absolute UTC-Zeitangabe wird mittels der folgenden Funktion in einen ASCII-String konvertiert:

```
int utc_ascanytime (char *asciiTime,          // <- Zeit als ASCII-String
                    size_t stringLength,      // -> Länge des Puffers (Bytes)
                    utc_t *utc);              // -> UTC-Zeitangabe
```

Der Speicherplatz für den Ausgabestring muß vorab allokiert werden und seine Länge muß an die Funktion übergeben werden. Für die String-Länge wird am einfachsten die Konstante *UTC_MAX_STR_LEN* verwendet, was i.a. ausreichend sein dürfte.

Beispiel: Die aktuelle Zeit soll ermittelt und dann als String ausgegeben werden. Dies wird durch das folgende Programmstück geleistet:

```
utc_t currentTime;                              // aktuelle Zeit in UTC-Format
char currentAsciiTime[UTC_MAX_STR_LEN+1];       // aktuelle Zeit in ASCII

utc_gettime (&currentTime);                     // Ermitteln der aktuellen Systemzeit
utc_ascanytime (currentAsciiTime, UTC_MAX_STR_LEN, &currentTime);
                                                // Umwandlung in ASCII-String
printf ("Die aktuelle Zeit ist: %s\n", currentAsciiTime); // Ausgabe des Strings
```

Die umgekehrte Konvertierung in UTC-Format (mit Null-terminiertem Eingabestring) wird durch die folgende Funktion erbracht:

```
int utc_mkasctime   (utc_t *utc,               // <- UTC-Zeitangabe
                     char *asciiTime);         // -> Zeit als ASCII-String
```

Gleichartige Funktionen stehen für die Konvertierung relativer UTC- bzw. ASCII-Zeitangaben zur Verfügung. Diese Funktionen arbeiten in gleicher Weise, verwenden aber das andersartige relative String-Zeitformat (s. Abschnitt 7.2.2):

```
int utc_ascreltime  (char *asciiTime,          // <- Zeit als ASCII-String
                     size_t stringLength,      // -> Länge des Puffers (Bytes)
                     utc_t *utc);              // -> UTC-Zeitangabe

int utc_mkascreltime (utc_t *utc,              // <- UTC-Zeitangabe
                     char *asciiTime);         // -> Zeit als ASCII-String
```

Konvertierung von Zeitangaben: *tm*-Format

Die Konvertierung einer UTC-Zeitangabe in tm-Format und umgekehrt weist wegen der stark unterschiedlichen Zeiteinheiten (intern 100 Nanosekunden bei UTC bzw. Sekunden bei tm) einige Besonderheiten auf: der Nanosekundenanteil wird z.B. bei den Konvertierungsfunktionen explizit als Parameter mit angegeben. Zur Konvertierung absoluter UTC-Zeitangaben in das tm-Format dient:

```
int utc_anytime     (struct tm *tmTime,        // <- Zeit in tm-Format
                     long *tns,                // <- Nanosekundenanteil
                     struct tm *tmInacc,       // <- Ungenauigkeit (Sekunden)
                     long *nsInacc,            // <- Ungenauigkeit (Nanosek.)
                     long *tdf,                // <- Zeitdifferenz (Sekunden)
                     utc_t *utc);              // -> UTC-Zeitangabe
```

Die Komponenten der Parameterdatenstruktur *tmTime* vom Typ *struct tm* werden mit den entsprechenden Werten des UTC-Formats belegt; der Parameter *tns* gibt den genannten Nanosekundenanteil wieder. Außerdem wird die im UTC-Format, nicht aber im tm-Format enthaltene Ungenauigkeitsangabe explizit ausgegeben, und zwar ihr Sekundenanteil in der Komponente *tm_sec* der Datenstruktur *tmInacc* und ihr Nanosekundenanteil durch *nsInacc*. Die im UTC-Format enthaltene Zeitdifferenzangabe gegenüber der Greenwich Time wird in Sekunden durch *tdf* repräsentiert. Die umgekehrte Konvertierungsfunktion umfaßt die gleichen Parameter, lediglich in etwas anderer Reihenfolge und z.T. als Wertparameter:

```
int utc_mkanytime    (utc_t *utc,              // <- UTC-Zeitangabe
                      struct tm *tmTime,       // -> Zeit in tm-Format
                      long tns,                // -> Nanosekundenanteil
                      struct tm *tmInacc,      // -> Ungenauigkeit (Sekunden)
                      long nsInacc,            // -> Ungenauigkeit (Nanosek.)
                      long tdf);               // -> Zeitdifferenz (Sekunden)
```

Falls nach der Konvertierung ins tm-Format alle Zeitkomponenten in Form von Variablen zwischengespeichert werden, ist eine verlustfreie Rückwandlung in das UTC-Format möglich. Ausschließlich in tm-Format gegebene Zeiten weisen aber keine entsprechend hohe Genauigkeit auf, so daß daraus nur UTC-Angaben ohne 1/1000-Sekundenbruchteile erzeugt werden.

Beispiel: Wieder soll die aktuelle Systemzeit ermittelt werden und dann aber in tm-Format konvertiert werden, um einzelne Zeitkomponenten separat auszugeben. Danach soll eine Rückkonvertierung erfolgen, wobei aber die Ungenauigkeitsangaben auf Null gesetzt werden:

```
utc_t currentTime;                          // aktuelle Zeit in UTC-Format
struct tm currentTmTime;                    // aktuelle Zeit in tm-Format
long tns;                                   // Nanosek.anteil nach Konvertierung
struct tm tmInacc;                          // Ungenauigkeitsangabe nach Konv.
long nsInacc;                               // Ungenauigkeitsangabe (Nanosek.)
long tdf;                                   // Zeitdifferenz (Sekunden)

utc_gettime (&currentTime);                 // Ermittlung d. aktuellen Systemzeit
utc_anytime (&currentTmTime, &tns, &tmInacc, &nsInacc, &tdf, &currentTime);
                                            // Umwandlung in tm-Format
printf ("Jahr: %d, Monat: %d, Tag: %d, Stunde: %d, Minute: %d, Sekunde: %d\n",
   currentTmTime.tm_year+1900, currentTmTime.tm_mon, currentTmTime.tm_mday,
   currentTmTime.tm_hour, currentTmTime.tm_min, currentTmTime.tm_sec);
                                            // Ausgabe der tm-Komponenten
tmInacc.tm_sec = 0;                         // Ungenauigkeitsangabe = 0
nsInacc = 0;                                // Ungenauigkeitsangabe = 0
utc_mkanytime (&currentTime, &currentTmTime, tns, &tmInacc, nsInacc, tdf);
                                            // Umwandlung in UTC-Format
```

Die Funktionen zur Konvertierung relativer Zeitangaben haben die gleiche Parameterstruktur, mit Ausnahme der Zeitdifferenzangabe, die hierbei nicht erforderlich ist. Zur Transformation von UTC-Format in tm-Format dient die folgende Funktion:

```
int utc_reltime      (struct tm *tmTime,       // <- Zeit in tm-Format
                      long *tns,               // <- Nanosekundenanteil
                      struct tm *tmInacc,      // <- Ungenauigkeit (Sekunden)
                      long *nsInacc,           // <- Ungenauigkeit (Nanosek.)
                      utc_t *utc);             // -> UTC-Zeitangabe
```

Die umgekehrte Transformation wird geleistet durch:

```
int utc_mkreltime    (utc_t *utc,              // <- UTC-Zeitangabe
                      struct tm *tmTime,       // -> Zeit in tm-Format
                      long tns,                // -> Nanosekundenanteil
                      struct tm *tmInacc,      // -> Ungenauigkeit (Sekunden)
                      long nsInacc);           // -> Ungenauigkeit (Nanosek.)
```

Konvertierung von Zeitangaben: *timespec*-Format

Diese Konvertierung ist wegen der kleineren Zeiteinheiten beim timespec-Format einfacher; lediglich die Ungenauigkeitsangabe und Zeitdifferenzangabe müssen separat repräsentiert werden. Zur Konvertierung von UTC ins timespec-Format dient die folgende Funktion:

```
int utc_bintime      (timespec_t *timesp,      // <- Zeit in timespec-Format
                      timespec_t *timeInacc,   // <- Ungenauigkeit
                      long *tdf,               // <- Zeitdifferenz (Sekunden)
                      utc_t *utc);             // -> UTC-Zeitangabe
```

Sowohl die ausgegebene Zeit (*timesp)* wie auch die zugehörige Ungenauigkeitsangabe umfaßt Sekunden und Nanosekunden (s. Abschnitt 7.2.2). Die umgekehrte Konvertierung wird durch die folgende Funktion erbracht:

```
int utc_mkbintime    (utc_t *utc,              // <- UTC-Zeitangabe
                      timespec_t *timesp,      // -> Zeit in timespec-Format
                      timespec_t *timeInacc,   // -> Ungenauigkeit
                      long tdf);               // -> Zeitdifferenz (Sekunden)
```

Beispiel: Das obige tm-Konvertierungsbeispiel hat unter Verwendung des alternativen timespec-Formats folgende Struktur:

```
utc_t currentTime;                             // aktuelle Zeit in UTC-Format
timespec_t currentTimespecTime;                // aktuelle Zeit in timespec-Format
timespec_t timespecInacc;                      // Ungenauigkeitsangabe
long tdf;                                      // Zeitdifferenz (Sekunden)

utc_gettime (&currentTime);                    // Ermitteln der aktuellen Systemzeit
utc_bintime (&currentTimespecTime, &timespecInacc, &tdf, &currentTime);
                                               // Umwandlung in timespec-Format
printf ("Sekunden: %d, Nanosekunden: %d\n",
      currentTimespecTime.tv_sec, currentTimespecTime.tv_nsec);
                                               // Ausgabe der timespec-Komp.
```

```
timespecInacc.tv_sec = 0;                    // Ungenauigkeitsangabe = 0
timespecInacc.tv_nsec = 0;                   // Ungenauigkeitsangabe = 0
utc_mkbintime (&currentTime, &currentTimespecTime, &timespecInacc, tdf);
                                             // Umwandlung in UTC-Format
```

Eine ähnliche Struktur weisen auch die Funktionen zur Konvertierung relativer Zeitangaben (UTC -> reltimespec bzw. reltimespec -> UTC) auf:

```
int utc_binreltime      (reltimespec_t *timesp,      // <- Zeit in timespec-Format
                         timespec_t *timeInacc,      // <- Ungenauigkeit
                         utc_t *utc);                // -> UTC-Zeitangabe


int utc_mkbinreltime    (utc_t *utc,                 // <- UTC-Zeitangabe
                         reltimespec_t *timesp,      // -> Zeit in timespec-Format
                         timespec_t *timeInacc);     // -> Ungenauigkeit
```

Die Ungenauigkeitsangabe erfolgt in der nicht vorzeichenbehafteten Datenstruktur vom Typ *timespec_t*, die (möglicherweise negative) relative Zeitangabe dagegen in der vorzeichenbehafteten Struktur vom Typ *reltimespec_t*.

7.3.2 Arithmetische Operationen mit Zeitangaben

Das Rechnen mit Zeitangaben erfolgt ausschließlich auf der Basis des UTC-Formats; andersartige Zeitangaben müssen also zunächst konvertiert werden.

Addieren
Addiert werden können zwei relative Zeiten (Ausgabe: relative Zeit) oder eine absolute und eine relative Zeit (Ausgabe: absolute Zeit); die beiden Zeitangaben können in beliebiger Reihenfolge als Parameter an die folgende Additionsfunktion übergeben werden; die Ungenauigkeitsangabe der Summenzeit ist dabei die Summe der beiden einzelnen Ungenauigkeitsangaben:

```
int utc_addtime         (utc_t *result,              // <- Ausgabe: Summe d. Zeiten
                         utc_t *utc1,                // -> erste Zeitangabe
                         utc_t *utc2);               // -> zweite Zeitangabe
```

Subtrahieren
Subtrahiert werden können zwei relative Zeiten (Ausgabe: relative Zeit), eine relative Zeit von einer absoluten Zeit (Ausgabe: absolute Zeit) oder eine absolute Zeit von einer absoluten Zeit (Ausgabe: relative Zeit). Die Parameter der Subtraktionsfunktion entsprechen denen der Additionsfunktion; subtrahiert wird *utc2* von *utc1*:

```
int utc_subtime         (utc_t *result,              // <- Ausgabe: Differenz d. Zeiten
                         utc_t *utc1,                // -> erste Zeitangabe
                         utc_t *utc2);               // -> zweite Zeitangabe
```

Multiplizieren
Relative Zeitangaben können mit Integer oder Floating-Point-Zahlen multipliziert werden; dazu dienen die beiden folgenden Funktionen (*utc_multime* für Integer, *utc_mulftime* für Floating-Point):

```
int utc_multime     (utc_t *result,        // <- Ausgabe: Produkt
                     utc_t *utc1,          // -> Zeitangabe
                     long factor);         // -> Multiplikationsfaktor

int utc_mulftime    (utc_t *result,        // <- Ausgabe: Produkt
                     utc_t *utc1,          // -> Zeitangabe
                     double factor);       // -> Multiplikationsfaktor
```

Sowohl die relative Zeitangabe wie auch der Multiplikationsfaktor können negativ sein; es gelten die üblichen Vorzeichenregeln.

Vergleich von Zeitangaben
Verglichen werden können zwei absolute oder zwei relative Zeitangaben, und zwar unter Berücksichtigung oder unter Ignorieren der Ungenauigkeitsangabe. Wenn die Ungenauigkeitsangabe mit einbezogen wird, so werden die resultierenden Zeitintervalle (Zeitangabe +- Ungenauigkeitsangabe) verglichen. Falls sie sich überlappen, kann keine definitive Vergleichsaussage gemacht werden. Die entsprechende Funktion lautet:

```
int utc_cmpintervaltime (
                enum utc_cmptype *relation,   // <- Vergleichsergebnis
                utc_t *utc1,                  // -> erste Zeitangabe
                utc_t *utc2);                 // -> zweite Zeitangabe
```

Das Vergleichsergebnis *relation* vom gezeigten Aufzählungstyp kann sinngemäß die Werte *utc_lessThan* (utc1 < utc2) oder *utc_greaterThan* (utc1 > utc2) bei eindeutigem Vergleichsergebnis (nicht überlappende Zeitintervalle) annehmen. Bei Überlappung wird dagegen *utc_indeterminate* zurückgeliefert. Falls beide Ungenauigkeitsangaben gleich Null sind und die Zeitangaben gleich, dann (und nur dann) resultiert das Ergebnis *utc_equalTo*. Die Funktion zum Vergleich ohne Berücksichtigung der Ungenauigkeitsangabe lautet:

```
int utc_cmpmidtime (
                enum utc_cmptype *relation,   // <- Vergleichsergebnis
                utc_t *utc1,                  // -> erste Zeitangabe
                utc_t *utc2);                 // -> zweite Zeitangabe
```

Sie liefert sinngemäß einen der Werte *utc_equalTo*, *utc_lessThan* oder *utc_greaterThan*.

Beispiel: Bei der Kommunikation mittels RPC (hier nicht im Detail gezeigt) erhält der aufgerufene Server als Parameter einer Operation *Service* unter anderem einen UTC-Zeitstempel, der die (synchronisierte) Systemzeit beim Absenden des Aufrufs repräsentiert. Es sollen nur Aufrufe bearbeitet werden, die vor höchstens 20

Sekunden abgesendet wurden (Nachrichtenlaufzeit < 20 Sekunden). Anschließend soll für einen Folgeaufruf bei einem anderen Server ein Timeout zur Überwachung der maximalen Ausführungsdauer gesetzt werden; dieser soll das fünffache der ermittelten Nachrichtenlaufzeit betragen. Unten ist das entsprechende Programmstück, eingebettet in die RPC-Prozedur *Service,* dargestellt. Der Ablauf ist auch in Abb. 7-5 kurz skizziert.

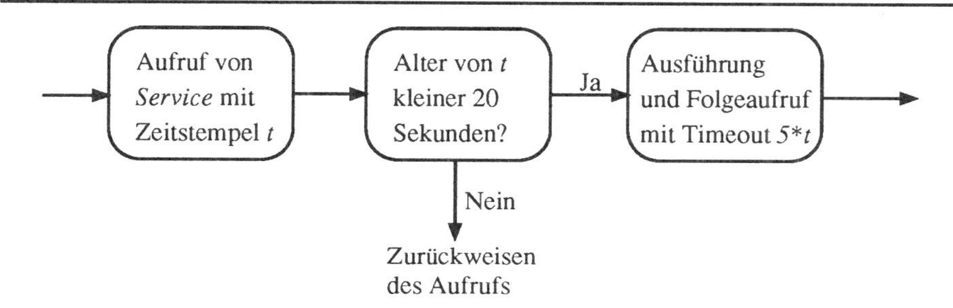

Abb. 7-5 Ablauf des Beispiels für Zeitberechnungen

```
struct reltimespec timeConst = { 20, 0 };       // 20 Sekunden als relative Zeitangabe
struct reltimespec timeInaccConst = { 0, 0 }; // Ungenauigkeit: Null

extern int specialCall ();                      // weitere externe (entfernte) Prozedur

int Service (utc_t sendTime,...)                // Prozedur mit Sendezeit u. weiteren Param.
 {
 utc_t timeConstUtc;                            // 20 Sekunden in UTC-Format
 utc_t timeDiffUtc;                             // Datenstruktur für Zeitdifferenz
 utc_t timeout;                                 // Timeout für Zeitüberwachung
 enum utc_cmptype relation;                     // Vergleichsergebnis
 int status;                                    // Rückgabewert

 utc_mkbinreltime (&timeConstUtc, &timeConst, &timeInaccConst);
                                                // 20 Sekunden in UTC-Format
 utc_subtime (&timeDiffUtc, (utc_t*)0, &sendTime);
                                                // Aktuelle Zeit (=0) minus Zeitstempel
 utc_cmpintervaltime (&relation, &timeDiffUtc, &timeConstUtc);
                                                // Zeitvergleich (Differenz mit 20 Sek.)
 if (relation != utc_lessThan) {                // Kann Aufruf angenommen werden?
    printf ("Aufruf verspätet eingetroffen -> Abbruch!\n");
    return (-1);                                // Abbruch des Aufrufs
    }
 // ... nehme Aufruf an und bearbeite ihn regulär, setze Folgeaufruf mit timeout ab
 utc_multime (&timeout, &timeDiffUtc, 5); // berechne fünffache Zeit als Timeout
 status = specialCall (timeout,...);            // Folgeaufruf
 return (status);                               // Reguläre Ergebnisrückgabe
 }
```

Der Vergleich mit der konstanten Zeit (20 Sek.) ließe sich auch kompakter durch C-Makros realisieren; aus Gründen der konzeptionellen Darstellung wurde hier aber die ausführliche Variante gewählt. Das Ergebnis der Vergleichsoperation wird nur bei einer echten "kleiner"-Relation als erfolgreich betrachtet; insbesondere wird ein Aufruf auch beim unklaren Ergebnis *utc_indeterminate* zurückgewiesen.

7.3.3 Spezielle Operationen für Zeitintervalle

Zusätzlich stehen spezielle Operationen zur Generierung und Verarbeitung von Zeitintervallangaben zur Verfügung. Die erste dieser Funktionen dient dazu, aus zwei (absoluten oder relativen) Zeitangaben t1 und t2 (t1<t2) eine neue Zeitangabe t mit einem Ungenauigkeitsintervall u so zu generieren, daß es t1 und t2 einschließt (t-u <= t1 < t2 <= t+u):

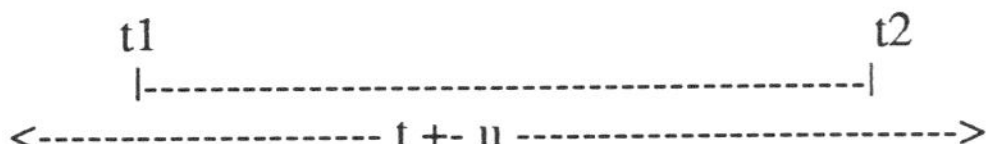

Die entsprechende Funktion lautet:

```
utc_boundtime  (utc_t *result,        // neue Zeitangabe (entspricht t)
                utc_t *utc1,          // erste Zeitangabe (entspricht t1)
                utc_t *utc2);         // zweite Zeitangabe (entspricht t2)
```

Beispiel: Diese Funktion eignet sich z.B. zur Generierung von Zeitstempeln für dedizierte Ereignisse (z.B. Senden einer Nachricht oder Absetzen eines asynchronen RPC-Aufrufs). Als Zeitstempel für ein bestimmtes Ereignis *e* werden die Systemzeiten *t1* gerade vor Eintreten von *e* und *t2* gerade nach *e* durch *utc_boundtime* zu einem Zeitstempel *t* kombiniert. Dieser wird zwischengespeichert, um später andere Ereignisse zeitlich mit ihm vergleichen zu können:

```
extern int SendMessage ();            // Nachricht asynchron absenden
extern int SaveTimestamp ();          // Zeitstempel sichern
utc_t t1, t2, t;                      // Zeit vor und nach Ereignis, Zeitstempel

utc_gettime (&t1);                    // Zeit direkt vor dem Ereignis
SendMessage (...);                    // Übertragungsnachricht vorbereiten
utc_gettime (&t2);                    // Zeit direkt nach dem Ereignis
utc_boundtime (&t, &t1, &t2);         // Zeitstempel mit entsprechendem
                                      // Ungenauigkeitsintervall
SaveTimestamp (&t);                   // Speichere Zeitstempel für
                                      // spätere Vergleiche
```

Vergleiche zwischen Zeitstempeln lassen dann korrekte Aussagen zu (falls sich nicht *utc_indeterminate* ergibt). Wäre dagegen *t1* bzw. *t2* als Zeitstempel verwendet worden, so wäre nicht gesichert, daß das Ungenauigkeitsintervall des Zeitstempels auch tatsächlich das Ereignis mit einschließt.

Umgekehrt ist es möglich, aus einer (absoluten oder relativen) Zeitangabe t mit Ungenauigkeitsangabe u drei verschiedene Zeitangaben t1 - t3 ohne Ungenauigkeitsangabe zu generieren, welche die durch t gegebene frühestmögliche, mittlere und spätestmögliche Zeit repräsentieren.

```
<---------------- t +- u ---------------->
t1                 t2                    t3
|-----------------------------------------|
```

Die zugehörige Funktion lautet:

```
int utc_pointtime (utc_t *utc1,        // <- frühestmögliche Zeit
                   utc_t *utc2,        // <- mittlere Zeit
                   utc_t *utc3,        // <- spätestmögliche Zeit
                   utc_t *utc);        // -> Zeitangabe mit Ungenauigk.
```

Dadurch wird es zum einen möglich, die Ungenauigkeitsangabe eines Zeitstempels zu entfernen, zum anderen können die ermittelten Intervallgrenzen für eindeutige Vergleiche mit Absolutwerten ohne Berücksichtigung von Ungenauigkeitsangaben verwendet werden.

Beispiel: Es soll ein Zeitstempel generiert werden, der gegenüber der aktuellen Zeit mindestens 60 Sekunden in der Zukunft liegt. Dabei soll also die maximal mögliche Ungenauigkeit berücksichtigt werden. Dies wird durch das folgende Programmstück geleistet:

```
struct reltimespec timeConst = { 60, 0 };       // 60 Sek. als relative timespec-Zeitangabe
struct reltimespec timeInaccConst = { 0,0 }; // Ungenauigkeit: Null
utc_t timeConstUtc;                             // 60 Sek. als relative UTC-Zeitangabe
utc_t currentTime, futureTime;                  // aktuelle Zeit und zukünftige Zeit

utc_mkbinreltime (&timeConstUtc, &timeConst, &timeInaccConst);
                                                // 60 Sek. in UTC-Format
utc_gettime (&currentTime);                     // aktuelle Zeit
utc_pointtime ((utc_t*)0, (utc_t*)0, &currentTime, &currentTime);
                                                // wandle aktuelle Zeit in spätestmögl. Zeit,
                                                // ignoriere frühestmögliche und mittlere Zeit

utc_addtime (&futureTime, &currentTime, &timeConstUtc);
                                                // addiere 60 Sek. zur spätestmöglichen Zeit
```

Beim Aufruf von *utc_pointtime* interessiert als Ausgabeparameter nur die spätestmögliche Zeit (*currentTime + Ungenauigkeitsangabe*), die dann die bisherige *currentTime*-Angabe ersetzt. Die ersten beiden Ausgabeparameter (frühestmögliche bzw. mittlere Zeit) sind dagegen nicht relevant und werden daher mit Nullzeigern belegt.

7.4 Management-Aufgaben

Der DTS erfordert zunächst die Installation von Time Servern und Time Clerks innerhalb jeder Cell. Pro Cell sollten mindestens drei Time Server verfügbar sein, um eine hinreichende Synchronisation zu ermöglichen. Auf jedem beteiligten Rechner muß dazu der DCE RPC funktionsfähig sein, d.h. der RPC-Dämon muß installiert sein.

Für spezielle DTS-Server, auf deren Rechner auch ein Time Provider angesiedelt ist, muß außerdem das Time Provider Interface funktionsfähig sein. Ein Beispiel für die Implementierung eines dedizierten Time Provider Protokolls findet sich in [OSF3].

Nachdem die Time Clerks und Server installiert wurden (zu Details siehe [OSF5]), werden weitere Management-Aufgaben durch das DTS Control Program (*dtscp*) unterstützt. Ein kleiner Auszug wichtiger Kommandos ist in Abb. 7-6 zusammengefaßt.

```
show local servers           // Anzeigen der Time Server
show global servers          // Anzeigen der Global Time Server
set courier role courier     // Einordnung als Courier
advertise                    // Einordnung als Global
set servers required <n>     // Minimale Anzahl von Servern zur Synch.
update time <time>           // Manuelle Zeitanpassung
```

Abb. 7-6 Wichtige Management-Kommandos von dtscp

Mit den ersten beiden Kommandos können die allgemeinen (lokalen) und globalen Time Server inspiziert werden. Die weiteren Befehle beziehen sich jeweils auf den Time Server des lokalen Rechners. Mit *set courier* bzw. *advertise* kann ein Time Server als *Courier Time Server* oder als *Global Time Server* konfiguriert werden. Das Kommando *set servers required* legt die minimale Anzahl von Servern fest, deren Zeitangabe zur Durchführung einer Synchronisation erforderlich sind.

Das Kommando *update time* dient zur manuellen Einstellung der Systemzeit; die absolute Zeitangabe wird im oben beschriebenen String-Format eingegeben. Diese Operation ist z.B. wichtig, um die Zeit in größeren Abständen von Hand zu adaptieren, falls kein externer Time Provider verfügbar ist. Zahlreiche weitere Operationen, z.B. zur Festlegung der maximalen Größe von Ungenauigkeitsintervallen oder zum Ausgliedern von Servern stehen zur Verfügung [OSF5].

8 Verteilte Dateiverwaltung und PC-Integration

Die weiteren Komponenten des DCE, das *Distributed File System (DFS)*, der *Diskless Support Service* und der *PC Integration Service* werden auch als *Data Sharing Services* bezeichnet, da bei ihren Aufgaben vor allem die verteilte Daten- und Dateiverwaltung im Vordergrund steht. Diese Dienste unterscheiden sich von den anderen DCE-Diensten auch dadurch, daß sie noch stärker mit dem Betriebssystem der beteiligten Rechner verzahnt sind und durch den Anwender meist nur indirekt über gewöhnliche Betriebssystemdienste benutzt werden. Obwohl z.B. das DFS auch eine Programmierschnittstelle anbietet, wird diese allenfalls für spezielle Systemprogrammieraufgaben verwendet.

Die nachfolgenden Abschnitte beschreiben die genannten drei DCE-Komponenten mit ihren wesentlichen Eigenschaften im Überblick.

8.1 Das Distributed File System

Das DFS stellt Dienste zur verteilten Dateiverwaltung bereit, die vom Anwender bzw. Anwendungsprogrammierer weitgehend verteilungstransparent genutzt werden. Im folgenden wird zunächst die Grundfunktionalität des Systems vertieft und ein Vergleich mit dem Network File System gegeben. Anschließend wird auf die interne Systemstruktur eingegangen und es werden die wichtigsten Systemmanagement-Aufgaben und -Werkzeuge des DFS beschrieben.

8.1.1 Funktionalität und Einordnung des DFS

Grundfunktionalität für den Anwender

Die Grundfunktionalität des DFS aus Anwendersicht ist in Abb. 8-1 tabellarisch zusammengefaßt. Das DFS bietet an der Benutzerschnittstelle zunächst die übliche, aus lokalen Dateisystemen bekannte Funktionalität, die also das Erzeugen, Öffnen, Bearbeiten, Schließen, Kopieren usw. von Dateien sowie die Verwaltung von Datei-Directories umfaßt. Diese Schnittstelle des DFS wird durch den POSIX-Standard 1003.1 implementiert. Für die Realisierung einfacher Anwendungen genügt die Kenntnis dieser Funktionalität, die aus Anwendersicht den üblichen Unix-Dateioperationen entspricht. Die physische Verteilung des Dateispeichers kann weitgehend unberücksichtigt bleiben; es wird vollständige *Lokationstransparenz* für Dateizugriffe geboten.

Dateioperationen	Übliche Unix-Dateioperationen; Kenntnisse bzgl. Verteilungsaspekten sind nicht zwingend erforderlich
Verteilungsaspekte	Im wesentlichen durch lokationstransparente Dateiverwaltung verborgen
Semantik nebenläufiger Dateizugriffe	Session-Semantik, Änderungen an Dateien werden ggf. erst verzögert für andere sichtbar
Zugriffsschutz	Schutzmechanismen auf der Basis von ACLs

Abb. 8-1 Wichtige Eigenschaften des DFS aus Anwendersicht

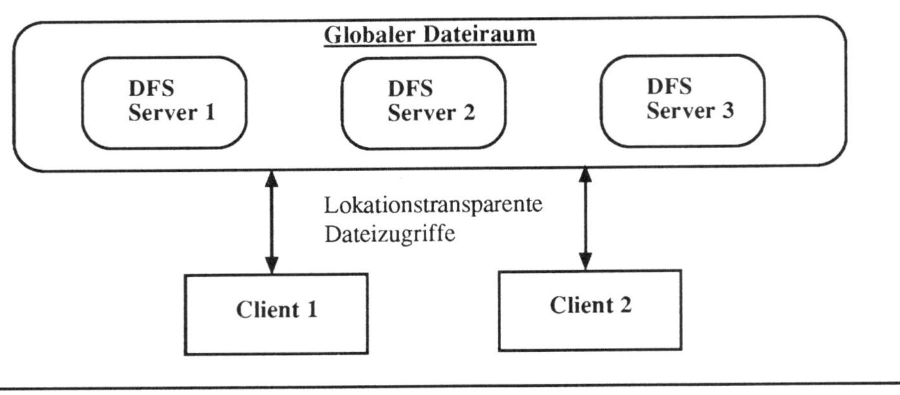

Abb. 8-2 Globaler Dateiraum des DFS

Physisch ist der Dateispeicher auf mehrere DFS-Server verteilt (s. Abb. 8-2 mit z.B. drei DFS-Servern); durch spezielle lokationstransparente Zugriffstechniken entsteht aus Sicht eines Clients (hier z.B. *Client 1* oder *2)* daraus jedoch ein globaler, verteilungsunabhängiger Dateiraum.

Die Verteilung der DFS-Clients kommt allenfalls dadurch zum Ausdruck, daß das DFS als Medium zur gemeinsamen Datenhaltung und zum indirekten Datenaustausch durch verschiedene Clients benutzt wird (s. Abschnitt 8.1.3). Außerdem ist die Synchronisationsproblematik bei nebenläufigen Client-Zugriffen auf die gleiche Datei zu beachten. Dabei gelten die folgenden Regeln:

1. Schreiboperationen auf eine geöffnete Datei werden zunächst nur lokal für den schreibenden Client sofort sichtbar.
2. Beim Schließen einer Datei werden die Änderungen auch für andere Clients sichtbar, nicht aber für Clients, die die Datei momentan geöffnet haben (dort erst bei erneutem Öffnen der Datei).

Dies wird auch als *Session-Semantik* bezeichnet [MSC86, HKM88] und hat sich in der Praxis als relativ brauchbar und vor allem als effizient implementierbar erwiesen. Wird eine strengere Semantik gewünscht, so muß diese explizit implementiert werden (z.B. mittels verteilter Synchronisationsalgorithmen zwischen Clients auf der Basis von RPC und Threads).

Für Dateizugriffe werden verteilte Zugriffsschutzmechanismen angeboten, die auf den Zugriffskontrollisten des Security Service (s. Kap. 6) basieren.

Interne Funktionalität

Die wichtigsten systeminternen Eigenschaften des DFS sind in Abb. 8-3 tabellarisch zusammengefaßt. Die Implementierung des DFS durch mehrere DFS-Server macht die verteilte Partitionierung und die Replikation von Dateibeständen möglich. Wie in Abschnitt 2.3.6 beschrieben, bildet ein *Fileset* als Teilbaum des Datei-Directory-Baums dabei die elementare Einheit der Verteilung.

Architektur	Verteilte File Server und Clients; Server ggf. mit speziellen lokalen Dateisystemen
Dateiverteilung	Verteilte Verwaltung von Filesets durch DFS-Server; Unterstützung durch Lokalisierungskomponenten
Dateireplikation	Read/Only-Replikation mit expliziter oder periodischer Aktualisierung
Caching	Caching ganzer Dateien auf Client-Seite, dadurch verbesserte Effizienz und Skalierbarkeit
Wiederanlauf	Schneller Wiederanlauf nach Systemabstürzen durch lokalen Log pro Server
Backup	Online-Backup, inkrementelle Backups, benutzerspezifische Backup-Filesets
Monitoring	Spezielle Werkzeuge zum nebenläufigen Monitoring mehrerer DFS-Server
Interoperabilität	Kopplung mit NFS möglich (Zugriff von NFS-Clients auf DFS-Server)

Abb. 8-3 Wichtige systeminterne Eigenschaften des DFS

Die Verteilung von Dateien wird durch spezielle Lokalisierungskomponenten der DFS-Server verdeckt. Ähnlich wie beim Zugriff auf CDS-Directories werden interne Verweise auf die aktuelle Lokation von Filesets ausgewertet, um eine Datei für einen Client verfügbar zu machen. Die Replikation von Dateien basiert wie bei der Replikation innerhalb der anderen DFS-Komponenten auf einem Primär-/Sekundärkopie-Verfahren, wobei nur eine Primärkopie mit Schreibzugriff und mehrere, nur lesbare Sekundärkopien existieren können. Die Aktualisierung der Sekundärkopien nach Änderungen der Primärkopie kann periodisch oder auch auf explizite Anforderung hin erfolgen. Die angebotene Replikationstechnik eignet sich vor allem für Systemdateien, die selten aktualisiert werden, aber von denen eine hohe Verfügbarkeit gefordert wird.

Beim Zugriff eines Clients auf eine Datei werden ihre Daten nach Möglichkeit vollständig in einen lokalen Client-Cache kopiert und dann nur noch lokal bearbeitet. Der Cache wird erst nach dem Schließen der Datei an den Server zurückgeschrieben. Hieraus resultiert auch die oben beschriebene Session-Semantik. Diese Vorgehensweise macht Dateizugriffe effizient und erhöht auch die Skalierbarkeit des Systems: Da DFS-Clients fast ausschließlich lokal arbeiten, belasten sie die DFS-Server i.a. nur beim Öffnen und Schließen einer Datei. Dadurch können sehr viel mehr Clients von einem Server bedient werden; das System wird dadurch im Sinne der Erhöhung der Client-Population skalierbar.

Zur lokalen Dateiverwaltung pro Server bietet das DCE ein spezielles lokales Dateisystem an. Dies stellt erweiterte Basismechanismen bereit, um die Dateireplikation und die verteilte Zugriffskontrolle zu unterstützen. Eine weitere wesentliche Eigenschaft des lokalen Dateisystems ist die Führung einer internen Log-Datei. Diese zeichnet alle wichtigen strukturellen Änderungen am Dateiraum auf und ermöglicht auf diese Weise einen schnellen Wiederanlauf nach einem unkontrollierten Systemabsturz. Im Regelfall muß dann nicht - wie in Unix-Dateisystemen üblich - das Unix-Programm *fsck* zur Konsistenzherstellung ausgeführt werden.

Neben diesen Mechanismen bietet das DFS auch eine umfangreiche Online-Backup-Unterstützung durch eine spezielle Backup-Systemkomponente. Diese ermöglicht auch inkrementelle Backups. Außerdem können auch von Benutzern selbst *Backup Filesets* eingerichtet werden, um Sicherungspunkte für benutzereigene Dateibestände zu setzen. Des weiteren stehen dem Systemmanager Monitoring-Werkzeuge zur Verfügung, um mehrere DFS-Server gleichzeitig zu überwachen.

Im Hinblick auf die Interoperabilität mit anderen Systemen ist es möglich, daß Clients des *Network File Systems (NFS)* auf DFS-Server mittels eines NFS/DFS-Umsetzers zugreifen. Dieser Mechanismus ist besonders für die Migration existierender NFS-Anwendungen in eine DCE-Umgebung wichtig.

Vorteile des DFS

Das DFS bietet gegenüber gekoppelten lokalen Dateiverwaltungssystemen einige wichtige Vorteile:

- *Lokationstransparenz:* Die vollständige Lokationstransparenz beim Zugriff auf Dateien erleichtert die Erstellung von Anwendungen und ermöglicht vor allem die unveränderte Ausführung existierender Datei-basierter Anwendungen, wobei dennoch die Vorteile der Verteilung genutzt werden können.

- *Systemkontrolle über die Lokation von Dateien:* Der Systemmanager kann die Verteilung der Filesets bestimmen und damit die Lokation von Dateien festlegen. Auf diese Weise können Dateien und Directories gemäß der erwarteten Zugriffe verteilt werden und möglichst nahe bei den zugreifenden Client-Rechnern angesiedelt werden.
- *Lastausgleich:* Durch die Verteilung der Dateien auf mehrere Server wird die Belastung jedes einzelnen Servers reduziert. Bei geeigneter Plazierung der Filesets kann auf diese Weise ein Lastausgleich erzielt werden, wodurch die Effizienz einzelner Dateizugriffe erhöht wird.
- *Verfügbarkeit:* Durch die Replikation von Dateien kann die Verfügbarkeit zumindest für Lesezugriffe verbessert werden. Auch der Client-Cache erhöht die Verfügbarkeit, da lang andauernde Dateizugriffsphasen auch bei zwischenzeitlichem Absturz eines DFS-Servers auf dem Cache weitergeführt werden können.

Neben diesen allgemeinen Vorteilen sind als spezielle Vorteile die umfangreiche Systemmanagement-Unterstützung, der schnelle Wiederanlauf nach Server-Abstürzen, die Skalierbarkeit, die Zugriffskontrolle sowie die mögliche Interoperabilität mit Unix-Dateisystemen und mit NFS zu nennen.

8.1.2 Vergleich mit dem Network File System

In verteilten Unix-Umgebungen hat das *SUN Network File System (NFS)* inzwischen recht große Verbreitung gefunden und sich teilweise bereits zu einem defacto-Standard entwickelt. Das hier vorgestellte DFS, das auf dem *Andrew File System* [HKM88] beruht, bietet sich als mögliche Alternative zum NFS an. Für den Systemmanager stellt sich damit die Frage, ob mit der Einführung des DCE auch im Bereich der Dateiverwaltung auf DCE-Komponenten zurückgegriffen werden soll oder ob - beispielsweise aus Aufwandsgründen - das bisher verwendete System - in vielen Fällen sicherlich NFS - unverändert weiterverwendet werden soll. Aus diesem Grund wird im folgenden ein Vergleich der beiden Systeme auf der Basis von [LES90] und [HKM88] gegeben; dieser ist in Abb. 8-4 tabellarisch zusammengefaßt.

Die Architektur der beiden Systeme unterscheidet sich grundsätzlich darin, daß beim DFS eine bestimmte Menge von Dateiservern fest konfiguriert wird, während beim NFS grundsätzlich jede beteiligte Workstation Dateien exportieren und damit sowohl als Client wie auch als Server des NFS agieren kann. Die dadurch beim NFS erzielte Flexibilität wird allerdings durch den Verlust der Lokationstransparenz erkauft: Ein Client, der auf eine bestimmte Menge von Dateien entfernt zugreifen möchte, muß zunächst eine explizite *mount*-Operation mit Lokationsangabe durchführen. Beim DFS dagegen sind alle Zugriffe lokationstransparent. Außerdem bietet das NFS im Vergleich zum DFS keinen systemweit globalen Dateiraum an; vielmehr konfiguriert sich jeder Client durch bestimmte *mount*-Operationen seinen eigenen globalen Dateiraum.

Vergleichs-kriterium	**DCE Distributed File System**	**Network File System**
Architektur	Client/Server mit festen Rollen	Keine feste Client/Server-Zuordnung
Zugriffsweise auf Mengen von Dateien	Lokationstransparenter Zugriff auf globalen Dateiraum	Explizite "mount"-Operationen
Zugriffssemantik	Session-Semantik	Zeitabhängige Semantik
Caching-Technik	Ganze Dateien bzw. große Teile davon	Seitenweises Caching
Skalierbarkeit	Gut skalierbar wegen Caching-Technik	Begrenzte Skalierbarkeit
Zustandsverwaltung	Explizite Zustandsverwaltung nötig	Zustandslose Server
Fehlerbehandlung bei Servern	Problematisch wegen Zustand	Einfach durch zustandslose Operationen
Replikation	Read/Only-Replikation	Nicht explizit unterstützt
Leistung	Auch bei hoher Systemlast gute Leistung	Gute Leistung bei begrenzter Systemlast

Abb. 8-4 Vergleich von DFS und NFS

Bei nebenläufigen Dateizugriffen weist das DFS die in Abschnitt 8.1.1 beschriebene, wohldefinierte *Session-Semantik* auf. Beim NFS ist dagegen das Systemverhalten bei nebenläufigen Zugriffen zeitabhängig und damit nicht vorhersagbar, da das Zurückschreiben von Cache-Daten in bestimmten Zeitabständen erfolgt. In der Praxis reicht diese Semantik zwar meist aus; dennoch bietet die Semantik des DFS bei verteilten Anwendungen mit einem hohen Grad an Nebenläufigkeit sicherlich Vorteile.

Als Caching-Technik wird beim DFS das Caching ganzer Dateien oder großer Teile hiervon eingesetzt, beim NFS werden dagegen nur begrenzte Mengen von Dateiseiten im Cache gehalten. Dieser Unterschied wirkt sich auf die weiteren Vergleichskriterien aus: Das DFS ist besser skalierbar, da die meisten Dateioperationen auf dem lokalen Client-Cache stattfinden und die Dateiserver dadurch deutlich weniger belastet sind. Dies führt auch zu einer vergleichsweise guten Systemleistung bei hoher Last. Das NFS schneidet in diesen beiden Punkten aufgrund der häufigeren Server-Zugriffe weniger gut ab. Allerdings erfordert die Caching-Technik beim DFS die Verwaltung von Zustandsinformation für die einzelnen Clients beim Server. Dies ist notwendig, um die Clients nach nebenläufigen Aktualisierungen über veraltete Cache-Daten zu informieren. Dadurch wird die Fehlerbehandlung nach dem Absturz eines Servers erschwert, da damit auch die Zustandsinformation über Clients verloren geht. Beim NFS mit zustandslosen Servern ist die Fehlerbehandlung dagegen vergleichsweise einfach.

Die Replikation von Dateien wird nur beim DFS mit dem skizzierten Read/Only-Replikationsverfahren explizit unterstützt.

Insgesamt läßt sich sagen, daß das DFS eine weitreichendere Funktionalität in bezug auf das Verbergen von Verteilungsproblemen bietet und auch eher für große verteilte Systemumgebungen geeignet ist. In enger umgrenzten Umgebungen mit kooperierenden Programmierteams kann das NFS aufgrund der flexibleren *mount*-Technik Vorteile bieten. Der global koordinierte Einsatz dieser Technik erfordert allerdings einiges an Erfahrung, die bei DFS für den Endbenutzer sicherlich nicht im gleichen Umfang notwendig ist.

8.1.3 Einsatz des DFS für verteilte Anwendungen

Das DFS kann direkt zur Erstellung verteilter Anwendungen eingesetzt werden, ohne weitere Kommunikationsunterstützung in Form des RPC explizit zu verwenden. Dies ist allerdings nur für Anwendungsbereiche sinnvoll, in denen ein sogenanntes *Data-Sharing-Programmiermodell* ausreicht [OSF1]. Dieses Modell besagt, daß mehrere verteilte Prozesse gemeinsam auf bestimmte Datenbestände zugreifen, also in indirekten Kooperationsbeziehungen stehen, nicht aber direkt untereinander kommunizieren bzw. sich direkt gegenseitig synchronisieren. Aufgrund dieser Restriktionen sind nur Anwendungen möglich, die keine direkte Reaktion eines Prozesses auf ein Ereignis innerhalb eines anderen Prozesses verlangen. Dies trifft etwa für verschiedene verteilte Anwendungen im Bürobereich zu, die z.B. eine zeitunkritische Auftragsweitergabe zwischen Prozessen über ein verteiltes Dateisystem realisieren oder die gemeinsam auf größere, in einem verteilten Dateisystem gespeicherte Dokumentbestände zugreifen. Ein entsprechendes Szenario ist in Abb. 8-5 dargestellt.

Mehrere verteilte Rechner mit entsprechenden Dienstprogrammen greifen auf die gemeinsame Datenbasis zu, die durch den globalen Dateiraum des DFS gegeben ist. Alle zugreifenden Instanzen haben die gleiche Sicht auf den Dateiraum, da dieser nach außen völlig lokationstransparent realisiert ist. Allerdings können die Daten, die primär von einer bestimmten Verarbeitungsinstanz benötigt werden (z.B. *Buchungssätze* durch die *Buchhaltung*), auf einem möglichst wenig entfernten DFS-Server abgelegt werden (hier z.B. *DFS-Server 1*); hierfür hat der Systemmanager, nicht aber der Anwender zu sorgen.

Eine Kooperation kann dann stattfinden, indem z.B. auf die von der Buchhaltung erzeugten Buchungsdaten durch die Rechnungsprüfung zugegriffen wird oder indem die Projektplanung bestimmte Datenbestände (z.B. Projektberichte) indirekt über DFS dem Sekretariat verfügbar macht. Die dabei erforderliche Zugriffssynchronisation muß entweder durch organisatorische Gegebenheiten gewährleistet werden (z.B. strikte zeitliche Aufteilung der Bearbeitungszeiten) oder sie muß durch periodisches Anfragen bestimmter anwendungsspezifischer Zugriffsrechte realisiert werden, die als Datenstrukturen ebenfalls im DFS abgelegt werden.

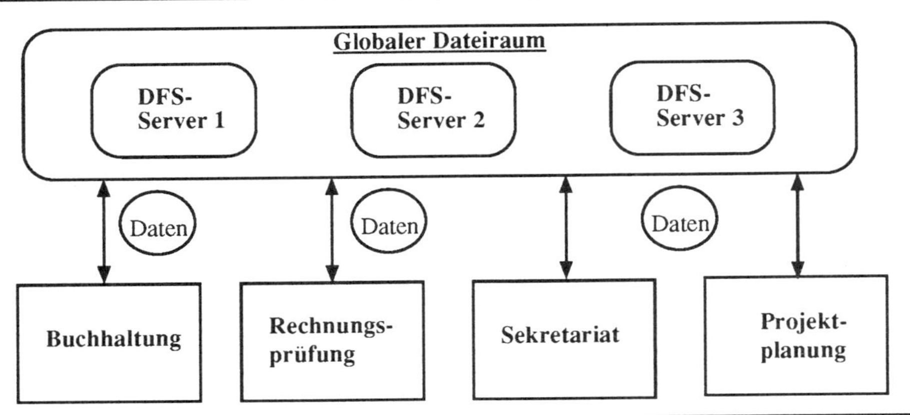

Abb. 8-5 Verteilte Anwendung als Data-Sharing-Modell

Eine strikte Synchronisation zwischen den verschiedenen Instanzen ist allerdings nur über explizite Kommunikationstechniken wie den RPC möglich. Solche - durch das DFS-Systemmodell nicht allein erfüllbaren - Anforderungen entstehen z.T. auch im Bürobereich, vor allem aber in verteilten Fertigungsanwendungen, die häufig komplexe Steuerungs- und Regelungsaufgaben umfassen. Hier ist in jedem Fall der RPC als primäre Interaktionstechnik mit einzusetzen.

Das DFS bietet sich natürlich vor allem auch für gemischte Anwendungsformen an, die sowohl explizite Kommunikation wie auch Data Sharing ausnutzen. Es ist jedoch vergleichsweise einfacher, eine reine Data-Sharing-Applikation zu erstellen, da dies nur die Verwendung der ohnehin vom lokalen Fall vertrauten Dateioperationen erfordert.

8.1.4 Interne Systemstruktur

DFS besteht intern aus einer größeren Anzahl von Teilkomponenten, die in Abb. 8-6 schematisch dargestellt sind. Zunächst werden die im laufenden Betrieb erforderlichen Basiskomponenten beschrieben, um dann auf die administrativen Komponenten einzugehen.

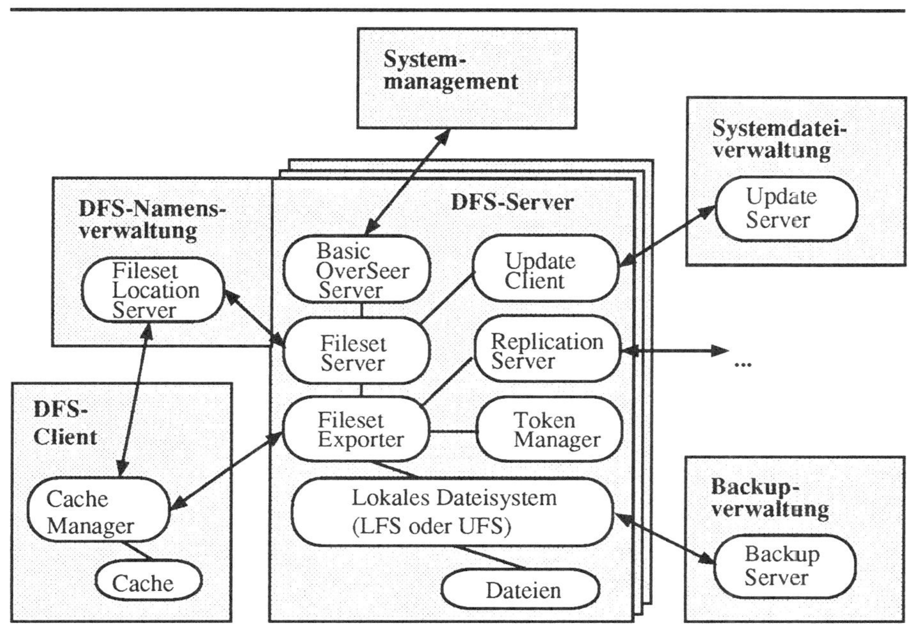

Abb. 8-6 Teilkomponenten des Distributed File Systems

Basiskomponenten für laufenden Betrieb

Lokales Dateisystem: Jeder DFS-Server verfügt über ein lokales Dateisystem zur Dateiverwaltung. Dies kann z.B. ein herkömmliches Unix-Dateisystem (*UFS, Unix File System*) oder ein spezielles, vom DCE angebotenes System (*LFS, Local File System*) sein. Das LFS bietet dabei einige Vorteile; es führt Zugriffskontrollisten zum Datei-Zugriffsschutz, ermöglicht Backup, Replikation und Migration von Dateien im laufenden Betrieb und führt eine Log-Datei, was den Wiederanlauf nach Rechnerausfällen beschleunigt. Bei Verwendung des UFS muß auf diese Zusatzfunktionalität weitgehend verzichtet werden.

Fileset Exporter und Token Manager: Diese Komponenten machen Directories und Dateien für den externen Zugriff durch DFS-Clients verfügbar. Ein Fileset stellt die elementare Einheit für alle verteilungsrelevanten Verwaltungsoperationen wie z.B. die Zuordnung von Dateien zu Servern oder die Replikation von Dateien auf mehreren DFS-Servern dar.

Der Token Manager synchronisiert den Zugriff mehrerer Clients auf Dateien. Für jeden Client, der eine Datei öffnet, hält er einen Token, der die Art des Zugriffs (z.B. lesend oder schreibend) sowie den zugreifenden Client repräsentiert. Falls konkurrierende Zugriffe auftreten (z.B. eine neue Schreibanforderung auf eine Datei mit existierendem Lesezugriff), so informiert der Token Manager bisherige Clients, die normalerweise Dateidaten in ihrem lokalen Cache halten. Diese müssen dann ihren Cache spätestens beim nächsten Öffnen der Datei aktualisieren. Es wird allerdings kein gegenseitiger Ausschluß praktiziert, sondern die oben beschriebene, schwächere *Session-Semantik* realisiert.

Fileset Location Server: Für jeden Fileset wird ein Eintrag bei diesem Server geführt, der zum entsprechenden Wurzel-Directory angibt, welcher bzw. welche Server die Dateien des zugehörigen Filesets speichern. Dieser Server arbeitet vom Prinzip her wie der Cell Directory Service, ist aber auf Filesets spezialisiert. Physisch wird ein solcher Server meist auf dem gleichen Rechner wie ein DFS-Server angesiedelt. Die Namenseinträge werden typischerweise bei allen DFS-Servern vollständig repliziert. Dies erhöht die Verfügbarkeit und Effizienz und ist praktikabel, da sich die Fileset-Struktur nur langsam ändert und daher Aktualisierungen der Replikate relativ selten erforderlich sind. Der Datei-Namensraum ist in den CDS-Namensraum eingebettet, und zwar mit dem Namen */.:/fs*, wobei nach der Namenskomponente *fs* die DFS-Directory-Hierarchie folgt.

DFS-Client und Cache Manager: Ein DFS-Client, der auf eine Datei neu zugreifen will, ermittelt zunächst den verwaltenden DFS-Server durch Befragung des Fileset Location Servers. Anschließend kontaktiert er den Fileset Exporter, der ihm die gesamte Datei bzw. (bei sehr großen Dateien) einen größeren Teil der Datei überträgt. Die Dateidaten werden dann durch den Cache Manager des Clients in dessen lokalen Cache übernommen. Dort können die Daten gelesen und auch verändert werden. Sie werden im Regelfall erst mit dem Schließen der Datei an den Server zurückgeschrieben. Daher sind in der Bearbeitungsphase keine entfernten Client-Server-Interaktionen erforderlich, was das DFS sehr effizient macht.

Administrative Komponenten

Fileset Server: Dieser Server dient dem Systemmanager zur Verwaltung von Filesets. Dies umfaßt die Definition und Plazierung sowie das Löschen von Filesets. Außerdem ist es mit dieser Komponente möglich, Filesets von einem Server auf einen anderen zu verlagern oder zu replizieren.

Basic OverSeer Server: Diese Komponente ermöglicht dem Systemmanager die Überwachung der einzelnen DFS-Serverprozesse. Sie beantwortet auch Statusanfragen, z.B. bzgl. der aktuellen Filesets.

Replication Server: Dieser Server kommuniziert mit anderen Replication Servern und realisiert die periodische Aktualisierung von Fileset-Replikaten.

Update Client und Server: Der Update Server läuft auf einem speziellen Rechner, der zur Archivierung von binären Systemdateien und anderen global verwendeten Verwaltungsdateien eingesetzt wird. Es ist nun möglich, Aktualisierungen dieser Dateien an alle DFS-Server, genauer an deren Update Clients zu propagieren. Dadurch können z.B. System-Upgrades leichter installiert werden.

Backup Server: Dieser Server dient zur Durchführung von Backups im laufenden Betrieb. Er interagiert dazu mit den einzelnen DFS-Servern, um deren Dateien auf ein Backup-Medium zu kopieren.

Systemkonfigurationen
Die verschiedenen Server müssen in konkreten DFS-Systemkonfigurationen nicht notwendigerweise alle auftreten bzw. können auf unterschiedliche Rechner verteilt werden. Als Grundregel gilt, daß jede DFS-Konfiguration mindestens einen DFS-Server umfassen muß, wobei aber Update Client bzw. Server, Replication Server und Backup Server nicht zwingend notwendig sind. Der Fileset Location Server wird im Regelfall auf der gleichen Maschine wie der DFS-Server konfiguriert.

In größeren Systemumgebungen mit mehreren DFS-Servern ist dagegen der Replication Server wichtig, um die DFS-Replikationstechnik ausnutzen zu können. Außerdem sollte dann auch ein Update Server mit zugehörigen Clients konfiguriert werden, um die Verwaltung von Systemdateien zu unterstützen. Der Backup Server ist im Regelfall ebenfalls in jedem größeren System für regelmäßige Backups erforderlich.

8.1.5 Management-Aufgaben

Die verschiedenen DFS-Komponenten stellen zahlreiche Aufgaben an das Systemmanagement bei ihrer Installation und im laufenden Betrieb. Grob lassen sich diese in die folgenden Teilbereiche gliedern:

- *Fileset Management:* Dieser Bereich umfaßt die Definition von Filesets, ihre Zuordnung zu DFS-Servern, ihre Replikation sowie ihre dynamische Verlagerung zwischen Servern.
- *BOS Management:* Diese Management-Aufgaben betreffen das Starten und das dynamische Verwalten von *BasicOverSeer*-Kontrollprozessen.
- *Scout Management:* Dieser Bereich umfaßt die Verwaltung eines speziellen Monitor-Werkzeugs mit der Bezeichnung *Scout.* Dieses Werkzeug ermöglicht die Analyse wichtiger Dateisystem-Parameter (z.B. den Grad der Plattenbelegung) und bietet hierfür auch eine graphische Schnittstelle.
- *Cache Management:* Auf Client-Seite fallen im Zusammenhang mit der Cache-Verwaltung Management-Aufgaben an, die z.B. die Festlegung der Cache-Größe oder der Cache-Update-Strategie umfassen.
- *Backup Management:* Dieser Bereich umfaßt die Vorbereitung und Durchführung von Backups auf Magnetbändern.
- *ACL Management:* Für einzelne Directories und Dateien können die Zugriffsrechte mittels ACLs definiert werden, die vom Security Service verwaltet werden. Die entsprechenden Management-Aufgaben werden weitgehend über den ACL Editor wahrgenommen und daher an dieser Stelle nicht genauer beschrieben; vielmehr sei auf Abschnitt 6.3.4 verwiesen.

Im folgenden werden einige wichtige Systemverwaltungsprogramme des DFS zu den einzelnen Bereichen vorgestellt. Dabei kann lediglich ein erster Eindruck vermittelt werden, ohne aber im Rahmen dieses Kapitels alle DFS-Management-Werkzeuge und -Kommandos in ihrem gesamten Umfang darstellen zu können.

Fileset Management

Das Management von Filesets wird durch das DFS-Verwaltungsprogramm *fts* unterstützt. Abb. 8-7 stellt eine Auswahl der wichtigsten Befehle im Zusammenhang dar; diese werden im folgenden anhand eines Beispiels illustriert.

```
fts create      // Erzeugen eines neuen Filesets
fts mount       // Einbinden des Filesets in Directory-Struktur über sog. Mount Point
fts lsmount     // Auflisten des Filesets zu einem Mount Point
fts move        // Verlagern eines Filesets von einem DFS-Server zu einem anderen
fts delmount    // Löschen eines Mount Points
fts delete      // Löschen eines Filesets

fts dump        // Sichern eines gesamten Filesets auf Datei
fts restore     // Laden eines Filesets von Datei

fts setrepinfo  // Zuordnung von Kontrollinformation zur Replikation eines Filesets
fts addsite     // Erzeugen eines Fileset-Replikats bei einem bestimmten DFS-Server
fts rmsite      // Löschen eines Fileset-Replikats
fts update      // Explizites Aktualisieren von Fileset-Replikaten
```

Abb. 8-7 Befehle zur Verwaltung von Filesets

Ein Fileset wird erzeugt durch das Kommando *fts create*, wobei neben dem Namen des Filesets auch der gewünschte Server-Rechner sowie das zu nutzende physische Speicher-Device (sog. *Aggregate*) angegeben werden muß. Die Fileset-Namen sind unabhängig von den Namen der später darin abgelegten Dateien oder Directories. Per Konvention werden Filesets zur Aufnahme der Dateien bestimmter Benutzer mit *user.<name>* bezeichnet, wie es im folgenden Beispiel der Fall ist:

```
fts create user.meier /.:/hosts/fileserver_1 /:/dev/lv01
```

Um Filesets für die Speicherung von Dateien und Directories verfügbar zu machen, muß danach die Operation *crmount* aufgerufen werden. Als Parameter wird ein sogenannter *Mount Point* angegeben, die Stelle im Directory-Baum, wo die abzulegenden Dateien und Subdirectories angesiedelt sind. Außerdem wird erneut der Name des betreffenden Filesets spezifiziert, sowie eine Option, daß es sich um einen Read/Write-Fileset handelt:

```
fts crmount /:/usr/meier user.meier -rw
```

Anschließend werden alle im Directory */:/usr/meier* bzw. unterhalb dieses Directories erzeugten Dateien und Directories vom System im Fileset *user.meier* abgelegt. Die Mount-Operation ist semantisch nicht gleichzusetzen mit dem oben erwähnten *mount* im NFS. Sie wird vielmehr nur vom Systemmanager aufgerufen, um einen Fileset zu installieren. Andere Benutzer können später direkt unter Angabe der Datei- und Directory-Namen zugreifen, ohne selbst explizite *mount*-Aufrufe durchführen zu müssen. Der zu einem Mount Point gehörende Fileset kann mit *lsmount* angezeigt werden:

```
fts lsmount /:/usr/meier
'/:/usr/meier' is a mount point for fileset 'user.meier'
```

Die Operation *move* erlaubt das dynamische Verlagern eines Filesets von einem DFS-Server zu einem anderen. Dies ist z.B. sinnvoll, wenn sich die Zugriffsintensität dauerhaft ändert oder wenn länger andauernde Wartungsarbeiten an einem Server durchgeführt werden müssen. Mit dem folgenden Aufruf wird der erzeugte Fileset von *fileserver_1* zum Server *fileserver_2* mit der neuen Device-Angabe *lx03* verlagert:

```
fts move user.meier /.:/hosts/fileserver_1 /:/dev/lv01 /.:/hosts/fileserver_2 /:/dev/lx03
                    |---------------------------------| |------------------------------------|
                           Bisherige Lokation                      Neue Lokation
```

Ein Mount Point kann mit *delmount* wieder gelöscht werden:

```
fts delmount /:/usr/meier
```

Damit verschwindet allerdings nur der Mount Point, nicht aber der Inhalt des Filesets. Dieser muß explizit mit der Operation *delete* unter Angabe der Lokation des Filesets gelöscht werden:

```
fts delete user.meier /.:/hosts/fileserver_1 /:/dev/lv01
```

Außerdem stehen Operationen zum Sichern eines gesamten Filesets mit allen zugehörigen Dateien und Directories (*dump*) sowie zum erneuten Installieren eines Filesets (*restore*) zur Verfügung:

```
fts dump user.meier -time 0 /:/tmp/meier.dump
fts restore user.meier /.:/hosts/fileserver_1 /:/dev/lv01 /:/tmp/meier.dump -overwrite
```

Bei der *dump*-Operation wird eine zusätzliche Option *time* spezifiziert. Mit ihr können inkrementelle Dumps angefordert werden, die nur Dateien enthalten, die jünger als die spezifierte Absolutzeit sind. Im obigen Fall (*time=0*) werden dagegen alle Dateien des Filesets gesichert. Bei der *restore*-Operation wird zusätzlich wie bei *create* spezifiziert, wo der erneut geladene Fileset angelegt werden soll, und daß ein eventuell existierender Fileset überschrieben werden soll.

Weitere Operationen stehen zur Steuerung der Replikation von Filesets zur Verfügung. Mit *setrepinfo* wird zunächst spezifiziert, auf welche Art ein Fileset repliziert werden soll. Primär kann zwischen den Varianten *scheduled* (periodisches Update) und *release* (explizit anzuforderndes Update) gewählt werden. Mit dieser Operation können auch zahlreiche weitere Parameter eingestellt werden, die hier nicht näher betrachtet werden. Im folgenden wird die Replikationstechnik *release* gewählt:

```
fts setrepinfo user.meier -release
```

Nun werden zwei DFS-Server mit der Replikation des Filesets beauftragt. Anschließend wird ein explizites Update aller Replikate angefordert. Außerdem wird gezeigt, wie eines der Replikate bei Bedarf wieder gelöscht werden kann:

```
fts addsite user.meier /.:/hosts/fileserver_1 /:/dev/lv01
fts addsite user.meier /.:/hosts/fileserver_2 /:/dev/lx03
fts update user.meier -all
fts rmsite user.meier /.:/hosts/fileserver_2 /:/dev/lx03
```

Die gezeigten Befehle umfassen zahlreiche weitere Optionen zur Spezifikation detaillierter Steuerparameter. Außerdem steht eine Reihe weiterer *fts*-Kommandos zur Verfügung, um z.B. interne Fileset-Information zu inspizieren oder um explizit auf den Fileset Location Server mit seiner Datenbasis zuzugreifen. Hierzu sei auf [OSF6] verwiesen.

BOS Management

Die *BasicOverSeer(BOS)*-Prozesse laufen auf den einzelnen DFS-Servern ab und ermöglichen das entfernte Kontrollieren und Starten interner DFS-Verwaltungsprozesse. Auch hierzu steht ein spezielles Management-Kommando, *bos*, zur Verfügung. Jeder damit formulierte Befehl wird an den BOS-Server auf dem entsprechenden Rechner zur Ausführung weitergegeben. Im folgenden wird zur Illustration ein kurzes Beispiel für *bos* gegeben:

```
bos status /.:/hosts/fileserver_1
Instance ftserver, currently running normally.
Instance flserver, currently running normally.
bos create /.:/hosts/fileserver_1 repserver
bos restart /.:/hosts/fileserver_2
bos setrestart /.:/hosts/fileserver_3 -general "mon 5:00"
```

Dabei wird zunächst der Status von *fileserver_1* entfernt erfragt. Das System teilt dem Administrator mit, daß die internen Prozesse *ftserver* (Fileset Server, zur allgemeinen Fileset-Verwaltung) und *flserver* (Fileset Location Server, zum Lokalisieren von Filesets) auf dem DFS-Server laufen. Anschließend startet der Systemmanager den zusätzlichen Prozeß *repserver* zur Aktualisierung von Replikaten auf dem DFS-Server. Außerdem wird angefordert, sofort alle Systemprozesse auf *fileserver_2* zu löschen und neu zu starten. Dies kann z.B. erforderlich sein, wenn interne Systemprobleme auftreten. Ferner wird spezifiziert, daß auf *fileserver_3* alle Systemprozesse regelmäßig montags um 5 Uhr neu gestartet werden sollen. Zahlreiche weitere Befehle zur entfernten Kommandoausführung und Prozeßverwaltung mit *bos* sind in [OSF6] beschrieben.

Scout Management

Der Monitor-Prozeß *Scout* dient zur passiven Überwachung von DFS-Servern, während der oben beschriebene *BOS*-Prozeß aktive Eingriffe bei den Servern ermöglicht. *Scout* kann auf jedem DFS-Server gestartet werden und gibt dem Systemmanager seine Ausgaben zum Status der DFS-Server über eine graphische Schnittstelle zurück. Beim Starten von Scout ist es insbesondere möglich, Schwellwerte bezüglich spezieller Kennwerte der DFS-Server zu definieren. Der Systemmanager wird beim Überschreiten dieser Schwellwerte durch *highlighting* der Anzeige hierauf aufmerksam gemacht. Er kann dann als Reaktion darauf z.B. mittels *fts*-Kommandos Filesets verlagern oder mittels *bos* Systemprozesse neu starten. Als Kennwerte sind z.B. die Anzahl aktiver Clients bezüglich eines Servers oder der Prozentsatz der Plattenbelegung eines Servers möglich. Das folgende Kommando startet Scout auf *fileserver_1* und gibt die Schwellwerte *20* für *ws*, die Anzahl der Clients, und *80%* für *disk*, die Plattenbelegung, vor:

```
scout /.:/hosts/fileserver_1 -attention ws 20 disk 80%
```

Cache Management
Das Cache Management ermöglicht das Einstellen von Cache-Parametern auf jedem DFS-Client-Rechner. Außerdem werden spezielle Mechanismen wie z.B. das explizit benutzergesteuerte Zurückschreiben der Cache-Daten angeboten. Diese Funktionalität ist unter dem Kommando *cm* zusammengefaßt. Die folgenden Befehle erfragen z.B. zunächst die Cache-Größe, erhöhen sie dann und fordern schließlich an, daß alle Daten des Directories */:/usr/meier* zurückgeschrieben werden sollen:

```
cm getcachesize
DFS using 9511 of the cahe's available 10000 1K byte (disk) blocks.
cm setcachesize 20000
cm: New cache size set: 20000.
cm flush /:/usr/meier/*
```

Backup Management
Die Durchführung von Backups wird durch das Kommando *bak* gesteuert. Es greift auf eine interne Backup-Datenbasis zu, in der z.B. die Rechner, auf denen Backups ausgeführt werden, zusammen mit ihren *Tape Devices* spezifiziert sind. Vor Beginn eines Backups muß diese Datenbasis mit Hilfe verschiedener *bak*-Kommandos initialisiert werden. Für die anschließende Durchführung eines Backups werden dann *Familien* von Filesets gebildet; ein Backup-Lauf sichert die Dateien aller Filesets einer Fileset-Familie auf Band. Als Beispiel definieren die folgenden Kommandos zunächst eine Fileset-Familie, fügen die Filesets zweier Benutzer ein und führen dann einen vollständigen (nicht inkrementellen) Backup durch:

```
bak addftfamily user_family
bak addftentry user_family /.:/hosts/fileserver_1 /:/dev/lv01 user.meier
bak addftentry user_family /.:/hosts/fileserver_1 /:/dev/lv01 user.mueller
bak dump user_family full
```

8.1.6 Weiterführende Programmierschnittstellen

Wie auch der Security Service bietet DFS einige weiterführende Programmierschnittstellen. Diese sind nicht für die Erstellung gewöhnlicher verteilter Anwendungen von Bedeutung, sondern ermöglichen vielmehr die Implementierung von Systemsoftware für eigene Management-Protokolle für das DFS. Sie sind also ausschließlich für den Systemprogrammierer gedacht, der die Funktionalität dieser DCE-Komponente selbst beeinflussen bzw. adaptieren will. Im einzelnen stehen die folgenden Schnittstellen zur Verfügung:

- *Fileset-Management-Schnittstelle:* Diese Schnittstelle bietet zahlreiche Operationen zur Manipulation von Filesets an; die Funktionalität umfaßt im wesentlichen alle die Mechanismen, die auch durch die interaktiven Management-Operationen von *fts* bereitgestellt werden. Beispiele sind das Erzeugen und Löschen, das Verlagern oder das Sichern von Filesets.
- *BOS-Server-Schnittstelle:* Diese Schnittstelle ermöglicht den programmtechnischen Zugriff auf die Funktionen des *BOS-Servers* zur Überwachung der DFS-Systemprozesse. Die Schnittstellenfunktionen sind z.B. nützlich, um eigene graphische Werkzeuge für das Monitoring unter Verwendung der existierenden Monitorfunktionalität zu entwickeln.
- *Cache-Manager-Schnittstelle:* Hierüber können die internen Verwaltungsmechanismen des Cache Managers analog zu *cm* manipuliert werden.

Das DFS insgesamt bietet recht mächtige Techniken zur verteilten Dateiverwaltung an. Es zeichnet sich durch seinen hohen Grad an Verteilungstransparenz und durch seine Unterstützung bezüglich Dateizugriff, Caching, Replikation und Bakkup besonders aus. Es stellt sicherlich eine interessante Alternative zu anderen, möglicherweise bereits in einer existierenden Umgebung eingesetzten Systemen dar. Allerdings muß der mit dem Systemmanagement verbundene Lern- und Arbeitsaufwand abgewogen werden gegenüber dem Nutzen, den die zusätzliche Funktionalität des DFS für die jeweilige Systemumgebung hat.

8.2 Diskless Support Service

Der *Diskless Support Service (DSS)* des DCE ermöglicht die Integration von plattenlosen Workstations (*Diskless Clients*) in eine DCE-Umgebung. Dazu werden Möglichkeiten zum entfernten Systemboot, zum entfernten Swapping sowie zum allgemeinen Zugriff auf DFS durch den Diskless Support bereitgestellt. Die folgenden Abschnitte beschreiben in kurzer Form die Funktionalität des Diskless Support und seine Teilkomponenten. Für den Anwendungsprogrammierer und für den Endbenutzer ist diese DCE-Komponente vollständig transparent.

Die wichtigsten Teilkomponenten des Diskless Support sind der *Boot Server* zum entfernten Systemboot und der *Swap Server* zum entfernten Auslagern von Speicherbereichen. Außerdem wird auf dem Rechner des Boot Servers ein *Diskless Configuration Server* installiert, der dem Diskless Client initiale Konfigurationsdaten zur Verfügung stellt. Ferner agiert der Diskless Client auch als DFS-Client. Abb. 8-8 zeigt die typischen, unten genauer beschriebenen Abläufe zwischen einem Diskless Client und den entsprechenden Servern im Zusammenhang.

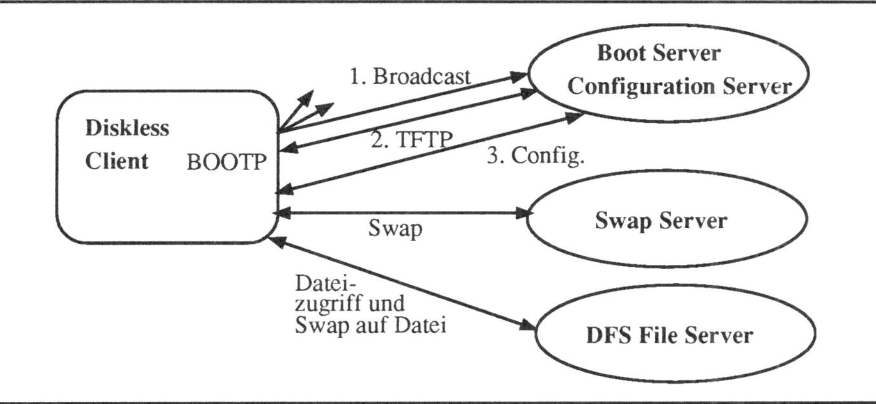

Abb. 8-8 Abläufe zwischen Diskless Client und Servern

Boot Server und Configuration Server

Wenn ein plattenloser Rechner neu gestartet wird, ist es eine der ersten Aufgaben, ihm den Betriebssystemkern zur Verfügung zu stellen. Da diese Systemsoftware nicht von Platte gelesen werden kann, muß sie von einem entfernten *Boot Server* beschafft und geladen werden. Zunächst startet der Diskless Client ein einfaches Boot-Programm, das in seinem ROM-Speicher abgelegt ist. Dieses stößt einen Broadcast-Aufruf des speziellen Protokolls *BOOTP* an, der zur Lokalisierung eines Boot Servers dient. Der antwortende Boot Server sendet dem Client seine Netzadresse, woraufhin dieser eine umfangreiche Boot-Datei mittels des sogenannten *Trivial File Transfer Protocols (TFTP)* vom Server anfordert; diese Datei entspricht dem Betriebssystem-Kern des Clients und ermöglicht ihm damit den vollständigen Systemstart.

Anschließend sendet der Diskless Client eine weitere Anfrage an den Rechner des Boot Servers, die nun aber direkt an den Configuration Server gerichtet ist. Dieser liefert ihm Konfigurationsdaten zur Konfigurierung seines DFS-Caches und zur Lokalisierung von DFS-Servern. Nach der Initialisierung des Caches ist der Diskless Client dann in der Lage, den DFS zu benutzen.

Swap Server

Der *Swap Server* ermöglicht das externe Auslagern und erneute spätere Laden von Betriebssystem-Prozeßkontexten mit den zugehörigen Speicherbereichen. Ein Swap Server ist grundsätzlich optional, falls die entsprechende Funktionalität abhängig vom jeweiligen System auch durch das Distributed File System erbracht werden kann. Dies ist dann der Fall, wenn der Swap-Vorgang nur über Swap-Dateien und nicht auch über Devices abgewickelt werden soll. Andernfalls wird beim Diskless Client ein spezieller Stellvertreter eines Device Drivers installiert, der mit dem Swap Server kommuniziert.

DFS File Server
Für einen plattenlosen Rechner ist der Zugriff auf das Distributed File System eine Notwendigkeit. Grundsätzlich unterscheidet sich die Funktionalität dabei nicht wesentlich von der in einer Konfiguration ohne plattenlose Rechner. Allerdings muß der Diskless Client den DFS-Cache nun im Hauptspeicher führen, was erwartungsgemäß zu Restriktionen bezüglich der maximal bearbeitbaren Dateigrößen führt.

Der Diskless Support stellt nur Management-Aufgaben von vergleichsweise geringem Umfang. Diese umfassen im wesentlichen die Installation der genannten Server sowie die Definition einer Konfigurationsdatei für den Configuration Server. Diese Datei muß die möglichen Diskless Clients sowie die verwendeten Swap-Dateien des DFS spezifizieren.

Insgesamt läßt sich sagen, daß der Diskless Support eine vollwertige Integration plattenloser Rechner ermöglicht. Dies muß allerdings durch gewisse Leistungseinbußen erkauft werden, die vor allem beim entfernten Swap-Vorgang auftreten können. Die Caching-Technik des DFS mildert dieses Problem bei Diskless Clients nur insoweit, wie ausreichend viel Hauptspeicher zur Verfügung steht. Für Workstations mit begrenzten Leistungsanforderungen und Bearbeitungsaufgaben stellt der Diskless Support aber sicherlich eine interessante Alternative dar.

8.3 PC Integration

Die PC-Integration-Komponente des DCE (*PCI*) ermöglicht Personal Computern unter den Betriebssystemen MS/DOS, OS/2 und Unix den Zugriff auf bestimmte Dienste und Anwendungen einer verteilten DCE-Umgebung als Clients. Im Vordergrund steht der Dateizugriff sowie die Möglichkeit, Druckerdienste zu nutzen. Von einzelnen Herstellern sind inzwischen aber auch Erweiterungen verfügbar, um einem PC-Client den DCE RPC sowie die Threads vollwertig zur Verfügung zu stellen. Dadurch wird es einem Client möglich, direkt an beliebigen verteilten Anwendungen zu partizipieren. Zusätzlich stehen auf dem PC die Client-Realisierungen der übrigen DCE-Dienste, also z.B. CDS-Clients, Time Clerks oder Clients des Security Service zur Verfügung. Mittels des RPC ist es auch möglich, anwendungsspezifische RPC-Server mit begrenztem Ressourcenbedarf auf PCs zu realisieren, nicht jedoch DCE-Systemserver zu betreiben.

Der entfernte Dateizugriff von PCs auf das DFS wird durch das *PC/NFS-Protokoll* unterstützt. Dieses stellt Operationen zum Bearbeiten, Kopieren und Verlagern von Dateien von Unix-Workstations auf PCs zur Verfügung. Auf diese Weise können PCs grundsätzlich auf Dateien zugreifen, die im Rahmen einer verteilten Anwendung erstellt wurden und damit an der Anwendung partizipieren (z.B. als Spezialbetriebsmittel zur graphischen Datenaufbereitung unter Windows).

Die entfernte Nutzung von Druckern durch PCs wird mittels des *LAN Manager/X (LM/X)* unterstützt. Dabei handelt es sich um eine Implementierung des *Server Message Block (SMB)* Protokolls, das vom *X/Open* festgelegt wurde. Hierüber stehen den PCs spezielle Kommandos zur Kontrolle von Druckerwarteschlangen zur Verfügung.

9 Gesamteinordnung und Bewertung des OSF DCE

Dieses Buch beschrieb in seinen Kernkapiteln die technischen Eigenschaften der einzelnen Komponenten des OSF DCE im Überblick. Im folgenden wird zunächst versucht, das DCE globaler einzuordnen, indem Bezüge zur aktuellen Standardisierung und zur objektorientierten Programmierung aufgezeigt werden. Unter Berücksichtigung dieser Bereiche wird dann eine abschließende Wertung des DCE vorgenommen. Begleitend wird außerdem ein Ausblick auf mögliche Weiterentwicklungen des DCE gegeben.

9.1 Bezug des DCE zur Standardisierung

9.1.1 Standardisierung und Entwicklungstendenzen

Die DCE-Komponenten basieren nur zu geringen Teilen auf offiziellen Standards, wie sie von der *International Standards Organization (ISO)* speziell im Bereich *Open Systems Interconnection (OSI)* definiert wurden bzw. werden. Der Grund hierfür ist zum einen, daß das DCE aus Komponenten besteht, deren Entwicklung schon vor der Festlegung entsprechender Standards begann und zum anderen, daß für einige Bereiche wie z.B. für den RPC erst in jüngster Zeit überhaupt Standardisierungsbestrebungen begannen. Außerdem muß angemerkt werden, daß ISO/OSI-Standards grundsätzlich ohne direkten Bezug zur Implementierung definiert werden und daß es aus diesem Grunde schwierig sein kann, strukturell günstige, effiziente und leicht benutzbare Implementierungen hierfür zu erstellen. Dies hat gerade in den USA dazu geführt, daß eine Vielzahl einschlägiger Systementwicklungen völlig außerhalb des Kontexts von Standards durchgeführt wurden.

Da Standards jedoch ohne Zweifel immer stärker an Bedeutung gewinnen werden, soll im folgenden zunächst der grundsätzliche Bezug zwischen existierenden anwendungsorientierten ISO/OSI-Standards und DCE-Komponenten erörtert werden. Das Hauptziel dabei ist es, das Grundverständnis für Standardisierungsfragen im Zusammenhang mit dem DCE zu wecken. Es ist jedoch momentan keine klare Prognose möglich, welche Bedeutung konkrete ISO/OSI-Standards sowie andere

Standardisierungsbestrebungen im Rahmen von DCE erlangen werden. Das eine Extrem wäre dadurch gegeben, daß sich die gesamte DCE-Funktionalität mehr und mehr an Standards orientiert und die Komponenten zumindest intern an neue Standards (z.B. zum RPC) angepaßt werden. Das andere Extrem wäre, daß sich das DCE in seiner bisherigen Form als ein de-facto-Standard für die offene verteilte Verarbeitung durchsetzt, bei dem die Bedeutung der offiziellen Standards mehr und mehr schwindet. Für einige Komponenten wie z.B. für den GDS ist sicherlich die erste Alternative zu beobachten, während bei anderen Komponenten wie z.B. beim RPC oder beim Security Service momentan die zweite Alternative wahrscheinlicher scheint.

Neben den ISO/OSI-Standards spielen aber auch Standardisierungsaktivitäten anderer Hersteller im Zusammenhang mit offenen verteilten Systemen eine große Rolle und gewinnen zunehmend an Aktualität. Zu nennen sind insbesondere die Bestrebungen der *Object Management Group (OMG)*, eine herstellerunabhängige Plattform für verteilte objektorientierte Anwendungen zu schaffen, sowie die Arbeiten von *Unix International (UI)* an der herstellerübergreifenden Systemplattform *Atlas* für offene verteilte Umgebungen. Beide Organisationen sind Konsortien von Rechner- und Softwareherstellern. Diese Standardisierungsaktivitäten werden später auch im Zusammenhang mit DCE genauer erörtert.

9.1.2 Bezug zu den beiden oberen ISO/OSI-Schichten

Die Darstellungs- und Anwendungsschicht des ISO/OSI-Referenzmodells [ISO87] stellen spezielle Dienste und Protokolle zur Kommunikation zwischen Anwendungsinstanzen in einer offenen verteilten Umgebung zur Verfügung (s. auch [TAN91]). Einige der wichtigsten Dienste dieser Schichten sind in Abb. 9-1 zusammengefaßt und werden nachfolgend bezüglich ihrer Bedeutung für das OSF DCE erörtert.

Darstellungsschicht

Die *Darstellungsschicht* macht die Unterschiede zwischen den verschiedenen Datenformaten in heterogenen Rechnernetzen transparent. Dazu werden die zu übertragenden Daten mit der Notation *ASN.1* beschrieben. Unter Verwendung dieser Beschreibung und eines sogenannten Präsentations-Kontextes transformiert das System die Daten von einem lokalen Format (lokale Syntax) in ein global einheitliches Format (*Transfersyntax*), überträgt sie und transformiert sie schließlich in das lokale Format des Zielrechners.

Das RPC-Laufzeitsystem des DCE führt vergleichbare Mechanismen durch, um Daten zwischen heterogenen Formaten zu konvertieren. Allerdings ist dabei nur ein Transformationsvorgang erforderlich; der Sender schickt die Daten jeweils in seinem eigenen Format ab und nur der Empfänger führt eine Konvertierung in sein lokales Format durch ("*receiver makes right*"). Diese Technik ist effizienter zu realisieren als der Ansatz der Darstellungsschicht. Allerdings müssen bei *n* Datenformaten im verteilten System *n*n* Konvertierungsfunktionen definiert werden. Dies wird aber toleriert, da die Anzahl der verschiedenen Formate in den heutigen Rechnerumgebungen meist gering ist. Im DCE ist konzeptionell auch eine Datentransformation auf der Basis von *ASN.1* vorgesehen, jedoch bisher noch nicht realisiert.

Schicht	**Dienst bzw. Sprache**	**Funktionalität**
Anwendung (Spezifische Dienste)	FTAM	Entfernter Dateizugriff / Dateiverwaltung
	RDA	Entfernter Zugriff auf Datenbanken
	JTM	Job Transfer und Manipulation
	MHS	Message Handling
(Generische Dienste)	ACSE	Elementare Assoziationen zw. Anwendungsinstanzen
	ROSE	Entfernter Operationsaufruf
	RPC	Remote Procedure Call
	RTSE	Zuverlässiger Datentransfer
	CCR/TP	Verteilte Transaktionsverarbeitung
Darstellung	ASN.1 Presentation Context	Datentransformation zwischen heterogenen Datenformaten (lokale Syntax <-> Transfersyntax)

Abb. 9-1 Dienste der beiden oberen ISO/OSI-Schichten

Anwendungsschicht

Die *Anwendungsschicht* umfaßt zahlreiche Dienste und Protokolle, die relativ flexibel konfiguriert werden können. Diese Dienste stellen der Anwendung eine gegenüber der einfachen Datenkommunikation erweiterte Funktionalität zur Verfügung. Grundsätzlich wird zwischen *generischen* und *spezifischen* Diensten unterschieden. Generische Dienste bieten allgemeine, anwendungsunabhängige Interationsmechanismen, während spezifische Dienste jeweils eine bestimmte anwendungsspezifische Funktionalität erbringen.

Generische Dienste

Als Basis für die anderen Dienste ermöglicht *ACSE (Association Control Service Element)* zunächst den Aufbau von Anwendungsassoziationen zwischen Instanzen, über die dann eine Kommunikation abgewickelt werden kann. Ein entsprechender Mechanismus findet sich im DCE nicht, da der RPC direkt auf Transportverbindungen aufsetzt.

ROSE (Remote Operations Service Element) stellt Dienste bereit, um entfernte Operationen aufzurufen, Aufrufparameter zu übergeben und Ergebnisse später entgegenzunehmen. Es wird jedoch keine direkte Sprachintegration der Operationen und Aufrufe wie beim RPC definiert; das bedeutet, daß zusätzliche Software erforderlich ist, um eine Funktionalität wie beim Remote Procedure Call mittels ROSE zu erreichen. Im DCE werden momentan direkt Transportprotokolle (z.B. *TCP/IP* und *UDP/IP*) eingesetzt, um die RPC-Kommunikation zu implementieren. Für die Zukunft ist jedoch auch vorgesehen, den DCE RPC auf der Basis von ROSE konform zu ISO/OSI-Standards anzubieten. Dies ist aber sicherlich weniger ein technisches Problem als vielmehr eine Effizienzfrage.

Die fehlende Sprachintegration von ROSE dürfte auch der Grund sein, warum getrennt hiervon zusätzliche Standardisierungsbestrebungen im Bereich des *RPC* von der ISO verfolgt werden, die bisher aber erst das Stadium eines Drafts erreicht haben. Dieser RPC soll eine ähnliche Funktionalität wie der DCE RPC bieten. Der Standardisierungsvorschlag umfaßt zunächst die Schnittstellenbeschreibungssprache *IDN (Interface Definition Notation)*, die wie *IDL* auch die Definition komplexer Parameterstrukturen zuläßt, aber nicht in *C* eingebettet ist. RPC-Aufrufe sind in ihrer Grundform synchron und können wie im DCE nur mittels Threads auch asynchron abgesetzt werden. Auch der ISO RPC soll Rückaufrufe vom Server an den Client unterstützen. Andere Erweiterungen, z.B. in bezug auf Authentisierung und Autorisierung oder zu verschiedenen Varianten des Bindevorgangs sind aber beim ISO RPC noch völlig offen. Es bleibt fraglich, wie lange es dauern wird, bis eine konsolidierte Implementierung hierzu vorliegt.

RTSE (Reliable Transfer Service Element) [BFZ90] ermöglicht den zuverlässigen Transfer von Daten zwischen Anwendungsinstanzen, wobei garantiert wird, daß ein Datentransfer auch bei Rechner- und Kommunikationsfehlern genau einmal erfolgt. Im DCE ist bisher kein entsprechender Mechanismus verfügbar.

CCR (Commitment, Concurrency and Recovery) und *TP (Transaction Processing)* unterstützen elementare Dienste zur Realisierung verteilter Transaktionen [CCR86]. *CCR* bietet Protokollelemente zur Realisierung eines verteilten 2-Phasen-Commit-Protokolls an. TP geht deutlich über diese Basisfunktionalität hinaus und definiert ein vollständiges Protokoll zur Koordinierung der verteilten Transaktionsabwicklung. Das DCE bietet in diesem Bereich bisher noch keine entsprechenden Mechanismen (erste Ankündigungen existieren jedoch), aber es gibt bereits herstellereigene Software zur verteilten Transaktionsverwaltung auf der Basis von DCE, so z.B. das System *Encina*.

Spezifische Dienste

Zu den spezifischen Diensten der Anwendungsschicht gehören u.a. *FTAM (File Transfer, Access and Management)* zum Zugriff auf entfernte Dateien und zum Dateiaustausch sowie *RDA (Remote Database Access)* zum entfernten Zugriff auf relationale Datenbanken mittels der Anfragesprache *SQL*. Eine zu FTAM verwandte Funktionalität wird im DCE durch das DFS erbracht, das sich allerdings nicht an diesem Standard orientiert. FTAM definiert insgesamt ein recht abstraktes Dateiverwaltungsmodell, so daß grundsätzlich die Frage entsteht, wie dieses auf die in der Praxis existierenden Dateisysteme angewandt werden kann. Eine der

RDA-Funktionalität entsprechende Komponente ist im DCE bisher nicht vorgesehen, wäre aber sicherlich von großer praktischer Bedeutung.

Auch die speziellen Dienste zur interpersonellen Kommunikation mittels *MHS (Message Handling System)* und zur verteilten Verwaltung von Berechnungsaufträgen durch *JTM (Job Transfer and Management)* werden durch DCE nicht abgedeckt, können aber natürlich auch auf der Basis von DCE realisiert werden.

Bezüge des DCE zu weiteren Standards

Der GDS des DCE entspricht direkt der durch die ISO bzw. die CCITT definierten Norm *X.500*, die sicherlich eine der am stärksten praxisorientierten ISO-Normen im Bereich der verteilten Verarbeitung darstellt. Hierauf wurde bereits in Kap. 5 genauer eingegangen.

Die weiteren Komponenten des DCE, der Thread Service, der Cell Directory Service, der Security Service, der Distributed Time Service, der Diskless Support und die PC Integration korrespondieren nicht zu bestimmten ISO/OSI-Standards, berücksichtigen aber teilweise Normen, die von anderen Organisationen definiert wurden (z.B. *POSIX 1003.4a* bei Threads oder das *X/Open Directory Service Interface* bei CDS und GDS).

Insgesamt muß das DCE vor allem als eine praxisnahe Entwicklung gesehen werden, die hier und heute verfügbar ist. Teilweise aus pragmatischen und teilweise aus historischen Gründen werden Standards zumindest bisher nur begrenzt berücksichtigt. Da aber mit dem DCE selbst das Ziel verfolgt wird, einen wesentlichen Industriestandard zu etablieren, wird zumindest zwischen DCE-Systemen in offenen verteilten Umgebungen eine uneingeschränkte Interoperabilität gewährleistet sein.

9.1.3 Bezug zu Open Distributed Processing

ODP-Referenzmodell

Um ein Modell für eine ganzheitliche Sicht verteilter Anwendungen zu bieten, wurde das *Open Distributed Processing Referenzmodell (ODP-RM)* von der *ECMA (European Computers Manufacturing Association)* und der *ISO* entwickelt. Dieses Modell geht weit über die vorwiegend kommunikationsorientierten Aspekte des ISO/OSI-Referenzmodells hinaus und versucht, auch andere Bereiche wie z.B. die Informationsmodellierung oder die Beschreibung der verwendeten technologischen Komponenten zu berücksichtigen. Das ODP-Modell definiert hierzu fünf sogenannte *Viewpoints*, also Aspekte, unter denen eine verteilte Anwendung zu betrachten ist und die bei der Realisierung berücksichtigt werden sollen. Die verschiedenen Viewpoints sind im einzelnen:

- *Enterprise viewpoint:* Hier werden die Anforderungen an eine Anwendung beschrieben, die aus betriebswirtschaftlicher Sicht gegeben sind. Vor allem soll die Grobstruktur und die interne Organisation einer Anwendungsumgebung aus Sicht des Anwenders spezifiziert werden.

- *Information viewpoint:* Dieser Aspekt befaßt sich mit der Informationsstruktur und dem globalen Datenaustausch innerhalb einer Anwendungsumgebung. Es werden also beispielsweise Datenobjekte definiert und grobe Kommunikationspfade festgelegt.
- *Computation viewpoint:* Hier wird die Grobstruktur der verteilten Anwendung, also ihre Komponenten, deren logische Verbindungen und deren konkrete Interaktionsmuster in systemunabhängiger Weise beschrieben.
- *Engineering viewpoint:* In diesem Bereich wird die Grobstruktur der Anwendung auf konkrete Anwendungskonfigurationen abgebildet, indem zum Beispiel Softwaremodule auf den einzelnen Rechnern konfiguriert werden. Dabei werden Aussagen über die Plazierung und Verteilung der Module sowie über ihre Laufzeiteigenschaften gemacht.
- *Technology viewpoint:* Dieser Bereich befaßt sich mit der Beschreibung der zugrundeliegenden Systemstruktur, also mit den konkreten Hardware- und Betriebssystem-Komponenten.

Das DCE unterstützt davon vor allem die *Information*, *Computation* und *Engineeriung* Viewpoints. Die Modellierung ausgetauschter Information wird zumindest in begrenzter Form durch *IDL* ermöglicht. Diese Schnittstellenbeschreibungssprache bietet das syntaktische Gerüst, um alle wesentlichen Datentypen zu definieren, die bei verteilten Interaktionen mittels RPC relevant sind. Die zum Computation Viewpoint gehörige Grobstruktur einer verteilten Anwendung wird durch die Definition von RPC-Clients und -Servern vorgegeben. Allerdings bietet das DCE hier nur sehr begrenzte Möglichkeiten an. Im Forschungsbereich wurden dagegen einige Systeme entwickelt, die spezielle Sprachen zur strukturellen Anwendungsbeschreibung bereitstellen [MSC92]. Konkrete Anwendungskonfigurationen, deren Spezifikation Teil des Engineering Viewpoints ist, werden schließlich durch das Starten von Client- und Server-Programmen hergestellt. In diesem Zusammenhang ist der DCE Directory Service von großer Bedeutung, der mittels der angebotenen RPC-Export/Import-Funktionalität das Grundgerüst einer verteilten Anwendungskonfiguration verwaltet.

Insgesamt läßt sich sagen, daß das DCE die erforderliche Basisfunktionalität zur Entwicklung verteilter Anwendungen, auch unter Berücksichtigung des ODP-Modells, bereitstellt. Allerdings werden die einzelnen Viewpoints von ODP nur sehr begrenzt durch DCE-Werkzeuge unterstützt; dabei ist jedoch anzumerken, daß bei der Entwicklung des DCE der Bezug zu ODP schon aus historischen Gründen (Definition des ODP-Modells erst Anfang der 90er Jahre) nicht explizit berücksichtigt werden konnte. Außerdem ist das ODP-Modell relativ abstrakt, so daß es ohnehin nicht einfach ist, im heutigen Stadium dedizierte Werkzeuge hierzu bereitzustellen. ODP ist aber sicherlich ein interessanter Ansatz, um die Strukturierung verteilter Anwendungen generell zu verbessern.

ODP Trading

Innerhalb von ODP wird außerdem auch ein spezieller Ansatz des sog. *Trading* verfolgt [ISO91]. Aufgabe des Tradings ist es, geeignete Server zu bestimmten Client-Anforderungen zuzuordnen (s. Abb. 9-2), und das nicht nur aufgrund statischer Randbedingungen, sondern insbesondere unter Auswertung und Berücksichtigung dynamischer Parameter. Ein Beispiel ist die Auswahl eines Drucker-Servers: Ein Client spezifiziert seine Anforderung nach einer *print*-Operation mit einer vorgegebenen Schnittstelle und mit dem Bedarf nach PostScript-Fähigkeit des Druckers. Zusätzlich soll aber auch die Wartezeit bis zur Fertigstellung des Druckauftrags minimiert werden. Ein *Trader,* der die Trading-Funktionalität realisiert, wählt nun zunächst eine Menge möglicher Drucker aufgrund von statischer Schnittstelleninformation aus. Hierzu bedient er sich eines Directory Service, z.B. des CDS. Die entsprechende Funktionalität könnte etwa durch mehrfachen Aufruf der Funktion *rpc_ns_binding_import_next* in DCE erbracht werden (s. Abschnitt 3.6).

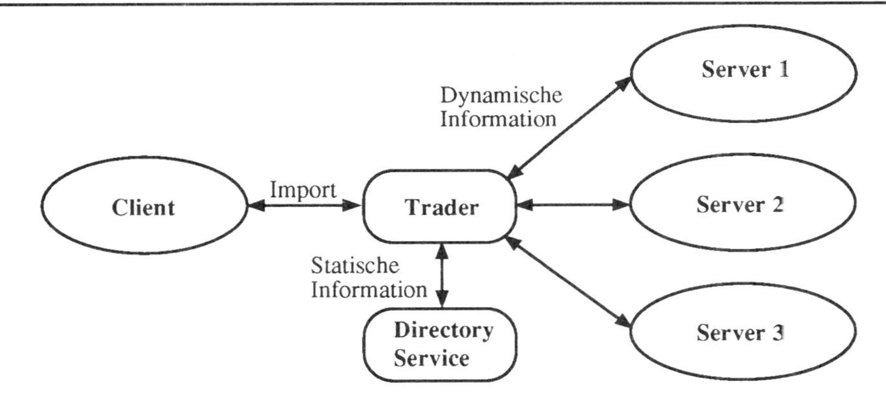

Abb. 9-2 Grobstruktur eines Trading-Ansatzes

Anschließend kontaktiert der Trader zunächst alle in Frage kommenden Server oder zumindest eine ausgewählte Teilmenge hiervon, um dynamische Parameter zu erfragen und zu evaluieren. Beispielsweise spielen im vorliegenden Beispiel die Menge wartender Aufträge sowie das jeweilige Auftragsvolumen pro Drucker-Server eine wesentliche Rolle für die endgültige Selektion. Erst nach der Evaluierung liefert der Trader dem Client die Adresse eines Servers, im Falle von DCE ein Binding Handle.

Eine solche Trading-Funktionalität, wie sie von ODP definiert wird, wäre sicherlich ein wünschenswerter zusätzlicher Dienst auch im Rahmen von DCE bzw. aufsetzend auf DCE.

9.1.4 Bezug zu OMG/CORBA

Die *Object Management Group (OMG)* ist wie die OSF ein Non-Profit-Konsortium von Herstellern und wurde 1989 gegründet. Mitglieder sind u.a. DEC, HP,

NCR, ObjectDesign, SunSoft und HyperDesk; insgesamt besteht die OMG aus mehr als 200 Mitgliedern. Ziel der Gruppe ist es, Konzepte und Implementierungen anzubieten, um die Entwicklung verteilter Anwendungen auf der Basis objektorientierter Modelle zu vereinfachen. Dieses Ziel wird durch die Definition einer *Object Management Architecture (OMA)* verfolgt, die vielfältige Dienste zur Verwaltung von Objekten in verteilten heterogenen Systemen umfaßt. Ein Objekt läßt sich hierbei zunächst einfach als eine Menge von Daten mit zugehörigen Operationen definieren; eine genauere Diskussion findet sich in Abschnitt 9.2.

Die angebotenen Dienste werden zu einer *Object Services Architecture (OSA)* [OMG92] zusammengefaßt, die einen wesentlichen Teil der Object Management Architecture darstellt. Der Ansatz der OMG bewegt sich insgesamt auf einem höheren Abstraktionsniveau als die Dienste des OSF DCE und ist auch deutlich breiter angelegt (z.B. Berücksichtigung von Datenbankdiensten). Allerdings sind bisher nur sehr begrenzte Implementierungen von Teilkomponenten der Gesamtarchitektur verfügbar. Bei der Entwicklung der einzelnen Dienste der Object Services Architecture soll auch das DCE teilweise mit herangezogen werden, um eine stabile Plattform von benötigten Basisdiensten (z.B. Directory oder Security Service) mit einzubeziehen.

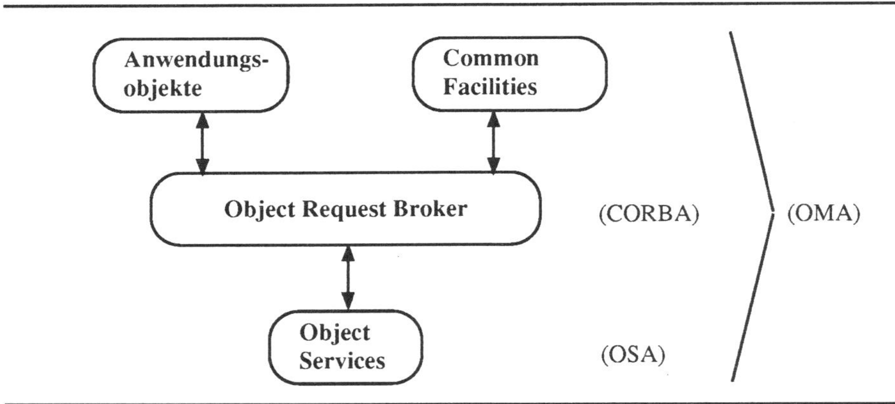

Abb. 9-3 Object Management Architecture

Im folgenden werden die geplanten Dienste der Object Services Architecture zusammengefaßt. Außerdem wird ein spezieller Dienst zur verteilten Objektinteraktion, der *Object Request Broker*, hervorgehoben. Das Zusammenwirken der einzelnen Teile der Object Management Architecture ist zunächst in Abb. 9-3 skizziert. Anwendungsobjekte (z.B. Clients, Server, Benutzer oder Instanzen zur Datenverwaltung) greifen über den Object Request Broker (*CORBA = Common Object Request Broker Architecture)* [OMG91] auf die Dienste der Object Services Architecture zu. Außerdem stehen sogenannte *Common Facilities* zur Verfügung, die allgemeine Anwendungsdienste (z.B. bestimmte E/A-Mechanismen) realisieren.

Object Services Architecture (OSA)

Dieses Architekturmodell definiert nun eine Vielzahl von Basisdiensten zur verteilten Objektverwaltung (s. auch Abschnitt 9.2), die in Abb. 9-4 gemäß [OMG92] tabellarisch zusammengefaßt sind. An dieser Stelle kann jedoch nur auf einige wenige Dienste kurz eingegangen werden.

Dienst	Funktionalität
Archive	Schnittstelle zwischen aktivem Speicher und Backup
Backup/Restore	Backup und Recovery von Datenobjekten
Change Management	Versions- und Konfigurationsverwaltung für Objekte
Concurrency Control	Steuerung/Kontrolle nebenläufiger Objektzugriffe
Data Interchange	Verteilter Objektaustausch (z.B. auf Basis von ASN.1)
Event Notification	Verwaltung/Signalisierung dynamischer Ereignisse
Externalization	Transformation von Objekten in flaches Speicherformat
Implementation Repository	Verwaltung/Speicherung von Objektimplementierungen
Installation and Activation	Verteilung, Aktivierung und Migration von Objekten
Interface Repository	Verwaltung/Speicherung von Objektschnittstellen
Licensing	Lizenzverwaltung
Lifecycle	Erzeugen, Löschen und Kopieren von Objekten
Naming	Namensverwaltung für Objekte
Operational Control	Monitoring des Objektverhaltens
Persistence	Persistente Objektverwaltung auf Hintergrundspeicher
Query	Anfragesprachen für den Objektzugriff
Relationships	Beziehungen zwischen zwei und mehr Objekten
Replication	Verteilte konsistente Objektreplikation
Security	Zugriffskontrolle für Objekte
Startup Services	Initialisierung und Terminierung von Objekten
Threads	Nebenläufige Prozesse
Time	Verteilte Zeitsynchronisation
Trading	Abbildung von Dienstanforderungen auf Dienste/Server
Transactions	Verteilte Transaktionsverwaltung

Abb. 9-4 Object Services

Zunächst fällt auf, daß einige Dienste nicht speziell an verteilten Systemen orientiert sind, sondern von allgemeinerer Natur sind; als Beispiele seien die Versionsverwaltung, die Implementierungs- und Schnittstellenverwaltung, die Lizenzverwaltung oder auch die Persistenz von Objekten genannt. Andere Dienste sind dagegen sehr stark verteilungsorientiert und gehen dabei deutlich über die Funktionalität von DCE hinaus; Beispiele hierfür sind die Replikation von Objekten, die verteilte Transaktionsverwaltung oder auch die Migration, also die dynamische Verlagerung von Objekten zwischen Rechnern (s. auch Abschnitt 9.2). Wieder andere Dienste entsprechen dagegen im wesentlichen den DCE-Diensten und werden ggf. direkt auf der Basis von DCE realisiert; Beispiele hierfür sind die Namensverwaltung, der Security Service, der Time Service und die Threads.

Insgesamt läßt sich sagen, daß die gezeigten Object Services die Funktionalität, wie sie vom DCE geboten wird, sicherlich nachhaltig ergänzen. Allerdings ist der Architekturvorschlag der OMG umgekehrt auch so anspruchsvoll und weitreichend, daß es sicher noch einige Zeit dauern wird, um auch nur einen gewissen Teil der Dienste real bereitzustellen.

Common Object Request Broker Architecture (CORBA)

Diese Teilarchitektur der Object Management Architecture realisiert einen erweiterten Mechanismus zur Interaktion zwischen verteilten Objekten, der in Grundzügen dem Modell des RPC ähnelt. Das Architekturmodell ist grob in Abb. 9-5 gemäß [OMG91] zusammengefaßt.

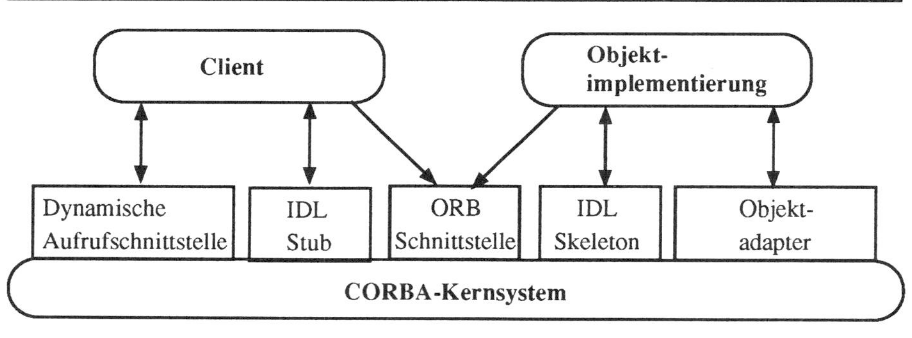

Abb. 9-5 CORBA

Eine typische Interaktion umfaßt den entfernten Aufruf einer Objektoperation durch einen Client, die Weiterleitung des Aufrufs mittels der CORBA-Kernsystem-Funktionalität sowie die Aufrufausführung und die anschließende Ergebnisrückgabe. Ein solcher Aufruf kann nun mittels einer *statischen Schnittstellenbeschreibung* analog zum DCE RPC gesteuert werden. Dazu wird die Schnittstelle eines Objektes, in diesem Fall also eines Servers, durch eine objektorientierte Beschreibungssprache spezifiziert, die ebenfalls als *IDL (Interface Definition Lan-*

guage) bezeichnet wird. Hieraus werden automatisch die entsprechenden Stubs für Client und Server erzeugt (der Server-Stub wird auch als *Skeleton* bezeichnet).

Die IDL aus CORBA basiert auf der Sprache *C++* (s. auch Abschnitt 9.2) und besteht im wesentlichen aus dem deklarativen Teil dieser Sprache, wie er etwa für Objektklassendefinitionen verwendet wird. Zusätzlich wird eine Ausnahmebehandlung unterstützt und eine automatische Abbildung auf C-Schnittstellen angeboten.

Eine alternative Möglichkeit für Aufrufe basiert auf einer *dynamischen* Komposition der Schnittstelleninformation. Dazu beschafft sich ein Client über das CORBA-Kernsystem zunächst die zu einer Objektoperation gehörende Formatbeschreibung für Parameter und Rückgabewerte. Auf dieser Basis konfiguriert das Anwendungsprogramm dann selbst passende Datenstrukturen und übergibt sie an die generische *dynamische Aufrufschnittstelle*. Der Aufruf wird dann weiter wie oben skizziert abgewickelt. Diese Alternative bietet die Möglichkeit, dynamisch auf neue Server zugreifen zu können, ohne vorher explizite Stub-Übersetzungsvorgänge durchführen zu müssen. Ein Server kann außerdem über sogenannte *Objektadapter* auf die Dienste der Object Services Architecture unter Benutzung des CORBA-Kernsystems zugreifen.

Insgesamt bietet CORBA einen recht brauchbaren Ansatz für standardisierte verteilte Objektinteraktionen an, der bei DCE noch nicht mit dem gleichen Abstraktionsniveau verfügbar ist. Es ist aber durchaus denkbar, entsprechende Implementierungen auch aufsetzend auf DCE zu realisieren und damit gleichzeitig auch die existierenden Dienste von DCE zu nutzen. Dieser Punkt wird im Rahmen möglicher objektorientierter DCE-Erweiterungen in Abschnitt 9.2 genauer diskutiert.

9.1.5 Bezug zu UI/Atlas und SUN ONC

Ein weiterer herstellerübergreifender Ansatz zur Unterstützung verteilter Anwendungen wird vom Konsortium *Unix International (UI)* verfolgt. Auch hier sind wie bei der OSF und der OMG zahlreiche Hersteller Mitglied und auch hier ist ein starker Bezug zum DCE zu beobachten.

Grundsätzlich basieren die Arbeiten von UI auf dem *Unix System V* und haben zum Ziel, globale Interoperabilität auf dieser Basis zu schaffen. Die hierzu definierte Systemarchitektur *Atlas* (s. Abb. 9-6, gemäß [HUB91]) basiert auf wesentlichen DCE-Diensten und ergänzt diese um Mechanismen der verteilten Transaktionsverwaltung und Fehlertoleranz sowie um erweiterte Benutzerschnittstellen.

Aufsetzend auf dem *System V Release 4* (*SVR4*) werden wie im DCE verschiedene *Kommunikationsdienste* angeboten, u.a. über TCP/IP- und OSI-Protokolle. Die hierauf basierenden verteilten *Systemdienste* können teilweise grundsätzlich durch DCE erbracht werden (z.B. *DFS* für die verteilte Dateiverwaltung, der *RPC* für Client/Server-Interaktionen, *CDS* und *GDS* für die verteilte Namensverwaltung oder *DTS* für die verteilte Zeitsynchronisation). Allerdings sollen aber auch andere Ansätze primär mit einbezogen werden, so etwa *NFS* oder der *Yellow Pages Service (YP)*. Zusätzlich werden Dienste zur verteilten Objektverwaltung angeboten (evtl. unter Berücksichtigung der Object Management Architecture der OMG).

Die *Anwendungsdienste* umfassen erweiterte Funktionalität zur globalen System- und Anwendungsverwaltung, zur Transaktionsverwaltung und zu interaktiven Benutzerschnittstellen (Basis: u.a. *OpenLook* und *Motif*). Ergänzt werden diese Dienste durch Security Services ähnlich wie im DCE sowie durch Interoperabilitätsmechanismen, um andere Architekturen wie *DCE*, die *IBM SAA* oder das *DEC NAS* mit Altas-basierten Anwendungen koppeln zu können.

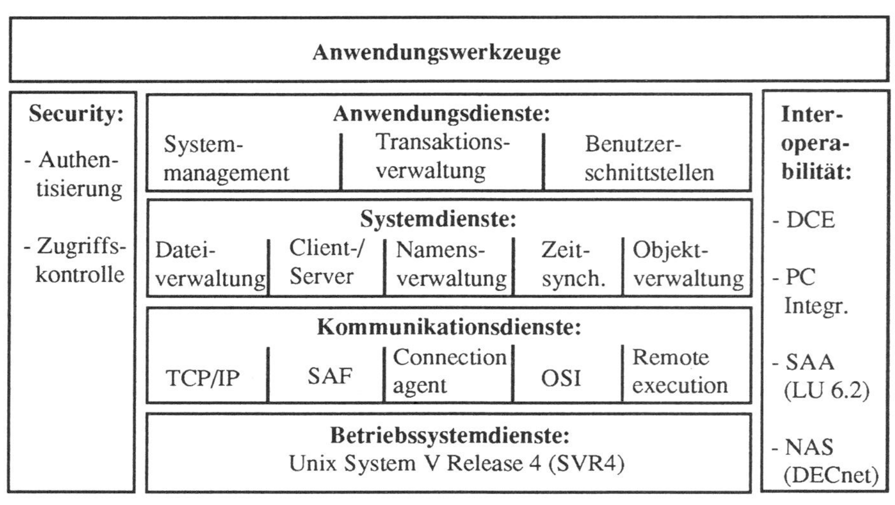

Abb. 9-6 Architektur von UI/Atlas

Insgesamt stellt Atlas ähnlich wie die Object Management Architecture eine gegenüber DCE erweiterte Architektur dar, die teilweise auf der Basis von DCE realisiert wird und in jedem Fall Interoperabilität mit DCE gewährleistet. Auch Atlas ist noch nicht so weit entwickelt wie DCE und es wird voraussichtlich noch einige Zeit dauern, bis entsprechende Implementierungen verfügbar sind.

Teile der Atlas-Dienste sind auch in der *Open Network Computing (ONC)* Architektur [SUN92] von *SUN Microsystems* enthalten. Diese Architektur, für die Implementierungen auch herstellerübergreifend verfügbar sind, umfaßt das *Network File System* mit spezieller Unterstützung zum automatischen Directory-Mounting (*Automounter*), den *SUN RPC*, den *Network Information Service (NIS)* zur Namensverwaltung, einen *Lock Manager* zur Zugriffssynchonisation für Dateien, eine Komponente zur entfernten Programmausführung (*Remote Execution*), eine *Diskless Support* Komponente (*NetDisk*) sowie eine *PC-NFS*-Ankopplung.

Es bleibt abzuwarten, wie sich die Akzeptanz von DCE z.B. im Vergleich zu dieser bereits seit einiger Zeit existierenden Architektur entwickelt und ob für die Zukunft evtl. eine gewisse Konvergenz der verschiedenen Ansätze, z.B. im Rahmen von Atlas zu verzeichnen sein wird.

9.2 Bezug zur objektorientierten Programmierung

In den vergangenen Jahren wurde die objektorientierte Programmierung sehr populär, was vor allem durch ihre Vorteile beim Software Engineering begründet ist. Das DCE stellt in seiner momentanen Form leider keine objektorientierten Programmierschnittstellen, sondern nur rein prozedurale C-Schnittstellen bereit. Im folgenden wird nach einem kurzen Überblick über die objektorientierte Programmierung diskutiert, wie mögliche offizielle oder auch eigene Erweiterungen des DCE diese Technik mit berücksichtigen können. Dadurch soll auch die oben bereits geführte, eher strategisch orientierte Diskussion neuer Ansätze wie der Object Management Architecture durch etwas technischer orientierte Ausführungen unterlegt werden.

9.2.1 Objektorientierte Programmierung: Überblick

Die *objektorientierte Programmierung* basiert darauf, alle Einheiten einer Anwendung als Objekte mit einer Datenstruktur und mit zugeordneten Operationen zu modellieren. Die Datenstruktur eines Objekts kann in der Regel ausschließlich über diese Operationen manipuliert werden. Gleichartige Objekte werden zu Klassen zusammengefaßt, die auch als Typen von Objekten betrachtet werden können. Bei der Definition einer Klasse können Eigenschaften (im wesentlichen die Operationen) von bereits existierenden Klassen übernommen werden; dies bezeichnet man auch als Vererbung. Zur Laufzeit wird eine Verarbeitung durchgeführt, indem Objekte gegenseitig ihre Operationen aufrufen. Dabei entscheidet jedes Objekt selbst, welche Implementierung einer Operation einem bestimmten Aufruf zugeordnet wird. Alle Objekte sind durch global eindeutige Kennungen ausgezeichnet, über die sie bei Aufrufen referenziert werden. Objekte können insbesondere auch dynamisch zur Laufzeit erzeugt werden.

Charakteristische Eigenschaften

Insgesamt lassen sich folgende Eigenschaften als charakteristisch für die objektorientierte Programmierung bezeichnen:

- *Datenabstraktion:* Jedes Objekt stellt einen abstrakten Datentyp dar, der durch Einkapselung der Objektdaten mittels der Operationen Datenabstraktion realisiert. Dadurch läßt sich die Software-Struktur verbessern, und das ganz besonders in großen Programmen.
- *Vererbung:* Die Möglichkeit, Objektklassen von existierenden Klassen abzuleiten, also die Vererbung, unterstützt die Wiederverwendung von Code. Dazu werden spezielle Klassen mit erweiterter Funktionalität von vorhandenen Klassen abgeleitet, ohne letztere verändern zu müssen.
- *Dynamische Zuordnung von Operationen:* Durch die dynamische Zuordnung von Operationen zu Aufrufen durch ein Objekt wird es möglich, erst zur Laufzeit anhand der jeweiligen Objektklasse zu entscheiden, welche Implementierung ausgeführt werden soll. Diese Technik kann ebenfalls die Software-

Struktur verbessern, indem die Selektion einer bestimmten Funktionalität innerhalb der jeweiligen Objektimplementierung verborgen wird.

- *Systemweite Objektidentität:* Die Tatsache, daß alle Objekte über systemweit eindeutige Kennungen verfügen, ist gerade bei Erweiterungen auf verteilte Systeme oder auch bei der Integration objektorientierter Datenbanksysteme sehr wichtig. Diese Eigenschaft ist z.B. Voraussetzung für die Realisierung lokationsunabhängiger Objektaufrufe in einer verteilten Umgebung (s.u.).

Objektorientierte Programmiersprachen
Inzwischen wurden schon zahlreiche objektorientierte Programmiersprachen entwickelt. In der Praxis haben vor allem *C++* und zu einem gewissen Grad auch *Smalltalk*, die erste echte objektorientierte Programmierumgebung, große Bedeutung erlangt. Da C++ eine Obermenge von C darstellt, ist es recht einfach, Schnittstellen zwischen C- und C++-Code zu definieren und beides sogar mit dem selben (C++-)Compiler zu übersetzen. Aus diesem Grunde liegt es nahe, im Zusammenhang mit dem C-basierten DCE die Sprache C++ genauer zu betrachten. Ein kurzes Beispiel soll die Syntax von C++ bei der Klassendefinition illustrieren:

```
class ProductData : public Data     // "ProductData" erbt von der Klasse "Data"
                {
                // ... hier stünde Liste der "Instanzvariablen" zur Datenstruktur-Definition

                public:             // Verfügbare Operationen:

                  ProductData (); // "Konstruktor" zum dynamischen Erzeugen v. Objekten
                  ~ProductData (); // "Destruktor" zum Löschen von Objekten
                  long productQuery (String, ProductDescription*, long*);
                  long status (void);
                  void createData (String, ProductDescription*);
                  //... weitere Operationen
                };
```

Objekte dieser Klasse werden dann im ausführbaren Code im Regelfall dynamisch erzeugt und bieten die definierten Operationen zum Aufruf an.

Im folgenden werden mögliche Erweiterungen des DCE in Richtung der objektorientierten Programmierung aufgezeigt. Der erste Schritt kann darin bestehen, das bisherige, RPC-basierte Programmiermodell in eine einfacher handhabbare objektorientierte Schnittstelle in Form einer Bibliothek von Objektklassen einzubetten. Ein weitergehender Schritt kann dann das Ziel verfolgen, ein vollständiges verteiltes objektorientiertes Programmiermodell auf DCE-Basis bereitzustellen.

9.2.2 Objektorientierte Schnittstellen für DCE-Komponenten

Die Definition objektorientierter Schnittstellen für die einzelnen DCE-Komponenten, insbesondere für Threads, RPC und CDS, erleichtert deren Verwendung durch Anwendungsprogramme. Vor allem ist es dadurch möglich, zusätzliche Abstraktionen zu definieren, um z.B. die doch recht aufwendige RPC-Server-Initialisierung in Form einer einzelnen Operation einer Klasse *Server* zu verbergen. Alle anwendungsspezifischen RPC-Server würden dann von dieser Klasse erben. Gleichermaßen ist es für Threads mit den zugehörigen Semaphoren und Condition Variables sinnvoll, die entsprechende Funktionalität jeweils in Objektklassen einzubetten.

Damit erreicht man eine bessere Strukturierung von Anwendungsprogrammen, die dann nun nur noch auf die höheren Schnittstellenfunktionen der einzelnen Objektklassen zugreifen. Allerdings muß die Basiskommunikation zwischen Clients und Servern noch immer auf C-Ebene stattfinden - schon alleine die C-basierte Sprache IDL macht dies erforderlich.

Im Rahmen dieses Kapitels kann keine gesamte objektorientierte Schnittstelle für einzelne DCE-Komponenten vorgestellt werden. Vielmehr soll aber die Grundidee anhand eigener Entwicklungen am Beispiel der Threads illustriert werden (s. auch Kap. 4); für den RPC lassen sich ähnliche Abstraktionen anbieten. Eine entsprechende Objektklasse für Threads könnte in C++ folgendes Aussehen haben (zahlreiche verwendete Datentypen müssen zuvor separat definiert werden; hier nicht gezeigt):

```
class Thread {// ... Definition von Instanzvariablen
             public:
              Thread (Fctptr prog, int &param, Priority prio = DefaultPrio,
                      SchedPolicy sched = SchedFifo, long stackSize = DefaultSize);
                      // Konstruktor zum Erzeugen von Threads mit Default-Vorgaben
              ~Thread ();                              // Destruktor
              void Cancel ();                          // Löschen eines Threads
              int Join ();                             // Warten auf Thread
              void SetPriority (Priority prio);        // Einstellen der Priorität
              void SetPolicy (SchedPolicy sched);      // Einstellen der Schedul.-Policy
              void SetStackSize (long stackSize);      // Einstellen der Stackgröße
              void CancelOn ();                        // Cancel ermöglichen
              void CancelOff ();                       // Cancel ausschließen
              // ... usw.
             };
```

Die für Threads in der Klasse definierten Operationen werden intern auf C-Aufrufe der DCE-Thread-Bibliothek abgebildet, so führt schließlich z.B. der Konstruktor *Thread* zum Aufruf von *pthread_create* oder die Operation *Join* wird auf den Aufruf *pthread_join* mit dem aufgerufenen Objekt (Thread) als Parameter abgebildet. Beim Erzeugen von Threads kann von der Möglichkeit der Default-Parameter in C++ Gebrauch gemacht werden. So werden, wie oben gezeigt, bereits Default-Werte für die Priorität, die Scheduling Policy und die Stackgröße eingeführt. Falls diese anders gesetzt werden sollen, genügt eine einfache Parameterübergabe - es wird nach außen hin von dem doch etwas schwerfälligen Mechanismus der Thread-Attribute in DCE abstrahiert. Ähnlich können auch Klassen für Semaphore und Condition Variables definiert werden:

```
class Mutex {
        // ... Definition von Instanzvariablen
        public:
          Mutex (MutexKind kind = Fast);        // Konstruktor
          ~Mutex ();                            // Destruktor
          void Lock ();                         // Sperren
          void Unlock ();                       // Freigeben
        };

class CondVar {
        // ... Definition von Instanzvariablen
        public:
          CondVar (State state = Ready);        // Konstruktor
          ~CondVar ();                          // Destruktor
          void Broadcast ();                    // Broadcast-Operation
          void Signal ();                       // Signalisieren
          void Wait ();                         // Warten auf Condition Variable
          void TimedWait (long time);           // Warten mit Zeitschranke
        };
```

Dabei können die durch die neue Schnittstellenbildung gegebenen Abstraktionsmöglichkeiten z.B. genutzt werden, um die im Rahmen von Condition Variables stets erforderlichen Semaphore vor der Anwendung zu verbergen und automatisch intern (als Teil des Condition-Variable-Objektes) zu verwalten. In den obigen Klassendefinitionen wurden auch einige Details (z.B. verschiedene, vom DCE angebotene Optionen) weggelassen, die bei umfassenden Klassendefinitionen z.T. mit berücksichtigt werden müßten.

Insgesamt sollte aber deutlich geworden sein, daß die objektorientierte Programmierung auf der Basis von C++ sehr gute Möglichkeiten bietet, die DCE-Funktionalität in noch komfortablerer Weise nach außen anzubieten. Bei einer konkreten Schnittstellenimplementierung ist es aber sicherlich wichtig, entsprechende Erweiterungen global, also auf Ebene der OSF, abzustimmen, damit die Interoperabilität der Anwendungsprogramme gewahrt bleibt.

9.2.3 Verteilte objektorientierte Erweiterung des DCE

Grundlagen

Es liegt nun recht nahe, den Aufrufmechanismus zwischen Objekten auch auf eine verteilte Systemumgebung zu erweitern. Dies ermöglicht die Erstellung verteilter Anwendungen auf der Basis des Objektmodells, ohne daß andere Kommunikationsmechanismen explizit verwendet werden müßten. Die Kommunikation zwischen den einzelnen Objekten funktioniert dabei nach dem Prinzip des RPC. Allerdings sind Client und Server nun nicht mehr relativ große Einheiten, also Betriebssystemprozesse, sondern Einheiten von kleiner Granularität, also Datenstrukturen mit zugeordneten Operationen. Dadurch wird eine flexiblere Strukturierung ermöglicht. Auch in diesem Bereich existieren - zumindest in der Forschung und fortgeschrittenen Entwicklung - inzwischen zahlreiche Systementwicklungen, die unter anderem folgende Charakteristika aufweisen:

- *Objektverteilung:* Es ist möglich, Objekte relativ beliebig auf verschiedene Rechner zu verteilen, indem entfernte Objekterzeugungsoperationen aufgerufen werden. Alle Objekte sind global eindeutig gekennzeichnet und können sich daher auch rechnerübergreifend eindeutig referenzieren.
- *Lokationsunabhängige Aufrufe:* Unabhängig von der momentanen Lokation eines Objektes kann dieses von anderen Objekten aufgerufen werden - egal, ob sich das aufrufende Objekt auf dem gleichen oder auf einem anderen Rechner befindet.
- *Objektmigration:* Objekte können auch dynamisch zur Laufzeit zwischen Rechnern migriert, also verlagert werden. Dazu bieten sie eine spezielle Migrationsoperation an, die im Rahmen der Anwendung explizit aufgerufen werden kann. Dies ermöglicht z.B. die Zusammenführung kommunizierender Objekte oder auch die Lastverteilung im System.

Die genannten Prinzipien werden in Abb. 9-7 illustriert. Eine verteilte Anwendung, bestehend aus den Objekten *O1* bis *O8* ist auf drei Rechner mit der gezeigten Objektplazierung verteilt.

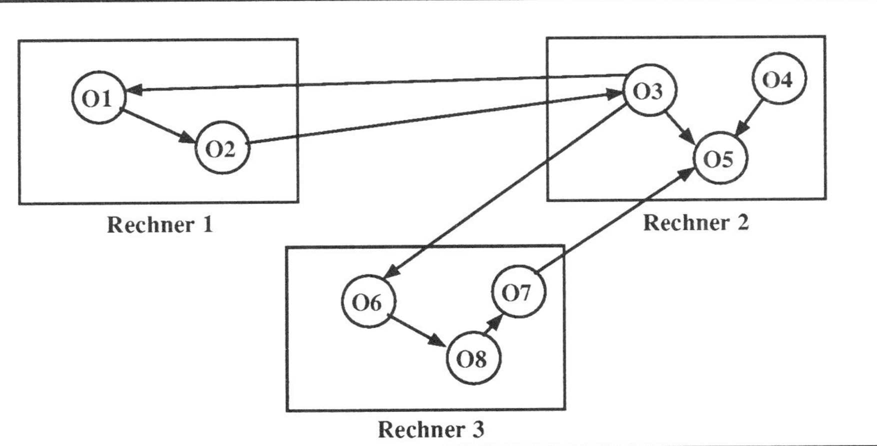

Abb. 9-7 Struktur einer verteilten objektorientierten Anwendung

Die Pfeile zwischen den Objekten repräsentieren Objektreferenzen; unter Angabe einer von ihm ausgehenden Objektreferenz kann ein Objekt (z.B. *O3*) ein anderes Objekt (z.B. *O5* oder *O6*) aufrufen. Beim Aufruf bleibt den Objekten die Verteilung - zumindest im fehlerfreien Fall - vollständig verborgen. Eine dynamische Objektmigration könnte nun etwa eingesetzt werden, um *O3* und *O5* auf *Rechner 3* zu verlagern. Dadurch könnten diese Objekte lokal mit *O6-O8* mittels Aufrufen kommunizieren, was ggf. eine Effizienzsteigerung möglich macht.

Insgesamt ist das verteilte objektorientierte Programmiermodell gerade aufgrund seiner weitgehenden Lokationstransparenz recht attraktiv. Mit der zunehmenden Verbreitung objektorientierter Sprachen wird es außerdem immer interessanter, mit der gleichen, bereits lokal verwendeten Technik auch verteilt zu programmieren.

Verteiltes objektorientiertes Programmiermodell auf DCE-Basis

Im folgenden soll nun kurz umrissen werden, wie das oben skizzierte verteilte objektorientierte Programmiermodell auf der Basis von DCE realisiert werden kann. Die wesentliche Funktionalität zur Verwaltung verteilter Objekte könnte dabei etwa in eine C++-Klasse eingebettet werden, von der alle verteilbaren Anwendungsobjekte erben:

```
class DistributedObject {
        // ... Definition von Instanzvariablen
        public:
        DObject (Node*);          // Konstruktor zum Erzeugen auf einem Rechner
        ~DObject ();              // Destruktor
        Node *Locate ();          // Lokalisieren des Objekts
        void Invoke (//...);      // Durchführen eines generischen Aufrufs
        boolean Move (Node*);     // Anfordern einer Objektmigration
        };
```

Die Klasse stellt Operationen zum entfernten Erzeugen von Objekten, zum Lokalisieren eines Objekts, zur Durchführung von Aufrufen sowie zum Migrieren bereit. Diese Operationen stehen durch Vererbung allen Anwendungsobjekten zur Verfügung. Sie müssen intern allerdings durch recht implementierungsaufwendige Lokalisierungstechniken realisiert werden. Zu technischen Details sei auf [SCH90] und [SCH91] verwiesen.

Die Basiskommunikation zwischen Objekten muß schließlich auf DCE RPCs zwischen den beteiligten Rechnern bzw. Betriebssystemprozessen abgebildet werden. Der RPC selbst ist aber auf Anwendungsebene dann nicht mehr sichtbar, sondern wird durch Aufrufe zwischen Objekten ersetzt. Um ankommende Aufrufe dem richtigen Objekt zuordnen zu können, sind außerdem erweiterte Objektverwaltungstechniken erforderlich (z.B. eine Objekttabelle pro Rechner). Um beliebige C++-Parameter bei Aufrufen zwischen Objekten übergeben zu können, ist außerdem eine implementierungstechnisch aufwendige Erweiterung der Schnittstellenbeschreibungssprache *IDL* auf C++ mit zugehörigem Compiler und Stub-Generator erforderlich. Eine umfassende objektorientierte Programmierumgebung erfordert außerdem die Erweiterung einiger anderer DCE-Komponenten:

- *Threads:* Auch in einer verteilten Objektumgebung sind Threads sehr wichtig, um nebenläufige Objektoperationen abzuwickeln. Daher sollten sie - wie oben beschrieben - in Form von Klassen bereitgestellt werden. Zusätzlich kann es sinnvoll sein, bestimmten aktiven Objekten direkt Threads zuzuordnen. Solche Objekte verfügen dann über einen eigenen Kontrollfluß, der z.B. die Initiierung autonomer Operationen durch sie ermöglicht.

- *CDS:* Es muß die Möglichkeit geschaffen werden, nicht nur RPC-Server, sondern auch beliebige Objekte beim CDS zu registrieren und damit über logische Namen auffinden zu können. Dazu sind entsprechende CDS-Namensattribute erforderlich. Außerdem sollte die CDS-Funktionalität über eine C++-Klasse angeboten werden.
- *Security:* Beim Security Service muß der Zugriffsschutz auf die Ebene von Objekten feiner Granularität erweitert werden. Es muß also möglich sein, für einzelne Objekte ACLs zu definieren, die dann bei Objektaufrufen automatisch ausgewertet werden. Die Authentisierung wird sinnvollerweise weiterhin zwischen Betriebssystemprozessen abgewickelt, da die Granularität der Objektebene hierfür sicherlich zu fein ist.
- *DTS:* Die Funktionen des DTS sollten ebenfalls in Objektklassen eingebettet werden; sie stehen jedoch nicht in direktem Zusammenhang mit dem verteilten Objektmodell.

Die Data Sharing Services des DCE (DFS, Diskless Support und PC Integration) bleiben aufgrund ihrer systemnahen Einordnung weitgehend unberührt von den skizzierten Erweiterungen.

Entsprechende Weiterentwicklungen des DCE sind aber momentan allenfalls in der Forschungswelt vorgesehen; bis solche Konzepte den Weg in die industrielle Praxis finden, wird es sicherlich noch mehrere Jahre dauern. Von der OSF sind Weiterentwicklungen in dieser Richtung für 1995 angekündigt (s. Abschnitt 9.4).

9.3 Gesamtbewertung des OSF DCE

Das DCE ist insgesamt als eine sehr wichtige, praxisnahe Entwicklung zur Unterstützung verteilter Anwendungen einzustufen. Es ist hier und heute als reale Implementierung auf zahlreichen Rechnerplattformen verfügbar und bietet eine sehr weitreichende Funktionalität, die in den meisten Punkten durchaus in vollem Umfang dem aktuellen Stand der Technik entspricht.

Für den Anwendungsentwickler sind sicherlich die folgenden Kriterien bei der Bewertung von besonderer Bedeutung:

- *Funktionalität:* Das DCE umfaßt neben den elementaren Kommunikations- und Verarbeitungstechniken (RPC und Threads) auch zahlreiche weitergehende Werkzeuge und Dienste (z.B. Directory, Security und Time Service sowie das DFS). Diese Mechanismen sind bei der Entwicklung verteilter Anwendungen sehr wichtig und erleichtern viele Aufgaben. Die Funktionalität der einzelnen Komponenten ist vergleichsweise umfangreich, was nicht zuletzt durch den Auswahlprozeß der OSF begründet ist.
- *Heterogene Interoperabilität:* Auf der Basis des RPC ist eine transparente Interoperabilität zwischen heterogenen Rechnersystemen möglich. Dies gilt - bedingt durch die systemweite Verwendung des RPC - auch für die anderen DCE-Komponenten. Das Problem der heterogenen Rechnerkopplung gewinnt

zunehmend an Bedeutung und wird zumindest in wichtigen Teilpunkten durch das DCE gelöst.

- *Handhabbarkeit:* Die verschiedenen DCE-Komponenten sind - zumindest bezüglich ihrer Grundfunktionalität - relativ gut über wohldefinierte C-Schnittstellen handhabbar. Dies gilt allerdings nicht für weiterführende Schnittstellen wie z.B. XDS oder die Security-Schnittstelle; deren Verwendung erfordert doch beträchtlichen Lern- und Programmieraufwand.
- *Effizienz*: Wie die ersten eigenen Leistungsuntersuchungen gezeigt haben (s. Abschnitt 3.9), bietet das DCE durchaus effiziente Kommunikationsmechanismen an, die einem Leistungsvergleich mit anderen Ansätzen weitgehend standhalten können. Bei Verwendung der höheren DCE-Dienste wie z.B. der Namensverwaltung oder des Security Services sind allerdings deutliche Leistungseinbußen zu tolerieren, was aber natürlich auch für andere Ansätze gilt.
- *Systemmanagement:* Das Systemmanagement des DCE erfordert aufgrund der komplexen Funktionalität naturgemäß einigen Aufwand, der in jedem Fall deutlich größer ist als bei der lokalen Systemverwaltung. Allerdings werden alle wesentlichen Management-Aufgaben gut durch unterstützende Werkzeuge und Hilfsprogramme abgedeckt.
- *Einsatz für große Systeme:* Aufgrund des Cell-Konzeptes und einiger Detailkonzepte der verschiedenen Komponenten (z.B. das Caching bei DFS) ist das DCE durchaus in sehr großen verteilten Systemen einsatzfähig. Dieses Kriterium wird mit dem verstärkten Zusammenwachsen von Rechnernetzen in der Zukunft mehr und mehr an Bedeutung gewinnen.

Das DCE ist außerdem ohne weitere Spezialhardware auf üblichen Rechnersystemen unter Unix und in der nahen Zukunft voraussichtlich auch unter einigen anderen Betriebssystemen einsatzfähig. Mit der Übernahme des DCE durch Hersteller werden erwartungsgemäß auch Komplettangebote bereitgestellt werden, die das DCE zu einem tragbaren Preis für die verschiedenen Rechnerarchitekturen verfügbar machen.

Mögliche Probleme des DCE wurden bereits skizziert. Zunächst ist der Systemmanagement-Aufwand zu berücksichtigen, der in jedem Fall entsprechende personelle Kapazitäten erfordert (schätzungsweise mindestens eine technisch versierte Vollzeitkraft für eine normale DCE-Cell). Dies ist jedoch nicht allein für das DCE charakteristisch, sondern gilt für alle komplexen verteilten Programmierumgebungen. Ähnliches gilt auch für Mitarbeiter im Bereich der Anwendungsprogrammierung; auch hier muß sicherlich der zusätzliche Lern- und Arbeitsaufwand dem Nutzen gegenübergestellt werden, der sich aus einer verteilten Systemlösung ergibt. Auch dies ist aber eine grundsätzliche und nicht eine nur für das DCE spezifische Fragestellung. Die Entwicklung verteilter Anwendungen ohne eine Umgebung wie DCE gestaltet sich in jedem Fall deutlich schwieriger und aufwendiger.
Es ist ferner zu berücksichtigen, daß das DCE als Gesamtumgebung noch eine relativ junge Entwicklung ist, die nur begrenzt erprobt wurde. Daher ist in der Zukunft sicherlich noch mit einzelnen Detailproblemen und mit eventuellen Änderungen und Anpassungen der Software zu rechnen. Die Technologie der verschiedenen Komponenten ist jedoch meist schon länger im Rahmen der zugrun-

deliegenden Prototypen erprobt worden und dürfte daher keine grundsätzlichen konzeptionellen Probleme mehr aufweisen. Auf die Beschränkungen im Hinblick auf die objektorientierte Programmierung wurde hingewiesen; allerdings muß dabei berücksichtigt werden, daß heute eine umfassende *verteilte* Programmierumgebung auf der Basis von C bereits einen großen Fortschritt darstellt und für die meisten derzeitigen Praxisanforderungen ausreicht.

Insgesamt kann - auch aus eigener Erfahrung mit der Anwendungsentwicklung auf der Basis von DCE - ein recht positives Fazit gezogen werden. Es ist bei einer entsprechenden verteilungsorientierten Problemstellung bestimmt sinnvoll, den möglichen Einsatz des DCE zumindest genau zu prüfen.

9.4 Verfügbarkeit und Roadmap von DCE

Nachdem nun die technischen Eigenschaften von DCE erörtert wurden und eine Einordnung in bezug auf andere Ansätze vorgenommen wurde, bleibt die Frage, inwieweit das DCE tatsächlich verfügbar ist und wie sich die kurzfristige weitere Entwicklung vollziehen wird. Zu diesen Punkten können natürlich wegen der Kurzlebigkeit entsprechender Informationen nur eingeschränkte Angaben unter größeren Vorbehalten gemacht werden, die auf direkten Kontakten mit Herstellern und mit der OSF sowie auch auf aktuellen Veröffentlichungen wie [BIB92] basieren[1].

Verfügbarkeit
Das DCE ist z.T. bereits heute und z.T. in der nahen Zukunft für die folgenden Betriebssysteme verfügbar: *BOS, Domain/OS, FTX, GCOS, HP MPE/XL, HP-UX, Macintosh OS, MS/DOS, MVS, OSF/1, OS/2, OS/400, SINIX, SVR4, Ultrix* und *VMS*. Allerdings sind die Implementierungen teilweise noch unvollständig und umfassen meist nur bestimmte Basiskomponenten wie Threads, RPC und CDS. DFS, GDS oder der Security Service sind dagegen (noch) kaum auf breiter Basis verfügbar. Genauere aktuelle Angaben sind bei den jeweiligen Herstellern bzw. bei der OSF zu erfragen. Die Referenzimplementierungen der OSF wurden unter *OSF/1, AIX* und *System V Release 4 (SVR4)* durchgeführt. Insgesamt umfaßt die Implementierung von DCE Version 1.0 ca. 1,2 Millionen Codezeilen.

Roadmap
Im Jahre 1992 wurde die erste Version von DCE (V 1.0) von der OSF verfügbar. Fehlerkorrekturen, Leistungsverbesserungen und kleinere Erweiterungen wurden in die Versionen 1.01 bzw. 1.02 im Verlauf des Jahres 1992 aufgenommen. Im Jahre 1993 wird die Version 1.1 angeboten, die einige Erweiterungen von IDL und auch eine erste Integration mit dem *OSF Distributed Management Environment (DME)* (Dienste und Werkzeuge zum Netzmanagement) mit einschließt. Für 1994 sind Unterversionen von DCE V 1.1 angekündigt, die weitere Leistungsverbesse-

[1] Für die Richtigkeit und Vollständigkeit dieser Informationen kann keine Gewähr übernommen werden.

rungen und eine verstärkte DME-Integration bieten sollen. Im Jahre 1995 soll dann die DCE Version 2.0 verfügbar sein, die neben erweiterten Security- und Directory-Diensten auch eine verteilte Transaktionsverwaltung sowie zusätzliche Unterstützung für die objektorientierte Programmierung umfassen soll.

9.5 Ausblick

Das Buch gab einen technischen Überblick über das OSF DCE. Im Vordergrund stand dabei die Sicht des Anwendungsprogrammierers, der vor allem mit den DCE-Komponenten Threads, RPC und CDS in Berührung kommt. Es wurde aufgezeigt, wie diese und andere DCE-Komponenten verwendet werden, auf welchen konzeptionellen Grundlagen die Komponenten beruhen und wie die damit verbundenen Systemmanagement-Aufgaben grob abgewickelt werden.

Die dargestellten Beispiele mußten sich auf kleinere Programme und Kommandosequenzen beschränken und konnten daher nur einen begrenzten Einblick in die Schnittstellendetails des DCE geben. Allerdings sollte zumindest für RPC und Threads klar geworden sein, welche einzelnen Schnittstellenaufrufe erforderlich sind. Der Leser sollte damit in der Lage sein, die gegebenen Beispiele nachzuvollziehen und auch in seiner eigenen DCE-Umgebung zu bearbeiten. Um aber im Sinne des Software Engineering vollständige Programme zu entwickeln, die z.B. eine umfassende Speicherverwaltung und Fehlerbehandlung mit einschließen, muß in jedem Fall auf die DCE-Dokumentation zurückgegriffen werden. Gleiches gilt für die Durchführung von Systemmanagement-Aufgaben an einer realen DCE-Umgebung.

Für die Zukunft bleibt abzuwarten, inwieweit sich das DCE als herstellerübergreifende Plattform für verteilte Anwendungen durchsetzen wird. Die Chancen hierfür stehen sicherlich nicht schlecht, da die angebotene Technologie sehr interessante und vor allem praktikable Lösungen bietet und andererseits auch nur wenige konkurrierende Ansätze mit dem gleichen Anspruch real verfügbar sind.

In jedem Fall wird es aber wichtig sein, aktuelle technologische Entwicklungen bei der Erweiterung des DCE mit aufzunehmen - als Beispiele seien die objektorientierte Programmierung, verteilte Transaktionen, entfernter Datenbankzugriff oder auch verteilte Multimedia-Datenverarbeitung genannt. Ferner ist es sicherlich wichtig, daß in naher Zukunft eine stärkere Konvergenz zwischen dem DCE und den Standardisierungsbestrebungen für offene verteilte Systeme entsteht. Dies kann sowohl durch Übernahme praktikabler Standardlösungen in das DCE wie auch durch Anpassung bzw. Neudefinition von Standards aufgrund der Erfahrungen mit dem DCE und mit anderen, vergleichbaren Entwicklungen geschehen.

Literatur

[BFZ90] Blumann, W., Fauth, D., Zok, H.: Considerations of the OSI Reliable Transfer Service; *Computer Communications, Vol. 13, No. 3, April 1990, pp. 143-148*

[BIB92] Biber, A.: Verteilte Säulen - Produkte mit DCE-Features; *iX, Heft 9/1992, pp. 84-85*

[BIN84] Birell, A.D., Nelson, B.J.: Implementing Remote Procedure Calls; *ACM Trans. on Computer Systems, Vol. 2, No. 1, Feb. 1984, pp. 39-59*

[BIR85] Birell, A.D.: Secure Communication Using Remote Procedure Calls; *ACM Trans. on Computer Systems, Vol. 3, No. 1, Feb. 1985, pp. 1-14*

[CCR86] DIS8649, Service Definition for Common Application Service Elements, Part 3 - Commitment, Concurrency and Recovery; *Information Processing Systems - Open Systems Interconnection (1986)*

[CEP84] Ceri, S., Pelagatti, P.: Distributed Databases; *McGraw-Hill, New York, 1984*

[COD88] Coulouris, G.F., Dollimore, J.: Distributed Systems: Concepts and Design; *Addison-Wesley, Reading, Massachusetts, 1988*

[COR90] Corbin, J.R.: The Art of Distributed Applications; *Springer, New York, 1990*

[ECM90] European Computers Manufacturers Association: Remote Procedure Call Using OSI; *ECMA, Final Draft, 2nd Edition, Standard ECMA-127, 1990*

[HKM88] Howard, J.H., Kazar, M.L., Menees, S.G., Nichols, D.A.,Satyanarayanan, M., Sidebotham, R.N., West, M.J.: Scale and Performance in a Distributed File System; *ACM Trans. on Computer Systems, Vol. 6, No. 1, Feb. 1988, pp. 51-81*

[HUB91] Hubley, M.: Distributed Open Environments; *Byte, Nov. 1991, pp. 229-238*

[ISO87] International Standards Organization: Open Systems Interconnection - Application Layer Structure; *ISO, 1987*

[ISO90] International Standards Organization: ISO/OSI-Remote Procedure Call; *ISO/IEC JTC1/SC21/WG6, Third Working Draft 1990*

[ISO91] International Standards Organization: ODP Trader; *ISO/IEC JTC1/SC21 N6084, 1991*

[LES90] Levy, E., Silberschatz, A.: Distributed File Systems: Concepts and Examples; *ACM Computing Surveys, Vol. 22, No. 4, Dec. 1990, pp. 321-374*

[LIS83] Liskov, B., Scheifler, R.: Guardians and Actions: Linguistic Support for Robust, Distributed Programs; *ACM Trans. on Programming Languages and Systems, Vol. 5, 1983, pp. 381-404*

[MSC86] Morris, J.H., Satyanarayanan, M., Conner, M.H., Howard, J.H., Rosenthal, D.S., Smith, F.D.: Andrew: A Distributed Personal Computing Environment; *Comm. of the ACM, Vol. 29, No. 3, März 1986, pp. 184-201*

[MSC92] Mühlhäuser, M., Schill, A.: Software Engineering für verteilte Anwendungen; *Springer, Berlin/Heidelberg, 1992*

[MUL89] Mullender, S. (Ed.): Distributed Systems; *Addison-Wesley, Reading, Massachusetts, 1989*

[NBS77] NBS: Data Encryption Standard; *FIPS Publication 46, National Bureau of Standards, Washington, D.C., 1977*

[OMG91] Object Management Group: The Common Object Request Broker: Architecture and Specification; *OMG, 1991*

[OMG92] Object Management Group: Object Services Architecture; *OMG, 1992*

[OSF1] Open Software Foundation: Introduction to OSF DCE; *Open Software Foundation, Cambridge, USA, 1992*

[OSF2] Open Software Foundation: ; DCE Users Guide and Reference; *Open Software Foundation, Cambridge, USA, 1992*

[OSF3] Open Software Foundation: DCE Application DevelopmentGuide; *Open Software Foundation, Cambridge, USA, 1992*

[OSF4] Open Software Foundation: DCE Application Development Reference; *Open Software Foundation, Cambridge, USA, 1992*

[OSF5] Open Software Foundation: DCE Administration Guide; *Open Software Foundation, Cambridge, USA, 1992*

[OSF6] Open Software Foundation: DCE Administration Reference; *Open Software Foundation, Cambridge, USA, 1992*

[OSF7] Open Software Foundation: DCE 1.0 Porting and Testing Guide; *Open Software Foundation, Cambridge, USA, 1992*

[OSF8] Open Software Foundation: OSF Distributed Computing Environment Rationale; *Open Software Foundation, Cambridge, USA, 1992*

[ROS91] Rose, M.T.: The Simple Book - An Introduction to Management of TCP/IP-Based Internets; *Prentice-Hall, Englewood Cliffs, NJ, 1991*

[SCH90] Schill, A.: Migrationssteuerung und Konfigurationsverwaltung für verteilte objektorientierte Anwendungen; *Informatik-Fachberichte Nr. 241, Springer, Berlin/Heidelberg, 1990*

[SCH91] Schill, A.: Verteilte objektorientierte Systeme: Grundlagen und Erweiterungen; *Informatik Forschung und Entwicklung, Nr. 6, Jan. 1991, pp. 14-27*

[SCH92I] Schill, A.: Remote Procedure Call - Fortgeschrittene Konzepte und Systeme: Ein Überblick; *Informatik-Spektrum, Vol. 15, No. 2, März 1992, pp. 79-87 und Vol. 15, No. 3, Juni 1992, pp. 145-155*

[SCH92II] Schill, A.: Namensverwaltung in verteilten Systemen: Ein Überblick; *PIK, Heft 1/1992, pp. 11-21*

[SLK87] Sloman, M., Kramer, J.: Distributed Systems and Computer Networks; *Prentice Hall, London, 1987*

[SNS88] Steiner, J.G., Neuman, C., Schiller, J.I.: Kerberos: An Authentication Service for Open Network Systems; *Usenix Winter Conf., Berkeley, CA, Jan. 1988, pp. 191-202*

[SUN92] SUN Microsystems: ONC/NFS - A Technology Guide to Distributed Computing; *SUN, 1992*

[TAN91] Tanenbaum, A.S.: Computer Networks; *Prentice Hall, 1991*

[TRS90] Tanenbaum, A.S., van Renesee, R., van Staveren, H., Sharp, G.J., Mullender, S.J., Jansen, J., van Rossum, G.: Experiences with the Amoeba Distributed Operating System; *Comm. of the ACM, Vol. 33, No. 12, Dez. 1990, pp. 46-63*

Sachverzeichnis

Glossar

ACF	Attribute Configuration File; Steuernotation zur Stub-Generierung auf der Basis der Interface Definition Language
ACL	Access Control List; Zugriffskontrolliste für Objekte
ACSE	Association Control Service Element; ISO/OSI-Standard für Assoziationen zwischen verteilten Anwendungsinstanzen
AFS	Andrew File System; Basis des DCE Distributed File Systems
ANSI	American National Standards Institute, angegliedert an die ISO
ASN.1	Von der ISO standardisierte Beschreibungssprache für die Datenübertragung in heterogenen verteilten Systemen
Atlas	Systemarchitektur von Unix International für heterogene Anwendungen in offenen verteilten Systemen
BOS	Basic OverSeer Server; Administrationsserver des Distributed File Systems
CCITT	Comité Consultatif International de Télégraphique et Téléphonique; internationale Standardisierungsorganisation
CCR	Commitment, Concurrency and Recovery; ISO/OSI-Standard als Basis für verteilte Transaktionsprotokolle
CDS	Cell Directory Service; DCE-Namensverwaltung innerhalb einer DCE-Cell
cdscp	CDS Control Program zur CDS-Systemverwaltung
CORBA	Common Object Request Broker Architecture; Ansatz zur verteilten Objektinteraktion der Object Management Group
DAP	Directory Access Protocol; Zugriffsprotokoll auf X.500-Server
DCE	Distributed Computing Environment; herstellerunabhängige Softwareplattform für verteilte Anwendungen
DFS	Distributed File System; verteilte DCE-Dateiverwaltung
DME	OSF Distributed Management Environment zur Unterstützung des Netz-/Systemmanagements
DN	Distinguished Name; vollständiger Name bei X.500
DNS	Domain Name System; globale Namensverwaltung im Internet
DSA	Directory System Agent; Server des X.500 Directory Services
DSP	Directory System Protocol; Protokoll zwischen X.500-Servern
DSS	Diskless Support Service; Unterstützung plattenloser Rechner
DTS	Distributed Time Service zur Zeitsynchronisation im DCE
dtscp	DTS Control Program zur DTS-Systemverwaltung
DUA	Directory User Agent; Client des X.500 Directory Services
ECMA	European Computer Manufacturers Association
EP	Endpoint; Enpunktadresse eines Prozesses beim DCE RPC
FTAM	File Transfer, Access and Management; ISO/OSI-Standard zur verteilten Dateiverwaltung
GDA	Global Directory Agent; Schnittstelle zum Global Directory Service

GDS	Global Directory Service; globale DCE-Namensverwaltung auf Basis von X.500
GMT	Greenwich Mean Time; weltweite Zeitbasis
IAC	Inaccuracy Component; Ungenauigkeitsangabe bei Zeitangaben des Distributed Time Service
IDL	Interface Definition Language des DCE zur RPC-Schnittstellenbeschreibung; gleichnamiger Ansatz (Basis: C++) existiert bei d. Object Management Group
ISO	International Standards Organization
JTM	Job Transfer and Management; ISO/OSI-Standard für die verteilte Verwaltung von Berechnungsaufträgen
LAN	Local Area Network; lokales Rechnernetz
LFS	Local File System; spezielles Unix-Dateisystem im Rahmen von DCE
LM/X	LAN Manager/X; Protokoll, das u.a. den entfernten Druckerzugriff durch PCs unterstützt
MHS	Message Handling System; ISO/OSI-Standard zur interpersonellen Kommunikation
NFS	SUN Network File System
NIS	Network Information Service; verteilte Namensverwaltung im SUN Open Network Computing System
NSI	Name Service Interface; mit dem RPC integrierte Schnittstelle zum Cell Directory Service
NTP	Network Time Protocol zur Zeitsynchronisation im Internet
ODP	Open Distributed Processing; Standardisierungsbereich für offene verteilte Systeme
OMA	Object Management Architecture; globale Systemarchitektur der Object Management Group
OMG	Object Management Group; herstellerübergreifende Organisation mit dem Ziel, eine umfassende objektorientierte Systemumgebung bereitzustellen
ONC	Open Network Computing; Systemarchitektur von SUN
ORB	Object Request Broker; Komponente zur Unterstützung der verteilten Objektinteraktion; definiert durch Object Management Group
OSA	Object Services Architecture; Architektur von Basisdiensten, durch Object Management Group definiert
OSF	Open Software Foundation; herstellerübergreifende Organisation mit dem Ziel, Systemlösungen für offene Systeme anzubieten
OSI	Open Systems Interconnection; Modell/Ansatz zur Kopplung verteilter Rechnersysteme auf der Basis einer dedizierten Kommunikationsarchitektur aus 7 Schichten
PAC	Privilege Attribute Certificate; verschlüsselte Repräsentation von Zugriffsrechten, verwendet durch DCE Security Service
PCI	PC Integration; PC-Ankopplung an das DCE
POSIX	Portable Operating System Interface for Computer Environment; Betriebssystemstandards der IEEE P1003 Working Group
RDA	Remote Database Access; ISO/OSI-Standard zum entfernten Dateizugriff
RDN	Relative Distinguished Name; Teilkomponente eines Namens bei X.500
RFT	Request for Technology; Anforderung zur Einreichung von Technologiekomponenten an die Open Software Foundation
ROSE	Remote Operations Service Element; ISO/OSI-Standard für den entfernten Operationsaufruf

RPC	Remote Procedure Call; Fernaufruf von Prozeduren über Rechnergrenzen hinweg
rpccp	RPC Control Program zur RPC-Systemverwaltung
RTSE	Reliable Transfer Service Element; ISO/OSI-Standard für den zuverlässigen Datentransfer mit at-most-once-Semantik
SAA	Systems Applications Architecture; Software-/Systemarchitektur vom IBM
SMB	Server Message Block; von der X/Open standardisiertes Protokoll zum Zugriff auf Server
SVR4	Unix System V Release 4
TDF	Time Difference Factor; Zeitdifferenzangabe zur Berücksichtigung von Zeitzonen beim Distributed Time Service
TP	Transaction Processing; ISO/OSI-Standard für verteilte Transaktionen
TPI	Time Provider Interface; Schnittstelle zu externen Zeitgebern
UFS	Unix File System; konventionelles Unix-Dateisystem
UI	Unix International; Non-profit-Organisation mit dem Ziel, das Unix System V als Betriebssystem für offene Rechnerumgebungen weiterzuentwickeln
UTC	Coordinated Universal Time; standardisiertes Zeitformat
UUID	Universal Unique Identifier; global eindeutige Kennung im DCE
WAN	Wide Area Network; weiträumig verteiltes Rechnernetz
X.500	CCITT/ISO-Standard für Directory Services
XDS	X/Open Directory Service Interface; standardisierte Schnittstelle
XOM	X/Open Object Management; Standard der X/Open für die Verwaltung von Speicherobjekten
X/Open	Non-profit-Organisation mit dem Ziel, eine herstellerübergreifende Systemumgebung ("Common Application Environment") auf der Basis von Standards und de-facto-Standards zu schaffen
YP	Yellow Pages; Namensverwaltung unter Unix

Springer-Verlag und Umwelt

Als internationaler wissenschaftlicher Verlag sind wir uns unserer besonderen Verpflichtung der Umwelt gegenüber bewußt und beziehen umweltorientierte Grundsätze in Unternehmensentscheidungen mit ein.

Von unseren Geschäftspartnern (Druckereien, Papierfabriken, Verpackungsherstellern usw.) verlangen wir, daß sie sowohl beim Herstellungsprozeß selbst als auch beim Einsatz der zur Verwendung kommenden Materialien ökologische Gesichtspunkte berücksichtigen.

Das für dieses Buch verwendete Papier ist aus chlorfrei bzw. chlorarm hergestelltem Zellstoff gefertigt und im ph-Wert neutral.